Das MfS-Lexikon
Begriffe, Personen und Strukturen
der Staatssicherheit der DDR

Das MfS-Lexikon

Begriffe, Personen und Strukturen der Staatssicherheit der DDR

Herausgegeben im Auftrag der Abteilung Bildung und Forschung des Bundesbeauftragten für die Unterlagen des Staatssicherheitsdienstes der ehemaligen Deutschen Demokratischen Republik von

Roger Engelmann, Bernd Florath, Helge Heidemeyer, Daniela Münkel, Arno Polzin, Walter Süß

Ch. Links Verlag, Berlin

Die Deutsche Nationalbibliothek verzeichnet diese Publikation
in der Deutschen Nationalbibliografie; detaillierte bibliografische
Daten sind im Internet über www.dnb.de abrufbar.

Bildredaktion: Doris Hubert, Georg Herbstritt

2., durchgesehene und erweiterte Auflage, April 2012
© Christoph Links Verlag GmbH, 2011
Schönhauser Allee 36, 10435 Berlin, Tel.: (030) 44 02 32-0
www.christoph-links-verlag.de; mail@christoph-links-verlag.de
Umschlaggestaltung: KahaneDesign, Berlin
Satz: typegerecht berlin
Druck und Bindung: Freiburger Graphische Betriebe

ISBN 978-3-86153-681-9

Inhalt

Vorwort zur zweiten Auflage

Gleich neben dem Duden steht es in meinem Regal im Arbeitszimmer. Häufiger als man denkt, greift auch ein Bundesbeauftragter für die Stasi-Unterlagen zum MfS-Lexikon. Details, Abkürzungen, Namen zur Staatssicherheit. Man kann sich nicht immer alles merken. Deswegen ist es gut, konzentriert nachschlagen zu können.

Oft wenn ich unterwegs bin, greife ich auf dieses Buch als Gastgeschenk zurück. An Schulen, in Museen, an der Uni, im Bundestag. Dieses Lexikon ist in vielen Zusammenhängen geeignet, verlässlich für rasche Klarheit beim Thema Staatssicherheit zu sorgen. Egal, ob man ein Zeitzeuge der DDR ist oder zu denen gehört, die die DDR gar nicht mehr erlebt haben.

Im Frühjahr 2011 erschien die erste Auflage des MfS-Lexikons. Entstanden unter meiner Vorgängerin Marianne Birthler, liefert das Buch kompakt und übersichtlich Grundwissen zu Struktur, Methoden und Wirkungsweise des Ministeriums für Staatssicherheit.

Die erweiterte zweite Auflage neun Monate später enthält rund 50 zusätzliche Einträge, die zum Teil auf die Anregungen von Nutzern des Lexikons zurückgehen. Die Mehrzahl der zusätzlichen Artikel beschreibt die Kurzbiografien aller ehemaligen Leiter von Bezirksverwaltungen (und Länderverwaltungen) des MfS, ergänzt jeweils um ein Foto. Damit wird den regionalen Strukturen des Stasi-Apparats stärker Rechnung getragen.

Ich freue mich über das rege Interesse am MfS-Lexikon und hoffe, dass es intensiv genutzt wird. Für alle, die sich aus beruflichen oder privaten Gründen mit der DDR-Geheimpolizei befassen oder die von ihr hinterlassenen Unterlagen studieren wollen, soll es ein praktisches und kompaktes Hilfsmittel bei der Einordnung von Informationen und Begriffen sein.

Berlin, im Januar 2012
Roland Jahn

Vorwort zur ersten Auflage

Ein rascher Zugriff auf fundierte Informationen zur Stasi, dem Ministerium für Staatssicherheit der DDR (MfS), – das ist es, was sich Bürgerinnen und Bürger bei der Akteneinsicht, Wissenschaftler, Studierende, Journalisten und andere Interessierte seit Langem wünschen. Das vorliegende Lexikon bündelt erstmals das Wissen zum MfS in lexikalischer Form. Zeitgeschichtlich Interessierten wie Fachleuten gleichermaßen ist das Buch mit seinen Einträgen zu einzelnen Begriffen oder Personen ein Leitfaden durch das administrative Dickicht der Geheimpolizei und bietet in ausführlicheren Artikeln den Einstieg in eine tiefer gehende Auseinandersetzung mit dem Thema.

Die Aufarbeitung der Tätigkeit des Staatssicherheitsdienstes der ehemaligen DDR ist eine der zentralen Aufgaben der Bundesbeauftragten und ihrer Behörde (BStU). Dies schließt den Auftrag ein, die Öffentlichkeit über Struktur, Methoden und Wirkungsweise des Ministeriums für Staatssicherheit zu unterrichten und die Forschung sowie die politische Bildung in diesem Bereich zu unterstützen.

Mit diesem Lexikon bieten die Mitarbeiterinnen und Mitarbeiter der BStU einen Überblick über die Forschungsleistungen von mehr als zwei Jahrzehnten. Das Projekt konnte, unterstützt durch das vom Bundestag berufene wissenschaftliche Beratungsgremium, zusätzlich zu den laufenden Forschungsprojekten realisiert werden.

Ich wünsche diesem Lexikon weite Verbreitung. Möge es die Auseinandersetzung mit der Rolle der Staatssicherheit der ehemaligen DDR befördern, entsprechende Diskussionen verbreitern und den Zugang zu dem Thema erleichtern helfen.

Berlin, im März 2011
Marianne Birthler

Einleitung

Die Staatssicherheit war nicht die DDR, aber ohne Kenntnis über die Stasi versteht man die DDR nicht. In dieser kurzen Formel drückt sich die Bedeutung des Ministeriums für Staatssicherheit für den SED-Staat prägnant aus. Auch in der DDR gab es Privatheit und gesellschaftliche Beziehungen jenseits der Politik, existierten funktionale Verwaltungs- und Exekutivstrukturen. Entscheidend für das Wesen des kommunistischen Systems als eines mit totalitärem Anspruch war jedoch, dass viele Bereiche des öffentlichen Lebens bis weit hinein in das Private von der Tätigkeit des Ministeriums für Staatssicherheit beeinflusst waren. Die Geheimpolizei sicherte dadurch die Herrschaft der SED in allen diesen Bereichen ab. Sie war für die herrschende Partei (über)lebenswichtig, weil diese trotz anderslautender Propaganda nie einen ausreichenden Rückhalt in der Bevölkerung besaß. Dessen war sich die Staats- und Parteiführung durchaus bewusst. Der 17. Juni 1953 hatte ihr das deutlich vor Augen geführt und stand seitdem als Menetekel über allen ihren Überlegungen – insbesondere, wenn sich krisenhafte Entwicklungen abzeichneten.

Mit seiner faktischen, aber unsichtbaren Präsenz, die mit dem Mythos der Omnipräsenz einherging, war der Staatssicherheitsdienst eine der einflussreichsten und zugleich unbekanntesten Einrichtungen in der DDR. Die konkrete Einflussnahme war erheblich, aber oft für die Betroffenen nicht erkennbar. Die Form des Handelns, das Agieren im Verborgenen, trug erheblich zu dem spezifischen gesellschaftlichen Klima der DDR bei, das durch Furcht, Vorsicht und Misstrauen bestimmt war. Die Konspiration des MfS förderte aber auch die Mystifikation der Geheimpolizei, weil nur schwerlich festzumachen war, wo sie tatsächlich Einfluss nahm und wo nicht. Erst recht war es unmöglich, vielfach sogar für deren Mitarbeiter selbst, zu durchschauen, wie die Stasi organisiert war und nach welchen Regeln sie funktionierte und arbeitete.

Das umgekehrt proportionale Verhältnis der Bedeutung des Ministeriums für Staatssicherheit zum konkreten Wissen über seine Arbeit und Einflussnahme ließ die immense Hinterlassenschaft der Geheimpolizei – immerhin über 100 km Akten, dazu elektronische Datenträger und etwa 1,5 Mio. Fotos – schon während der Friedlichen Revolution in den Fokus der Aufmerksamkeit der Demonstranten geraten. Die Besetzung von Stasi-Dienststellen seit Anfang Dezember 1989 gehört zu den wesentlichen Aktionen der Umbruchphase. Bürgerrechtler wie Wolfgang Templin stellten sehr früh die Bedeutung der Akten sowohl für die individuelle Aufarbeitung der Lebensschicksale in der DDR Verfolgter als auch für die allgemeine Aufarbeitung des Unrechtsregimes der SED heraus. Gleichzeitig wurde schnell offensichtlich, dass aufgrund der vielen personenbezogenen Informationen in den Unterlagen der Staatssicherheit aus datenschutzrechtlichen Gründen der Zugang zu den Materialien einer besonderen Regelung bedurfte. Um beiden Interessen – Aktenöffnung und Datenschutz – gerecht werden zu können, schuf der gesamtdeutsche Gesetzgeber in enger Anlehnung an das vorangegangene Volkskammergesetz eine gesonderte Behörde, die die Akten erschließt und herausgibt. Die Stasi-Unterlagen-Behörde hat daneben aber auch den gesetzlichen Auftrag, die »Öffentlichkeit über Strukturen, Methoden und Wirkungsweise des Staatssicherheitsdienstes« zu informieren,[1] um den allgemeinen Kenntnisstand über das MfS zu erweitern. Für diese Aufgabe ist ein eigener Forschungsbereich in der Behörde des Bundesbeauftragten eingerichtet worden. Dieser eher ungewöhnliche Schritt war notwendig, weil die Unterlagen des Staatssicherheitsdienstes für externe Nutzer nur eingeschränkt herausgegeben werden können.[2]

Wesentliche Wissensgrundlagen über die Struktur, Aufgaben und Methoden des Ministeriums für Staatssicherheit haben die Forscher der Bundesbeauftragten seit ihrem Bestehen in dem sogleich in Angriff genommenen Projekt eines

---

1 StUG v. 20.12.1991, § 37 Abs. 1.
2 Das StUG versucht, weitgehende Opferinteressen und Interessen der historisch-politischen Aufarbeitung mit Datenschutzbestimmungen in Einklang zu halten. Deshalb regelt es, dass Akten an Forscher und Medien nur anonymisiert herausgegeben werden dürfen, sofern es sich nicht um Mitarbeiter oder Begünstigte des Staatssicherheitsdienstes handelt. Diese Regelung ist für die Forschung in verschiedenen Novellen gelockert worden. Gleichwohl stellten und stellen Anonymisierungen eine Erschwernis für die Verfolgung vieler Forschungsfragen dar. Um auch solchen Fragen nachgehen zu können, hat der Gesetzgeber die Schaffung eines Forschungsbereichs innerhalb der Behörde vorgesehen – die Abteilung Bildung und Forschung. In ihren Veröffentlichungen unterliegen die Werke der internen Forscher dann selbstverständlich den gleichen Voraussetzungen und Restriktionen des Datenschutzes wie die der externen.

Handbuches – »Anatomie der Staatssicherheit. Geschichte, Struktur, Methoden« – erarbeitet. Die Ausgangslage für ein derartig umfassendes Projekt war am Beginn der 90er Jahre schlecht, da ein Großteil der vorhandenen Akten erst erschlossen werden musste und nur sukzessive zur Verfügung stand. Deshalb planten die Herausgeber keinen umfassenden Band; vielmehr erschienen nacheinander einzelne Teilbände, bislang 24 an der Zahl.[3] Sie helfen, die Wissenslücke immer weiter zu schließen. Selbstverständlich haben auch andere Arbeiten dazu beigetragen, die Kenntnisse über die Geheimpolizei der DDR zu erweitern. Als Ergebnis von zwei Jahrzehnten Grundlagenforschung zur Arbeit des MfS ist nun festzuhalten, dass der Wissensstand ein beachtliches Niveau erreicht hat, dass diese Informationen jedoch über viele Werke verstreut und nicht kompakt auffindbar sind.

Hier will dieses Lexikon Abhilfe schaffen. Es soll das Wissen über Strukturen, Arbeitsweisen und Methoden der Staatssicherheit in einem eigenen Kompendium in knapper Form bündeln. Die Experten für die einzelnen Themengebiete haben in lexikalischer Form ihre Kenntnisse zusammengetragen und für

---

3 Wiedmann, Roland (Hg.): Die Organisationsstruktur des Ministeriums für Staatssicherheit 1989. Berlin 1995; Gieseke, Jens: Die hauptamtlichen Mitarbeiter des Ministeriums für Staatssicherheit. Berlin 1996; Eisenfeld, Bernd: Die Zentrale Koordinierungsgruppe. Bekämpfung von Flucht und Übersiedlung. Berlin 1996; Wunschik, Tobias: Die Hauptabteilung XXII: »Terrorabwehr«. Berlin 1995; Förster, Günter: Die Juristische Hochschule des Ministeriums für Staatssicherheit. Berlin 1996; Haendcke-Hoppe-Arndt, Maria: Die Hauptabteilung XVIII: Volkswirtschaft. Berlin 1997; Labrenz-Weiß, Hanna: Die Hauptabteilung II: Spionageabwehr. Berlin 2001; Schumann, Silke: Die Parteiorganisation der SED im MfS. Berlin 2002; Gieseke, Jens (Hg.): Wer war wer im Ministerium für Staatssicherheit. Kurzbiografien des MfS-Leitungspersonals 1950 bis 1989. Berlin 1998; Buthmann, Reinhard: Die Objektdienststellen des MfS. Berlin 1999; Knabe, Hubertus: Die Rechtsstelle des MfS. Berlin 1999; Buthmann, Reinhard: Die Arbeitsgruppe Bereich Kommerzielle Koordinierung. Berlin 2004; Engelmann, Roger; Joestel, Frank: Grundsatzdokumente des MfS. Berlin 2004; Beleites, Johannes: Abteilung XIV: Haftvollzug. Berlin 2004; Wolf, Stephan: Hauptabteilung I: NVA und Grenztruppen. Berlin 2005; Labrenz-Weiß, Hanna: Abteilung M: Postkontrolle. Berlin 2005; Tantzscher, Monika: Hauptabteilung VI: Grenzkontrollen, Reise- und Touristenverkehr. Berlin 2005; Schmole, Angela: Abteilung 26: Telefonkontrolle, Abhörmaßnahmen und Videoüberwachung. Berlin 2009; Auerbach, Thomas u. a.: Hauptabteilung XX: Staatsapparat, Blockparteien, Kirchen, Kultur, »politischer Untergrund«. Berlin 2008; Müller-Enbergs, Helmut: Die inoffiziellen Mitarbeiter. Berlin 2008; Wunschik, Tobias: Hauptabteilung VII: Ministerium des Innern, Deutsche Volkspolizei. Berlin 2009; Engelmann, Roger; Joestel, Frank: Die Zentrale Auswertungs- und Informationsgruppe. Berlin 2009; Süß, Walter: Die Staatssicherheit im letzten Jahrzehnt der DDR. Geschichte der Staatssicherheit. Berlin 2009; Schmidt, Andreas: Hauptabteilung III: Funkaufklärung und Funkabwehr. Berlin 2010.

eine breite Leserschaft zusammengestellt. Dass unter den exzellenten Kennern der Materie die (ehemaligen) Mitarbeiter des Forschungsbereichs bei der BStU dominieren, ist Ergebnis ihrer oftmals langjährigen Beschäftigung mit dem Gegenstand Staatssicherheit und deren Aktenüberlieferung. Gleichwohl sind selbstverständlich auch andere Erkenntnisse eingeflossen, wie gerade in archivischen Fragen die der Fachleute aus dem Archiv der BStU oder zum Beispiel beim Thema Entführungen des MfS die vom besten Kenner der Materie Karl Wilhelm Fricke, der hier stellvertretend für alle externen Autoren genannt sei. So kann der Nutzer dieses Lexikons davon ausgehen, zuverlässig und auf dem aktuellen Forschungsstand informiert zu werden.

Die Einträge beschränken sich auf Begriffe, Personen und Strukturen der Staatssicherheit der DDR. Stichwörter zur Aufarbeitung der MfS-Repressionsgeschichte nach 1989/90 wurden nicht aufgenommen – bis auf eine Ausnahme, die juristische Aufarbeitung des Stasi-Unrechts, die bereits seit einem Jahrzehnt als abgeschlossen gelten kann. Das werden manche Nutzer sicher vermissen, gerade wenn eine Institution wie die Bundesbeauftragte für die Stasi-Unterlagen ein derartiges Nachschlagewerk publiziert. Den Herausgebern kam es aber darauf an, einen klar abgrenzbaren und eindeutig definierbaren Gegenstand zum Inhalt des Lexikons zu machen.

Um ihn exakter zu umgrenzen, ist ein Blick auf die Aufgaben der Geheimpolizei sinnvoll: Die Staatssicherheit war nicht das einzige Repressionsorgan, das in der DDR tätig war, aber im Zusammenspiel mit Volkspolizei, Justiz und nicht zuletzt dem Parteiapparat sicherlich das bedeutendste. Sie war auch nicht der eigentliche Ausgangspunkt von Unterdrückung und Gewaltanwendung gegen Andersdenkende; als solcher ist die aus ihrem ideologischen Überbau schöpfende Staatspartei klar herauszustellen. Als »Schild und Schwert der Partei« hatte das MfS jedoch die Gefahren für die staatliche Sicherheit abzuwehren, namentlich diejenigen, die tatsächlich oder vermeintlich vom Westen ausgingen, und jede politische Opposition möglichst im Keim zu ersticken. Dabei ging es weniger um herkömmliche sicherheitspolitische Maßnahmen, sondern um die Wahrnehmung unterschiedlicher Herrschaftsfunktionen, die für kommunistische Diktaturen von zentraler Bedeutung waren. Aus seiner hervorgehobenen Stellung im Machtgefüge leitete das Ministerium für Staatssicherheit für sich das Recht ab, in allen gesellschaftlichen, wirtschaftlichen und staatlichen Bereichen tätig zu werden. Es beobachtete sensible Bereiche, verfolgte Abweichungen vom von der Partei vorgegebenen Kurs, deckte Defizite im volkswirtschaftlichen Bereich auf und forcierte die Suche nach den Verantwortlichen. Ihre besondere Aufmerksamkeit richtete die Geheimpolizei auf das Aufspüren und Unschädlichmachen von sogenannten Staatsfeinden, die sie selbst definierte und zu denen sie vor allem politisch Andersdenkende zählte, die sich offen artikulierten oder zu Gruppen zusammenschlossen. Auch Flucht- und Ausreisewillige wurden in der DDR wie Staatsfeinde behandelt, was für einen Staat, der seine Stabilität zu einem guten Teil geschlossenen Grenzen verdankte, naheliegend war. Zudem besaß das MfS die Funktion eines Ermittlungsorgans.

Neben diesen nach innen gerichteten Aufgaben übernahm das Ministerium auch klassische nachrichtendienstliche Aufgaben wie Spionage und Wirtschaftsspionage im »Operationsgebiet«, das in erster Linie die Bundesrepublik und Westberlin umfasste. Hierfür war die legendäre HV A unter ihrem langjährigen Leiter Markus Wolf zuständig.

Das Hauptaugenmerk der Staatssicherheit war jedoch auf die DDR selbst und ihre Bevölkerung gerichtet. Hier galt es für die Staatssicherheit nicht nur, diejenigen Kräfte frühzeitig aufzuspüren und dann zu neutralisieren, die die Herrschaft der SED in Frage zu stellen schienen. Vielfach genügte es bereits, die Deutungshoheit und den Führungsanspruch der Partei in einem gesellschaftlichen oder politischen Bereich nicht anzuerkennen oder einfach zu ignorieren, um ins Visier des MfS zu geraten. Die Formel war wiederum denkbar einfach: Feind ist, wer anders denkt. Das konnte selbstverständlich auch für innerparteiliche Dissidenz gelten, sobald die Parteiführung ihre Widersacher »exkommuniziert« hatte, wie es die Fälle von Wolfgang Harich und Walter Janka oder von Robert Havemann zeigen. Gleichwohl sorgte die Partei dafür, dass ihr eigener Apparat gegenüber Maßnahmen und Infiltrationen der Staatssicherheit weitgehend geschützt war – eine Grundvoraussetzung, um ihre führende Rolle auch gegenüber der Geheimpolizei behaupten zu können.

Spätestens in den 60er Jahren hatte sich das Ministerium für Staatssicherheit zu einem allgemeinen Kontrollorgan entwickelt, das sich auch um die Aufdeckung und Behebung der unterschiedlichsten Missstände kümmerte, die die staatliche Sicherheit beeinträchtigen konnten. Angesichts der allgegenwärtigen, die Stabilität des Systems latent in Frage stellenden ökonomischen Probleme führte dies zu einer starken Stellung des MfS im Bereich der Volkswirtschaft. Doch war auch die Staatssicherheit letztlich nicht in der Lage, die strukturellen Defizite realsozialistischen Wirtschaftens zu kompensieren. Im Gegenteil, mitunter war sie für Effizienzdefizite mitverantwortlich, weil sie ihr Sicherheitsdenken – etwa bei Fragen der Kaderauswahl oder der Ost-West-Kooperation – wirtschaftlichen Kriterien überordnete.[4]

Im Laufe der vergangenen zwei Jahrzehnte hat die Forschung ein beachtliches Wissen darüber erarbeitet, wie der weitverzweigte und ausdifferenzierte Apparat der Staatssicherheit aufgebaut war und wie er funktionierte, welches seine Methoden waren und welchen Einfluss seine Tätigkeit in der DDR – und darüber hinaus – besaß. Manche Fragen müssen zwar weiterhin als offen gelten, aber in weiten Bereichen konnte doch – gemessen an vergleichbaren Gegenständen der Zeitgeschichte – ein befriedigender Kenntnisstand erreicht werden. Einen profunden Überblick über die entsprechende Forschung bietet Jens Gieseke in seiner Überblicksdarstellung einschließlich der darin enthaltenen kommentierten Auswahlbibliografie.[5] Die jährlich von der Bibliothek der BStU aktualisierte Bibliografie zur Staatssicherheit listete 2009 über 3000 Buchtitel einschlägigen Inhalts auf.[6]

Einige Bereiche des Ministeriums für Staatssicherheit, die von besonderer Bedeutung sind und sich als Schwerpunkte in den Beiträgen des Lexikons spiegeln, seien hier kurz und ohne Anspruch auf Vollständigkeit aufgegriffen:

Konstitutiv für die Arbeit der Staatssicherheit war ihr Verhältnis zum Auftraggeber, der Partei. Deshalb ist die Durchleuchtung dieses Verhältnisses entscheidend für das Verständnis ihrer Rolle im Herrschaftsapparat der DDR. Grundlegend für diesen Forschungsbereich ist immer noch der von Siegfried Suckut und Walter Süß herausgegebene Sammelband.[7] Darüber hinausgehende systematische Untersuchungen zu diesem Themenfeld fehlen, obgleich viele Studien, die das Ministerium für Staatssicherheit behandeln, das Thema berücksichtigen. Auch zum Verhältnis von SED und MfS in den Regionen sind die Erkenntnisse bisher begrenzt, dürften aber durch derzeit laufende Forschungspro-

---

4 Vgl. Buthmann, Reinhard: Kadersicherung im Kombinat VEB Carl Zeiss Jena. Die Staatssicherheit und das Scheitern des Mikroelektronikprogramms. Berlin 1997.

5 Vgl. Gieseke, Jens: Der Mielke-Konzern. Geschichte der Stasi 1945–1990. Erweiterte aktualisierte Neuauflage, München 2006, S. 285–311. Überarbeitete Neuauflage erscheint unter dem Titel: Die Stasi 1945–1990. München 2011.

6 http://www.bstu.bund.de

7 Suckut, Siegfried; Süß, Walter (Hg.): Staatspartei und Staatssicherheit. Zum Verhältnis von SED und MfS. Berlin 1997.

jekte wesentlich erweitert werden.[8] Zwei solide Arbeiten zur (besonderen) Rolle der SED-Parteiorganisation im MfS von Silke Schumann liegen dagegen schon seit längerer Zeit vor.[9] Von ähnlich grundlegendem Interesse ist die Frage nach der Rolle der Staatssicherheit im vielfach als durchherrscht beschriebenen Alltag der DDR. Ansätze, die die Herrschaftspraxis allgemein mit gesellschaftsgeschichtlichen Fragen verknüpfen, finden nun verstärkt Aufmerksamkeit.[10] Fokussiert auf die Staatssicherheit, weist ein von Jens Gieseke herausgegebener Sammelband in diese Richtung.[11] In mehreren umfassenden Beiträgen nimmt das Lexikon diese Themen auf. Sie machen auch deutlich, dass eine anspruchsvolle Beschäftigung nicht bei der isolierten Erläuterung von Strukturen und Methoden der Geheimpolizei stehenbleiben darf.

Die Entwicklung des MfS über die 40 Jahre seines Bestehens verlief nicht geradlinig. Wichtige Zäsuren wurden durch die Herrschaftskrisen der DDR markiert, in denen der Blick besonders auf die Staatssicherheit gerichtet war und die sie letztlich maßgeblich prägten. Letzteres gilt insbesondere für den Volksaufstand vom 17. Juni 1953. Die Rolle des MfS und die Konsequenzen für den Dienst waren Gegenstand einer ganzen Reihe von Publikationen.[12] Die Bedeutung der 1956 einsetzenden Entstalinisierungskrise für die Staatssicherheit wird in einer

---

8 Eine erste Bresche am Beispiel der Kreise Gransee und Perleberg schlägt Gary Bruce: The Firm: The Inside Story of the Stasi. Oxford 2010. Außerdem ist auf einige laufende Projekte zu verweisen: Braun, Matthias u. a.: Bühne der Dissidenz (Gera), erscheint 2011; Gerick, Gunter: Verhältnis von SED-Bezirksleitung und Bezirksverwaltung des MfS in Karl-Marx-Stadt; Roger Engelmann und Daniela Münkel untersuchen die regionalen Verflechtungen im Kreis Halberstadt.

9 Schumann, Silke: Parteierziehung in der Geheimpolizei. Zur Rolle der SED im MfS der fünfziger Jahre. Berlin 1997, und dies.: Die Parteiorganisation der SED im MfS (MfS-Handbuch).

10 Kneipp, Danuta: Im Abseits. Berufliche Diskriminierung und politische Dissidenz in der Honecker-DDR. Köln 2009, und Stadelmann-Wenz, Elke: Widerständiges Verhalten und Herrschaftspraxis in der DDR vom Mauerbau bis zum Ende der Ulbricht-Ära. Paderborn 2009.

11 Gieseke, Jens (Hg.): Staatssicherheit und Gesellschaft. Studien zum Herrschaftsalltag in der DDR. Göttingen 2007.

12 Fricke, Karl Wilhelm; Engelmann, Roger (Hg.): »Konzentrierte Schläge«. Staatssicherheitsaktionen und politische Prozesse in der DDR 1953–1956. Berlin 1998; Kowalczuk, Ilko-Sascha: 17. Juni 1953: Volksaufstand in der DDR. Ursachen – Abläufe – Folgen. Berlin 2003; Löhn, Hans-Peter: Spitzbart, Bauch und Brille – sind nicht Volkes Wille! Der Aufstand vom 17. Juni 1953 in Halle an der Saale. Bremen 2003; Eisenfeld, Bernd; Kowalczuk, Ilko-Sascha; Neubert, Ehrhart: Die verdrängte Revolution. Der Platz des 17. Juni 1953 in der deutschen Geschichte. Bremen 2004; Engelmann, Roger; Kowalczuk, Ilko-Sascha (Hg.): Volkserhebung gegen den SED-Staat. Eine Bestandsaufnahme zum 17. Juni 1953. Göttingen 2005.

transnationalen Perspektive in einem Sammelband ausgelotet, der auf einer gemeinsamen Tagung von BStU und Institut für Zeitgeschichte fußt.[13] Auch die mit dem Mauerbau 1961 verbundene Herrschaftskrise hatte erhebliche Auswirkungen auf die weitere Entwicklung der Staatssicherheit zu einem allgemeinen Kontrollorgan.[14] Der im Erscheinen befindliche Band 1961 der Berichte des MfS an die politische Führung mit bislang unbekannten Dokumenten verdeutlicht dies und zeigt, dass die Rolle der Staatssicherheit bei den Grenzsperrmaßnahmen alles andere als marginal war.[15] Ein wichtiger Untersuchungsgegenstand ist schließlich der Zusammenbruch der DDR 1989. Den Gründen, warum die Staatssicherheit paralysiert war und nicht mehr eingreifen konnte, sind mehrere Arbeiten intensiv nachgegangen.[16] Darauf können sich die Artikel des Lexikons stützen.

Das originäre Tätigkeitsfeld der Geheimpolizei war die Bekämpfung von abweichendem Verhalten und politischer Gegnerschaft. Viele Einzelstudien biographischen, regionalen sowie fall- oder gruppenbezogenen Zuschnitts behandeln auch Verfolgungsmaßnahmen und speziell die Rolle des MfS bei der Oppositionsbekämpfung. Das gilt auch für die Gesamtdarstellung zur Geschichte der Opposition von Ehrhart Neubert[17] sowie einige neuere Arbeiten mit umfassenderer Fragestellung.[18] Arbeiten, die sich mit dem Verhältnis von MfS und Strafjustiz befassen, sind mit diesem Themengebiet eng verknüpft.[19] Eine Reihe von Einträgen des Lexikons schöpft auch aus diesen Forschungen.

---

13 Engelmann, Roger; Großbölting, Thomas; Wentker, Hermann (Hg.): Kommunismus in der Krise. Die Entstalinisierung 1956 und die Folgen. Göttingen 2008.

14 Diedrich, Torsten; Kowalczuk, Ilko-Sascha (Hg.): Staatsgründung auf Raten? Berlin 2005.

15 Münkel, Daniela (Bearb.): Die DDR im Blick der Stasi 1961. Die geheimen Berichte an die SED-Führung. Göttingen 2011.

16 Süß, Walter: Staatssicherheit am Ende. Warum es den Mächtigen nicht gelang, 1989 eine Revolution zu verhindern. Berlin 1999; ders.: Die Staatssicherheit im letzten Jahrzehnt der DDR (MfS-Handbuch); Kowalczuk, Ilko-Sascha: Endspiel. Die Revolution von 1989 in der DDR. München 2009.

17 Neubert, Ehrhart: Geschichte der Opposition in der DDR 1949–1989. Berlin 1997.

18 Pingel-Schliemann, Sandra: Zersetzen – Strategie einer Diktatur. Eine Studie. Berlin 2002; Kneipp, Danuta: Im Abseits. Berufliche Diskriminierung und politische Dissidenz in der Honecker-DDR. Köln 2009; Stadelmann-Wenz, Elke: Widerständiges Verhalten und Herrschaftspraxis in der DDR: Vom Mauerbau bis zum Ende der Ulbricht-Ära. Paderborn 2009.

19 Vollnhals, Clemens: Der Fall Havemann. Ein Lehrstück politischer Justiz. Berlin 1998; Engelmann, Roger; Vollnhals, Clemens (Hg.): Justiz im Dienste der Parteiherrschaft. Rechtspraxis und Staatssicherheit in der DDR. Berlin 1999; Raschka, Johannes: Justizpolitik im SED-Staat. Anpassung und Wandel des Strafrechts während der Amtszeit Honeckers. Köln 2000.

Für die DDR war aber nicht nur politische Opposition im engeren Sinn »feindlich«, auch der Versuch, das Land zu verlassen, war kriminalisiert und wurde vom MfS im Zusammenspiel mit anderen Institutionen verfolgt – gerade in den 80er Jahren härter als die politische Opposition. Der Forschungsstand zu diesem Themengebiet spiegelt sich in entsprechenden Artikeln des Lexikons.

Weitere wichtige Arbeitsfelder der Staatssicherheit waren die verschiedenen großen Sicherungsbereiche, die ebenfalls in ausführlicheren Lexikonartikeln behandelt werden. Sie sind sehr unterschiedlich wissenschaftlich erforscht. Liegt zur Volkspolizei als größere Studie bisher nur die Arbeit von Thomas Lindenberger vor,[20] so behandelt eine Reihe von sehr unterschiedlichen Arbeiten den Bereich der Kulturpolitik. Insbesondere die Werke von Joachim Walther und Matthias Braun zur Literaturszene sowie von Hannelore Offner und Klaus Schroeder zu den bildenden Künstlern sind hier als Grundlagenforschung zu nennen.[21] Andere Sicherungsbereiche wie die Volkswirtschaft sind im Gegensatz dazu noch schlecht erforscht,[22] hier bedarf es weiterer Anstrengung, um einen vertieften Blick über Einflussversuche und -möglichkeiten der Staatssicherheit zu erhalten. Klar wird durch neue Untersuchungen aber bereits, dass auch andere Akteure wie die Betriebsparteiorganisationen und der FDGB einen erheblichen Anteil an der Disziplinierung in den Betrieben hatten.[23]

---

20 Lindenberger, Thomas: Volkspolizei. Herrschaftspraxis und öffentliche Ordnung im SED-Staat 1952–1968. Köln 2003.
21 Braun, Matthias: Drama um eine Komödie. Das Ensemble von SED und Staatssicherheit, FDJ und Kulturministerium gegen Heiner Müllers »Die Umsiedlerin oder das Leben auf dem Lande« im Oktober 1961. Berlin 1996; ders.: Kulturinsel und Machtinstrument. Die Akademie der Künste, die Partei und die Staatssicherheit. Göttingen 2007; Walther, Joachim: Sicherungsbereich Literatur. Schriftsteller und Staatssicherheit in der Deutschen Demokratischen Republik. Berlin 1996; Offner, Hannelore; Schroeder, Klaus (Hg.): Eingegrenzt – Ausgegrenzt. Bildende Kunst und Parteiherrschaft in der DDR 1961–1989. Berlin 2000.
22 Haendcke-Hoppe-Arndt, Maria: Die Hauptabteilung XVIII: Volkswirtschaft (MfS-Handbuch); Hertle, Hans-Hermann; Gilles, Franz-Otto: Zur Rolle des Ministeriums für Staatssicherheit in der DDR-Wirtschaft. In: Hürtgen, Renate (Hg.): Der Schein der Stabilität. DDR-Betriebsalltag in der Ära Honecker. Berlin 2001, S. 173–189.
23 Schütterle, Juliane: Kumpel, Kader und Genossen. Arbeiten und Leben im Uranbergbau der DDR. Die Wismut AG. Paderborn 2010.

Einen eigenen Bereich der MfS-Tätigkeit stellte die Westarbeit dar. Er ist, gerade im Verhältnis zur Quellenüberlieferung, relativ gut erforscht.[24] Auch hierzu wird der Nutzer des Lexikons eine ganze Reihe von spezifischen Einträgen finden.

Zum Aufbau des Lexikons

Die alphabetisch angeordneten Artikel lassen sich in drei unterschiedliche Typen untergliedern.

Längere Artikel beschreiben das Wissen, das grundlegend für das Verständnis des Ministeriums für Staatssicherheit und seiner Arbeit ist. Die Sachverhalte werden hier kontextualisiert und in ihrem gesellschaftlichen wie politischen Rahmen dargestellt. Das erscheint unabdingbar für das Verständnis der Staatssicherheit, deren Tätigkeit nur unter den spezifischen Bedingungen der SED-Herrschaft möglich war.

Knappe Artikel informieren punktgenau über Sachverhalte wie Organisationseinheiten und -strukturen, erklären die Stasi-typische Fachterminologie und technische Begriffe und beschreiben solche Institutionen, die in engem Zusammenwirken mit der Staatssicherheit tätig waren.

Schließlich stellen Biografien die wichtigsten Leiter des MfS vor. Aufgenommen wurden die Mitglieder des Kollegiums des MfS, eines größeren Kreises von leitenden Mitarbeitern, die eine herausgehobene Funktion innerhalb des Ministeriums wahrnahmen. Darüber hinaus wurden die Leiter anderer wichtiger Diensteinheiten und einige wenige Einzelpersonen berücksichtigt, die beispielhaft für bestimmte Merkmale stehen, darunter Werner Stiller als Überläufer in den Westen oder der zum Tode verurteilte vermeintliche Verräter von Geheimnissen Werner Teske. Den Kreis weiter zu ziehen, erschien unnötig, da die bewährte, mittlerweile in 5. Auflage vorliegende Sammlung von Biografien »Wer

---

24 Müller-Enbergs, Helmut (Hg.): Inoffizielle Mitarbeiter des Ministeriums für Staatssicherheit, Teil 2: Anleitungen für die Arbeit mit Agenten, Kundschaftern und Spionen in der Bundesrepublik Deutschland. Berlin 1998; Knabe, Hubertus: West-Arbeit des MfS. Das Zusammenspiel von »Aufklärung« und »Abwehr«. Berlin 1999; Herbstritt, Georg; Müller-Enbergs, Helmut (Hg.): Das Gesicht dem Westen zu … DDR-Spionage gegen die Bundesrepublik Deutschland. Bremen 2003; Herbstritt, Georg: Bundesbürger im Dienst der DDR-Spionage. Eine analytische Studie. Göttingen 2007; Müller-Enbergs, Helmut: »Rosenholz«. Eine Quellenkritik. Berlin 2007.

war wer in der DDR?« in ihrem breiten Spektrum von Personenkreisen auch die wichtigen Persönlichkeiten aus dem Ministerium für Staatssicherheit und im Zusammenhang mit dessen Tätigkeit Stehende berücksichtigt.[25]

Im Anschluss an die alphabetisch geordneten Artikel bietet ein Anhang ausgewählte Organigramme, Übersichten und Tabellen, die Strukturen und Sachverhalte übersichtlich präsentieren. Das erleichtert dem Nutzer, den Überblick über die mitunter doch verworrene, wild gewachsene und stark ausdifferenzierte Materie zu bewahren.

Wissenschaft bedient sich einer Metasprache und will sich bewusst von der Sprache der Quellen lösen. Das ist in noch größerem Maße unabdingbar, beschäftigt man sich mit einem Repressionsorgan, das seine eigene Fachterminologie entwickelte. Selbstverständlich ist das auch der Ansatz der Autoren und Herausgeber. Mitunter beschreibt allerdings die Selbstdefinition des MfS am prägnantesten Ziel und Aufgabe des zu Erklärenden. Solche Beschreibungen wurden im Hinblick auf kurze Erläuterungen mitunter beibehalten, sofern sie allgemein verständlich sind. Sie bedeuten natürlich keine Übereinstimmung mit den Denkweisen des Ministeriums für Staatssicherheit. Um eine möglichst gute Lesbarkeit des Textes zu gewährleisten, wurde darauf verzichtet, sämtliche Begriffe dieser Art durch Anführungszeichen zu kennzeichnen.

Die Stichwörter sind durch Querverweise intensiv miteinander vernetzt. Gängige Begriffe, denen jedoch keine Erläuterung folgt, weil sie bei einem anderen, spezifischeren Begriff behandelt werden, sind als eigenes Stichwort mit einem Querverweis im Lexikon berücksichtigt worden (Bsp. Spionage → Westarbeit/Spionage). Innerhalb der Beiträge sind für das Verständnis des jeweiligen Zusammenhangs weiterführende Stichwörter ebenfalls mit einem Verweis versehen, damit der Nutzer sich weitergehend informieren und auf diese Weise sein Bild abrunden kann. Im Anhang findet sich ein Verzeichnis der Lexikoneinträge (Stichwörter) inklusive der Querverweise, denen kein eigener Artikel folgt. Das soll einen schnellen Überblick über die Einträge bieten.

Dem exzessiven Gebrauch von Abkürzungen im MfS wurde mit einem Abkürzungsverzeichnis im Anhang Rechnung getragen. Sucht der Benutzer beispielsweise einen Lexikoneintrag zum Begriff »KK«, dann führt ein Blick ins Abkürzungsverzeichnis zunächst zur Auflösung der Abkürzung. Wenn für den

---

25 Müller-Enbergs, Helmut; Wielgohs, Jan; Hoffmann, Dieter u. a. unter Mitarb. von Olaf W. Reimann: Wer war wer in der DDR? Ein Lexikon ostdeutscher Biographien. Berlin 2010.

betreffenden Begriff ein Eintrag im Lexikon vorliegt, ist er im Abkürzungsverzeichnis mit einem Pfeil versehen (→ Kerblochkarten).

So ist, das hoffen die Herausgeber, ein Nachschlagewerk entstanden, das mit seinen vielfältigen Informationsangeboten und dem weiten Spektrum von thematischen Einträgen die Interessen unterschiedlicher Nutzergruppen zufriedenstellt. Es wendet sich genauso an die interessierte Öffentlichkeit, die Basisinformationen zum MfS bekommen will, wie an den Historiker und die Studentin, die sich rasch über einen bestimmten Sachverhalt oder ein Detail aus der Arbeit des MfS informieren wollen. Nicht zuletzt wurde bei der Auswahl der Stichwörter an den Aktennutzer in der BStU gedacht – gleichgültig, ob er sein Recht auf persönliche Akteneinsicht wahrnimmt oder ob eine Wissenschaftlerin oder ein Journalist in den Unterlagen recherchiert. Immer wieder begegnen ihnen allen bei der Aktennutzung spezifische Begriffe oder Bezeichnungen weiterer Diensteinheiten, die unbekannt und erklärungsbedürftig sind. Alle diese Gruppen von Interessierten sollen mit Hilfe der knappen Artikel schnell und zuverlässig informiert werden.

Zuletzt gilt es zu danken. Der Dank der Herausgeber gilt allen externen und internen Autoren, die in kurzer Frist ihre Beiträge beisteuerten und dafür ihre Hauptprojekte zeitweilig zurückstellen mussten. Die Mitarbeiter der Abteilung Bildung und Forschung haben in unzähligen Verbesserungs- und Kontrolldurchgängen aus den zunächst sehr unterschiedlichen Artikeln eine Einheit hergestellt. Gleichwohl bleibt die Handschrift der Autoren kenntlich, was aus Sicht der Herausgeber kein Nachteil ist.

Helge Heidemeyer

A

Ablage, Geheime Vorgänge, die aus Sicht des MfS besonders geheimhaltungs-
würdig waren, etwa zu Suiziden, Fahnenfluchten und Straftaten → inoffizieller
und → hauptamtlicher Mitarbeiter des MfS, aber auch von Funktionären und
Personen des öffentlichen Lebens der DDR. Als Archivbestand 5 nur in der
→ Abt. XII der MfS-Zentrale vorhanden; Sigle: GH. In der Regel personenbezogen nutzbar über die → F 16/→ F 22 und ggf. das Archivregistrierbuch (→ F 500).
Der Archivbestand umfasst 348 lfm.   *SWo*

Abschöpfen A. meint die vom Informationsgeber unbemerkte Sammlung von
operativ relevanten Informationen. Abgeschöpft werden konnten Personen
durch → IM, was zu ihren grundsätzlichen Aufgaben gehörte. Im »Operationsgebiet« gab es eigens eine IM-Kategorie namens »A-Quelle« (Abschöpfquelle
→ Quelle), die bewusst Kontakte zu Personen unterhielt, die in bestimmten,
operativ interessanten Zielobjekten tätig waren. Ferner meint A. die bewusste
oder unbewusste Informationsübergabe des IM bzw. des → GMS an den → Führungsoffizier.   *HME*

Abteilung Eine selbständige Abteilung ist eine Organisationsstruktur in der
MfS-Zentrale, die durch den Minister oder einen seiner Stellvertreter direkt angeleitet und durch militärische Einzelleiter geführt wurde. Die weiter untergliederten Abteilungen prägten Linien aus (z. B. Abt. XIV; → Linienprinzip) oder
blieben auf die Zentrale beschränkt (z. B. Abt. X). Die eng umrissenen Zuständigkeiten mit operativer Verantwortung und Federführung orientierten sich an
geheimdienstlichen Praktiken (Telefonüberwachung) oder Arbeitsfeldern (Bewaffnung, chemischer Dienst).   *MEr*

Abteilung Agitation Für → Öffentlichkeits- und Traditionsarbeit zuständige
zentrale Diensteinheit, 1955 aus der Abteilung Allgemeines ausgegründet. Sie

*Von der Abteilung Agitation erarbeitete Propagandaschriften über den Volks-
aufstand am 17. Juni 1953 und die Westberliner Radiosender RIAS und SFB.*

sorgte für die Erarbeitung von Ausstellungen, Printpublikationen und Filmen
zur Tätigkeit des MfS sowie für die Platzierung solcher Themen in den DDR-
Medien. Die Abt. stand unter der Leitung von Gustav Borrmann (1955–1957),
Günter Halle (1957–1975) und Helmut Bechert (1975–1985). Sie verfügte 1960
über 26, 1970 über 69 und 1985 über 76 Mitarbeiter. 1972–1983 war der Arbeitsbereich, der für die Zusammenarbeit mit betrieblichen Arbeitskollektiven,
Schulen und Grenzgemeinden sowie die sog. Patenschaftsarbeit zuständig war,
unter der Leitung von Gerhard Kehl als Arbeitsgruppe Öffentliche Verbindungen (AÖV) zeitweise ausgegliedert. 1985 wurde der Aufgabenbereich der Abteilung als Bereich 6 in die → ZAIG eingegliedert. *FJo, REn*

Abteilung III (Funkaufklärung) 1971 aus dem Bereich III entstanden; 1983 mit
der → Abt. Funkabwehr zur → HA III zusammengelegt.
Aufgaben: → Funkaufklärung im Rahmen der elektronischen Kampfführung
(EloKa) durch Erfassen und Analyse der Funkfrequenzen und -netze bis hin
zum Satellitenfunk vor allem in der Bundesrepublik Deutschland und der NATO

sowie Eindringen in diese Kommunikationsverbindungen zur Informationsgewinnung und Verhinderung des gegnerischen Eindringens in die Nachrichtenverbindungen der DDR. *RWi, APo*

Abteilung III (Volkswirtschaft) 1950 entstanden; 1952 zur HA III aufgewertet; von 1964 an → HA XVIII.

Abteilung IV (Spionageabwehr) 1950 entstanden; 1953 in die → HA II überführt.

Abteilung IV (Diversion) 1959 hervorgegangen aus der Abt. III der → HV A; 1974–1978 nach Zusammenschluss mit der Arbeitsrichtung S der → AGM als → Abt. IV/S bezeichnet; 1978–1987 wieder selbständige Abteilung; 1987 größtenteils in der Abt. A XVIII der HV A aufgegangen.
Aufgaben: Infrastrukturspionage sowie Diversions- und Sabotagevorbereitung im → Operationsgebiet, insbesondere in der Bundesrepublik Deutschland; u. a. durch Werbung und Führung von IM in der Bundesrepublik Deutschland und der DDR, deren Ausbildung und Einschleusung in das Bundesgebiet; die Beschaffung von → Konspirativen Wohnungen (KW) und Deckadressen (→ IMK); Suche, Auswahl und Ausstattung von Depots für Material und von Unterkunfts- bzw. Unterschlupfobjekten sowie Aufklärung geeigneter Hubschrauberlandeplätze und Anlage von → Objektvorgängen zu Personen und Einrichtungen. *RWi, APo*

Abteilung IV/S (Diversion/Sonderaufgaben) 1974 entstanden durch Zusammenschluss der → Abt. IV (Diversion) und der Arbeitsrichtung S der → AGM; 1978 erneute Trennung in Abt. IV (Diversion) und AGM/S.
Aufgaben: Ausbildung spezifischer Kräfte vor allem zur Durchführung von Kommandounternehmen auf dem Territorium des Gegners sowie Planung und Realisierung von Infrastrukturspionage bzw. Planung und Vorbereitung von Diversions- und Sabotageakten, um in Spannungsperioden oder im »Kriegsfall« gezielt Anschläge gegen neuralgische Punkte und Objekte verüben zu können. *RWi, APo*

Abteilung V 1950 entstanden; 1953 mit → Abt. VI zur → HA V vereinigt.
Aufgaben: Sicherung zentraler Organe und Einrichtungen des Staatsapparates und der Führungsgremien der Parteien und Massenorganisationen (ohne SED

und FDGB); (ab 1952) »Bearbeitung« der Kirchen, Sekten und der Zeugen Jehovas; Mitwirkung an der Durchsetzung der staatlichen Jugend-, Kultur- und Sportpolitik; »Bearbeitung« und Bekämpfung der in der DDR verbliebenen ehemaligen SPD-Mitglieder, der Ostbüros westdeutscher Parteien und des DGB, des Trotzkismus, rechtsextremistischer Gruppierungen und illegaler Organisationen, die z. B. Agententätigkeit gegen die DDR betrieben, politischer bzw. terroristischer Organisationen, die im Verdacht standen, Zentralen bzw. Agenturen westlicher Geheimdienste oder des Bundesministeriums für gesamtdeutsche Fragen zu sein, sowie illegaler Umsiedlerorganisationen, -vereinigungen, Heimatkreise und Landsmannschaften.   *RWi, APo*

Abteilung VI (Überwachung Staatsapparat) 1950 entstanden; 1953 in die → HA V überführt.

Abteilung VI (Forschung, Verteidigungsindustrie) Mit der Bildung der Abt. VI am 10.2.1955 legte das → SfS den Grundstein für die systematische Bearbeitung des Sicherungsbereiches Wissenschaft und Technik. Anlass waren die Sonderobjekte Flugzeugindustrie und Kernphysik sowie die Verteidigungsindustrie für die Kasernierte Volkspolizei (KVP) und die Sowjetarmee. Noch 1955 wurden ihr weitere Forschungseinrichtungen zugewiesen. Strukturell wurden Abteilungen der Linie VI in der Verwaltung Groß-Berlin und in neun Bezirksverwaltungen errichtet. Ein Sonderreferat erhielt die Aufgabe, die Einstellung »negativer« Personen in sicherheitssensiblen Institutionen zu verhindern. Am 19.2.1962 wurde die von → Switala geleitete Abt. VI aufgelöst und als Abt. 6 in die → HA III integriert, mit deren Umbildung zur → HA XVIII bei gleicher Aufgabenstellung in Abt. XVIII/5 umbenannt. Die Anzahl der hauptamtlichen Mitarbeiter fiel von 52 auf 24 im Jahr 1962; für sie arbeiteten zuletzt 203 IM.   *RBu*

Abteilung VI a 1950 entstanden; 1952 Umwandlung zur → Abt. M.

Abteilung VII 1950 entstanden; 1959 Aufwertung zur → HA VII.

Abteilung VIII 1950 entstanden; 1958 Aufwertung zur → HA VIII.

Abteilung IX 1950 entstanden; 1953 Aufwertung zur → HA IX.

Abteilung X (Fahndung) 1950 entstanden; 1954 als Referat Fahndung in der → Abt. XII des MfS aufgegangen.

Aufgaben: Eröffnung und Führung von → Fahndungsvorgängen zu Personen und/oder Sachen, Organisierung von aktiven Fahndungen sowie Bildung bzw. Nutzung von Agenturen zur Realisierung der Fahndungsvorgänge. *RWi, APo*

Abteilung X (Internationale Verbindungen) 1956 entstanden.

Aufgaben: Förderung und Weiterentwicklung der internationalen Beziehungen des MfS, insbesondere der Zusammenarbeit mit den »Bruderorganen« sozialistischer Länder und der Zusammenarbeit mit den Sicherheitsorganen befreundeter Staaten sowie Übersetzerdienst für die Diensteinheiten des MfS. *RWi, APo*

Abteilung XI (Chiffrierwesen) 1950 entstanden.

Aufgaben: → Chiffrierung und Dechiffrierung von geheim zu haltenden Schreiben, Fernschreiben, Funksprüchen und Telefongesprächen; Sammlung und Auswertung von Chiffren, Codes, Schriften und anderen Unterlagen, die über Chiffrierdienste der gegnerischen Staaten Auskunft geben inkl. Erfassung der Chiffrier-Leitstellen, Armeeeinrichtungen und Dechiffrier-Dienste gegnerischer Geheimdienste; Ausbildung und Qualifizierung geeigneter Mitarbeiter als Funker und Chiffreure; Entwicklung der Abt. XI zum Zentralen Chiffrierorgan der DDR (mit Ausnahme Bereich NVA) sowie Sicherung der Chiffrierdienste von Außenhandel und Auslands-Chiffrier-Dienst. *RWi, APo*

Abteilung XII (Zentrale Auskunft, Speicher) Abteilung zur Speicherung und Verwaltung von Informationen zu Personen und formgerecht geführten Vorgängen (Registratur und Archivaufgaben). 1950 als Abteilung Erfassung und Statistik gebildet, wurde sie 1951 in Abt. XII umbenannt und gehörte zu den auf der Linie des Ministers tätigen Diensteinheiten. Abteilungen XII existierten in der Zentrale und dem → Linienprinzip entsprechend in den BV. (Die → KD archivierten ihre Ablagen nicht selbständig.) Die HV A und die HA I besaßen jeweils eigene Registraturabteilungen, die karteimäßig mit der Zentrale verbunden waren. Die Abt. XII bestand aus den Bereichen Kartei und Archiv mit folgenden Hauptaufgaben: Kartei- bzw. Speicherführung und -änderung (Erfassung von Personen und Objekten; Registrierung von Vorgängen und archivierten Akten; Änderung von Personen- und/oder Erfassungsdaten), Archivierung, Überprüfung und Auskunftserteilung.

Die Grunddaten zu erfassten Personen und registrierten Vorgängen wurden in Karteien gespeichert. So war es möglich, jede Person zu überprüfen, zu identifizieren und ihr Verhältnis zum MfS festzustellen. Anfangs existierten für die Erfassung von Personen nur drei Kategorien: 1.»feindliche« Personen; 2. geheime Mitarbeiter (GM, GI, KW); 3. durch das MfS verhaftete Personen.

In den letzten 20 Jahren des MfS gab es im Bereich Kartei folgende wichtige Speicher: Personenkartei (→ F 16), Vorgangskartei (→ F 22, F 22 a), Feindobjektkartei (→ F 17), Decknamenkartei (→ F 77), Straßenkartei (→ F 78), Objektkartei für Konspirative Wohnungen und andere Objekte (→ F 80), → IM-Vorauswahlkartei (IM-VAK). Außerdem gab es Neben- und Hilfskarteien. Allein in der Zentrale umfassten 1989 die 12 Hauptkarteien mehr als 18 Mio. Karteikarten.

Die Arbeiten in den Speichern und im Archiv erfolgten ausschließlich auf Anforderung der operativen Diensteinheiten. Diese konnten veranlassen, dass eine Person überprüft, erfasst bzw. ein Vorgang registriert (→ Registrierung) wurde. Um Mehrfachbearbeitungen zu vermeiden, durfte eine Person nur in einem registrierten Vorgang aktiv erfasst werden (→ Erfassung, aktive), umgekehrt konnten in einem Vorgang aber mehrere Personen registriert werden. Bei → IM-Vorgängen wurde nur eine Person registriert, allerdings nicht bei der → HV A, wo neben dem IM auch Angehörige und mit dem IM in Verbindung stehende Personen im selben IM-Vorgang registriert werden konnten (→ Rosenholz).

Hauptaufgaben des Bereichs Archiv der Zentrale waren v. a.: Archivierung politisch-operativen Schriftgutes der Zentrale und speziellen Schriftgutes der BV; Archivierung von Schriftgut anderer staatlicher Institutionen; Erarbeitung und Speicherung von schriftlichen Auskünften; Ausleihe und Nachweisführung über Bewegung von Archivgut, Zuheftung, Kassation und Restaurierung.

Die Bestände teilten sich in die Operative → Hauptablage, die Allgemeine → Sachablage, den Bestand Kader und Schulung, den Bestand an Akten der Staatsanwaltschaft sowie diverse Sonderbestände und Teilablagen, darunter die Geheime → Ablage sowie Akten der → Verwaltung Aufklärung des Ministeriums für Nationale Verteidigung und Unterlagen aus der Zeit vor 1945, die aber bereits in den 60er Jahren in das gesonderte Archiv der HA IX/11 abgegeben wurden. Zuletzt gab es Kategorien für ca. 30 verschiedene Erfassungsarten, die sämtlich separat geführt wurden, darunter: → Untersuchungsvorgang, → Operativer Vorgang, → Operative Personenkontrolle, → inoffizieller Mitarbeiter, → Zelleninformator, → Feindobjekt. Analog zur Registriernummer bei aktiven Vorgängen wurde für jede abzulegende Akte eine eigene Archivnummer vergeben.

Siemens-Großrechner S4004/45 im Zentralen Rechenzentrum der Abteilung XIII in Berlin-Wuhlheide Anfang der 70er Jahre.

Seit Beginn der 70er Jahre setzte das MfS zunehmend auf EDV, was in der Abteilung XII die Erfassung der zentralen Personenkartei F 16 in der elektronischen Datenbank System der automatischen Vorauswahl (→ SAVO) zur Folge hatte. Ab 1981 begann auch die → ZAIG mittels der → ZPDB Einzelinformationen zu Personen und Sachverhalten elektronisch zu speichern. Trotzdem behielten manuell geführte Karteien und schriftliches Archiv bis zuletzt ihre grundlegende Bedeutung. *KRi*

Abteilung XIII (Verkehrswesen) 1952 entstanden aus der Abt. E; 1953 Aufwertung zur → HA XIII.

Abteilung XIII (Zentrales Rechenzentrum/ZRZ) 1972 entstanden aus der → AG XIII.
Aufgaben: Realisierung von Datenverarbeitungsprojekten anderer Diensteinheiten des MfS sowie deren Entwicklung, Betreuung und Wartung; besondere Aufmerksamkeit galt hierbei der Software sowie der EDV-Technik. *RWi, APo*

Abteilung XIV (Untersuchungshaft, Strafvollzug) Die 1952 entstandene selbständige Abt. XIV des Ministeriums und die ihr nachgeordneten Abteilungen der → BV – zusammenfassend als Linie XIV bezeichnet – waren für den Betrieb der Untersuchungsgefängnisse des MfS zuständig. Gleichermaßen unterstand ihnen der Strafvollzug im MfS, also im Lager X in Berlin-Hohenschönhausen (bis 1960; danach unterstand es bis zu seiner Auflösung Mitte der 70er Jahre der Abt. XVI des MfS) und in den Strafgefangenen-Arbeitskommandos (SGAK) der einzelnen Untersuchungshaftanstalten. Praktisch keine Berührungspunkte gab es zwischen der Linie XIV und der Strafvollzugsanstalt Bautzen II.

Das Aufgabenfeld der Linie XIV war: Sicherung und Unterbringung der Gefangenen, Gefangenentransporte, Betrieb der Haftanstalten und die Organisation des Strafvollzuges (→ Haft im MfS). Eine durchschnittliche Abteilung einer BV gliederte sich somit in den 80er Jahren in sieben Referate, vier »Sicherung und Kontrolle«, je eins »Transport«, »materielle Sicherstellung« sowie »operativer Vollzug«.

Die vier Referate zur Sicherung und Kontrolle umfassten jeweils eine Wachschicht, d. h. Schließer und Wachposten. Dem Transportreferat unterstanden die Gefangenentransport-Fahrzeuge der jeweiligen Abteilung (ausschließlich Kfz; die als »Grotewohl-Express« bezeichneten Eisenbahnwaggons zum Gefangenentransport unterstanden der MdI-Verwaltung Strafvollzug). Die Referate für materielle Sicherstellung waren für den Betrieb der Haftanstalten zuständig, also die Instandhaltung, Baumaßnahmen und die Verpflegung der Häftlinge. Einzig die Mitarbeiter der Referate »operativer Vollzug« hatten direkten Umgang mit Gefangenen. Sie besorgten die Aufnahmeprozedur (Durchsuchung, Kleidungswechsel, Effektenaufstellung, Bildaufnahmen, medizinische Untersuchung etc.), organisierten den Freigang, führten die Häftlinge zu den Vernehmungen, waren für Häftlingsbeschwerden oder besondere Unterbringungsbedingungen sowie für die Organisation und Durchführung des Strafvollzuges zuständig. Ihnen bzw. den Abteilungsleitern und ihren Stellvertretern oblag – formal seit 1986, real auch schon vorher – die Arbeit mit IM unter Strafgefangenen (nicht solchen unter Untersuchungshäftlingen – dafür war die Linie IX zuständig). Für die organisatorische Abwicklung des Häftlingsfreikaufs waren die Offiziere für Sonderaufgaben zuständig.

Intern verfügte die Linie XIV über wenig Ansehen, fungierte sie doch oft als erste Station in der Karriere von MfS-Mitarbeitern bzw. als Auffangbecken für Mitarbeiter, die für andere Tätigkeiten nicht geeignet waren.   *JBe*

Abteilung XV der BV Bezeichnung der → HV A-Struktur in den → BV von den 50er Jahren bis zur Auflösung.

Abteilung XVI (Sicherungsaufgaben im Bereich Strafvollzug) 1960 entstanden aus einem Aufgabenbereich der → Abt. XIV des MfS Berlin; 1974 partielle Eingliederung in die Struktur der neu gebildeten → VRD bzw. Rückübertragung an die Abt. XIV.

Aufgaben: Sicherung der dem MfS zur Verfügung gestellten Strafvollzugshäftlinge inkl. deren Unterbringung und Arbeitseinsatz. Ab 1965 auch Sicherung des Dienstobjektes Berlin-Hohenschönhausen, Freienwalder Straße, vor Observationen der amerikanischen, englischen und französischen Militärinspektionen.

RWi, APo

Abteilung XXI (Innere Abwehr im MfS) 1960 entstanden aus einem Sonderreferat der → HA II; 1980 wieder in die HA II eingegliedert; z. T. Aufgabenverlagerung zur → HA KuSch/Bereich Disziplinar.

Aufgaben: Innere Abwehr im MfS, insbesondere durch »Bearbeitung feindlicher Zentren und Personen«, die aus Sicht der Geheimpolizei gegen das MfS arbeiteten; Abschirmung von Dienstgebäuden und Wohnobjekten des MfS; Überwachung der entlassenen bzw. unzuverlässigen Mitarbeiter, Koordinierung mit der HA KuSch zur Sicherung des Personalbestandes des MfS.

RWi, APo

Abteilung XXII (»Terrorabwehr«) 1975 entstanden aus einer Unterstruktur der AG beim 1. Stellv. des Ministers; 1989 mit der → Abt. XXIII zur → HA XXII zusammengeführt.

Abteilung XXIII 1988 entstanden durch Umbenennung der AGM/S; 1989 mit der → Abt. XXII zur → HA XXII vereinigt.

Aufgabe: Ausbildung spezifisch-operativer Mitarbeiter/Kämpfer.

Abteilung 26 (Telefonkontrolle, Abhörmaßnahmen, Videoüberwachung) Die Abt. 26 war für die → Telefonüberwachung in der DDR zuständig. Die Abt. 26 ging 1955 als Abteilung O aus der HA S (Technische Sicherheit) hervor. Sie wurde 1960 in Abt. 26 umbenannt.

Neben den Abhörmaßnahmen im Telefonnetz fielen die Kontrolle der Telexnetze (Maßnahme T) ebenso in ihren Aufgabenbereich wie (akustische) Abhörmaßnahmen in Räumen (Maßnahme B), die Beobachtung von Privat- oder Diensträumen (Maßnahme D), die Abwehr von Abhörangriffen westlicher Geheimdienste auf Räume des MfS (Maßnahme X) sowie der Einsatz von chemischen, physikalischen und radioaktiven Markierungsmitteln (Maßnahme S, → Markierung).

In den 50er Jahren ging es dem MfS darum, alle drahtgebundenen und drahtlosen Verbindungen in der DDR zu überwachen. Als zu Beginn der 70er Jahre der Fernsprechverkehr zwischen beiden deutschen Staaten erweitert wurde, stieg die Zahl der Abhöraufträge stark an. Durch den Zugriff auf die Nachrichtenverbindungen der Deutschen Post war es möglich, Teilnehmer am grenzüberschreitenden Telefonverkehr zu erfassen. In den 70er und 80er Jahren setzte die Abt. 26 in großem Maße Videokameras und Abhörgeräte in Wohnungen, Hotels, Dienstgebäuden und Haftanstalten ein. Daneben verfügte die Abt. 26 über ein eigenes Referat zur → Spionageabwehr, um westliche Spionagetechniken zu beschaffen.

Die seit Anfang der 70er Jahre wachsenden Auslandsbeziehungen der DDR erweiterten das Aufgabenfeld der Abt. 26 zusätzlich. In den Auslandsvertretungen der DDR wurden abhörsichere Telefone eingebaut. Zu Beginn der 80er Jahre überforderte die Ausweitung der Aufgaben im → Operationsgebiet die Abt. 26 derart, dass es ihr an Kräften und Mitteln zur Bewältigung der Überwachungsaufträge in der DDR fehlte. Deshalb wurde ihr Operationsfeld 1983 auf die Überwachung des drahtgebundenen Telefonverkehrs innerhalb der DDR eingeschränkt. Die → Westarbeit der Abt. 26 wurde von der → HA III übernommen. Überwachungsmaßnahmen der Abt. 26 wurden in der Regel durch Aufträge anderer MfS-Diensteinheiten ausgelöst. Sie dienten der Überwachung dem MfS verdächtig erscheinender Personen. Die Abt. 26 überwachte auch → Konspirative Wohnungen des MfS, um die Zuverlässigkeit von → IM zu überprüfen sowie → hauptamtliche Mitarbeiter, die der Verletzung ihrer Dienstpflichten verdächtigt wurden.   *ASe*

Abteilung 31 (Entwicklung operativ-technischer Mittel) 1960 aus der → Abt. K hervorgegangen; 1969 als Abteilung in die Struktur der → Abt. OTS eingegliedert.

Aufgaben: Entwicklung und Produktion von operativ-technischen Mitteln für Foto-, Dokumentations-, Beobachtungs-, Postkontroll- und Nachschließtechnik bzw. von Lösungen für Agenturnachrichten-, Beobachtungs- und Elektrotechnik, elektronische Sicherungstechnik, inkl. der Mechanisierung/Rationalisierung operativ-technischer Prozesse. Dazu gehörte auch die Sicherung und Erweiterung der technisch-technologischen Basis in den relevanten Hauptgebieten.   *RWi, APo*

Abteilung 32 (Entwicklung operativ-technischer Mittel) 1960 aus der → Abt. K hervorgegangen; 1969 als Abt. in die Struktur der → Abt. OTS eingegliedert.
Aufgaben: Entwicklung und Produktion chemischer Mittel und solcher für kriminaltechnische Untersuchungen sowie umfangreiche Expertisenarbeit (chemisch, technisch, biologisch, daktyloskopisch, akustisch sowie Schrift- und Dokumentenexpertisen); kriminaltechnische Untersuchungen, Aufklärung von Geheimschreibmitteln, kernphysikalische Messungen und Forschungs- und Entwicklungsarbeiten.   *RWi, APo*

Abteilung 33 (Entwicklung operativ-technischer Mittel) 1960 aus der → Abt. K hervorgegangen; 1969 als Abteilung in die Struktur der → Abt. OTS eingegliedert.
Aufgaben: Entwicklung und Produktion von operativ-technischen Mitteln auf physikalisch-technischem Gebiet, insbesondere Elektrotechnik, Elektronik und wissenschaftlicher Gerätebau, vor allem durch Koordinierung der Zusammenarbeit mit Kombinaten und Betrieben, der DAW/AdW, Universitäten, Hoch- und Fachschulen und anderen wissenschaftlichen Einrichtungen.   *RWi, APo*

Abteilung 35 (Dokumentenbearbeitung und -herstellung) 1960 aus der Abt. L hervorgegangen; 1969 als Abteilung in die Struktur der → Abt. OTS eingegliedert.
Aufgaben: Dokumentenbearbeitung und -herstellung durch einerseits Analyse, Reproduktion und Produktion von Dokumenten, Beurkundungs- und Ausstellungsmitteln; andererseits durch Sicherung von Dokumenten vor Nachahmung oder Verfälschung.   *RWi, APo*

Abteilung Bewaffnung und Chemischer Dienst (BCD) 1972 entstanden durch Umbenennung und Profilierung der → Abt. WuG (Waffen und Geräte).
Aufgaben: Bereitstellung von Bewaffnung, Munition, chemischer Ausrüstung, ABC-Schutzausrüstung und Schutztechnik für die Diensteinheiten. Darüber hinaus Organisierung des Giftschutzes im waffentechnischen und im chemischen Dienst sowie des Strahlenschutzes.   *RWi, APo*

Abteilung E (Operative Technik, Dokumente) 1960 hervorgegangen aus dem Arbeitsbereich E des → BdL; 1985 eingegliedert in die → Abt. OTS.
Aufgaben: Ausstellung der benötigten operativ-technischen Mittel/Dokumente und deren Bereitstellung in den operativen Diensteinheiten. Beratung der operativen Nutzer und Entwicklung wissenschaftlich-technischer Methoden für den personen- und vorgangsgebundenen Einsatz.   *RWi, APo*

Abteilung Finanzen 1950/51 hervorgegangen aus Teilbereichen der HA Intendantur; 1974 kurzzeitig in → VRD eingegliedert; von 1975 bis zur Auflösung wieder selbständige Abteilung.
Aufgaben: Realisierung der im Zusammenhang mit der Verwendung finanzieller Mittel stehenden Aufgaben; inkl. Zahlungs- und Verrechnungsverkehr; Besoldung/Entlohnung; Bearbeitung von Versicherungsangelegenheiten und Schadensmeldungen; Wahrnehmung der Haushalts-, Bank- und Revisionsfunktion gegenüber den MfS-Betrieben sowie der Aufgaben der Sparkasse als auch Aufbewahrung, Nachweis und Verwertung der an die Abteilung Finanzen des MfS übergebenen Asservate.   *RWi, APo*

Abteilung Funkabwehr (Abt. F) 1955 aus der Abt. 2 der HA S entstanden; 1983 mit der → Abt. III zur → HA III zusammengelegt.
Aufgaben: Bearbeitung der Geräte, Einrichtungen, Nachrichtenmittel, Dokumente, Protokolle und Chiffren auf dem Gebiet der Funknachrichtenübermittlung; u. a. durch Fahndung nach Funkfrequenzen/-linien und nach Funkagenten; Durchführung von Lehrgängen; Mitwirkung am Schutz der Nachrichtenverbindungen der DDR; Planung, Beschaffung, Wartung und Pflege der Technik der Spezialfunkdienste (seit 1971); Zusammenarbeit mit den Spezialfunkdiensten sozialistischer und befreundeter Länder sowie Mitwirkung im 1956 gebildeten multilateralen → Apparat der Koordination; Entsendung von Funkern in das und Einsatz im Ausland; seit den 70er Jahren Aufbau eigener Einrichtungen außerhalb der DDR.   *RWi, APo*

Abteilung Haftkrankenhaus 1960 hervorgegangen aus der Sanitätsstelle der → Abt. XIV und dem Arbeitsbereich Haftkrankenhaus des → BdL; 1974 dem → ZMD als Abteilung unterstellt.
Aufgaben: ärztliche Betreuung der Häftlinge des MfS; Leitung der Ambulanzen des Haftkrankenhauses; Versorgung der Untersuchungshaftanstalten der BV mit

Medikamenten und Medizintechnik sowie Ausbildung des Sanitätspersonals und organisatorische Lenkung der Sanitätsstelle der → Abt. XVI.   *RWi, APo*

Abteilung Information → **Zentrale Auswertungs- und Informationsgruppe**

Abteilung K (Entwicklung operativ-technischer Mittel) 1955 hervorgegangen aus der HA S; 1960 aufgeteilt auf die → Abt. 31 bis 33 des MfS Berlin. Aufgaben: Entwicklung, Herstellung und Beschaffung von operativ-technischen Mitteln (Dokumentations-, Beobachtungs-, Schließ- und Sicherungstechnik bzw. zur Postkontrolle) sowie chemische und technische Expertisen und kriminaltechnische Untersuchungen.   *RWi, APo*

Abteilung M (Postkontrolle) Die 1951/52 entstandene Abt. M im MfS Berlin und in den BV führte die bis 1952 von den Abt. VIa betriebene Postkontrolle fort. Die Abt. M gliederte sich anfangs in die Leitung und die Referate I (Information/Stimmungsberichte), II (HTA – Haupttelegrafenamt) und III (Kontrollpunkt 1). In den BV hießen die Außenstellen AFAS (Aussortierungsstellen für antidemokratische Schriften bzw. Auftragsfahndung bei abgehenden Sendungen). Die Postkontrolle war bis 1989 als Abt. 12 bzw. Abt. XII in die Struktur der Deutschen Post eingebaut. Die auf der Grundlage der Postauswertung erstellten Stimmungsberichte sollten das MfS in die Lage versetzen, jederzeit ein Bild über die Stimmung der Bevölkerung der verschiedenen sozialen Schichten zu erhalten. Mitte der 50er Jahre wurde begonnen, die Möglichkeiten der Abt. M bei Personenüberprüfungen systematisch zu nutzen.

Im Zusammenhang mit der internationalen Anerkennung der DDR richtete die Abt. M 1973 die »Kurierstelle für Botschaftspost« (KfB) ein. In den 70er Jahren kam es zur verstärkten Entwicklung sowie zum Einsatz von Brieföffnungsautomaten, Briefschließmaschinen und der Röntgentechnik. Um die zwischen der Bundespost und der Deutschen Post der DDR vereinbarte verkürzte Bearbeitungszeit im Postverkehr zu gewährleisten, wurde 1984 die → Abt. PZF als neue Abt. M 4 in die Linie M übernommen und dadurch Doppelarbeit abgebaut. Von 1979 bis 1983 war der Mitarbeiterbestand um 41,5 % gestiegen.

Nach dem Tode des bis zu diesem Zeitpunkt zuständigen Stellv. des Ministers → Beater übernahm → Mielke die → HA II und die dieser zugeordnete Abt. M des MfS Berlin in seinen Verantwortungsbereich. Im Oktober 1989 gehörten der Linie M 2192 Offiziere an (MfS Berlin 516, BV 1676).

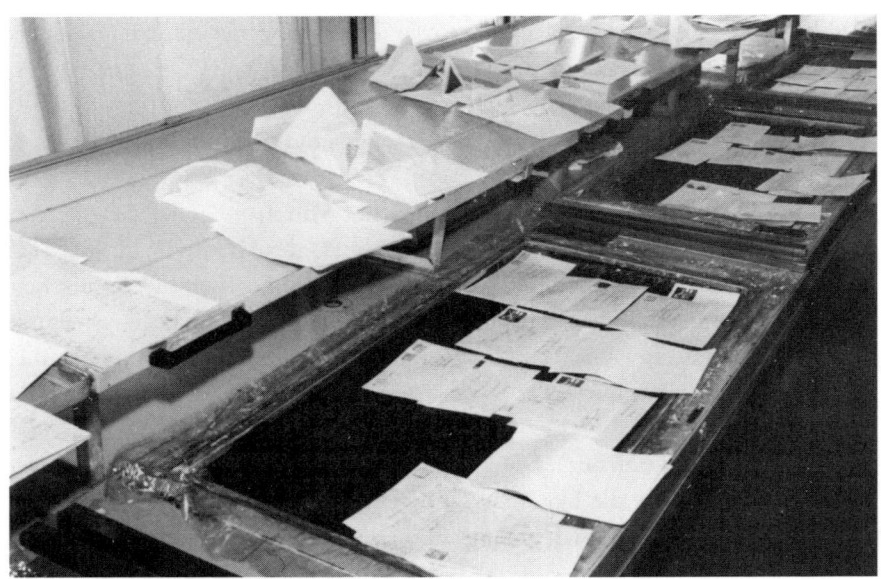

Die Abteilung M des MfS kontrollierte den Postverkehr. Das auch in der Verfassung der DDR festgeschriebene Postgeheimnis wurde wie hier bei der Öffnung von Briefen systematisch verletzt. Im Bild: aussortierte und über Wasserdampf geöffnete Briefe.

Da das Postgeheimnis in den Verfassungen der DDR seit 1949 nominell verbrieft war, räumte der letzte Leiter der Abt. M, Generalmajor Rudi Strobel, im November 1989 ein, dass für die Tätigkeit der Linie M eine eindeutige gesetzliche Regelung fehle.   *RWi*

Abteilung Medizinischer Dienst 1959 hervorgegangen aus dem Referat medizinische Praxis der → HA Verwaltung und Wirtschaft; 1974 umgebildet zum → Zentralen Medizinischen Dienst.

Abteilung N (Nachrichten) 1959 hervorgegangen aus der Abt. Nachrichtenverbindungen und Waffen.
Aufgaben: Planung, Organisation und Sicherstellung des Nachrichtenwesens des MfS, der geheimen Regierungsnachrichtenverbindungen und des Informationsaustausches mit den Partei- und Staatsführungen der Mitgliedsländer des

Warschauer Vertrages und weiterer befreundeter Länder sowie Sicherung der Nachrichtenübermittlung des MfS zum Partei- und Staatsapparat.   *RWi, APo*

Abteilung O 1955 hervorgegangen aus der HA S; 1960 Umbenennung in → Abt. 26.

Abteilung Operativ-technischer Sektor (OTS) 1963 hervorgegangen aus der AG OTS.
Aufgaben: zunächst Anleitungs- und Koordinierungsaufgaben gegenüber den → Abt. 31, 32, 33 und 35 und anderen technischen Diensteinheiten. Später zusätzlich auftragsbezogene Forschungs-, Entwicklungs- und Konstruktionsarbeiten zur Herstellung operativ-technischer Geräte und Anlagen und verdeckt einsetzbarer Container; Beschaffung und Anfertigung operativer Dokumente; Entwicklung von Methoden zur chemischen und fototechnischen Nachrichtenübermittlung sowie Erstellen kriminalistischer und wissenschaftlich-technischer Expertisen, Untersuchung und Analyse gegnerischer Techniken.   *RWi, APo*

Abteilung Personal Nur 1951 bzw. 1953 für jeweils wenige Monate genutzte Bezeichnung der → HA Personal. Aufgaben siehe dort bzw. bei der späteren → HA KuSch.

Abteilung Postzollfahndung (PZF) 1961 gegründet; 1983 mit der bisherigen Abt. M zur neuen → Abt. M zusammengeführt.
Aufgaben: Bearbeitung der von Westdeutschland und Westberlin eingehenden Postsendungen, vor allem durch Öffnen, Kontrolle, Dokumentation des Inhalts verdächtiger Sendungen; damit auch Verhinderung des Einschleusens von nicht erwünschten (Druck-)Erzeugnissen – meist im Auftrag anderer MfS-Diensteinheiten. → Postzollfahndung   *RWi, APo*

Abteilung Waffen und Geräte (Abt. WuG) 1964 entstanden aus der Abt. VII (Waffen und Geräte) der → Hauptabteilung Verwaltung und Wirtschaft; 1972 umformiert zur → Abt. BCD.
Aufgaben: Ausstattung der Diensteinheiten mit Waffen, Munition, Ausrüstung und Geräten; Einführung neuer Waffentypen und Ausrüstungen als auch Entwicklung, Produktion und Instandsetzung von Waffen- und Munitionstechnik sowie von Geräte- und Ausrüstungstechnik.   *RWi, APo*

Abteilung zur besonderen Verwendung/Verfügung (z. b.V./Abt. z. b.V.) 1953 gegründet; 1955 als Abt. III eingegliedert in die → HA XV.

Aufgaben: Infrastrukturspionage bzw. Diversions- und Sabotagevorbereitung im → Operationsgebiet inkl. Aufbau eines Agentennetzes und dessen Ausrüstung und Schulung.   *RWi, APo*

Abwehr Als A. wurden alle geheimpolizeilichen Aktivitäten zur Sicherung der politischen, ökonomischen und gesellschaftlichen Stabilität der DDR und des kommunistischen Bündnissystems bezeichnet, die nach dem Verständnis des MfS durch feindliche Angriffe gefährdet waren. Maßnahmen zur Bekämpfung westlicher Spionage und politischer Opposition galten somit ebenso als A. wie etwa die Sicherung von Produktivität und Anlagensicherheit in den Betrieben sowie die Verhinderung von → Republikflucht und Ausreisen (→ Ausreisebewegung). Demgemäß waren die meisten operativen Arbeitsbereiche des MfS ganz überwiegend mit A. befasst.   *SSu*

AG → **Arbeitsgruppe**

AG BKK → **Arbeitsgruppe Bereich Kommerzielle Koordinierung**

AG XVII 1972 entstanden im Rahmen der Arbeit einer AG beim Stellv. des Ministers für die Linien XVIII, XIX und XX.

Aufgaben: Umsetzung der Vereinbarung zur zeitweiligen Einreise für Einwohner von Westberlin in die DDR; insbesondere durch die Büros für Besuchs- und Reiseangelegenheiten in Westberlin, in denen die Entgegennahme von Einreiseanträgen, die Aushändigung der Einreisedokumente sowie Auskunftserteilung erfolgte.   *RWi, APo*

Agitation → **Öffentlichkeits- und Traditionsarbeit des MfS**

AGM → **Arbeitsgruppe des Ministers**

AIG → **Auswertungs- und Informationsgruppe**

AKG → **Auswertungs- und Kontrollgruppe**

Akten des Arbeitsgebiets I der Kriminalpolizei Unterlagen des anfangs als Operativgruppe (OG) bezeichneten Arbeitsgebiets I (KAG I) der Kriminalpolizei (→ KI) sowie der Verwaltung Strafvollzug (VSV) des MdI. Es handelt sich um Akten zu → Kontaktpersonen, Inoffiziellen Kriminalpolizeilichen Mitarbeitern und um Kriminalakten. Als Archivbestand 9 in der → Abt. XII des MfS bzw. als Archivbestand 5 in den Abt. XII der meisten BV archiviert; Sigle: AOG, ab 1988 AKAG; personenbezogen nutzbar über die → F 16.   *SWo*

Akten über Fahnenflucht Als Archivbestand 8 nur in der → Abt. XII der MfS-Zentrale vorhanden; Sigle: AF. Die Ablage entstand 1978 aus Unterlagen, die bis dahin in der Abt. XII der → HA I lagerten und Auskunft gaben über fahnenflüchtige ehemalige Angehörige der Nationalen Volksarmee und der Grenztruppen der DDR. Die Unterlagen sind personenbezogen nutzbar über die → F 16. Die Gesamtüberlieferung umfasst 58 lfm.   *SWo*

Aktion »grün« → Grenzsicherung

Aktive Maßnahmen → Maßnahmen, aktive

Amt für Nationale Sicherheit (AfNS) Die Umwandlung des MfS in ein AfNS erfolgte im Zusammenhang mit der Neubildung der Regierung durch Ministerpräsident Hans Modrow am 17./18.11.1989. Zum Leiter des Amtes wurde → Schwanitz gewählt. War → Mielke als Minister für Staatssicherheit noch dem Vorsitzenden des → Nationalen Verteidigungsrates der DDR und faktisch dem SED-Generalsekretär unterstellt gewesen, so ordnete man Schwanitz dem Vorsitzenden des Ministerrates unter. In der Regierungserklärung wurde dem neuen Amt vorgegeben, dass »neues Denken in Fragen der öffentlichen Ordnung und Sicherheit« auch von diesem Bereich erwartet werde und dass der Apparat zu verkleinern sei. Näheres hätte in einem Gesetz geregelt werden müssen, das geplant wurde, aber nie verabschiedet worden ist.

Noch am Tag seiner Wahl informierte der neue Amtschef die Mitarbeiter der Staatssicherheit, dass der »Prozess der revolutionären Erneuerung« vorbehaltlos zu unterstützen sei. Kommissionen zur Neustrukturierung wurden eingerichtet und die Diensteinheiten aufgefordert, eigene Vorschläge einzubringen. Dies waren Versuche einer technokratischen Reform, die von der alten Generalsriege angeleitet wurden. Angekündigt wurde, das Personal abzubauen – zuerst ging

*»Stasi = Nasi« – so kommentierten Demonstranten in Leipzig auf ihren Trans-
parenten die Umbenennung des Ministeriums für Staatssicherheit in Amt für
Nationale Sicherheit (AfNS) im November 1989.*

es um 10 %, zwei Wochen später war die Vorgabe bereits eine Reduktion um
50 %. Das alte Feindbild sollte nicht mehr gelten:»Andersdenkende« seien jetzt
zu tolerieren, nur »Verfassungsfeinde« zu bekämpfen. Unklar blieb, wer Letzteren in einer Zeit zuzurechnen war, in der die Verfassung selbst zur Disposition
stand. Zugleich wurde die Aktenvernichtung in diesen Wochen fortgesetzt, viele
inoffizielle Mitarbeiter »abgeschaltet«. Die Mitarbeiter waren zunehmend ver-
unsichert und demotiviert.
Anfang Dezember beschleunigte sich der revolutionäre Umbruch: Am 1.12.1989
wurde die führende Rolle der SED aus der Verfassung gestrichen, am 3. trat das
ZK der SED zurück, am 4. und 5.12. besetzten aufgebrachte Bürger KD und Bezirksämter des AfNS. Die Stasi-Mitarbeiter leisteten keinen gewaltsamen Widerstand. Am 5.12. trat das → Kollegium des AfNS zurück. In den folgenden
Tagen wurden die Leiter der meisten Hauptabteilungen und der Bezirksämter
abgesetzt. Am 7.12.1989 forderte der Zentrale Runde Tisch die Auflösung des
AfNS – auch mit den Stimmen der SED-Sprecher. Am 14.12. wurde durch den

Ministerrat beschlossen, das AfNS aufzulösen und durch einen sehr viel kleineren Verfassungsschutz (ca. 10 000 Mitarbeiter) und einen mit ca. 4000 Mitarbeitern gegenüber der → HV A fast unveränderten Nachrichtendienst zu ersetzen. In diese Dienste sollten keine ehemaligen Führungskader der Staatssicherheit übernommen werden. Parallel dazu bestand aber das »AfNS in Auflösung« fort, dessen Leiter den alten Apparat abwickeln sollte. Das war eine Ambivalenz, die das allgemeine Misstrauen weiter verstärkte und die Forderung nach vollständiger → Auflösung der Geheimpolizei wieder lauter werden ließ.   *WSü*

Anleitungsbereich Organisationsprinzip im MfS wie auch in anderen DDR-Organen, das die Aufteilung der unmittelbaren Leitungsverantwortung für die Unterstrukturen einer größeren Diensteinheit auf deren Leiter und eine untergeordnete Leitungsebene beinhaltete. Die A. waren in der Regel nach fachlich-organisatorischen Kriterien strukturiert. Die dem Leiter nicht direkt unterstellten Diensteinheiten standen zumeist unter der Anleitung seiner Stellvertreter (→ Stellvertreterbereich). A. gab es aber auch darüber hinaus. So gehörten zuletzt die → Rechtsstelle, die → Abt. XII und die → Abt. XIII zum A. des Leiters der → ZAIG sowie die → Abt. M zum A. des Leiters der → HA II. In den 70er Jahren bildete eine Reihe von operativen Diensteinheiten den A. des Leiters der → AGM.   *RWi*

Anwerbung A. war in den Jahren 1950 bis 1968 die Bezeichnung des MfS für die → Werbung von → IM für die konspirative Arbeit. Im Vorfeld der A. war die Person sorgfältig, aber konspirativ zu überprüfen. In der Regel hatte der Angeworbene die Bereitschaft zur Kooperation schriftlich zu erklären und sich dabei einen Decknamen auszuwählen. Über die Anwerbung selbst war vom → Führungsoffizier ein detaillierter Bericht zu fertigen.   *HME*

APN → Außenpolitischer Nachrichtendienst → Institut für Wirtschaftswissenschaftliche Forschung

Apparat der Koordination Oberstes technisches Gremium aller Funkabwehrdienste (FAD) des Ostblocks mit Sitz in Prag. Mitglieder: UdSSR, DDR, ČSSR, Polen, Ungarn, Bulgarien. Rumänien trat im Jahr 1965 aus. Albanien setzte die Beschlüsse nie um. Kuba übergab regelmäßig Ergebnisse und technische Angaben aus der Überwachung der CIA-Funknetze.

Der Zusammenschluss entstand im September 1955 aus physikalisch-technischen Gründen: Die Ausbreitungseigenschaften elektromagnetischer Wellen im Kurzwellen-Spektrum bewirkten, dass eine auf einem Staatsgebiet abgesetzte Funksendung von diesem Territorium aus nicht immer lückenlos empfangen werden konnte. Gegebenenfalls war die Funkmeldung eines Westagenten in einem Umkreis bis zu 100 km und dann erst wieder ab einer Entfernung von mehr als 400 km aufzufangen. Die Bestimmung des Standortes eines Funkspions auf dem Gebiet der DDR war in der Regel nur mit Hilfe von Funkpeilungen vom Territorium Polens und der ČSSR aus möglich. Seit 1975 verfügten die Spionagefunkabwehrdienste über ein vereinbartes System von ortsfesten, mit einheitlicher Technik ausgerüsteten Stützpunkten. Für die Ortung von Spionagefunksendungen waren insgesamt neun Funkbeobachtungsstellen (FBS) und 23 Peilpunkte durchweg in Betrieb. Jährlich zweimal wurden vom A. verbindliche Pläne zur lückenlosen Funkbeobachtung und Funkpeilung in den von den westlichen Geheimdiensten benutzten Frequenzabschnitten des KW-Bereiches herausgegeben. Für die FBS der DDR führten die Peilfunkstellen Warschau, Gdynia, Plzeň und Bratislava Peilaufträge aus. Peilpunkte der DDR hingegen arbeiteten für die FBS in Minsk, Budapest, Warschau, Gdańsk und Bratislava. *ASt*

A-Quelle → Quelle

Arbeitsgebiet I der Kriminalpolizei → K I

Arbeitsgruppe (AG) Organisationsstruktur in der MfS-Zentrale, die durch den Minister oder dessen Stellvertreter direkt angeleitet und durch militärische Einzelleiter geführt wurde. Die weiter untergliederten AG prägten Linien aus (z. B. → Zentrale Arbeitsgruppe Geheimnisschutz – ZAGG) oder blieben auf die Zentrale beschränkt (z. B. → AG XVII). Die monothematischen Zuständigkeiten konnten operative Verantwortung und Federführung einschließen. AG wird auch als Bezeichnung einer nichtstrukturellen Organisationsform oder unselbständigen Untergliederungsebene im MfS verwendet. *MEr*

Arbeitsgruppe Anleitung und Kontrolle (AG AuK) 1957 aus der Kontrollinspektion hervorgegangen; 1968 eingegliedert in die → ZAIG bei Herauslösung der AG Sicherung von Staatsgeheimnissen (→ ZAGG).
Aufgaben: insbesondere Kontrolle der Umsetzung normativer Vorgaben der

MfS-Leitung und ständige Information der Leitung des Ministeriums über den Stand der operativen Arbeit in den Einheiten des MfS sowie Unterbreitung von Vorschlägen und Schlussfolgerungen für die Verbesserung der politisch-operativen Arbeit und Hilfe für die Diensteinheiten bei Organisierung und Durchführung ihrer Aufgaben. Ab 1962 auch Geheimnisschutz.   *RWi, APo*

Arbeitsgruppe Ausländer (AG A) 1976 gegründet; 1980 unter Beibehaltung des Namens in die → HA II eingegliedert.

Aufgaben: vor allem Sicherung, Kontrolle und »Bearbeitung« von Ausländern, insbesondere »Freiheitskämpfern/Patrioten«, Emigranten und deren Familienangehörigen sowie Abwehrarbeit unter den in der DDR zeitweilig oder dauerhaft wohnenden Ausländern.   *RWi, APo*

Arbeitsgruppe Bereich Kommerzielle Koordinierung (AG BKK) Die A. wurde am 1.9.1983 als selbständige Diensteinheit des MfS gegründet. Sie war zuständig für die politisch-operative Sicherung des am 1.10.1966 gegründeten Bereiches Kommerzielle Koordinierung (KoKo). Vor Gründung der A. war die Abt. 7 der → HA XVIII für KoKo zuständig. KoKo umfasste 1989 mehr als 150 Handelsgesellschaften, Briefkasten-, MfS- und andere Firmenkonstruktionen. Das Profil des 3000 Beschäftigte umfassenden Bereiches beinhaltete fiskalische und Handelsgeschäfte, illegale Technologieimporte, Waffenexporte, Import von Sondermüll, Provisionseinnahmen von westlichen Vertreterfirmen, Transit- und Touristikgeschäfte, Häftlingsfreikäufe, Export von Kunst- und Kulturgütern, Versorgung der SED-Nomenklatura mit westlichen Konsumartikeln, Kreditierung von Industrieinvestitionen u.v.a.m. Die unter ihrem Leiter Oberst Wolfram Meinel operierende A. besaß in wirtschaftspolitischer Hinsicht kein Handlungsmandat; dies war allein Sache des Bereichs KoKo. Sie bestand aus drei operativen Referaten, einem für Auswertung und Kontrolle, einer Wach- und Sicherungseinheit sowie Stabsorganen. Einen hohen sicherheitspolitischen Stellenwert besaßen die MfS- bzw. HV A-Firmen wie F. C. Gerlach und Forgber sowie das Waffenexportunternehmen IMES mit seinem Hauptlager Kavelstorf bei Rostock. Breiten Raum nahmen Sicherungsaktivitäten zu den Leipziger Frühjahrs- und Herbstmessen ein. Einschließlich 25 → OibE, eines → HIM und 42 Angehöriger der Wach- und Sicherungseinheit verfügte die A. im Herbst 1989 über 116 hauptamtliche Mitarbeiter; hinzu kamen noch neun OibE anderer Diensteinheiten. Der Einsatz von zuletzt ca. 190 → IM erfolgte hauptsächlich zur Spionageabwehr

Waffenexporte gehörten zum Geschäft des Bereichs Kommerzielle Koordinierung, der von der AG BKK gesichert wurde. Foto aus einem Werbeprospekt der Firma IMES, die in Kavelstorf bei Rostock ein Waffenlager unterhielt.

bei einreisenden Personen, zur »Wer-ist-wer?-Aufklärung« von DDR-Bürgern sowie zur Informationsbeschaffung zu in spezielle Geschäfts- und Finanzoperationen einbezogenen Personen. Die Auflösung der A. erfolgte in den ersten beiden Monaten des Jahres 1990. Der Bereich KoKo und die A. waren Gegenstand des 1. Untersuchungsausschusses des 12. Deutschen Bundestages 1991–1994.

RBu

Arbeitsgruppe XIII (EDV) 1969 entstanden aus der Abt. 3 der Arbeitsgruppe Sicherung des Reiseverkehrs; 1972 Aufwertung zur → Abt. XIII [ZRZ].

Arbeitsgruppe E (AG E) 1964 hervorgegangen aus dem Ref. E beim Leiter der → HA V, betraut mit Teilaufgaben der → Abt. OTS und einzelner Fachabteilungen des MfS Berlin.
Aufgaben: Beschaffung/Bereitstellung der operativ-technischen Mittel, Materialien und Ausrüstungen für die → Hauptabteilung XVIII, → Hauptabteilung XIX

und → Hauptabteilung XX bzw. Anwendung und (Weiter-)Entwicklung von Mitteln und Methoden zur Durchführung der Aufgaben der Linien sowie Realisierung von Koordinierungsaufgaben in engem Zusammenwirken mit der Abt. OTS.   *RWi, APo*

Arbeitsgruppe des Ministers (AGM) 1960/61 aus dem → Büro der Leitung herausgelöste Arbeitsgruppe für die Koordinierung der für den Mobilisierungsfall notwendigen Maßnahmen. Ihr oblagen die federführende Verantwortung für alle Aufgaben der Mobilmachungsarbeit und -planung im MfS; Planungs- und Koordinierungsaufgaben zur Sicherung der DDR sowie über bestimmte Zeiträume die Einrichtung und Wartung von Schutzbauten mit zentraler Bedeutung (Programm »Filigran«; AGM/B); die Vorbereitung »spezifisch-operativer Maßnahmen«, einschließlich Planungen hinsichtlich Verhaftung, Internierung und Isolierung politischer Gegner der SED; die Erarbeitung und Bereitstellung von Dokumenten zur Unterstützung der Tätigkeit des Ministers im → Nationalen Verteidigungsrat; die Ausbildung und der Einsatz von Spezialkräften für Sondereinsätze (AGM/S; »S« steht für »Sonderfragen« bzw. wird abgeleitet vom Leiter der AGM/S Heinz Stöcker); Organisation und Durchführung der Stabsdienstausbildung im MfS; Durchführung von Sonderaufgaben (Sportpolitik, Staatsjagdgebiete).

Die AGM war eingebunden in die bi- und multilaterale Zusammenarbeit der Sicherheitsorgane der sozialistischen Länder. Hierfür setzte die Vertretung des KGB beim MfS einen Verbindungsoffizier bei der AGM ein.

Leiter der AGM waren 1960/61–1975 → Scholz, 1980–1987 Otto Geisler, 1987–1989 → Erich Rümmler. Die AGM hatte 1961 8, 1970 34, 1980 48 und 1989 692 Mitarbeiter. In den → BV übernahmen AGL analoge Funktionen.   *RWi, BFl*

Arbeitsgruppe des Ministers/Spezialbauwesen (AG M/B) 1978 gegründet durch Herauslösung entsprechender Aufgaben aus der → AGM; 1988 als Stellvertreterbereich Zentrale Sonderbauten wieder in die AGM eingegliedert.

Aufgaben: Sicherungsaufgaben in und bei Spezialbauanlagen (Führungsstellen, Bunker, Flugplätze); Abstimmung und Koordinierung der Maßnahmen des MfS bei militärischen Investitionen zusammen mit Einrichtungen von MfNV, Ministerium für Bauwesen, der Staatlichen Plankommission und anderen zentralen staats- und wirtschaftsleitenden Organen; aber auch Planung, Organisation und Koordinierung der Vorbereitungen auf Spannungsperioden bzw. den Verteidigungszustand im MfS.   *RWi, APo*

Arbeitsgruppe Öffentliche Verbindungen (AÖV) → **Abteilung Agitation**

Arbeitsgruppe Passkontrolle und Fahndung (APF) 1962 entstanden aus einer AG zur operativen Fahndung; 1964 aufgewertet zur → HA Passkontrolle und Fahndung.
Aufgaben: Pass- und Personenkontrolle der Ein-, Durch- und Ausreisenden an der Grenze der DDR sowie auf den Straßen, auf Wasserwegen, in Eisenbahnen, Häfen und Flughäfen, die für den Transit- und Auslandsverkehr bestimmt waren; Mitwirkung an der Verhinderung illegaler Ein-, Durch- und Ausreisen von Personen und von Republikfluchtvorhaben; Aufdeckung und Unterbindung der aus Sicht des MfS illegalen Nutzung des Transit- und Reiseverkehrs. *RWi, APo*

Archivregistrierbuch → **F 500**

Aufklärung A. hatte innerhalb des MfS unterschiedliche Bedeutungen: Sie wird zur Bezeichnung des Tätigkeitsbereiches der Auslandsspionage verwendet, die überwiegend von der → HV A getragen wurde, die teilweise auch kurz als A. bezeichnet wird. Darüber hinaus findet der Begriff Verwendung bei der Bezeichnung von Sachverhaltsermittlungen (A. eines Sachverhalts) und von Überprüfungen der Eignung von IM-Kandidaten (A. des Kandidaten). *HME*

Auflösung des MfS 1989/90 Die Staatssicherheit wurde im Zuge der demokratischen Revolution aufgrund politischer Entscheidungen aufgelöst; zugleich ist sie auch im Innern zerfallen, unter dem Druck der gesellschaftlichen Protestbewegung und wegen des Niedergangs der SED. Die wichtigsten Etappen waren ein Auflösungsbeschluss des Zentralen Runden Tisches, eine entsprechende Entscheidung des Ministerrates und ein weiterer Ministerratsbeschluss vom 13.1.1990, auch auf die Einrichtung von Nachfolgediensten zu verzichten.
Erste Anzeichen für die Auflösung des Ministeriums für Staatssicherheit waren zu Beginn des Novembers 1989 zu beobachten, als auf Weisung des Ministers mit der Auslagerung von Unterlagen aus den Kreisdienststellen begonnen wurde. Befürchtet wurde, die Dienststellen könnten von Demonstranten gestürmt werden und die Akten in falsche Hände fallen. Vielerorts wurde das als Signal betrachtet, diese Beweisstücke gleich ganz zu vernichten. Der nächste Schock war der Fall der Mauer, von dem die meisten MfS-Mitarbeiter ebenso überrascht wurden wie der Rest der Bevölkerung. Der chaotische Verlauf der Grenzöffnung

»Stasi in die Produktion« war eine der Parolen, die die Auflösung der Staatssicherheit begleitete. *Demonstration des Neuen Forums am 15. Januar 1990 vor
der Zentrale des MfS in der Normannenstraße in Berlin.*

wirkte gerade auf Angehörige der Sicherheitsorgane tief verunsichernd. Zudem
bedeutete die offene Grenze unmittelbaren Machtverlust, weil sich potenzielle
Opfer nun dem staatlichen Zugriff entziehen konnten.

Im Innern der Staatssicherheit begann es zu rumoren: Die Frustration über die
ziellose Parteiführung war allgemein, die einfacheren Mitarbeiter fühlten sich
von ihrer eigenen Generalität im Stich gelassen, die nicht sagen konnte, welche
Fehler gemacht worden waren und wie es weitergehen sollte. Konflikte zwischen
der Berliner Zentrale und den regionalen Dienststellen in Kreisen und Bezirken
brachen auf. Einen neuen Tiefpunkt erreichte die Stimmung, als → Mielke, der
eine knappe Woche zuvor mit der gesamten Regierung zurückgetreten war, am
13.11. seinen letzten Auftritt in der Volkskammer hatte. Seine hilflosen Rechtfer-
tigungsversuche, einschließlich der Erklärung, er »liebe doch alle Menschen«,
stürzten seine Untergebenen in einen Zustand von Scham und Wut. Das Versagen der eigenen Führung war von nun an das dominante Diskussionsthema in
der Staatssicherheit.

Mit der Regierungsbildung am 18.11. wurde das Ministerium für Staatssicherheit in → Amt für Nationale Sicherheit umbenannt. Es folgte der Versuch einer technokratischen Reform, der wenig an der Stellung der Staatssicherheit im System geändert hätte. Dem wurde durch Aktionen aufgebrachter Bürger am 4./5.12.1989 ein vorläufiges Ende gesetzt: Sie besetzten Kreisdienststellen und Bezirksverwaltungen, um die Vernichtung von Akten zu stoppen und die Geheimpolizei lahmzulegen. Vielerorts kontrollierten nun Bürgerkomitees die ehemaligen Stasi-Liegenschaften.

Am 5.12. trat das → Kollegium des AfNS zurück. In den folgenden Tagen wurden die Leiter der meisten Hauptabteilungen und der Bezirksämter für Nationale Sicherheit abgelöst. Der Zentrale Runde Tisch, an dem am 7.12. Vertreter der Bürgerrechtsorganisationen und jene des alten Regimes zusammentraten, verabschiedete in seiner ersten Sitzung eine bedeutsame Resolution: Einstimmig wurde die Regierung aufgefordert, das Amt für Nationale Sicherheit unter ziviler Kontrolle aufzulösen. Eine Woche später, am 14.12.1989, beschloss der Ministerrat, dem zu folgen. Zugleich sollten jedoch aus den Beständen des MfS zwei Nachfolgeeinrichtungen geschaffen werden: ein Verfassungsschutz und ein Nachrichtendienst mit zusammen 14000 Mitarbeitern (anstelle jener zuletzt 91000, die das MfS gehabt hatte). Führungskader sollten nicht übernommen werden.

Als die Planung von Nachfolgediensten bekannt wurde, kam es zu einer neuerlichen Protestwelle und zu heftigen Debatten am Runden Tisch. Auch die Koalitionsregierung drohte zu zerfallen. Schließlich traf am 13.1.1990 der Ministerrat die Entscheidung, das AfNS ersatzlos abzuschaffen. Praktischer Nachdruck wurde dem zwei Tage später verliehen, als auf Initiative der regionalen Bürgerkomitees die Stasi-Zentrale in Berlin-Lichtenberg besetzt wurde. Am 8.2. wurde die Auflösung der Staatssicherheit drei zivilen Regierungsbeauftragten unterstellt, davon zwei Vertreter des Zentralen Runden Tisches. Zugleich wurde ein staatliches Komitee zur Auflösung des ehemaligen AfNS eingerichtet, dem sowohl ehemalige Stasi-Angehörige wie auch Bürgerrechtler angehörten.

Die Anweisung, auch die letzten inoffiziellen Mitarbeiter »abzuschalten«, war am 12.1. erteilt worden. Die ersten hauptamtlichen Mitarbeiter waren bereits im November entlassen worden. Noch am 15.1. umfasste der Apparat aber die Mehrheit der Mitarbeiter, knapp 60000, von denen 22500 zu anderen staatlichen Stellen versetzt werden sollten. Sie wurden nun alle bis zum 31.3. entlassen. Eine Ausnahme gab es für gut 200 Mitarbeiter der → HV A. Da der Spionageab-

teilung die Erlaubnis erteilt worden war, sich in Eigenregie aufzulösen, wurden ihnen noch drei weitere Monate eingeräumt, ihr Werk abzuschließen.
Literatur: Gill, David; Schröter, Ulrich: Das Ministerium für Staatssicherheit. Anatomie des Mielke-Imperiums. Berlin 1991; Süß, Walter: Staatssicherheit am Ende. Berlin 1999; ders.: Die Staatssicherheit im letzten Jahrzehnt der DDR. Geschichte der Staatssicherheit (MfS-Handbuch). Berlin 2009.   *WSü*

Auftrag CT, Auftrag R → Fernschreibverkehr, Überwachung des Fernschreibverkehrs

Auskunftsperson (AKP) Personen, die im Zuge von personenbezogenen → Wohngebietsermittlungen oder anderen operativen → Ermittlungen von operativen Mitarbeitern oder (hauptamtlichen) IM-Ermittlern (→ IME, → HIM) der Linie VIII (→ HA VIII) oder der Kreisdienststellen in aller Regel unter einer operativen → Legende befragt wurden, weil man annahm, sie könnten verwertbare Informationen liefern. Mitunter gelang es dem MfS auf diese Weise sogar, Regimegegner abzuschöpfen (→ Abschöpfen). Die A. waren in einer speziellen Territorialkartei mit Hinweisen zu ihrer Auskunftsbereitschaft und -fähigkeit erfasst.   *ASt*

Ausreisebewegung, Bekämpfung der Die DDR-Geschichte war von ihrem Anfang bis zu ihrem Ende auch eine Geschichte der Flucht. Der Bau der Mauer 1961 steht dafür ebenso symbolisch wie der von der Gesellschaft schließlich erzwungene Mauerdurchbruch 1989, der das Ende des SED-Staates markiert (vgl. auch → Republikflucht).
Zu einem Schwerpunkt in der Arbeit des MfS rückte ab den 70er Jahren das Vorgehen gegen »Antragsteller auf ständige Ausreise aus der DDR in die BRD bzw. nach Berlin (West)« (AStA) auf. Hierfür waren zwei Gründe ausschlaggebend: Mit der Unterzeichnung der KSZE-Schlussakte in Helsinki 1975 verpflichtete sich die DDR, nachdem sie bereits die UN-Menschenrechtscharta unterzeichnet hatte, das Recht auf Freizügigkeit anzuerkennen. Trotzdem gewährte die DDR aber auch weiterhin nur Rentnern und Invaliden die Übersiedlung in die Bundesrepublik. Bereits einen Ausreiseantrag zu stellen, galt – da die Rechtsgrundlage in der DDR fehlte – als illegal und konnte mit Gefängnisstrafen geahndet werden. Das geschah auch häufig. Nicht nur die Zahl der Anträge nahm seit Mitte der 70er Jahre zu, Ausreisewillige traten nun auch immer häufiger öffent-

Anfang der 80er Jahre begannen Ausreisewillige auch öffentlich auf ihr Anliegen aufmerksam zu machen. Verdeckt aufgenommenes Foto von Ausreisewilligen 1983 in Jena, die sich unter der Bezeichnung »Weißer Kreis« zusammengefunden hatten.

lich mit Protesten in Erscheinung, wobei sie die Möglichkeit einer Inhaftierung in Kauf nahmen. Nicht zuletzt aufgrund ihrer Entschlossenheit, mit den Verhältnissen in der DDR konsequent zu brechen, wurden sie in den Augen des MfS zu einem Sicherheitsrisiko. Auch die 1983 erlassene Verordnung zur Regelung von Fragen der Familienzusammenführung und Eheschließung zwischen Bürgern der DDR und Ausländern brachte keine Entlastung, da der Personenkreis eingeschränkt blieb. Ab Herbst 1983 bezeichnete das MfS diese Personengruppe als Übersiedlungsersuchende (ÜSE).

Obwohl Menschen, die die DDR verlassen wollten, ihren Antrag nur als Einzelperson oder ggf. gemeinsam mit ihren Familienangehörigen stellten, kann ab Mitte der 70er Jahre von einer Ausreisebewegung die Rede sein. Die Zahl der Ausreiseanträge war groß (zu den Zahlen → Republikflucht). Die Ausreiseantragsteller versuchten sich zu vernetzen und traten öffentlich in Erscheinung. Bereits 1973 ging von den auf die Genehmigung ihrer Ausreise hoffenden Familien Faust und Hauptmann in Pirna eine Unterschriftensammlung aus; 1976 gelangte die Petition des Riesaer Arztes Karl-Heinz Nitschke »zur vollen Erlangung der Menschenrechte« in die Westmedien. Die Petition war von 79 Personen unterzeichnet worden. Bekannt wurden insbesondere die »weißen Kreise« (ausgehend von Jena Anfang der 80er Jahre, später auch in anderen Städten): Ausreiseantragsteller stellten sich auf zentralen Plätzen im Kreis auf und machten so auf ihr Begehren aufmerksam. Um sich untereinander zu erkennen und ihren Protest auszudrücken, trugen sie weiße Kleidung. Das MfS griff wiederholt ein und inhaftierte die Protestierenden. Neben dem Besuch oder auch der Besetzung westlicher Botschaften in der DDR, insbesondere der Ständigen Vertretung der Bundesrepublik in Ostberlin, und im kommunistischen Ausland organisierten sich Ausreiseantragsteller ab 1987 in Gruppen, die zumeist bei evangelischen Kirchengemeinden Zuflucht fanden. In Ostberlin konstituierte sich im Herbst 1987 die Arbeitsgruppe Staatsbürgerschaftsrecht in der DDR, die Rechtsberatungen durchführte, die Solidarität unter Antragstellern organisierte und mit Protesterklärungen auf das Schicksal der Antragsteller aufmerksam machte. Weitere Gruppen entstanden in Leipzig, Berlin-Treptow, Stralsund, Greifswald, Dresden und vielen anderen Städten. Es kam immer häufiger zu öffentlichen Protesten. An Autos oder in Wohnungsfenstern wurden Symbole angebracht, um auf den gestellten Ausreiseantrag öffentlich aufmerksam zu machen. Mehrfach kam es auch zu Besetzungen von Kirchen, wobei die Kirchenleitungen nicht immer im Sinne der Besetzer agierten.

Fanden Gespräche oder Rechtsberatungen mit Ausreiseantragstellern außerhalb kirchlicher Räume statt (wie in einem Jugendklub in Potsdam-Babelsberg), so intervenierte das MfS und nahm die unmittelbar Beteiligten meist in Haft. Um gegen die zunehmende Zahl der Ausreiseanträge vorzugehen, erließ MfS-Minister Erich Mielke am 18.3.1977 den Befehl 6/77 zur »Vorbeugung, Verhinderung und Bekämpfung rechtswidriger Übersiedlungsersuchen«. Geregelt wurden hier auch die Informationspflicht und die Zusammenarbeit zwischen der 1975 (Befehl 1/75) gebildeten → Zentralen Koordinierungsgruppe bzw. den Bezirkskoordinierungsgruppen, die für die Zusammenarbeit mit dem MdI und kommunalen Instanzen verantwortlich zeichneten, und den zuständigen MfS-Diensteinheiten. Im Fall von auffällig »feindlich-negativen« Antragstellern, von denen potenziell Aktivitäten zur »Erzwingung« der Ausreise ausgingen, wurde seitens des MfS der Abteilung Inneres beim Rat des Bezirks oder Kreises die Option eingeräumt, eine »vorbeugende Übersiedlung« des Antragstellers zu veranlassen. Im Jahr 1988 musste das MfS immer wieder »öffentlichkeitswirksame Provokationen« von »aktiv handelnden Zusammenschlüssen« – Demonstrationen mit Hunderten, in Ausnahmefällen sogar mehreren Tausend Teilnehmern – in fast allen DDR-Bezirken feststellen.

Als wenig erfolgreich galten die in Verantwortung der Abteilung Inneres durchgeführten »Zurückdrängungsgespräche«, die mit Antragstellern auf Weisung des MfS zu führen waren – nicht selten wurden diesen dabei eine Verbesserung der Wohnraumsituation oder die Aufhebung von Diskriminierungen am Arbeitsplatz in Aussicht gestellt. Antragstellern, die sich mehrfach an staatliche Stellen gewandt hatten (im MfS-Sprachgebrauch: »hartnäckige Antragsteller«), wurden strafrechtliche Sanktionen angedroht, und sie wurden nicht selten vom MfS inhaftiert. Dies traf vor allem dann zu, wenn Antragsteller Konsequenzen angekündigt oder westliche Stellen von ihrem Antrag in Kenntnis gesetzt hatten. Von 1977 bis zum Sommer 1989 wurden in der DDR etwa 20 000 Ermittlungsverfahren gegen Antragsteller eingeleitet. Zuständig für die Bearbeitung war jeweils das MfS und deren → Untersuchungsorgan; inhaftierte Antragsteller wurden in die MfS-Untersuchungshaftanstalten überstellt und gelangten oft nach einer gerichtlichen Verurteilung über den Häftlingsfreikauf in die Freiheit. Flucht und Ausreise stellten ganz wesentliche Destabilisierungs- und Delegitimierungsfaktoren der SED-Herrschaft von 1949 bis 1989 dar.

Literatur: Eisenfeld, Bernd: Zentrale Koordinierungsgruppe (MfS-Handbuch). Berlin 1995; Lochen, Hans-Hermann; Meyer-Seitz, Christian: Die geheimen Anweisungen zur Diskriminierung Ausreisewilliger. Dokumente der Stasi und des Ministeriums des Innern. Köln 1992.   *CHa, ISK*

Außenpolitischer Nachrichtendienst (APN) → **Institut für Wirtschaftswissenschaftliche Forschung**

Auswerter Zumeist operativ erfahrene Offiziere, die seit 1965 in den Auswertungs- und Informationsorganen (→ ZAIG, → AIG, → AKG) eingesetzt wurden, um die Bewertung, Verdichtung und Selektion von Informationen zu gewährleisten sowie die internen Informationsflüsse zu organisieren. Die A. bedienten sich dabei manueller Verfahren, bei denen → Kerblochkarten, später auch → VSH-, → Sichtloch- und → Dokumentenkarteien eingesetzt wurden. Die in Auswertungsbereichen der → HV A eingesetzten A. hatten ein spezifisches Aufgabenprofil, das in der Bewertung und Einordnung von Informationen im Vordergrund stand. Spezielle A. waren auch in den → Abt. 26 bei der → Telefonüberwachung eingesetzt.   *REn*

Auswertungs- und Informationsgruppe (AIG) Die AIG entstanden mit der Einführung des einheitlichen → Auswertungs- und Informationssystems 1965 aus den in den Bezirksverwaltungen und zentralen operativen Diensteinheiten des MfS schon bestehenden → Informationsgruppen. In ihrem Zuständigkeitsbereich oblag ihnen die Bewertung und Selektion von Informationen, die Gewährleistung des Informationsflusses und die Fertigung der Berichte für die Partei- und Staatsfunktionäre. Die AIG unterstanden der fachlichen Anleitung und Kontrolle der → ZAIG. 1978/79 wurden sie zu → Auswertungs- und Kontrollgruppen erweitert.   *REn*

Auswertungs- und Informationssystem Das A. war im MfS ein zentraler Funktionsbereich, der die Bewertung und Selektion von Informationen und die Organisation des Informationsflusses intern und nach außen gewährleistete. Aus den äußerst primitiven Anfängen in den 50er Jahren entwickelte sich ein hochkomplexes System, das den gesamten Apparat erfasste und in den 80er Jahren auch umfassend mit EDV arbeitete.

Informationen zur Stimmung in der Bevölkerung wurden bereits seit 1951 von den für Postkontrolle zuständigen → Abteilungen M aus der geöffneten Post herausgefiltert und zu Berichten zusammengefasst. Das eigentliche Informationssystem entstand im MfS aber erst als Folge des Juniaufstandes von 1953. Als eine seiner ersten Amtshandlungen schuf der neu berufene Staatssicherheitschef → Wollweber Strukturen, die gewährleisten sollten, dass die ständig anfallenden Informationen zu einer regelmäßigen Berichterstattung über die innere Sicherheitslage und die Bevölkerungsstimmung verdichtet werden konnten. In der Zentrale und den Bezirksverwaltungen (BV) wurden Informationsgruppen gebildet, die tägliche Informationsberichte, später Informationsdienst genannt, und Sonderinformationen zu erstellen hatten. Adressaten waren der Erste Sekretär des ZK der SED, die Mitglieder des Politbüros und seiner → Sicherheitskommission, die ZK-Sekretäre, einzelne Minister sowie die 1. Bezirkssekretäre, welche die Berichte der jeweiligen BV erhielten. Daneben waren auch die Leitungskader der Staatssicherheit, insbesondere die stellv. Minister, in den Verteilern vertreten. Ein Teil der Berichte diente ausschließlich der internen Information. Ab Januar 1955 erschien der Informationsdienst nur noch zweimal

wöchentlich, ab November nur noch 14-tägig. Von jetzt an dominierten die Einzelinformationen zu bestimmten Themen oder Ereignissen.
Im Februar 1957 gab es einen schweren Konflikt zwischen Ulbricht und → Wollweber u. a. über die Stimmungsberichterstattung des MfS, die der Parteichef als legale Verbreitung feindlicher Hetze bezeichnete. Die Berichtstätigkeit und die entsprechenden Dienststrukturen wurden daraufhin reduziert, der Informationsdienst vollkommen eingestellt. Mit der Berichterstattung über die politische Stimmung tat sich das MfS künftig außerordentlich schwer.
Ab 1959 wurde der Informationsbereich wieder aufgewertet. Die bisher eigenständige Berichterstattung der → HV A an die politische Führung lief von jetzt an auch über die Zentrale Informationsgruppe (ZIG). Im Dezember 1960 erließ → Mielke mit dem Befehl 584/60 eine genaue Regelung der Berichterstattung des MfS an die politische Führung. Neu war die Bestimmung, dass auch die Leiter der operativen Hauptabteilungen und selbständigen Abteilungen berechtigt waren, in Ausnahmefällen Informationen an Partei- oder Staatsfunktionäre zu geben. In der Folge verlagerte sich die Informationstätigkeit stärker auf die operativen Linien (→ Linienprinzip). Mit dem Befehl 299/65 wurde das Informationssystem im Juli 1965 um ausgeklügelte Auswertungsverfahren erweitert, die eine Bewertung und Selektion von Informationen, einschließlich der Erstellung von operativen Statistiken, sowie die Organisation des Informationsflusses ermöglichten. Kernelemente des neuen einheitlichen Systems waren → Auswertungsvorgänge, → Kerblochkarten und die Zentralen Materialablagen, welche in der → ZAIG und den → AIG der HA, selbständigen → Abteilungen und BV zu führen waren.
Im Mai 1974 wurden die → Vorverdichtungs-, Such- und Hinweiskarteien (VSH-Karteien) eingeführt, die die Erfassung von Personen mit geringerer operativer Bedeutung auch unterhalb der Ebene der AIG und der → Abteilungen XII ermöglichte. Darüber hinaus wurde im März 1975 in den AIG der BV die Dokumentation »verdichteter« operativer Informationen verbindlich eingeführt, die durch eine → Sichtlochkartei und eine → Dokumentenkartei erschlossen wurde.
Im Mai 1980 vollzogen sich mit dem Erlass der DA 1/80 noch einmal grundlegende Veränderungen im A. des MfS, die vor allem durch die Einführung der EDV bedingt waren. Das entscheidende neue Element war die elektronische → Zentrale Personendatenbank, die die differenzierte Zusammenführung und komplexe Verknüpfung aller eingespeicherten Informationen ermöglichte und so manuelle Auswertung mittels der Kerblochkarteien obsolet machte. Die

→ ZPDB gewährleistete die zentrale Einspeicherung von großen personenbezogenen Informationsmengen auch außerhalb des Relevanzbereichs der aktiven oder passiven → Erfassungen. Damit wurden eine differenzierte Verarbeitung und schnelle zentrale Abrufbarkeit von unzähligen Daten ermöglicht, die mit den bisherigen manuellen Verfahren nicht oder nur dezentral erfasst worden waren. Dies kann als entscheidende Maßnahme zur Bewältigung der im MfS anfallenden Informationsflut und bedeutender Schritt bei der Perfektionierung des Überwachungsstaates DDR gelten. Ab 1984 wurde die bereits seit 1975 bestehende elektronische Datenbank Ungesetzliche Grenzübertritte (DUG) mit ihren Personen- und Sachverhaltsinformationen schrittweise in die ZPDB überführt. Über die eigenen Datensammlungen hinaus verschaffte sich das MfS einen direkten Zugriff auf die elektronische → Personendatenbank des Ministeriums des Innern (MdI). Im Aufklärungsbereich bestand mit den Teildatenbanken des Systems der Informationsrecherche der HV A (→ SIRA) ein eigenes EDV-gestütztes A.

Literatur: Engelmann, Roger; Joestel, Frank: Die Zentrale Auswertungs- und Informationsgruppe (MfS-Handbuch). Berlin 2009.   *REn*

Auswertungs- und Kontrollgruppe (AKG) 1978 wurden die → AIG der → BV mit der Integration des Kontrollwesens in Auswertungs- und Kontrollgruppen umgewandelt. Analog zur → ZAIG waren die AKG jetzt das Funktionalorgan der Leiter der BV mit den Aufgaben Auswertung und Information, Planung, Überprüfung und Kontrolle, Erarbeitung dienstlicher Bestimmungen und Weisungen sowie EDV. Darüber hinaus wurden die AKG auch für Öffentlichkeitsarbeit zuständig, die im Ministerium noch bis 1985 der → Abteilung Agitation bzw. der Arbeitsgruppe Öffentliche Verbindungen zugeordnet war. 1979 wurden auch in den meisten selbständigen Abteilungen und Hauptabteilungen der MfS-Zentrale AKG gebildet. Die AKG unterstanden den Leitern der jeweiligen Diensteinheit, wurden aber fachlich von der ZAIG angeleitet.   *REn*

B

BdL → **Büro der Leitung**

BdL II → **Büro der Leitung II**

Bearbeitung, operative Verharmlosende Bezeichnung aller Aktivitäten und Maßnahmen der »politisch-operativen Arbeit«, also der geheimdienstlich-geheimpolizeilichen Tätigkeit in Bezug auf Personen oder zur Klärung von Sachverhalten, wenn aus Sicht des MfS Hinweise auf »feindlich-negative Handlungen« vorlagen. Die B. konnte u. a. die Durchführung einer → Operativen Personenkontrolle umfassen oder einen → Operativen Vorgang betreffen. *CAd*

Beater, Bruno 5.2.1914 – 9.4.1982
1. Stellv. des Ministers für Staatssicherheit, Mitglied des Kollegiums des MfS
Geb. in Berlin als Sohn eines Arbeiters. Nach Abschluss der Volksschule 1928 – 1932 Lehre als Zimmermann, danach arbeitslos; 1928 Mitglied des KJVD und der RGO; 1933/34 Brotausfahrer; 1934/35 Reichsarbeitsdienst; 1935/36 und 1938/39 kurzfristige Beschäftigungen als Zimmermann, dazwischen Wehrdienst; 1939 Einberufung zur Wehrmacht, zuletzt Oberfeldwebel; Auszeichnungen: EK I und II; Juni 1944 übergelaufen zur Roten Armee, Mitarbeit im NKFD; Besuch einer Antifa-Schule, danach Fronteinsatz als Lautsprecher-Agitator; bis Oktober 1945 Instrukteur/Leiter des Antifa-Aktivs im Kriegsgefangenenlager Breslau-Hundsfeld.
Oktober 1945 KPD; bis März 1946 Leiter Kripo Hennigsdorf; Februar–Oktober 1946 Leiter Ortspolizei Schönwalde; November 1946 – September 1949 Kreisleiter Kriminalpolizei Osthavelland, Nauen; 1947/48 Lehrgang Volkspolizei-Schule Biesenthal; September 1949 Verwaltung zum Schutz der Volkswirtschaft, Land Brandenburg, Oberrat; April–Juli 1950 MfS-Verwaltung Groß-Berlin, Leiter Abt. V; 1950 –1955 Leiter HA V; 1953 Oberst; 1955 Stellv. des Ministers; 1959 Generalmajor; 1962/63 Parteihochschule »Karl Marx« mit »gutem Erfolg« absolviert; 1964 1. Stellv. des Ministers; 1967 Generalleutnant; Mai 1968 Ernennung zum Diplom-Juristen der → JHS des MfS »mit Auszeichnung«, ohne Studienleistungen erbracht zu haben; 1969 VVO in Gold; 1970 Leiter des MfS-Einsatzes beim Besuch Willy Brandts in Erfurt; 1973 Mitglied des ZK der SED; seit Beginn der

Bruno Beater

70er Jahre gravierende gesundheitliche Probleme; 1.2.1974 Entlassung aus gesundheitlichen Gründen; 1974 KMO; auch zahlreiche sowjetische Auszeichnungen; 1980 Generaloberst.

Bruno Beater war ein typischer MfS-Kader aus der Aufbauphase des Ministeriums. Er machte Karriere primär aufgrund seiner immer wieder betonten politischen Zuverlässigkeit, die vor allem aus seinem Eintritt ins NKFD 1944 abgeleitet wurde. Mielke dürfte an ihm darüber hinaus geschätzt haben, dass er stets hohe Einsatzbereitschaft bis an die Grenzen des ihm gesundheitlich Möglichen zeigte, nach den internen Beurteilungen Geschick in der Personalführung besaß, hohes Ansehen bei den sowjetischen »Freunden« genoss und selbst keine Ambitionen erkennen ließ, in noch höhere Ämter berufen zu werden. Intellektuelle Defizite, wie sie ihm anfangs noch attestiert wurden, konnte er in späteren Jahren formal durch Hochschuldiplome ausgleichen, die nichts über seine tatsächlichen Fähigkeiten aussagen.   *SSu*

Befragung Strafprozessrechtlich zulässige Möglichkeit der offiziellen Kontaktaufnahme mit Verdächtigen, Zeugen und anderen Personen noch vor Einleitung eines Ermittlungsverfahrens (strafprozessuales Prüfungsstadium). Verdächtige konnten gemäß § 95 StPO/1968 zur Befragung zugeführt werden (→ Zuführung). Vom MfS wurde die B. gelegentlich als demonstrative Maßnahme zur Einschüchterung Oppositioneller genutzt, gegen die aus politischen Gründen kein Ermittlungsverfahren eingeleitet werden sollte.   *JBe*

Bekämpfung der Ausreisebewegung → Ausreisebewegung, Bekämpfung der

Bekämpfung und Infiltration der Kirchen → Kirchen, Bekämpfung und Infiltration der

Bekämpfung der Republikflucht → Republikflucht, Bekämpfung der

Bekämpfung von Widerstand und Opposition → Widerstand und Opposition, Bekämpfung von

Beobachter Für operative → Beobachtungen speziell geschulte Mitarbeiter, die vorwiegend von der → HA VIII und den Abt. VIII der BV eingesetzt wurden. Manchmal handelte es sich dabei um sog. → Unbekannte Mitarbeiter oder Beobachter-IM (→ IME). Die B. waren im verdeckten Fotografieren, in Kartenkunde, Personenidentifizierung sowie für Verfolgungsfahrten geschult. Sie wurden trainiert, sich zu Fuß, im Pkw und in öffentlichen Verkehrsmitteln unauffällig zu bewegen und den richtigen Abstand zum Objekt zu halten. Teilweise kamen auch Gruppen von B. mit verteilten Rollen zum Einsatz. Bei offiziellen oder privaten Besuchen westlicher Politiker fungierten oft begleitende Personenschützer oder Volkspolizisten als B.   *ASe*

Beobachtung, operative Die B. zählte zu den konspirativen Ermittlungsmethoden, die in der Regel von operativen Diensteinheiten in Auftrag gegeben und von hauptamtlichen Mitarbeitern der Linie VIII (→ HA VIII) durchgeführt wurden. Dabei wurden sog. Zielpersonen (Beobachtungsobjekte genannt) über einen festgelegten Zeitraum beobachtet, um Hinweise über Aufenthaltsorte, Verbindungen, Arbeitsstellen, Lebensgewohnheiten und ggf. strafbare Handlungen herauszufinden. Informationen aus B. flossen in → Operative Personenkontrollen, → Operative Vorgänge oder Sicherheitsüberprüfungen ein. Im westlichen Ausland wurden B. meist von → IM unter falscher Identität ausgeführt.   *ASe*

Personenbeobachtung mit versteckter Kamera in der Nähe der Erlöserkirche in Berlin-Lichtenberg am 27. April 1984.

Beobachtungsstützpunkt Das MfS unterschied mobile und ständige B. Je nach Bedarf waren sie mit Ton-, Foto-, Kamera-, Fernseh- oder Videotechnik ausgestattet. Zu mobilen B. zählten präparierte Pkw, Bauwagen, Kleintransporter der Marke B 1000, LKW, Busse und Wohnmobile. Zu ständigen B. zählten Wohnungen, Ferienhäuser, Bungalows, Bodenkammern und Dachstühle. B. befanden sich im Wohnbereich von DDR-Dissidenten, in unmittelbarer Nähe von diplomatischen Vertretungen, Korrespondentenbüros und Privatwohnungen westlicher Diplomaten und Journalisten, in Stadtzentren, an Grenzkontrollpunkten sowie auf den Autobahnraststätten der Transitstrecken. Die Besetzung der B. erfolgte durch MfS-Mitarbeiter der → HA VIII im Schichtsystem.   *ASe*

Beobachtungsvorgang Vorgangsart von 1953 bis 1960. In B. wurden Personen erfasst, die als (potenziell) politisch unzuverlässig oder feindlich eingestellt galten und daher vorbeugend beobachtet wurden, etwa ehemalige NS-Funktionsträger, ehemalige Sozialdemokraten, Teilnehmer an den Aktionen des 17. Juni 1953 sowie Personen, die aus dem Westen zugezogen waren. Die Vorgangsart verlor sukzessive an Bedeutung, 1960 gingen noch bestehende B. in den zugehörigen → Objektvorgängen auf. Der B. war zentral in der → Abt. XII zu registrieren, die betroffenen Personen in der zentralen Personenkartei → F 16 zu erfassen.

REn

Berater, sowjetische In den ersten Jahren stand das MfS unter einer engen fachlichen und politischen Anleitung durch die sowjetische Staatssicherheit, die mit sog. Beratern (anfangs auch Instrukteure genannt) in den wichtigsten Diensteinheiten des MfS präsent war (→ sowjetischer Geheimdienst, Verhältnis des MfS zum sowjetischen Geheimdienst). Die B. besaßen dort faktisch Weisungs- und Vetobefugnisse. Zunächst waren die B. den jeweiligen Fachabteilungen des sowjetischen Geheimdienstapparates in der DDR zugeordnet. Nach dem Juniaufstand 1953 wurde eine eigene Beraterabteilung gebildet. Der Bevollmächtigte des sowjetischen Sicherheitsorgans in Berlin-Karlshorst war gleichzeitig der oberste Chefberater des MfS; er leitete den jeweiligen Leiter der DDR-Staatssicherheit persönlich an. Zum Zeitpunkt seiner Auflösung im November 1958 zählte der Beraterapparat 76 Offiziere. Später verblieb lediglich ein Stab von Verbindungsoffizieren, die keine Weisungskompetenz mehr gegenüber dem MfS besaßen.

REn

Bereitschaftspolizei Nach dem → Volksaufstand von 1953 wurden leicht bewaffnete Einheiten der Volkspolizei aufgestellt, die zur Niederschlagung innerer Unruhen dienen sollten und deswegen kaserniert untergebracht und motorisiert waren. Im Mai 1955 wurden sie der Verwaltung Innere Truppen im → Staatssekretariat für Staatssicherheit zugeordnet, aus »kosmetischen« Gründen im Mai 1956 in Bereitschaftspolizei umbenannt. Von August 1956 bis März 1957 unterstand sie wie die Deutsche Grenzpolizei und die Transportpolizei der → Hauptverwaltung Innere Sicherheit des MfS. Mit dieser wurden sie im Februar 1957 dem MdI unterstellt. Nach Auflösung der Hauptverwaltung Innere Sicherheit im Monat darauf blieben sie kasernierte Eingreifreserve des MdI. Ihr Mannschaftsbestand wurde ab 1962 aus Wehrpflichtigen rekrutiert.

Die geheimpolizeiliche Überwachung dieser Verbände oblag zunächst der → Abt. VII der Verwaltung Groß-Berlin, ab Jahresende 1955 der neu gebildeten Abt. 10 der → HA I. Diese wurde nach dem Mauerbau als Abt. 7 in die HA VII eingegliedert; ihre 77 Mitarbeiter sicherten unmittelbar die beiden Berliner Grenzbrigaden der Bereitschaftspolizei sowie die 3. und 4. Brigade (mit Aufga-

Im Rahmen der Ausbildung für Ordnungseinsätze üben Angehörige der kasernierten Bereitschaftspolizei in Basdorf bei Berlin am 19. Oktober 1982 den Umgang mit Schlagstöcken und Wasserwerfern.

ben der Reserve). Die übrigen Brigaden in den Bezirken fielen in die Verantwortung sog. Abwehroffiziere der jeweiligen Abt. VII der BV. Diese arbeiteten vor Ort und trugen die Uniformen der Bereitschaftspolizisten. Sie sollten über Vorkommnisse und Missstimmungen im Bilde sein sowie potenzielle Deserteure identifizieren. Wenn Bereitschaftspolizisten tatsächlich flüchteten, klärten die Abwehroffiziere die Hintergründe, während die Abt. 6 der → HA IX strafrechtlich ermittelte, wie bei anderen Angehörigen der bewaffneten Organe auch.

Im Jahre 1964 wurde die Zuständigkeit für die Bereitschaftspolizei bei der Abt. 7 der HA VII zentralisiert und ihr die Planstellen der Abwehroffiziere aus den Bezirken übertragen. Im Oktober 1970 wurde dies indes wieder rückgängig gemacht. Die HA Bereitschaften im Ministerium des Innern verfügte zuletzt über 32 Mitarbeiter, darunter 7 IM und GMS (21,8 %). Die Leitungskader pflegten außerdem offizielle Arbeitskontakte zur Staatssicherheit im Rahmen des politisch-operativen → Zusammenwirkens.

Die Bereitschaftspolizei sollte im Kriegsfall militärische Aufgaben übernehmen und beispielsweise gegnerische Einheiten auf dem Territorium der DDR »zerschlagen«. In Friedenszeiten musste sie oft andere Zweige der Volkspolizei verstärken, etwa bei der Sicherung von Großveranstaltungen, der Suche nach entwichenen Häftlingen oder dem Einbringen der Ernte. Zur Disziplin trug dies wohl nicht bei; unter den zuletzt rund 14000 Bereitschaftspolizisten wurden jährlich mehr als 700 disziplinarisch bestraft, meist wegen Trunkenheit oder unerlaubten Entfernens. Etwa wegen Westkontakten führte zudem die Staatssicherheit jährlich rund 5 OV und 85 OPK gegen Bereitschaftspolizisten durch. Diese gingen im Oktober 1989 teilweise brutal gegen friedliche Demonstranten vor, wobei mindestens 64 Bereitschaftspolizisten den Befehl zu diesem Einsatz verweigerten.   *TWu*

Beschlagnahme Nach Einleitung des strafprozessualen Ermittlungsverfahrens zulässige Wegnahme, Sicherung und vorübergehende Verwahrung von Gegenständen oder Aufzeichnungen zur Sicherung von Beweismitteln oder Vermögenswerten von Beschuldigten bzw. Angeklagten durch die Untersuchungsorgane, also auch das MfS (§§ 108–119 StPO/1968). Die Beschlagnahme musste binnen 48 Stunden richterlich bestätigt werden (§ 121 StPO/1968). Die B. war polizeirechtlich auch bei Gefährdung oder Störung der öffentlichen Ordnung und Sicherheit ohne Ermittlungsverfahren zulässig (§ 13 VP-Gesetz) und konnte in diesen Fällen auch von Angehörigen des MfS vorgenommen werden (§ 20 VP-Gesetz).   *JBe*

Bezirkseinsatzleitung (BEL) BEL waren wie die → Kreiseinsatzleitungen Teil der regionalen Kommandostruktur des → Nationalen Verteidigungsrates. Ursprüngliche Absicht war die Einrichtung von Koordinierungs- und Befehlsorganen für den inneren Notstand in allen Bezirken, gründend auf den unmittelbaren Erfahrungen des 17. Juni 1953. Tatsächlich entwickelten sich die BEL zu einem Planungsgremium für den Mobilmachungs- und Kriegsfall. Nicht nur die direkte Steuerung der bewaffneten Organe, sondern besonders die staatliche, wirtschaftliche, infrastrukturelle und gesellschaftliche Vorbereitung des Landes auf eine solche Situation stand im Mittelpunkt der BEL-Tätigkeit seit den 60er Jahren. 1957 begann der systematische Aufbau der BEL.
Mitglieder der BEL waren die 1. Bezirkssekretäre der SED als Vorsitzende; die Vorsitzenden der Räte der Bezirke; die Leiter der Abteilungen für Sicherheitsfra-

gen in den SED-Bezirksleitungen als BEL-Sekretäre; die Chefs der Bezirksbehörden der VP; die Leiter der → BV des MfS; die Chefs der Wehrbezirkskommandos der NVA sowie von 1966 bis 1968 die Vorsitzenden der Bezirkswirtschaftsräte. Zunächst oblag den Chefs der Bezirksdirektionen der Volkspolizei die Stabsarbeit der BEL. Mit deren zunehmend militärischer Ausrichtung übernahmen 1965 die Chefs der NVA-Wehrbezirkskommandos diese Aufgabe. Interne Angelegenheiten des MfS waren nicht Gegenstand der BEL-Beratungen. Weil dort die gemeinsame Koordinierung aller Sicherheitsorgane abgestimmt wurde, erhielten aber auch die Leiter der BV Aufträge zur Umsetzung von BEL-Beschlüssen. Die Aufgaben der BEL wurden in Direktiven und Statuten festgelegt. Mit Befehl 16/89 des NVR-Vorsitzenden Egon Krenz vom 29.11.1989 stellten die BEL ihre Tätigkeit ein.   *AWa*

Bezirksverwaltung (BV, BVfS) Im Zusammenhang mit der Verwaltungsreform der DDR vom Sommer 1952 wurden die fünf → Länderverwaltungen für Staatssicherheit (LVfS) in 14 BV umgebildet. Daneben bestanden die Verwaltung für Staatssicherheit Groß-Berlin und die → Objektverwaltung »W« (Wismut) mit den Befugnissen einer BV. Letztere wurde 1982 als zusätzlicher Stellvertreterbereich »W« in die Struktur der BV Karl-Marx-Stadt eingegliedert.
Der Apparat der Zentrale des MfS Berlin und der der BV waren analog strukturiert und nach dem → Linienprinzip organisiert. So waren die → HA II in der Zentrale bzw. die Abt. II der BV für die Schwerpunkte der Spionageabwehr zuständig usw. Auf der Linie der → HV A waren die Abt. XV der BV aktiv. Einige Zuständigkeiten behielt sich die Zentrale vor: so die Militärabwehr (→ HA I) und die internationalen Verbindungen (→ Abt. X) oder die Arbeit des Büros für Besuchs- und Reiseangelegenheiten in Westberlin (→ Abt. XVII). Für einige Aufgabenstellungen wurde die Bildung bezirklicher Struktureinheiten für unnötig erachtet. So gab es in den 60er und 70er Jahren für die → Abt. XXI und das → BdL II Referenten für Koordinierung (RfK) bzw. Offiziere BdL II. Für spezifische Aufgaben gab es territorial bedingte Diensteinheiten bei einigen BV, z.B. in Leipzig ein selbständiges Referat (sR) Messe, in Rostock die Abt. Hafen.
An der Spitze der BV standen der Leiter (Chef) und zwei Stellv. Operativ. Der Stellv. für Aufklärung fungierte zugleich als Leiter der Abt. XV. Die Schaffung des Stellvertreterbereichs Operative Technik im MfS Berlin im Jahre 1986 führte in den BV zur Bildung von Stellv. für Operative Technik/Sicherstellung.
→ Anhang: Bezirksverwaltung 1989 (Standardstruktur)   *RWi*

Die zuletzt 15 Bezirksverwaltungen des MfS waren analog zur Zentrale in Berlin organisiert. Außenansicht der Bezirksverwaltung in Dresden, Bautzner Straße, 50er Jahre.

Böhm, Alfred 23.8.1913–12.10.1982
Leiter der Bezirksverwaltung Neubrandenburg
Geb. in Leipzig, Vater Brunnenbauer; Volksschule; 1928–1931 Tischlerlehre; 1931–1935 arbeitslos; 1931 KPD; 1935–1944 Zuchthaus, dann KZ Sachsenhausen; 1944/45 Strafbataillon Dirlewanger, dann sowjetische Gefangenschaft.
1947 SED, Einstellung bei der VP, K 5 (politische Polizei); 1950 Einstellung beim MfS, KD Leipzig; 1951 Versetzung zur Abt. VI (Überwachung Staatsapparat) des MfS Berlin, 1953 dort kommissarischer Leiter, dann Mitarbeiter der Kontroll-Inspektion; 1956 Stellv. Operativ des Leiters der BV Neubrandenburg; 1959/60 PHS; 1965 Leiter der BV Neubrandenburg und Mitglied der SED-Bezirksleitung; 1973 VVO in Gold; 1975 Generalmajor; 1977 Entlassung, Rentner.   *JGi*

Böhm, Horst 11.5.1937–21.2.1990
Leiter der Bezirksverwaltung Dresden
Geb. in Zwickau, Vater Bäcker, Mutter Handschuhmacherin; 1954 SED; 1955

Alfred Böhm   *Horst Böhm*

Abitur, Einstellung beim MfS, Zweijahreslehrgang an der JHS des MfS Potsdam; 1961 stellv. Leiter der KD Stollberg; 1962 stellv. Leiter der KD Hohenstein; 1962–1967 Fernstudium der Gesellschaftswissenschaften an der Karl-Marx-Universität Leipzig, Diplom-Lehrer für Marxismus-Leninismus; 1966 stellv. Leiter der Arbeitsgruppe Anleitung und Kontrolle der BV Karl-Marx-Stadt; 1974 Stellv. Operativ des Leiters der BV Karl-Marx-Stadt; 1981 Offizier für Sonderaufgaben, dann Leiter der BV Dresden, Mitglied der SED-Bezirksleitung Dresden; 1982 Generalmajor; 1989 Entlassung; 1990 Selbstmord.   *JGi*

Borrmann, Gustav 25.9.1895–7.6.1975
Leiter der Abt. Agitation
Geb. in Halle (Saale), Mutter Arbeiterin; Volksschule; 1913–1920 Lehre und Arbeit als Steindrucker, von 1914–1918 Soldat, 1916 Spartakusgruppe; 1919 Mitbegründer der KPD Halle; 1920 eineinhalb Jahre Haft wegen Mitgliedschaft in der Militärkommission der KPD Halle während des Kapp-Putsches; 1922/23 Parteisekretär in Halle und Essen; nach Teilnahme am Ruhrkampf Parteisekretär des Bezirkes Hessen-Waldeck; 1924–1929 Geschäftsführer der KPD-Be-

Gustav Borrmann   *Edgar Braun*

zirksbuchhandlung Halle-Merseburg; 1929–1933 Leiter der Vertriebsstelle Halle
des Deutschen Verlags und der Arbeiter-Illustrierten-Zeitung (AIZ); 1924–1933
Vorsitzender des RFB Halle und stellv. Vorsitzender des RFB Gau Halle-Merseburg; 1933–1934 verhaftet, KZ Lichtenburg, dann KZ Papenburg, danach illegale
Arbeit; 1935 Emigration in die ČSR, dann in die UdSSR, Aufenthalt in Moskau;
1937 Arbeit als Steindrucker; 1939 Korrektor in einer Druckerei; 1941 Evakuierung nach Karaganda (Kasachische SSR), Leiter der Politemigranten; 1944 Sekretär, 1945 Präsident des Gebietskomitees der Roten Hilfe. 1946 Rückkehr nach
Deutschland, SED, stellv. Leiter der Landespolizeibehörde Sachsen-Anhalt; 1950
MfS, 1951 Leiter der Abt. Allgemeines; 1953 Oberst; 1955 Leiter der Abt. Agitation; 1958 Entlassung, Rentner; 1965 VVO in Gold; 1970 KMO.   *JGi*

Braun, Edgar *9.6.1939
Leiter der HA XIX (Verkehr, Post, Nachrichtenwesen)
Geb. in Molbitz (Thüringen), Vater Schichtmeister, Mutter Hausfrau; 1957 Abitur,
Einstellung beim MfS, KD Altenburg, dann Zweijahreslehrgang an der JHS des
MfS Potsdam; 1959 SED, operativer Mitarbeiter in der BV Leipzig, Abt. II (Spio-

Richard Brode

nageabwehr); 1961 Versetzung zur → HA II, MfS Berlin; 1975–1980 Fernstudium an der PHS, Diplom-Gesellschaftswissenschaftler; 1977 stellv. Abteilungsleiter, 1978 Abteilungsleiter; 1982 Versetzung in die → HA XIX, 1980 Banner der Arbeit; 1.7.1982 Leiter HA XIX; 1984 VVO Bronze; 1986 Generalmajor; November 1989 leitender Mitarbeiter des → Amtes für Nationale Sicherheit, 1990 Berater des Staatlichen Komitees zur Auflösung des AfNS, später Immobilienmakler.   *JGi*

Brode, Richard 31.7.1921–19.3.1977
Leiter der Verwaltung Rückwärtige Dienste (VRD), Mitglied des Kollegiums des MfS. Geb. in Bennstedt (bei Halle), Vater Bergmann; Volksschule; 1938–1941 kaufmännische Lehre; 1941–1945 Wehrmacht (Sanitäter).
Mai–August 1945 englische Internierung, dann Sparkassenangestellter; 1946 KPD/SED, Lohnbuchhalter; 1950 Einstellung beim MfS, Referat Finanzen der Länderverwaltung Sachsen-Anhalt, dann Abteilung Finanzen im MfS Berlin; 1953 stellv. Leiter, dann Leiter der Abteilung, 1967 Oberst; 1969–1972 Externstudium an der JHS des MfS Potsdam, Diplom-Jurist; 1973 Leiter der HV B (Bewirtschaftung); 1974 Leiter der VRD.   *BFl*

Joachim Büchner

Büchner, Joachim *5.3.1929
Leiter der → HA VII (Ministerium des Innern, Deutsche Volkspolizei)
Geb. in Westhausen (Thüringen), Vater Zimmermann; Volksschule; 1942–1944
Handelsschule; 1944–1947 Lehre als kaufmännischer Angestellter.
1947 SED, Mitarbeiter des Kreissekretärs der SED; 1949 2. Sekretär der FDJ-
Kreisleitung Langensalza, Einstellung bei der Verwaltung zum Schutz der Volkswirtschaft Thüringen (ab Februar 1950 Länderverwaltung Thüringen des MfS),
Dienststelle Langensalza; 1950 Abt. V (Untergrund) der Länderverwaltung Thüringen; 1952 BV Gera, Leiter der Abt. V; 1955 Leiter der Abt. XV (Auslandsspionage); 1958 Stellv. Operativ der BV Gera; 1965–1969 Direktstudium, dann Fernstudium, Abschluss als Diplom-Jurist, zugleich wissenschaftlicher Mitarbeiter
an der → JHS des MfS Potsdam, 1969 Oberassistent; 1970 Leiter der → HA VII;
1971 Promotion zum Dr. jur. an der JHS; 1971 Oberst; 1977/78 Einjahreslehrgang an der PHS; 1978 Generalmajor; Dezember 1989 von seiner Funktion entbunden; 1990 Entlassung. *JGi*

Büro der Leitung (BdL) 1956 entstanden durch Umbenennung der Abteilung Allgemeines.

Aufgaben: u. a. Organisierung/Koordinierung von Verwaltungsaufgaben und Chef- bzw. zentralen Dienstbesprechungen; Ausarbeitung, Bearbeitung und Sammlung von Anordnungen und Anweisungen, Koordinierung der Eingaben an das MfS, aber auch Wach- und Sicherungsdienst für diverse Dienstobjekte des MfS Berlin. *RWi, APo*

Büro der Leitung II (BdL II) 1961 entstanden durch Zusammenführen unterschiedlich verteilter Aufgaben, vor allem die Koordinierung der Maßnahmen gegen die Republikflucht; 1980 in die → HA II als Abt. II/19 eingegliedert.

Aufgaben: Sicherung der Tätigkeit der Abteilung Verkehr des ZK der SED, Sicherung und »Bearbeitung« von KPD, DKP und der SEW bzw. Absicherung der Beziehungen und des Zusammenwirkens von SED, FDGB und anderen Institutionen der DDR mit Parteien und Organisationen im → Operationsgebiet; Bearbeitung von speziellen Problemen im Zusammenhang mit der innerdeutschen Grenze bzw. der Mauer in Berlin und von Republikfluchten, aber auch Sicherung des 1960 errichteten und dem Ministerium für Nationale Verteidigung unterstellten Soldatensenders 935, der → Desinformation und → Zersetzungsarbeit gegen die Bundeswehr betrieb und durch verschlüsselte Sendungen Agenten lenkte. *RWi, APo*

Büro der Zentralen Leitung der Sportvereinigung Dynamo (BdZL SV Dynamo) 1953 gegründet.

Aufgaben: Leitung der SV Dynamo; dabei u. a. Anleitung und Koordinierung der Bezirksleitungen SV Dynamo, der Sportklubs bzw. Sportgemeinschaften SC/SG Dynamo sowie Förderung bestimmter Sportarten, Sektionen – so z. B. Kampfsport und Fallschirmausbildung. *RWi, APo*

BV, BVfS → **Bezirksverwaltung**

C

Carlsohn, Hans 2.12.1928–18.7.2006
Leiter des → Sekretariats des Ministers für Staatssicherheit. Geb. in Leipzig, Vater Arbeiter, Mutter Hausfrau; Volksschule; Ausbildung zum Kupferschmied abgebrochen; RAD. 1945 Arbeit bei einem Sattler; ab 1946 Heizungshilfsmonteur; 1946 SED; 1948 Einstellung bei der VP, Revier Leipzig, dann Bereitschaften in Großenhain, Küstrin und Potsdam, Mitarbeiter für Politkultur; 1951 Einstellung beim MfS, HA Personenschutz, als persönlicher Begleiter Erich Mielkes, ab 1953 als sein persönlicher Referent; 1971 Leiter des Sekretariats des Ministers; 1983 VVO in Gold; 1985 Generalmajor; Dezember 1989 von seiner Funktion entbunden; Januar 1990 Entlassung, Rentner.   *JGi*

Chiffrierung Methode zur Geheimhaltung von Nachrichten durch Verschlüsselung von Texten, die zwischen Sender und Empfänger festgelegt ist. Die C. basiert in der Regel auf der Zuordnung der Buchstaben des Alphabets zu anderen Zeichen (zumeist andere Buchstaben oder Zahlen). In der DDR unterstanden die Einrichtungen des Chiffrierwesens (CW) der Anleitung und Kontrolle des MfS, speziell der → Abt. XI, die auch als Zentrales Chiffrierorgan (ZCO) bezeichnet wurde. Für die C. kamen in der DDR zahlreiche unterschiedliche Verfahren und Gerätetypen zur Anwendung. Die Leistungsfähigkeit des Chiffrierwesens der DDR wird als hoch eingeschätzt.   *BLi*

Coburger, Karli *4.10.1929
Leiter der → HA VIII (Beobachtung, Ermittlung)
Geb. in Neuhaus-Schierschnitz (Thüringen), Vater Porzellandreher; Volksschule; 1943–1946 Handelsschule, Kaufmann; 1946–1948 Wirtschaftsoberschule Sonneberg; 1948/49 Volontär im Plastewerk Köppelsdorf; 1949 SED; 1949/50 Einjahreslehrgang an der Deutschen Verwaltungsakademie »Walter Ulbricht« Forst-Zinna; 1950–1952 Betriebsassistent, Technische Abendschule; 1952 Einstellung beim MfS, BV Leipzig; 1953 MfS Berlin, → HA IX; 1957–1960 Fernstudium Kriminalistik an der Polizeischule Aschersleben; 1966 Staatsexamen in Kriminalistik an der HU Berlin; 1966–1984 stellv. Leiter der HA IX (Untersuchungsorgan); 1976 Promotion zum Dr. jur. an der → JHS des MfS Potsdam; 1984–1989 Leiter der → HA VIII; 1984 Generalmajor; 1990 Entlassung.   *JGi*

Hans Carlsohn   *Karli Coburger*

D

Dangrieß, Dieter *24.3.1940
Leiter der Bezirksverwaltung Gera
Geb. in Jahnshain (Kreis Geithain), Vater Arbeiter, Mutter Hausfrau; 1958 Abitur, Einstellung beim MfS, KD Glauchau, SED; 1961/62 Einjahreslehrgang an der JHS des MfS Potsdam; 1965 Versetzung zur Abt. II (Spionageabwehr), 1966 Abt. Anleitung und Kontrolle der BV Karl-Marx-Stadt; 1967–1972 Fernstudium an der JHS, Diplom-Jurist; 1973 Leiter der AG Anleitung und Kontrolle; 1982 Offizier für Sonderaufgaben und Leiter des Stabs, dann Stellv. Operativ des Leiters der BV Karl-Marx-Stadt; 1987 Promotion zum Dr. jur. an der JHS; 1987 1. Stellv. des Leiters der BV Gera; 1988 Offizier für Sonderaufgaben, dann Leiter der BV Gera; 1989 Generalmajor; Dezember 1989 von seiner Funktion entbunden; 1990 Entlassung.   *JGi*

Decknamenkartei → F 77

Dekonspiration Als D. wurde das Bekanntwerden von Einrichtungen, Zielen, Arbeitsmethoden und -mitteln der Staatssicherheit sowie von Personen bezeichnet, die vom MfS für operative Aufgaben getarnt eingesetzt wurden. Von besonderer Bedeutung war die D. von inoffiziellen Mitarbeitern (IM). Diese konnte durch den IM selbst erfolgen, indem dieser sich bewusst gegenüber einem Dritten offenbarte oder aber ungewollt durch eine Verletzung der Regeln, die die → Konspiration sicherstellen sollten. Die D. wurde als ein schwerwiegender Schaden für das MfS und eine Gefährdung seiner Arbeit betrachtet.　　*HME*

Delikte-Kartei/Delikte-Kerblochkartei In den → Bezirksverwaltungen (dort zum Teil als Kreisdienststellenbestände ausgewiesen) und in der MfS-Zentrale in den → HA I und → HA IX nachweisbare Karteisysteme, die Formen des politischen Widerstandes, aber auch Vorkommnisse, die den Verdacht einer solchen Intention nahelegten, auf je ein konkretes »Delikt« bezogen festhielten. Die Verzeichnung erfolgte zum Teil geordnet nach den sog. Deliktparagraphen auf Kleinkarteikarten (Delikte-Kartei), zum Teil auf A4-Karteiblättern, die am Rand nach einem normierten Schlüsselplan Kerben mit codierten Angaben zum Sachverhalt, Täter/Verdächtigen bzw. zu Mittel, Methoden, Ursachen und Motiven erhielten und so mechanisch auswertbar waren (Delikte-Kerblochkartei, → Kerblochkarten). In den Ablagen der anderen HA wurden Letztere mitunter in die personenbezogene Kerblochkartei mit eingestellt. In den BV unterteilte sich die Delikte-Kerblochkartei in verschiedene Untergruppen wie staatsfeindliche Hetze mündlich (bekannt vs. unbekannt) oder staatsfeindliche Hetze schriftlich (bekannt vs. unbekannt), Brandstiftung/Sabotage/Havarien und Schleusung/Menschenhandel. Beide Karteisysteme waren zugleich Materialsammlung und Fahndungsmittel.　　*CHa, ISK*

Desinformation Gemäß MfS-Definition die bewusste Verbreitung von den Tatsachen grundsätzlich oder teilweise widersprechenden Informationen. Ziel der D. war es, Personen, Institutionen und politische Vorhaben im Westen zu diskreditieren und dadurch zu schwächen, zu isolieren oder zu Fall zu bringen, ferner Entscheidungen zu beeinflussen sowie die westliche Seite über Handlungen oder Zustände im Osten (z. B. politische und wirtschaftliche Probleme, Maßnahmen gegen Regimekritiker usw.) zu täuschen. Hierfür wurden plausibel erscheinende Informationen und gefälschte Dokumente verdeckt über Lancierungskanäle im Westen verbreitet. Auch Pressekampagnen und Veröffentlichungen in der DDR

Dieter Dangrieß   *Manfred Dietze*

dienten der D. Die D. galt als Spielwiese von → Wolf. Zuständig war vor allem die Abt. X der HV A, deren Mitarbeiter sich entsprechende Inhalte ausdachten und in konkrete Aktionen umsetzten (→ Maßnahmen, aktive).   *GHe*

Dietze, Manfred *10.12.1928
Leiter der HA I (NVA und Grenztruppen), Mitglied des Kollegiums des MfS
Geb. in Lindenthal (Sachsen), Vater Schlosser, Mutter Hausfrau; mittlere Reife; Kriegsdienst als Luftwaffenhelfer; 1945/46 KPD/SED; 1946 Einstellung bei der Polizei; 1949 Kursant der Politkultur-Schule der VP; 1950 HV Ausbildung des MdI, Persönlicher Referent des Chefinspekteurs; 1951 Einstellung im MfS, Abt. I (VP-Bereitschaften); 1955 Abteilungsleiter; 1960–1965 Fernstudium an der → JHS des MfS Potsdam, Diplom-Jurist; 1967–1971 → OibE der → HV A-Abteilung III (legal abgedeckte Residenturen), Leiter einer Auslandsoperativgruppe; 1971 stellv. Leiter, 1981 Leiter der → HA I; 1972 Oberst; 1985 VVO in Gold; 1989 Generalleutnant; 1989 Rotbannerorden der UdSSR; Dezember 1989 von seiner Funktion entbunden; 1990 Entlassung, Rentner.   *JGi*

Differenzierung, politisch-operative D. wurde als Methode und Arbeitsprinzip innerhalb des MfS propagiert, um zu einer möglichst präzisen Beschreibung und Kategorisierung der in den Berichten, → OPK und → OV erwähnten Personen zu gelangen. Deren Einstellungen und Handlungen sollten hinsichtlich ihrer »Gefährlichkeit« für das System klassifiziert und bestimmten Kategorien (wie indifferent, feindlich-negativ u. ä.) zugeordnet werden. Garantiert werden sollte so ein effizienter Einsatz der dem MfS verfügbaren Ressourcen. *CHa, ISK*

Diversion, politisch-ideologische (PID, PiD) Zentraler Begriff aus der Terminologie kommunistischer Staatssicherheitsdienste, der sowohl die ideologischen Einflüsse des Westens auf die Gesellschaften des kommunistischen Machtbereichs als auch politisch und ideologisch abweichendes Denken in diesen Gesellschaften bezeichnet, das grundsätzlich auf diese äußeren Einwirkungen zurückgeführt wurde. Der Begriff entstand 1956/57 in der DDR, als Ulbricht in der Auseinandersetzung mit den Anhängern einer inneren Liberalisierung neue Feindmethoden der ideologischen »Aufweichung und Zersetzung« zu erkennen glaubte. Im Februar 1958 wurden diese von der Leitung der MfS zunächst als ideologische Diversion definiert. Als PiD avancierte der Terminus in der DDR-Geheimpolizei in wenigen Jahren zum Schlüsselbegriff. Das MfS wurde zur »Ideologiepolizei«. DDR-Bürger, die öffentlichkeitswirksam abweichende politische Ansichten äußerten, wurden als »Träger der PiD« kategorisiert und entsprechend überwacht. Die PiD galt als Voraussetzung für die Herausbildung organisierter Formen politischer Opposition (→ Untergrundtätigkeit, politische). Nach anfänglicher Skepsis der Sowjets gegenüber diesem Ansatz – ideologische Auseinandersetzungen galten dort eigentlich als Angelegenheit der Partei – wurde der Terminus und die damit verbundene operative Ausrichtung später von den anderen kommunistischen Geheimdiensten übernommen. *REn*

Döring, Manfred *18.11.1932
Kommandeur des Wachregiments (des MfS)
Geb. in Oberfrohna (Sachsen), Vater Schneider; 1952 Abitur; 1952 KVP; 1953–1956 Offiziersschule der KVP/NVA; 1956 Zugführer in der NVA; 1958 Wachregiment Berlin des MfS, Zugführer, später Batteriechef; 1959 Stabschef der Artillerieabteilung; 1962 Offizier Artillerie des Wachregiments; 1965–1968 Militärakademie »Friedrich Engels«, Diplom-Militärwissenschaftler; 1971 1. Stellv. des Kommandeurs des → Wachregiments »Feliks Dzierżyński«; 1975/76 Dele-

Manfred Döring

gierung zur PHS; 1976 Oberst; 1987 Kommandeur des Wachregiments, Generalmajor; März 1990 Entlassung.   *JGi*

Dokumentenkartei → **F 404**

Dokumentensammelkarte → **F 405**

Durchsuchung Die D. von Wohnungen, Räumen oder Personen war eine strafprozessuale Maßnahme im Ermittlungsverfahren zum Zwecke der Festnahme
oder Verhaftung Verdächtiger bzw. zum Auffinden von Beweismaterial (§§ 108 –
119 StPO/1968). Eine D. musste vom Staatsanwalt bzw. konnte bei Gefahr im
Verzuge auch von den Untersuchungsorganen angeordnet werden und bedurfte
einer richterlichen Bestätigung binnen 48 Stunden (§ 121 StPO/1968). Die D. oblag eigentlich den → Untersuchungsorganen, formal im MfS also der Linie IX
(→ HA IX). Tatsächlich wurden sie aber regulär von Mitarbeitern der Linie VIII
(→ HA VIII) durchgeführt. Die Durchsuchung Verhafteter und vorläufig Fest-
genommener konnte ohne staatsanwaltliche Anordnung durchgeführt werden
und bedurfte keiner richterlichen Bestätigung (§ 109 StPO/1968); sie wurde im

Polaroidfoto aus einem Bericht über eine konspirative Wohnungsdurchsuchung vom 8. September 1978.

MfS von den – formal nicht zuständigen – Mitarbeitern der Linie XIV (→ Abt. XIV) durchgeführt. Außerhalb des Ermittlungsverfahrens war die Durchsuchung von Personen und Sachen durch Polizei und MfS polizeirechtlich geregelt (§ 13 VP-Gesetz). Vom MfS wurden die Möglichkeiten der Durchsuchung und Beschlagnahme auch außerhalb des jeweiligen strafprozessualen Ermittlungsverfahrens für geheimdienstliche Zwecke genutzt. Jenseits jeglicher rechtlicher Regelungen führten operative Diensteinheiten des MfS, vor allem die Linie VIII (→ HA VIII), auch konspirative Wohnungsdurchsuchungen durch. *JBe*

Durchsuchung, konspirative Neben der offiziellen → Durchsuchung als strafprozessualer Ermittlungshandlung (gemäß §§ 108–119 StPO/1968) führte das MfS illegale, konspirative Durchsuchungen durch, bei denen heimlich in Wohnungen oder Büros eingebrochen wurde, meistens um unbemerkt an Beweismittel zu gelangen, die später ggf. durch ein nochmaliges Auffinden im Zuge einer legalen Durchsuchung offizialisiert wurden. Eingesetzt wurden dafür spezialisierte Mitarbeiter der Linie VIII (→ HA VIII). *ASe*

E

Eggebrecht, Heinz 16.2.1916–17.6.1994
Leiter der Bezirksverwaltung Magdeburg
Geb. in Oberkaufungen (Kreis Kassel), Vater Bergmann, Mutter Hausfrau; Realgymnasium; Lehre und Arbeit als kaufmännischer Angestellter; 1937/38 Lagerverwalter im Heereszeugamt Kassel; 1938–1945 Wehrmacht; 1945 drei Tage amerikanische Gefangenschaft.
1945/46 KPD/SED, Chemiearbeiter, dann Lohnbuchhalter in Böhlen; 1946/47 Neulehrerkurs in Köthen, dann Grundschullehrer; April 1950 Einstellung beim MfS, KD Eisleben; September 1950 Abt. IX (Untersuchungsorgan) der Länderverwaltung Sachsen-Anhalt in Halle; 1952 Leiter der Abt. IX der BV Magdeburg; 1953 Stellv. Operativ der BV; 1955–1957 Fernstudium an der DASR, Teilabschluss Philosophie/Ökonomie; 1960/61 Besuch der PHS; 1962 Leiter der BV Magdeburg; 1964 Oberst; 1966–1968 Externstudium an der JHS des MfS Potsdam, Diplom-Jurist; 1971/72 für eine Sonderaufgabe zur HV A kommandiert; 1972 als OibE Leiter des Zentralen Büros der Sportvereinigung (SV) Dynamo; 1976 VVO in Gold; 1982 Entlassung, Rentner.   *JGi*

Einzelleitung Das leninistische Prinzip der Einzelleitung war für den gesamten Staats- und Wirtschaftsapparat der DDR verbindlich, hatte aber im MfS wie auch in anderen militärisch verfassten Apparaten eine besonders rigide Ausprägung. Danach hatte der Leiter die uneingeschränkte Verantwortung für seinen Zuständigkeitsbereich und war gegenüber allen ihm Unterstellten politisch, fachlich und administrativ weisungs- und kontrollbefugt. Darüber hinaus war er verpflichtet, die ihm unterstellten Mitarbeiter politisch-ideologisch und politisch-moralisch zu erziehen.   *SSu*

Einzelvorgang Vorgangsart von 1950 bis 1960, → Operativer Vorgang gegen eine einzelne Person, der eine »feindliche Tätigkeit« unterstellt wurde. Die Eröffnung eines Einzelvorgangs hatte auf der Grundlage von »überprüftem Material«, das z.B. durch einen → Überprüfungsvorgang gewonnen wurde, zu erfolgen. Er war zentral in der → Abt. XII zu registrieren, die betroffene Person und ihre Verbindungen waren in der zentralen Personenkartei (→ F 16), die involvierten Organisationen in der zentralen Feindobjektkartei (→ F 17) zu erfassen.   *REn*

Heinz Eggebrecht

Elektronischer Kampf (EloKa) → Hauptabteilung III (Funkaufklärung)

Elsner, Bernhard *30.1.1927
Kommandeur des Wachregiments (des MfS)
Geb. in Königsberg (Ostpreußen), Vater Kutscher; Volksschule; 1941–1944 Lehre als Maschinenschlosser; 1944 RAD, dann Wehrmachtsfreiwilliger.
1945–1949 sowjetische Gefangenschaft; 1949 Einstellung bei der VP, Wachregiment Potsdam; 1950 SED; 1951 Einstellung beim MfS, Wachbataillon Adlershof, 1952 Kompaniechef, 1957 Stabschef des I. Bataillons; 1958/59 Studium am Militärinstitut in Moskau; 1959 Stabschef des I. Kommandos; 1960 Offizier für militärwissenschaftliche Arbeit im Regimentsstab I; 1962 Stabschef des → Wachregiments »Feliks Dzierżyński«; 1965–1968 Militärakademie »Friedrich Engels« der NVA, Diplom-Militärwissenschaftler; 1971 Oberst; 1972–1987 Kommandeur des Wachregiments; 1976 Generalmajor; 1987 Offizier für Sonderaufgaben im Bereich Schulung der HA KuSch; 1990 Entlassung; später Geschäftsführer der Initiativgemeinschaft zum Schutze der sozialen Rechte ehemaliger Angehöriger der bewaffneten Organe und der Zollverwaltung der DDR (ISOR). *JGi*

Bernhard Elsner   *Heinz Engelhardt*

Engelhardt, Heinz *9.2.1944
Leiter der Bezirksverwaltung Frankfurt (Oder), Leiter des Verfassungsschutzes der DDR
Geb. in Angerapp (Ostpreußen), Vater Elektriker, Mutter Hausfrau; 1962 Abitur und Einstellung beim MfS, BV Karl-Marx-Stadt, 1964 SED; 1968–1974 Fernstudium an der → JHS des MfS Potsdam, Diplom-Jurist; 1970 Leiter des Bereichs Reisen und Touristik der BV Karl-Marx-Stadt; 1971 Leiter der KD Reichenbach; 1976 Leiter der Abt. XX der BV Karl-Marx-Stadt; 1984 Leiter der KD Karl-Marx-Stadt; 1985 Oberst; 1986 Offizier für Sonderaufgaben in der BV Frankfurt (Oder); 1987 Leiter der BV Frankfurt (Oder), Generalmajor, Mitglied der SED-Bezirksleitung Frankfurt (Oder); Dezember 1989 bis Januar 1990 Leiter des Amtes für Verfassungsschutz der DDR; bis Mai 1990 Berater bei der Auflösung des → Amtes für Nationale Sicherheit; später Inhaber eines Reisebüros.   *JGi*

Entführung E., also Verschleppungen im Sinne des Strafrechts, waren bis in die 70er Jahre elementare Bestandteile in der Strategie und Taktik der DDR-Geheimpolizei.

In dem 1969 von der Juristischen Hochschule des MfS erarbeiteten »Wörterbuch der politisch-operativen Arbeit« wird das Delikt einer E. als »Erscheinungsform von Terrorverbrechen« definiert. »Sie ist das Verbringen von Menschen gegen ihren Willen unter Anwendung spezifischer Mittel und Methoden (Gewalt, Drohung, Täuschung, Narkotika, Rauschmittel u. a.) von ihrem ursprünglichen Aufenthaltsort in andere Orte, Staaten oder Gebiete.« Unbeabsichtigt erfasst diese Definition exakt auch die E., die das MfS »im Operationsgebiet« verübt hat. E. entsprachen den Traditionen und Praktiken der sowjetischen »Tschekisten«. Nicht zufällig haben Instrukteure und Agenten der KGB-Dependance in Ostberlin bis Mitte der 50er Jahre auch bei E. aus Westberlin und Westdeutschland mit dem MfS eng kooperiert. E. wurden in der Verantwortung jedes der drei Minister für Staatssicherheit durchgeführt, die die DDR unter der Diktatur der SED hatte. Weder → Zaisser noch → Mielke setzten sie allerdings so planmäßig und aggressiv ein wie → Wollweber. Unter seiner Ägide fanden die meisten E. statt – wenn auch unter Mielkes verantwortlicher Mitwirkung.

Die Zuständigkeit für Entführungsaktionen im Apparat der Staatssicherheit ist anhand interner Direktiven, Befehle und Maßnahmenpläne genau bestimmbar. Erstens waren sie stets Chefsache. Der Minister war jeweils in die Pläne zur Vorbereitung und Durchführung einer Verschleppung eingebunden. Die letzte Entscheidung lag bei ihm. Unmittelbar mit E. befasst waren im MfS zweitens die Leiter verschiedener Hauptabteilungen, in deren Diensteinheiten operative Vorgänge zu entsprechenden Zielpersonen bearbeitet wurden. Das konnte die für Spionageabwehr zuständige → Hauptabteilung II sein oder die seinerzeitige → Hauptabteilung V (seit 1964 → Hauptabteilung XX), der u. a. die Bekämpfung »politischer Untergrundarbeit« zugewiesen war. Überläufer aus den bewaffneten Organen wurden von Diensteinheiten der → Hauptabteilung I – der sog. Militärabwehr – operativ bearbeitet. Sie alle verfügten zum Zweck grenzüberschreitender Aktionen über geeignete → IM und spezielle Einsatzgruppen. Flankierende Hilfsdienste hatten die → Hauptabteilung VIII zu leisten, die für Operative Ermittlungen und Festnahmen zuständig war, sowie die für Spionage und aktive Maßnahmen zuständige → Hauptverwaltung A.

Die Gesamtzahl der vom MfS versuchten und vollendeten E. ist nach empirischen Untersuchungen, die für die Enquete-Kommission des Deutschen Bundestages »Überwindung der Folgen der SED-Diktatur im Prozess der deutschen Einheit« durchgeführt wurden, auf maximal 700 zu veranschlagen. Die Historikerin Susanne Muhle beziffert sie für die Zeit zwischen 1950 und Mitte der 60er

Jahre auf 400 bis 500. Exakte Angaben sind infolge der streng konspirativ abgeschirmten Vorgehensweise des MfS bei Entführungsaktionen nicht möglich. Sie sind im Grunde genommen auch irrelevant. Entscheidend ist, dass E. im Apparat des MfS institutionell verankert waren.

Ganz im Sinne der MfS-spezifischen Definition sind generell drei taktische, manchmal kombinierte Entführungsvarianten zu unterscheiden: Verschleppungen unter Anwendung physischer Gewalt; Verschleppungen unter Anwendung von Betäubungsmitteln sowie E. vermittelst arglistiger Täuschung.

Die Zielgruppen MfS-getätigter E. lassen sich wie folgt umreißen: hauptamtliche oder inoffizielle Mitarbeiter des MfS, die zu »Verrätern« geworden und »zum Klassenfeind übergelaufen« waren; Mitarbeiter westlicher Nachrichtendienste; Mitarbeiter der Ostbüros von SPD, CDU, LDP und DGB sowie der KgU und des UFJ in Westberlin; Überläufer aus der Volkspolizei und der Nationalen Volksarmee; abtrünnige Genossen aus den Reihen der SED; regimekritische Journalisten und westliche Fluchthelfer speziell nach dem 13. August 1961.

Während MfS-extern E. strengster Geheimhaltung unterlagen, wurden sie in den 50er Jahren MfS-intern in Befehlen bekannt gegeben, soweit es sich um »zurückgeholte« Überläufer gehandelt hatte. Potenzielle Nachahmer sollten abgeschreckt werden. Z. B. hieß es in dem Stasi-Befehl 134/55 vom 7. Mai 1955, mit dem intern die Hinrichtung zweier »Verräter« zur Kenntnis gebracht wurde: »Wer aus unseren Reihen Verrat an der Partei, an der Arbeiterklasse und an der Sache des Sozialismus übt, hat die strengste Strafe verdient. Die Macht der Arbeiterklasse ist so groß und reicht so weit, dass jeder Verräter zurückgeholt wird oder ihn in seinem vermeintlich sicheren Versteck die gerechte Strafe ereilt.« »Strengste Strafe« hieß unter Umständen Todesstrafe. In mindestens 20 Fällen ist sie gegen Entführungsopfer verhängt und vollstreckt worden. Zumeist wurden langjährige Freiheitsstrafen ausgesprochen. Nicht wenige Entführungsopfer sind in der Haft verstorben – in Einzelfällen durch Suizid.

Literatur: Fricke, Karl Wilhelm unter Mitarbeit von Ehlert, Gerhard: Entführungsaktionen der DDR-Staatssicherheit und die Folgen für die Betroffenen. In: Materialien der Enquete-Kommission »Überwindung der Folgen der SED-Diktatur im Prozess der deutschen Einheit«, (13. Wahlperiode des Deutschen Bundestages), hg. vom Deutschen Bundestag, Baden-Baden 1999, S. 1169–1208.

KFr

Erfassung, aktive Nachweisführung in der → Abt. XII. Sie galt für Personen aus registrierten Vorgängen (→ GMS, → IM oder → IM-Kandidaten, → Zelleninformatoren bzw. Personen, die in → Operativen Vorgängen, → Untersuchungsvorgängen oder in → Operativen Personenkontrollen bearbeitet wurden) und für in → Sicherungsvorgänge aufgenommene Personen. Als a. E. galten auch die Erfassungen auf → Kerblochkarten, (→ KK-Erfassung) die vorläufige a. E. (VaE) und seit 1987 die → KAG I-Erfassung. Grundsätzlich war für eine Person nur eine a. E. zulässig. *DHa*

Erfassung, passive Die p. E. betraf Personen, zu denen in der → Abt. XII bereits archiviertes MfS-Schriftgut vorlag oder zu denen Informationen im Schriftgut anderer staatlicher Organe und Einrichtungen, das in den Abt. XII archiviert war (z. B. Akten der Abt. I der Staatsanwaltschaften; → Staatsanwaltschaften, Akten der), vorlagen oder zu denen es bestimmte Hinweise (z. B. aus → VSH-Karteien) gab. Aus der aktiven Erfassung wurde dann eine passive, wenn der entsprechende (registrierte) Vorgang abgeschlossen oder eingestellt und archiviert wurde. *DHa*

Ermittlung, operative Informationserhebung zu Personen aus deren Arbeits- und Freizeitbereich (→ Wohngebietsermittlung), die vor allem im Rahmen von → Operativen Vorgängen, → Operativen Personenkontrollen, → Sicherheitsüberprüfungen und der Aufklärung von → IM-Kandidaten stattfand. Genutzt wurden dabei Speicherabfragen, die Auswertung schriftlicher Unterlagen und Befragungen von → Auskunftspersonen, welche häufig legendiert (→ Legende, operative) von hauptamtlichen Mitarbeitern des MfS durchgeführt wurden. Manchmal wurden für Letzteres auch IM-Ermittler (→ IME) eingesetzt. Eine wichtige Informationsquelle für E. waren die Auskunftsberichte der Volkspolizei, die im Rahmen des politisch-operativen → Zusammenwirkens eingeholt wurden. *REn*

Ermittlungsverfahren, strafrechtliches Erstes Stadium des Strafverfahrens, steht formal unter Leitung des Staatsanwaltes (§ 87 StPO/1968). Die eigentlichen Ermittlungen werden von den staatlichen → Untersuchungsorganen (Polizei, MfS, Zoll) durchgeführt (§ 88 StPO/1968) und vom Staatsanwalt beaufsichtigt (§ 89 StPO/1968). Tatsächlich waren für die Ermittlungen des MfS lediglich die zuvor vom MfS ausgewählten Staatsanwälte der Abteilungen IA (→ Justiz, Verhältnis des MfS zur) zuständig, die gemäß MfS-internen Regelungen keine Einsicht in Unterlagen oder Ermittlungen, die nicht der StPO entsprachen, bekommen durften. Faktisch gab es daher eine doppelte Aktenführung in der zuständigen Linie IX: den internen Untersuchungsvorgang und die für Staatsanwaltschaft und Gericht bestimmte Gerichtsakte und somit keine wirksame staatsanwaltschaftliche Aufsicht über die MfS-Ermittlungen. Einleitung wie auch Einstellung des Ermittlungsverfahrens konnten selbständig von den Untersuchungsorganen verfügt werden (§§ 98, 141 StPO/1968). Mit dem Ermittlungsverfahren verbunden waren Eingriffe in die persönliche Freiheit Beschuldigter durch die Untersuchungsorgane wie die Beschuldigten- und Zeugenvernehmung, die → Durchsuchung, die → Beschlagnahme, die → Festnahme oder die → Untersuchungshaft (→ Haft im MfS). In der Tätigkeit des MfS stellte das Ermittlungsverfahren einen besonders wirksamen Teil des repressiven Vorgehens gegen politische Gegner dar.   *JBe*

F

F Kürzel für Form, Formblatt, Formular. F steht in Verbindung mit einer Ziffer für bestimmte Formulare, Formblätter, Vordrucke und Karteikarten im MfS.

F 16 (Personenkartei) Personenkartei, die in den → Abt. XII geführt wurde. Die F 16 diente dem zentralen Nachweis aller Personen, deren → Erfassung von operativen Diensteinheiten veranlasst wurde. Sie enthält u. a. Name, Vorname, Geburtsort, Geburtsdatum bzw. Personenkennzahl, Arbeitsstelle, Erfassungsdatum, verantwortliche Diensteinheit und bei bestimmten Aktenarten die Archivsignatur. Die bei der Erfassung vergebene Registriernummer bildet die Verbindung zur Vorgangskartei → F 22. Die F 16 der Zentralstelle war zur Erkennung ähnlich auszusprechender Namen phonetisch sortiert.   *DHa*

F 17 (Feindobjektkartei) Die F 17 diente zum Nachweis von Objekten. In ihr wurden Adressen und Daten von Institutionen, Organisationen und Einrichtungen, die im MfS als DDR-feindlich galten, erfasst. Dabei unterschied das MfS

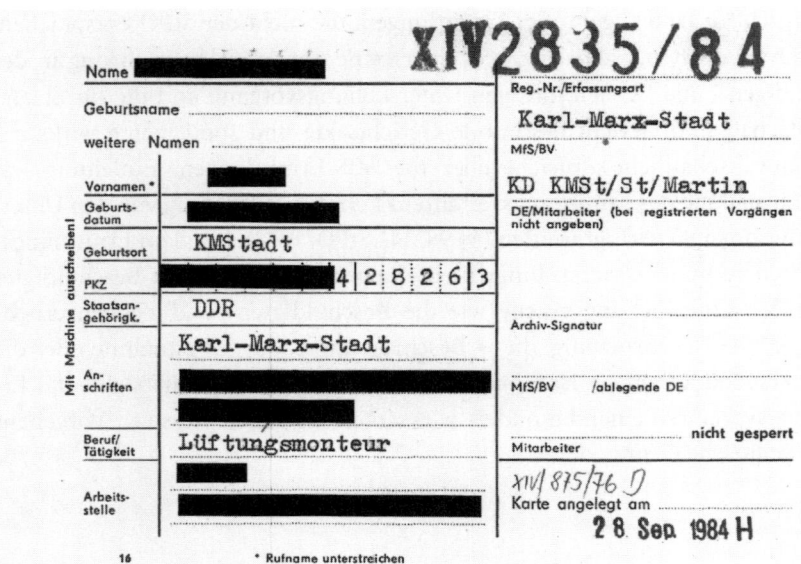

Die Personenkarteikarte F 16. Sie diente dem zentralen Nachweis aller Personen, deren Erfassung von operativen Diensteinheiten veranlasst wurde.

→ Feindobjekte im Ausland, wozu insbesondere die Bundesrepublik und West-berlin zählten, und Kontrollobjekte im Inland. Erfasst wurden dabei auch Tele-fonnummern und Kfz-Kennzeichen. Ab 1988 wurde die F 17 nicht mehr wei-tergeführt, um Doppelungen mit der → ZPDB zu verhindern. Der Zugriff auf Unterlagen ist nur über die Vorgangskartei → F 22 möglich (→ Feindobjektakte bzw. -vorgang sowie → Kontrollobjektakte).   *DHa*

F 22 (Vorgangskartei) Aus Gründen der MfS-internen Konspiration wurde – räumlich getrennt von der Personenkartei → F 16 – die Vorgangskartei geführt. Sie enthält u. a. Vorgangsart, Decknamen, verantwortliche Diensteinheit sowie den zuständigen MfS-Mitarbeiter, nicht jedoch den Klarnamen der im Vorgang erfassten Person/en. Veränderungen, z. B. Zuständigkeitswechsel, sind nachvoll-ziehbar. Die F 22 ist nach Jahrgang, Registrierbereich und -nummer geordnet. Über die Archivsignatur ist Zugriff auf den entsprechenden Vorgang im Maga-zin möglich. Ist keine Archivsignatur in der F 22 vorhanden, war der Vorgang vom MfS noch nicht archiviert worden (→ Registrierung).   *DHa*

Vorg.-Art Vorlauf-IM	XIV 2835/84
Deckname *Kai Uwe*	Reg.-Nr.
IM-Kategorie / Delikt IMS	1 0 1 4 0 0 4 0 3
Angelegt am 2 8. Sep. 1984 H	MfS / BV / Verw. Karl-Marx-Stadt
HA / Abt. / KD Stadt	Mitarb. Martin
Beendet am: - 8. 05. 87 MfS / BV / Verw. Karl-Marx-Stadt	Archiv-Nr. 1378/87 Nicht gesperrt

Datum	Art der Veränderung
2 1. Dez. 1984 Si	Werbung Gesperrte Ablage

Die Vorgangskartei F 22 wurde räumlich getrennt von der Personenkartei F 16 geführt, um die innere Konspiration im MfS zu wahren.

F 47 (Vorgangsheft) Nachweismittel der persönlichen Verantwortung von MfS-Mitarbeitern für ihre bei der → Abt. XII registrierten Vorgänge und Akten. Entsprechend formaler Vorgaben enthält das V. z.B. das Datum der → Registrierung, die Vorgangskategorie, die Anzahl der Bände, die Registriernummer, den Decknamen und Hinweise auf zur Ablage gebrachte Bände. Mit Unterschrift quittierte der MfS-Mitarbeiter den Erhalt des Vorgangs. Die Rückgabe an die Abt. XII zur Archivierung wurde ebenfalls durch Unterschrift bestätigt.   *DHa*

F 64 (Vorgangsregistrierbuch) Das V. diente als Nachweismittel über registrierte Vorgänge und Akten. Es bildete die Grundlage für die fortlaufende, unabhängig von der erfassenden Diensteinheit erfolgende Vergabe der Registriernummern durch die → Abt. XII. Es enthält ebendiese Registriernummern, das Datum der → Registrierung, die zuständige Diensteinheit mit verantwortlichem Mitarbeiter, die Vorgangsart und zum Teil den Decknamen. Im V. wurden auch Umregistrierungen oder Änderungen der Zuständigkeit für den Vorgang nachgewiesen.   *DHa*

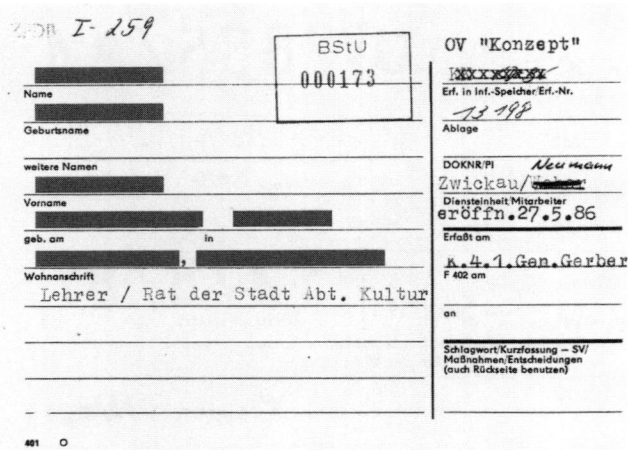

ZDR I- 259

| | BStU 000173 | OV "Konzept" |

Name

Geburtsname

weitere Namen

Vorname

geb. am   in

Wohnanschrift

Lehrer / Rat der Stadt Abt. Kultur

401 O

Erf. in Inf.-Speicher/Erf.-Nr.

13 198

Ablage

DOKNR/PI   Neumann
Zwickau/

Diensteinheit/Mitarbeiter
eröffn.27.5.86

Erfaßt am

K.4.1.Gen.Gerber
F 402 am

an

Schlagwort/Kurzfassung – SV/
Maßnahmen/Entscheidungen
(auch Rückseite benutzen)

ER/BRD 23.3.-5.4.87   ,   - Tübingen

AR/UVR 2o.4.-29.4.87 Budapest
AR/UVR-Budapest u. SRR-Bukarest 3.8.-1.9.87 kein
AR/ BRD 5/88

*Die F 401 Vor-
verdichtungs-
und Suchkarte.*

Name

Geburtsname

weitere Namen

Vorname   428268   Jahnsbach

geb. am   in
9072 Kmst.,

Wohnanschrift/Arbeitsstelle
Ev.-luth. Landeskirche Sachsens,

402 O

XIV-2483/84

OPK-"Gift"

XIV-1000/60 "V"

Diensteinheit/Mitarbeiter
Gen. Naumann – HA

4.3.77 7.3.86

Datum
SLK 58 - 10149

Ev.

AOPK 767/86

10082: Einreisender BRD-Bürger   ,   -
ev. Pastor in 3112 Ebstorf – brachte für P. Matrizen,
Schreibmaschinen- und Kohlepapier mit.
7/86 - sh. SLK 10395

*Die F 402
Hinweiskarte.*

F 77 (Decknamenkartei) Grundlage der F 77 waren die Angaben der Vorgangs-kartei → F 22. Die F 77 enthält u. a. den Decknamen, die Vorgangsart, die Re-gistriernummer (→ Registrierung), die zuständige Diensteinheit und das Regis-trierdatum. Die F 77 diente bei den aktiven Vorgängen als Übersicht über den Bestand der registrierten Vorgänge und Akten in den einzelnen Diensteinheiten. Sie wurde auch zur Anfertigung statistischer Analysen genutzt. Bei archivierten Vorgängen ist auf der F 77 die Archivsignatur angegeben.   *DHa*

F 78 (Straßenkartei) Die F 78 diente dem aktuellen Bestandsnachweis der von MfS-Mitarbeitern verwalteten konspirativen Objekte und Wohnungen sowie der von inoffiziellen Mitarbeitern zur Verfügung gestellten → Konspirativen Wohnun-gen und Objekte. Geordnet ist die F 78 alphabetisch nach Orten, dann nach Stra-ßennamen. Zugriff auf Unterlagen ist nur über die Vorgangskartei → F 22 möglich. Enthalten sind auch Treffquartiere des Arbeitsgebiets I der Kriminalpolizei (→ K I) und entsprechende Objekte der → Verwaltung Aufklärung des MfNV.   *DHa*

F 80 (Objektkartei) Die F 80 steht in engem Zusammenhang mit der Straßen-kartei → F 78. Sie enthält detaillierte Angaben zu → Konspirativen Wohnungen und Objekten (KW, KO, IMK/KW, IMK/KO, → IMK), u. a. über das Objekt und seine Lage, die Nutzungsmöglichkeiten, die Eigentumsverhältnisse, die Art der Abdeckung der konspirativen Nutzung (→ Legende), die vorgesehene Auslas-tung etc. Aus der F 80 sind Registriernummer und Deckname ersichtlich, jedoch keine Anschrift. Zugriff auf Unterlagen ist nur über die Vorgangskartei → F 22 möglich.   *DHa*

F 401 (Vorverdichtungs- und Suchkarte) Die F 401 enthält die Personengrund-daten, die Verweise auf die → Zentrale Materialablage, die zuständige Dienstein-heit/den zuständigen Mitarbeiter und die → Erfassungen in der → Abt. XII, der → Sichtlochkartei und der → Zentralen Personendatenbank sowie den Nachweis über an andere Diensteinheiten gesandte Hinweiskarten → F 402. Die Rückseite enthält unter Verwendung von Schlagwörtern Verweise auf den Inhalt der ge-speicherten Informationen, eingeleitete Maßnahmen und getroffene Entschei-dungen (→ VSH-Erfassung, → VSH-Kartei).   *DHa*

F 402 (Hinweiskarte) Eine F 402 zu einer für eine Diensteinheit (DE) in der → Abt. XII aktiv erfassten Person (→ Erfassung, aktive) wurde den DE zuge-

Teil I

S 1.1.4. | S 1.1.21.4. | S 1.1.2.

Kartolfilter gemäß Rahmenkatalog Abschnitt I.1

vor 80   2/86 | 11/86 | 11/86

Ereigniszeit

op. int. Zeitraum

Rechtsnormen
Ausarbeiten, | Disk., | Disk.,
weitere Deskriptoren | Einschleusen, | op.bed. Kontakt A
Verbreiten, | Besitzen, | Partnerarbeit
Postsendungen, | Literatur, | Kirchen
Eingaben,
Ang. gegen geistig- Angr. gegen
kult.Proz./Kultur- geistig-kult.
polit. Proz./
bez. Staatsordnung Friedenspolitik,
DOKNR.SI Zusammensohl.,
sonst. Gruppen

Teil II
Karl-Marx-Stadt

Ortsangaben – territorial – DDR

Ortsangaben – territorial – Ausland

BRD

Kirchen, ev.-luth.
Kirche, Ephorie
Objekte – DDR   KMST IV
Absolventenarbeit

Objekte – Ausland

Teil III

Name

Vorname   4 28268   Jahnsbach
geb. am PKZ-in
              DDR
Staatsangehörigkeit
Karl-Marx-Stadt,
Wohnort

Tätigkeit/Qualifikation
                              , Kirchenbezirk KMST
Arbeitsstelle
Besch.in rel.Einrichtungen, Pers., die mit alternat.
op. int. Personenmerkmale
Bew. Symp., Nichtwähler,

10149
Erfassungs-Nr.
XX/4
Ablage

DOENR.PI
XX/4
Erfassende Dfl

Teil IV
4.3.1977 | 7.3.86
Erfassungsdatum
OPK"Stift" | V
Erfassung
XIV 2483/81
Reg.-Nr.
Einstellung OPK
Bearbeitungsmaßnahmen

Bearbeitungsergebnisse

Kategorisierung

Pol.-op. Schwerpunktbereiche/Schwerpunkte

Qualle
AKG   Nutzung
Verteiler

Die OPK wurde eingeleitet, da P. am 27.11.1976 einen Brief an den Staatsrat der DDR richtete und
sich gegen die Ausbürgerung des Wolf Biermann wandte.
Durch die op. Bearbeitung des P. konnte keine feindlich-negative Tätigkeit nachgewiesen werden.
Die Partnerschaftsarbeit mit Kirchgemeinden in der BRD nutzt er für die Erlangung persönlicher materiell.
Vorteile.
    war bis Herbst   der ev.-Luth. Landeskirche Sachsen. In dieser Funktion unter-
nahm   keine feindlich-negativen Handlungen. Gegenwärtig ist er als   der Markus-
gemeinde KMST (Altbaugemeinde) tätig.

Inf. IMB "Jürgen Große", XX/4. 5.11.1986:

Am 3.11.1986 fand im Arbeitszimmer des P. eine Zusammenkunft seines "Offenen Kreises" statt. Diesem
Kreis gehören ca. 10 Personen an, ua.   , SLK-XX 10395, sowie ein Konstrukteur, eine Kinder-
krankenschwester, eine Ärztin, ein Ingenieur.
Das Thema der Zusammenkunft lautete "Konzilarer Prozeß". Zu dieser Problematik habe   über die
Partnerarbeit Material aus der BRD geschickt bekommen. Mit den Personen würden sie sich an Wochen-
enden in Eisenach treffen.
In der Diskussion wurde von   geäußert, daß die DDR keine Nation sei, wo man Nationalgefühl ent-
wickeln könne. Dies würde in der BRD eher möglich sein.

Inf. IMB "Jürgen Große", XX/4. 2.12.1986:

Der   hielt sich im November zu Besuch bei seinem Onkel in der BRD auf. Diesen Besuch nutzt er,
die Partnergemeinde in Göttingen zu besuchen,sowie eine Reise durch Bayern, ua. nach Coburg durchzuführen. Der Besuch beim Onkel diente nur als Vorwand. Die Kontakte in die BRD bewertet er als
nützlich, da er sonst in der DDR "verblöden" würde.

Inf. KD KMST/Stadt vom 3.12.1987:

Der   beantragte für sich und seine Ehefrau die Reise in DPA in die BRD aus Anlaß des 80. Geburtstages eines Freundes für den Zeitraum vom 2.1.-12.1.1988.

Die F 404 Dokumentenkartei, hier Vorder- und Rückseite einer Karteikarte.

leitet, die für den Wohnort oder die Arbeitsstätte der Person zuständig waren. Die F 402 wurde von der empfangenden DE in deren → VSH-Kartei eingeordnet (→ VSH-Erfassung). Fielen Informationen zur betreffenden Person an, wurden sie auf Anforderung der zuständigen DE übergeben. Die F 402 enthielt die Personengrunddaten, die anfordernde DE bzw. den zuständigen Mitarbeiter; jedoch keine Angabe zur Erfassungsart.   *DHa*

F 404 (Dokumentenkartei) Die F 404 war nach den Erfassungsnummern (SLK-Nr.) geordnet, die in der → Sichtlochkartei zur Identifikation der Personen verwendet wurden. Auf ihr waren SLK-Nr., indexierte Deskriptoren, Verteiler und Ablagevermerk der gespeicherten Informationen zu erfassen. Auf den Sichtlochkarteien (SLK) wurden die festgelegten Erfassungsnummern abgelocht und ggf. auf die zugehörige Materialablage verwiesen. Die Leiter der operativen Diensteinheiten konnten selbst entscheiden, ob sie die Verwendung der F 404 für erforderlich hielten.   *DHa*

F 405 (Dokumentensammelkarte) Die F 405 (Dokumentensammelkarte) enthielt Informationen zu Sachverhalten gleicher Art, die in der → F 404 erfasst worden sind, für die Erstellung von Übersichten.

F 410, 410a (Personenkerbloch-Kartei-DDR/PKK-DDR) Die PKK-DDR war Bestandteil des Kerbloch-Karteien-Systems (→ Kerblochkarten) und Speicher sowie Findhilfsmittel für die operativen Diensteinheiten. Sie wurde zu Personen mit ständigem Wohnsitz in der DDR geführt, über die bedeutsame Informationen vorlagen. Die Erfassung erfolgte nach einem Schlüsselplan mit Angaben zu Personen, zu Personenmerkmalen und Verdachtshinweisen. Entsprechend des Schlüsselplans erfolgte die Kerbung.   *DHa*

F 500 (Archivregistrierbuch) Das Archivregistrierbuch diente als Nachweismittel über die in der → Abt. XII zur Ablage gebrachten Unterlagen. Für jeden definierten Archivbestand war ein gesondertes Archivregistrierbuch zu führen. Formalisiert nachgewiesen wurden u. a. die Aktenkategorie, das Datum der Archivierung, die Archivsignatur, die Art und Anzahl der Aktenteile bzw. der Aktenbände, die Registriernummer, die ablegende Diensteinheit sowie Kassationen und Mikroverfilmungen (s. a. → Registrierung).   *DHa*

Fachschule Gransee 1958 aus der Fachschule Teterow hervorgegangen; 1974 dem Leiter der → HA KuSch unterstellt.
Aufgaben: Durchführung politisch-operativer Grundlehrgänge im Direktstudium für neu eingestellte Mitarbeiter und Erarbeitung diesbezüglicher Lehrmaterialien und methodische Anleitung der Lehrbeauftragten der durchführenden Diensteinheiten.   *RWi, APo*

Fahndungsführungsgruppe (FFG) 1971 aus dem Referat Fahndung der → Abt. XII hervorgegangen; 1987 in die → HA VII als Abt. VII/14 eingegliedert.
Aufgaben: Fahndung; insbesondere nach Personen, die Verbrechen gegen die DDR, UdSSR oder volksdemokratische Länder begangen oder vorbereitet haben sollen und Organisation des Zusammenwirkens zwischen den auftraggebenden Diensteinheiten des MfS und den Fahndungsorganen des MdI sowie anderer staatlicher und gesellschaftlicher Einrichtungen und Organisationen (u. a. der Zollverwaltung der DDR).   *RWi, APo*

Fahndungsvorgang Unterkategorie zur MfS-Vorgangsart → Operativer Vorgang. F. gab es von 1953 bis 1960. Sie wurden in der Erfassungsrichtlinie vom 12.12.1953 normiert. Jede Anlage, Registratur und Bearbeitung eines F. zielte darauf ab, eine Person nach DDR-weiter Fahndung festzunehmen. Der F. wurde in der Regel durch ein Referat der → Abt. XII geführt. Der F. wurde 1960 durch Rundschreiben abgelöst.   *MEr*

Feindobjekt Als F. (in den 50er Jahren auch Feindzentralen) wurden westliche Institutionen und Organisationen bezeichnet, denen das MfS subversive Aktivitäten gegen die DDR und/oder andere kommunistische Staaten unterstellte. Neben den gegnerischen Nachrichtendiensten handelte es sich dabei um politische oder kirchliche Organisationen, wissenschaftliche Institute, Interessenverbände, Medien, Bildungseinrichtungen und parteinahe Stiftungen (in den 80er Jahren u. a. Aktion Sühnezeichen, Axel Springer Verlag, Bundeszentrale für politische Bildung, Deutschlandfunk, Internationale Gesellschaft für Menschenrechte, taz, Zeugen Jehovas). Die Zuständigkeit für die als gefährlich eingeschätzten F. lag bei unterschiedlichen operativen Diensteinheiten des MfS, die sie in Feindobjektvorgängen (→ Objektvorgänge) und → Feindobjektakten bearbeiteten. Für die als weniger gefährlich eingeschätzten F. ohne operative Zuständigkeit galt (ab 1985) eine Dokumentationspflicht der → ZAIG.   *REn*

Als Feindobjekte bezeichnete die Staatssicherheit westliche Einrichtungen, denen sie subversive Aktivitäten gegen die DDR unterstellte. MfS-Foto des Rundfunkgebäudes des RIAS in Westberlin, der zu diesen Institutionen zählte.

Feindobjektakte (FOA) Die Aktenkategorie FOA wurde 1981 als Informationssammlung zu Objekten außerhalb der DDR eingeführt. Vorläufer war der Feindobjektvorgang. Sog. → Feindobjekte waren in der → Abt. XII zu registrieren. War eine koordinierte Bearbeitung bzw. Aufklärung des Feindobjekts durch mehrere operative Diensteinheiten notwendig, konnten neben einer Zentralen F. bei der hauptverantwortlichen Diensteinheit noch Teilakten registriert und durch die anderen an der Bearbeitung bzw. Aufklärung beteiligten Diensteinheiten geführt werden. Abgeschlossene/eingestellte F. wurden bei der zuständigen → Abt. XII im Bestand Allgemeine Sachablage (→ Sachablage, Allgemeine) archiviert.   *SBu*

Feindobjektkartei → F 17

Feindobjektvorgang (FOV) Aktenkategorie des MfS bis 1981 → Objektvorgang

Felber, Horst 23.10.1929 – 29.5.2008
1. Sekretär der SED-Kreisleitung im MfS, Mitglied des Kollegiums des MfS
Geb. in Chemnitz (Sachsen), Vater Lackierer; Volksschule; 1944/45 Schüler am Lehrerseminar Zschopau; 1948 Abitur; Grundschullehrer; 1951 FDJ-Sekretär an der Fachschule für Textilindustrie Chemnitz; 1952 MfS, BV Chemnitz, Abt. VIII, dann Versetzung zur → HA Personenschutz, MfS Berlin; 1954 stellv. Abteilungsleiter; 1954 SED; 1955/56 Besuch der Schule des KGB in Moskau; 1956 Referatsleiter in der → HA KuSch, dann Arbeitsgruppenleiter an der → JHS des MfS Potsdam, 1960 Leiter der Abt. Fernstudium; 1960 – 1964 externes Studium an der PH Potsdam, Lehrer für Geschichte; 1964 stellv. Abteilungsleiter in der → HA II, 1968 dort Parteisekretär, 1969 Abteilungsleiter und 2. Sekretär der SED-Kreisleitung des MfS; 1970 Promotion zum Dr. jur. an der JHS des MfS Potsdam; 1973 Oberst; 1979 1. Sekretär der SED-Kreisleitung, Generalmajor; 1981 Mitglied des ZK der SED; 1988 VVO in Gold; 18.11.1989 Rücktritt als 1. Sekretär der Kreisleitung; Januar 1990 Entlassung. *JGi*

Fernschreibverkehr, Überwachung des Die Überwachung von Telexanschlüssen und Standverbindungen im F. der Ostblockländer durch die → Abt. 26 wurde als »Maßnahme T« bezeichnet. Für die Überwachung des innerdeutschen F. wurde der Terminus »Auftrag R« verwendet. Zuweilen findet sich in den MfS-Akten auch der Begriff »Auftrag CT« für die Kontrolle des F. westlicher und »anderssprachiger« diplomatischer Vertretungen in Ostberlin. *ASe*

Festnahme, vorläufige Strafprozessuale, zeitlich befristete freiheitsentziehende Zwangsmaßnahme, die ohne richterlichen Haftbefehl durch jedermann beim Antreffen eines Täters auf frischer Tat bzw. durch die Staatsanwaltschaft oder die → Untersuchungsorgane bei Vorliegen der Voraussetzungen eines Haftbefehls vorgenommen werden konnte (§ 152 StPO/1952; § 125 StPO/1968). Häufigste Form der Festnahme durch das MfS – auch bei langfristig geplanten Aktionen –, da eine richterliche Beteiligung erst im Nachhinein erforderlich war. Der Festgenommene musste unverzüglich dem Richter vorgeführt und von diesem spätestens an dem der Vorführung folgenden Tage vernommen werden (§§ 114 b, 128 StPO/1949; §§ 144, 153 StPO/1952; § 126 StPO/1968). Neben F. gemäß StPO praktizierte das MfS in besonderen Fällen auch F. außerhalb jeglicher rechtlicher Verfahren, bei denen die Festgenommenen zu Verhör- und/oder Einschüchterungszwecken zumeist in konspirativen Objekten festgehalten wurden. *JBe*

Horst Felber   *Heinz Fiedler*

Fiedler, Heinz 23.4.1929–15.12.1993
Leiter der HA VI (Passkontrolle, Tourismus, Interhotel)
Geb. in Leubnitz, Kr. Werdau (Sachsen), Vater Schlosser, Mutter Weberin; Volksschule, Handelsschule, mittlere Reife; 1945 RAD, Wehrmacht, amerikanische Gefangenschaft.
1945 Arbeit als Hilfsmechaniker in Werdau; 1946 Lehre und Angestellter bei der Sozialversicherungskasse in Zwickau, KPD/SED; 1949 kaufmännischer Angestellter und FDJ-Sekretär im Kfz-Werk Werdau; 1952 Einstellung beim MfS, KD Zwickau; 1954 Abt. II der BV Karl-Marx-Stadt, 1958 dort Abteilungsleiter; 1960–1965 Fernstudium an der → JHS des MfS Potsdam, Diplom-Jurist; 1961 Stellv. Operativ des Leiters der BV Karl-Marx-Stadt; 1968 Abteilungsleiter beim ständigen Operativstab des 1. Stellv. des Ministers; 1970 Leiter der → HA VI; 1975 Promotion zum Dr. jur. an der JHS des MfS Potsdam, Generalmajor; 1977/78 Einjahreslehrgang an der PHS; 1985 VVO in Gold; Januar 1990 Entlassung, Rentner. 1.12.1993 Verhaftung wegen Verdachts der gemeinschaftlichen Anstiftung zum Mord; Selbstmord in U-Haft. *JGi*

Hans Filin   *Rolf Fister*

Filin, Hans   23.5.1929 – 3.7.2007
Leiter der Rechtsstelle
Geb. in Groß Schmölen, Kr. Ludwigslust (Mecklenburg), Vater Arbeiter; Oberschule; 1944/45 Landarbeiter; 1945/46 KPD/SED; 1945 –1947 Oberschule, Abitur; 1947–1950 Jurastudium an der Universität Rostock; 1950 MfS, Länderverwaltung Mecklenburg, Abt. IX; 1952 Richterschule Potsdam-Babelsberg; 1952 BV Rostock; 1953 stellv. Leiter, 1954 Leiter der Abt. IX; vier Monate Vernehmerlehrgang Eberswalde; 1955 –1959 Fernstudium an der Friedrich-Schiller-Universität Jena, Diplom-Jurist; 1956 stellv. Leiter der Abt. Information, MfS Berlin; 1960 Büro der Leitung, Leiter des Referats Rechtsstelle; 1969 Leiter der selbständigen Abt. ➝ Rechtsstelle; 1972 Oberst; 1977 Promotion zum Dr. jur. an der ➝ JHS des MfS Potsdam; 1981 Entlassung aus gesundheitlichen Gründen, Rentner.   *JGi*

Fister, Rolf   12.10.1929–19.3.2007
Leiter der HA IX (Untersuchungsorgan)
Geb. in Großdeuben (Sachsen), Vater Schlosser; Volksschule; 1944–1948 Lehre und Arbeit als Chemigraph; 1948 Betriebsassistent; 1952 Einstellung beim MfS,

Horst Fitzner

Länderverwaltung Sachsen, Abt. IV (Spionageabwehr); 1952/53 Kursant an der Schule des MfS Potsdam; 1953 Versetzung zur → HA IX des MfS Berlin; 1956–1960 Fernstudium an der Zentralschule der VP Arnsdorf, später Mittlere Polizeischule Aschersleben, Kriminalist; 1958 Stellvertreter, dann Abteilungsleiter in der HA IX; 1962–1966 Fernstudium an der HU Berlin, Diplom-Kriminalist; 1965 stellv. Leiter, 1973 Leiter der HA IX, Oberst; 1975 Promotion zum Dr. jur. an der → JHS des MfS Potsdam; 1978 Generalmajor; 1990 Entlassung, Rentner.   *JGi*

Fitzner, Horst *23.6.1930
Leiter der Bezirksverwaltung Cottbus
Geb. in Mühlberg (Kreis Liebenwerda), Vater Bäcker, Mutter Hausfrau; 1946 mittlere Reife; 1946–1950 Ausbildung zum Kfz-Schlosser, dann Arbeit als Lokführer und Kraftfahrer; 1950 Einstellung bei der VP, Kreisamt Liebenwerda; 1952 Lageoffizier im Operativstab des Bezirksamts der VP Cottbus, SED; 1955 Einstellung beim MfS, BV Cottbus, Abt. II (Spionageabwehr); 1960–1965 Fernstudium an der JHS des MfS Potsdam, Diplom-Jurist; 1961 stellv. Abteilungsleiter, 1963 Leiter der Arbeitsgruppe des Leiters der BV; 1973 Stellv. Operativ des Leiters der

Heinrich Folk

BV; 1979/80 PHS; 1981 Leiter der BV Cottbus, Kandidat der SED-Bezirksleitung Cottbus; 1982 Generalmajor; 1984 Mitglied der SED-Bezirksleitung Cottbus; 1990 Entlassung, Rentner.   *JGi*

Folk, Heinrich 7.7.1919–21.5.1980
Leiter der Bezirksverwaltung Schwerin. Geb. in Hindenburg (Oberschlesien), Vater Bergarbeiter; Volksschule; 1933–1939 Lehre und Arbeit als technischer Zeichner; 1939/40 Postarbeiter; 1940–1944 Wehrmacht; 1943 Desertion zur Roten Armee, mit Auftrag zur illegalen Arbeit zurückgekehrt; 1944 sowjetische Gefangenschaft, Frontschule, Aufklärer in der Roten Armee, schwere Verwundung; 1947 Besuch der Schule der Roten Armee in Moskau, dann Mitarbeiter einer Antifa-Schule. 1948 Einstellung bei der VP Berlin, Abt. Politkultur; 1949 Lehrer an der VP-Schule Prora, SED; 1950 Einstellung beim MfS, stellv. Leiter der Abt. VII (MdI/DVP) der Länderverwaltung Mecklenburg; 1951 Leiter der Abt. IV (Spionageabwehr); 1952 Leiter der BV Schwerin; 1954 stellv. Leiter der HA II (Spionageabwehr); 1956 stellv. Leiter der HV A-HA I (politische Spionage); 1959 Leiter der HV A-Abt. I (Staatsapparat der BRD); 1960 Oberst; 1967 von seiner Funktion entbunden; 1968 Entlassung, Rentner; 1979 VVO in Gold.   *JGi*

Horst Franz

Franz, Horst *21.9.1933
Leiter der HA XXII (»Terrorabwehr«)
Geb. in Braschen (Brandenburg); 1940–1948 Volksschule; 1953 MfS, Abt. Personenschutz, später Abt. V der BV Cottbus; 1958–1960 Zweijahreslehrgang an der → JHS des MfS Potsdam; 1960 stellv. Leiter der KD Finsterwalde; 1965 Leiter der KD Liebenwerda; 1966–1971 Fernstudium an der JHS, Diplom-Jurist; 1970 Leiter der Abt. VI der BV Cottbus; 1978 Stellv. des Leiters, 1982 Oberst; 1985 Leiter der Abt. XXII (ab 1989 → Hauptabteilung XXII) des MfS Berlin; 1986 Promotion zum Dr. jur. an der JHS; 1990 Entlassung.   *JGi*

Fremde Flagge Spezielle Methode der Werbung und Führung von IM im → Operationsgebiet, bei der sich das MfS als eine andere Einrichtung ausgab. Die Werbung unter F. kam insbesondere bei solchen Kandidaten zur Anwendung, bei denen aufgrund ihrer politischen und moralischen Grundhaltung andere Werbungsmethoden aussichtslos erschienen. Die Staatssicherheit unterschied zwischen verschiedenen »Flaggenarten«, den »Geheimdienstflaggen«, »Konzernflaggen« und den »Flaggen« politischer Parteien und Gruppen, sowie zwischen legendierten Beziehungspartnern (»sozialistischen und antiimperialistisch-demokratischen Institutionen«) und fremden Beziehungspartnern (»Institutionen des Imperialismus und reaktionäre Institutionen«).   *HME*

Freunde → Berater, sowjetische

Fruck, Hans 15.8.1911–15.12.1990
Stellv. Leiter der → HV A, Mitglied des Kollegiums des MfS
Geb. in Berlin, Vater Arbeiter; 1917–1925 Volksschule; 1925–1927 SAJ; 1925–1930 Ausbildung zum Werkzeugdreher; 1927–1929 KJVD, Mitglied der Bezirksleitung Berlin-Brandenburg; 1930 KPD; 1930–1933 Expedient und Hilfsredakteur im Verlag des Reichskomitees der RGO; 1933/34 arbeitslos; 1934–1943 Werkzeugdreher Berlin-Borsigwalde, Mitglied der Widerstandsgruppe um Walter Husemann und Bruno Baum; 1943 Festnahme, wegen Vorbereitung zum Hochverrat zu fünf Jahren Zuchthaus verurteilt, Haft im Zuchthaus Brandenburg-Görden.
1945 Einstellung bei der Polizei, Reviervorsteher in Berlin-Prenzlauer Berg, dann Kommissariatsleiter der Kripo in Berlin-Weißensee; 1946 Leiter der Einbruchsinspektion der Kripo Berlin; 1947 stellv. Leiter, dann Leiter der Kriminaldirektion Berlin; 1949/50 PHS; 1950 MfS, stellv. Leiter, 1952 Leiter der Verwaltung Groß-Berlin, Mitglied der SED-Bezirksleitung Berlin; 1953 Generalmajor; 1956 stellv. Leiter der HV A; 1969 VVO in Gold; 1977 Entlassung, Rentner; 1981 KMO.   *JGi*

Führungs-IM (FIM) Von 1968 bis 1989 geltende Bezeichnung für IM, die mit der Führung anderer → IM und → GMS beauftragt waren, vormals → Geheimer Hauptinformator genannt. Die FIM konnten bei Auftragsvergabe und Verbindungshaltung relativ selbständig agieren. Mit dem Aufbau von FIM-Netzen zielte das MfS auf die Durchdringung bestimmter Bereiche, Einrichtungen oder Personenkreise. Zuletzt gab es 4591 FIM. Die → HV A arbeitete ebenfalls mit FIM, die dort die Aufgaben der vormaligen → Geheimen Hauptmitarbeiter übernahmen. Der FIM konnte wiederum einem → Residenten unterstellt sein und mit den Quellen Kontakt unterhalten. Die HV A leitete 1988 im sog. → Operationsgebiet zuletzt 26 bundesdeutsche FIM.   *HME*

Führungsoffizier Hauptamtliche Mitarbeiter des MfS, die IM und OibE führten, in MfS-Dokumenten auch als vorgangsführende Mitarbeiter oder IM-füh-

Hans Fruck

rende Mitarbeiter (umgangssprachlich Führungsoffiziere) bezeichnet, von denen es im MfS zuletzt etwa 12 000 bis 13 000 gab. Sie waren für eine Region oder Institution, für bestimmte Personenkreise oder spezifische Sachfragen zuständig und hatten die Sicherheitslage in ihrem Verantwortungsbereich zu beurteilen. Es wurde von ihnen erwartet, dass sie insbesondere durch Rekrutierung und Einsatz von IM die »staatliche Sicherheit und die gesellschaftliche Entwicklung« vorbeugend sicherten. Verdächtige Personen waren in → OV oder → OPK zu »bearbeiten«, Personengruppen mit besonderen Befugnissen mit Sicherheitsüberprüfungen unter Kontrolle zu halten. Bei der Erfüllung ihrer Aufgaben sollten sie das politisch-operative → Zusammenwirken mit anderen staatlichen und gesellschaftlichen Institutionen nutzen.   *HME*

Funkabwehr Die F. des MfS (→ HA III) erfüllte zwei Aufgaben bei der Überwachung des Kurzwellenfunks: Einerseits ermittelte sie Spionagefunksendungen mit großer Reichweite im Rahmen der koordinierten Suche und Fernortung der im → Apparat der Koordination zusammengefassten Funkabwehrdienste der Ostblockstaaten. Andererseits überwachte sie im eigenen Funkterritorium Frequenzen mit einer Reichweite bis zu 100 km, um Funkspione auf dem Gebiet der

DDR festzustellen. Beiden Arbeitsrichtungen dienten die Funkbeobachtungsstellen Gosen und Hohen Luckow, neun landesweit verteilte stationäre Peilpunkte sowie Suchtrupps mit mobiler Technik zur Mikrofahndung. Als westliche Nachrichtendienste mit Beginn der 80er Jahre ihren Spionagefunk auch im
UKW-Frequenzspektrum und auf Satellitenfunkkanälen betrieben, errichtete
die F. Satellitenüberwachungsplätze und automatisierte (unbemannte) Stützpunkte zur UKW-Funkfahndung. Seit dem Frühjahr 1982 kümmerte sich die F.
(in Zusammenarbeit mit den anderen Diensten des AdK) auch um das Aufspüren illegaler oppositioneller Sender, etwa denen der »kämpfenden Solidarność«
in Polen oder solchen, die von Westberlin aus in die DDR ausstrahlten (Radio
Glasnost). Störaktionen wurden im Rahmen der → Funkgegenwirkung durchgeführt.   *ASt*

Funkaufklärung Die F. entstand im Jahr 1966 als eigenständiges Arbeitsgebiet
und bildete in der späteren → HA III die Linie »Informationsgewinnung« mit
dem Auftrag, Informationen aus wichtigen Bereichen der Bundesrepublik und
Westberlins zu beschaffen. Zu diesem Zweck unterhielt man zahlreiche Funkaufklärungsstützpunkte, die Sender, Funkkanäle, Anschlüsse oder Nutzer im
drahtlosen (Richtfunk, Mobilfunk, Satellitenfunk) wie kabelgebundenen Fern-
meldeverkehr abhörten.
Schon seit Beginn der 70er Jahre bildete der Richtfunkverkehr zwischen Westberlin und der Bundesrepublik für die F. eine hochwertige Abhörquelle. Wenig
später erweiterten sich ihre Möglichkeiten durch die Einrichtung von Horch-
plätzen in den Botschaften bzw. Handelsmissionen der DDR und UdSSR in Köln,
Bonn und Düsseldorf, von denen aus die Richtfunkübermittlungen im politisch
wichtigen Großraum Köln–Bonn mitgehört werden konnten. Zudem wurden
Informationen von Richtfunkkanälen, die im Süden der Bundesrepublik ver-
liefen, mittels dreier Stützpunkte an der Grenze zu Bayern auf dem Gebiet der
ČSSR und zweier Abhörstationen in den Vertretungen der DDR und der ČSSR in
Wien abgegriffen. Schließlich bestand für den Zugriff auf den Richtfunkverkehr
des NATO-Hauptquartiers ein Stützpunkt in der Botschaft der DDR in Brüssel.
Auch Richtfunkübertragungen zwischen der Bundesrepublik und Westberlin
wurden von Stützpunkten der F. innerhalb der DDR abgehört.
Einen Schwerpunkt in der Abhörpraxis seit 1966 bildeten auch die UKW-
Funknetze der Sicherheits- und Grenzdienstbehörden der Bundesrepublik und
Westberlins. Diese Funkkanäle wurden – unter Einbeziehung der NVA-Grenz-

Mittels Funkaufklärung sollten Informationen aus wichtigen Bereichen der Bundes-republik und Westberlins beschafft werden. Hier der Technikraum im Stützpunkt »Lupine« nordwestlich von Magdeburg, der der Richtfunkaufklärung diente (1979).

aufklärung – von UKW-Funkaufklärungsstützpunkten am innerdeutschen Grenzverlauf, in Ostberlin und in der ČSSR überwacht.

Eine ergiebige Quelle der F. war auch der westliche Autotelefonverkehr, der von Stützpunkten entlang der innerdeutschen Grenze, in einem Gürtel um Berlin und außerhalb der DDR abgeschöpft wurde. Dabei überwachte man die Auto-telefone zahlreicher Persönlichkeiten aus Politik, Militär und Wirtschaft mit dem Verfahren der → Operativen Zielkontrolle.

Seit Beginn der 80er Jahre hörte man von einem Stützpunkt nördlich von Berlin aus auch Satellitenfunkverbindungen ab. Und seit 1985 erfolgte der Zugriff auf ISDN- und Datennetze wie auf alle neuen elektronischen Medien, die auf die Übertragung, Speicherung und Wiedergabe von Informationen ausgelegt waren. *ASt*

Funker F. waren OibE oder IM, die im sog. → Operationsgebiet die Funkver-bindung zwischen einer → Residentur und dem MfS gewährleisteten. Sie wurden vornehmlich von der → Hauptverwaltung A geführt. Für diese Tätigkeit kamen grundsätzlich nur DDR-Bürger in Frage, die nach einer spezifischen Ausbildung und Schulung in die Bundesrepublik übergesiedelt wurden und danach zunächst eine Weile inaktiv waren. Zuletzt verfügte die HV A über 18 Funker.

HME

Funkgegenwirkung Der Begriff Funkgegenwirkung umfasste die Ausführung funktechnischer Störaktionen im gesamten zur Nachrichtenübertragung genutzten Funkfrequenzspektrum. In genauer Kenntnis über Funkstellen, Funkmethoden und technische Parameter der auf westlicher Seite eingesetzten Funkmittel führte die → HA III funkelektronische Konteraktionen wie »Blendung«, »Niederhaltung« oder »Breitbandstören« mit dem Ziel durch, Gegenwirkungen, beispielsweise einen elektromagnetischen Störnebel, hervorzurufen. In den 80er Jahren beinhaltete die F. auch das Stören von Radiosendern, die politisch unerwünschte Inhalte, etwa Informationen aus Kreisen der DDR-Opposition, in das Sendegebiet Ostberlin/Potsdam einstrahlten (»Roter Stachel«, »Schwarzer Kanal«, »Radio Glasnost«).

ASt

Funkkontrolle Die funkelektronischen Nachrichtenwege, Anlagen und Geräte der DDR waren stör- und abhörbar. Dementsprechend diente die von der → HA III ausgeübte F. dazu, »feindliche Angriffe« auf die Funkmittel und Nachrichtenverbindungen abzuwehren. In erster Linie ging es um den Schutz geheim zu haltender Informationen vor dem Zugriff westlicher Nachrichtendienste. Das beinhaltete eine faktische Oberaufsicht des MfS über alle militärischen und zivilen Nachrichtensektoren, die für die Einhaltung entsprechender Sicherheitsbestimmungen grundsätzlich selbst verantwortlich waren.

ASt

G

Gaida, Wilhelm 6.11.1902 – 27.11.1988

Leiter der Bezirksverwaltung Erfurt, 1957 – 1965 Mitglied des Kollegiums des MfS

Geb. in Oberhohenelbe (Böhmen), Vater Drechsler, Mutter Weberin; Volksschule; 1916 – 1918 Ausbildung zum Karosseriebauer, danach im Beruf mit Unterbrechungen tätig; 1924 KPTsch; 1930 – 1932 KPTsch-Ortsgruppenleiter; 1932 – 1938 KPTsch-Politleiter des Bezirks; 1937 Verurteilung zu sechs Monaten Haft wegen Werbung von Spanienkämpfern; 1938 Flucht nach Prag, 1939 nach Tscheljabinsk (UdSSR), dort Arbeit im Traktorenwerk; 1943/44 Parteischule in Moskau; 1944/45 Partisaneneinsatz in der Slowakei.

1945 Vorsitzender des Antifa-Komitees des Bezirks Oberhohenelbe (Vrchlabí/ ČSR), Umsiedlung nach Deutschland mit einem Antifa-Transport; 1946 – 1948 Mitarbeiter der SED-Landesleitung Thüringen in Weimar; 1947/48 Halbjahreslehrgang an der PHS; 1948/49 Sozialdirektor bei BMW Eisenach; 1949 Einstellung bei der Verwaltung zum Schutz der Volkswirtschaft Thüringen (ab Februar 1950 Länderverwaltung Thüringen des MfS), Leiter der Abt. VI (Staatsapparat, Parteien); 1951 Stellv. Operativ des Leiters, 1952 Leiter der BV Erfurt, Mitglied der SED-Bezirksleitung Erfurt; 1957 Leiter der HV B, Oberst; 1965 Entlassung, Rentner; 1969 VVO in Gold; 1977 KMO; 1987 Stern der Völkerfreundschaft in Gold.   *JGi*

Gartmann, Hermann 24.12.1906 – 18.3.1972

Stellv. des Ministers für Staatssicherheit, 1955 – 1957 Mitglied des Kollegiums des MfS

Geb. in Waldheim/Havelland, Vater Maurer; Volksschule; 1921 – 1929 Landarbeiter/Bauhilfsarbeiter; 1925 KJVD; 1927 KPD; 1929/30 Mitarbeiter Abwehrapparat KPD-BL Berlin-Brandenburg; 1930 Halbjahreslehrgang Militärpolitische Schule, Moskau; danach Leiter für »Zersetzung« im militärischen Apparat (»Abwehrapparat«) der KPD Berlin-Brandenburg; November 1930 Verhaftung; 1931 – 1933 nach neun Monaten U-Haft zwei Jahre Festungshaft in Groß-Strehlitz wegen Vorbereitung zum Hochverrat; November 1933 kurzzeitig Gestapohaft; 1933/34 arbeitslos, illegale politische Arbeit; 1934 – 1936 Eisenflechter; 1936/37 Tabellierer; 1937 Emigration in die ČSR; danach Teilnahme am Spanischen Bürgerkrieg, zeitweise Parteisekretär einer Internationalen Kompanie; 1939 – 1941 Internierung in Frankreich; 1941 Auslieferung an Deutschland; bis 1945 KZ Dachau,

Wilhelm Gaida

dort ab 1943 Mitglied der illegalen KPD-Parteileitung; danach »Bewährungsein-
satz« als Flughafenarbeiter in Berlin-Schöneweide.
1945/46 Kreissekretär der KPD/SED, Templin; 1948 Deutsche Volkspolizei,
stellv. Leiter für pol. Arbeit der VP-Landesbehörde Brandenburg; 1949 Leiter der
Verwaltung zum Schutz der Volkswirtschaft, Brandenburg; 1950 Leiter Landesverwaltung Brandenburg des MfS; März 1950 Ernennung zum Chefinspekteur;
1951–1953 und 1955–1957 Stellv. des Ministers für Staatssicherheit (Zuständigkeitsbereich: militärische Fragen); August 1952 Generalinspekteur des MfS, zugleich Leiter der Hauptverwaltung Deutsche → Grenzpolizei im MfS; Februar
1953 Generalmajor; 1953–1955 Stellv. des Ministers des Innern; 1956 Leiter der
→ Hauptverwaltung Innere Sicherheit im MfS; März–Mai 1957 Chef Deutsche
Grenzpolizei; Juni 1957 Übernahme in die NVA als Generalmajor; Oktober
1957–Oktober 1959 Militärattaché an der Botschaft der DDR in Moskau; 1960
Kursteilnehmer Einjahreslehrgang Militärakademie »Friedrich Engels«, Dresden; Januar 1961 Kommandeur Infanterieschule II der Grenztruppen in Fran-
kenberg (Sachsen); Dezember 1963–März 1964 Kommandeur der Offiziersschule der Grenztruppen in Plauen; März 1964 Rentner; 1967–1972 Sekretär des
Solidaritätskomitees für das spanische Volk.   *SSu*

Geheime Ablage → Ablage, Geheime

Geheimer Hauptinformator (GHI) Von 1953 bis 1968 geltende Bezeichnung für inoffizielle Mitarbeiter, die mit der Führung anderer inoffizieller Mitarbeiter (→ Geheime Informatoren, → Geheime Mitarbeiter) beauftragt waren. Die Kategorie wurde nach dem Juniaufstand 1953 eingeführt, um insbesondere die von der SED-Führung gewünschte Erweiterung des Bestandes inoffizieller Mitarbeiter in größeren Betrieben zu gewährleisten. Anfangs wurden die GHI zuweilen auch als Haupt-GI (HGI) bezeichnet. Für die Funktion kamen nur politisch und nachrichtendienstlich absolut zuverlässige Personen in Frage. Ab 1968 wird die Kategorie als → Führungs-IM bezeichnet. Es gab 1958 schätzungsweise 2300 GHI. *HME*

Geheimer Informator (GI) Von 1950 bis 1968 geltende Bezeichnung für die gewöhnlichen inoffiziellen Mitarbeiter, in den ersten Jahren auch nur Informatoren genannt. 1968 wurden die GI überwiegend zu → IMS. GI dienten vor allem der allgemeinen Informationsbeschaffung. Sie wurden dabei auch zunehmend zur Sicherung von Institutionen, zur Feststellung der Bevölkerungsstimmung, zur Überprüfung verdächtiger Personen, zur Verhinderung von Republikfluchten oder auch bei Ermittlungen und Fahndungen eingesetzt. *HME*

Geheimer Mitarbeiter (GM) Von 1950 bis 1968 geltende Bezeichnung für inoffizielle Mitarbeiter mit tatsächlichem oder potenziellem Zugang zu Personen oder Organisationen, die vom MfS als feindlich eingestuft wurden. Vor allem in den 50er Jahren kamen GM häufig auch im Westen zum Einsatz. Sie sollten »wertvolle Angaben« über Spionage und »illegale, antidemokratische« Aktivitäten beschaffen, gegen »feindliche Zentralen« und »Untergrundgruppen« wirken, bei der direkten »Bearbeitung« von verdächtigen Personen eingesetzt werden, »Feinde« beobachten, ferner Beweise für »Feindtätigkeit« gewinnen und zur »Zersetzung«, »Zerschlagung von feindlichen Gruppierungen« beitragen. 1968 wurde diese Kategorie in → IMV und → IMF gesplittet. *HME*

Geheimer Mitarbeiter im besonderen Einsatz (GME) Von 1958 bis 1968 geltende Bezeichnung für inoffizielle Mitarbeiter, die umfassende Aufträge, zeitweilig auch außerhalb ihrer gewöhnlichen Aufenthaltsorte, ausführen sollten. Der flexible Mitarbeitertyp sollte in der Lage sein, eigenständig »komplizierte und schwierige Aufgaben« durchzuführen und »feindlich« tätige Personen zu entlarven. Um die geforderte Flexibilität zu gewährleisten, sollten vorwiegend beruflich ungebundene Personen wie Rentner, Invaliden oder ehemalige Detektive eingesetzt werden. Die GME gingen 1968 in der Kategorie → Inoffizieller Mitarbeiter im besonderen Einsatz auf.   *HME*

Gehlert, Siegfried 19.7.1925 – 29.1.2010
Leiter der Bezirksverwaltung Karl-Marx-Stadt
Geb. in Raschau (Sachsen), Vater Verwaltungsangestellter, Mutter Hausfrau; Volksschule, Handelsschule; 1943 RAD; 1944 Wehrmacht; 1945 sowjetische Gefangenschaft.
1948 Einstellung bei der VP; 1949 SED; 1950 Einstellung beim MfS, Dienststelle Aue der Länderverwaltung Sachsen; 1952 Leiter der KD Auerbach, dann Schwarzenberg; 1953 Leiter der KD Zwickau; 1954 Leiter der Abt. II (Spionageabwehr) der BV Karl-Marx-Stadt; 1955 stellv. Leiter, 1958 Leiter der BV Karl-Marx-Stadt; 1959 Mitglied der SED-Bezirksleitung Karl-Marx-Stadt; 1960 – 1965 Fernstudium an der JHS des MfS Potsdam, Diplom-Jurist, 1973 dort Promotion zum Dr. jur.; 1979 VVO in Gold; 1987 Generalleutnant; 1990 Entlassung.   *JGi*

Geisler, Otto 17.3.1930 – 5.6.2009
Leiter der Arbeitsgruppe des Ministers, 1979 – 1987 Mitglied des Kollegiums des MfS
Geb. in Šumperk (ČSR), Vater kaufmännischer Angestellter, Mutter Weberin; mittlere Reife, Wirtschaftsoberschule; 1946 SED, Arbeit als Bohrer und Fräser in Erfurt; 1948 Einstellung bei der VP; 1949 Politkultur-Instrukteur; 1952 Einstellung beim MfS, HA I; 1956/57 Studium an der Hochschule der NVA; 1961 stellv. Abteilungsleiter, 1962 Abteilungsleiter für Sonderaufgaben des Leiters; 1966 stellv. Leiter der → AGM; 1966 – 1970 Fernstudium an der HU Berlin, Diplom-Kriminalist; 1970 – 1972 Studium an der JHS des MfS Potsdam, Diplom-Jurist, 1977 dort Promotion zum Dr. jur.; 1980 Leiter der AGM; 1983 Generalleutnant, Ernennung zum Diplom-Militärwissenschaftler an der Militärakademie »Friedrich Engels« der NVA; 1987 VVO in Gold, wegen Krankheit von seinen Funktionen entbunden, Rentner.   *JGi*

Gesellschaft, Überwachung der Die DDR-Staatssicherheit entwickelte sich von einer klassischen politischen Geheimpolizei sowjetischen Typs etappenweise

Siegfried Gehlert   *Otto Geisler*

zu einem allgemeinen Überwachungs- und Kontrollorgan, das neben seinen
herkömmlichen repressiven Aufgaben umfassende Stabilisierungs- und Steue-
rungsfunktionen ausbildete. In der Terminologie des MfS gesprochen, ging es
nicht nur um die »Gewährleistung der staatlichen Sicherheit«, sondern auch um
den »Schutz der gesellschaftlichen Entwicklung« im Sinne der politischen Vorgaben der SED.
Die Tätigkeitsschwerpunkte des MfS verschoben sich im Laufe der 40-jährigen
DDR-Geschichte und waren eng verknüpft mit dem jeweiligen innenpolitischen
Kurs sowie den außenpolitischen Konstellationen. Dabei ist die Tendenz feststellbar, dass eine vorbeugende Überwachung der Gesellschaft, d. h. der DDR-
Bürger sowie der staatlichen, ökonomischen und gesellschaftlichen Institutionen, zu einem zentralen Element in der Arbeit der Staatssicherheit avancierte.
Dahinter stand u. a. die Vorstellung, dass sich in der Gesellschaft – bedingt durch
»feindliche« westliche Einflüsse – überall Gefahren für den Sozialismus und damit die DDR entwickeln könnten (→ Diversion, politisch-ideologische). Gemäß
der »tschekistischen« Leitfrage »Wer ist wer?« wurden die Bereiche der vorbeugenden Überwachung stetig erweitert, so dass für die 80er Jahre teilweise

von einer »flächendeckenden Überwachung« der DDR-Gesellschaft gesprochen wird. Anders als dieser Begriff nahelegt, handelte es sich jedoch nicht um eine gleichmäßige Kontrolle. Vielmehr setzte das MfS seine geheimdienstlichen Ressourcen und Möglichkeiten nach dem → Schwerpunktprinzip vor allem in den als besonders sicherheitsrelevant oder gefährdet eingeschätzten Bereichen ein.

Der Ausbau der vorbeugenden Überwachung erfolgte in Etappen und war gekennzeichnet durch eine stetige Vergrößerung des Apparates und eine Vermehrung der Aufgabenbereiche. Schon Ende der 50er Jahre begann das MfS sich die Kompetenzen eines quasi allzuständigen Kontrollorgans anzueignen, eine Entwicklung, die 1962 sogar vorübergehend in die Kritik der SED-Führung geriet. Der Mauerbau 1961 und die damit verbundene Abschottung der DDR-Gesellschaft nach Westen hatten die Ausdehnung des MfS-Kompetenzbereiches weiter befördert, weil unter den neuen Bedingungen jegliche Westkontakte und die fortbestehende Abwanderungsbewegung, die durch Fluchten, Fluchtversuche und später auch durch Ausreiseanträge zum Ausdruck kamen, zu einer Angelegenheit der Staatssicherheit wurden.

Die Tendenz zur Sicherheitsprophylaxe verstärkte sich weiter in den 70er Jahren, als die internationale Entspannung und die deutsch-deutsche Vertragspolitik die Bedingungen für Ost-West-Kontakte aller Art erleichterte: Unter anderem versechsfachten sich von 1971 bis 1976 die Reisen von Westdeutschen und Westberlinern in die DDR. Auf die Intensivierung der innerdeutschen Kontakte reagierte das MfS mit einem Ausbau der Überwachungsstrukturen. Die Begriffe gegnerische → Kontaktpolitik und → Kontakttätigkeit bekamen eine zentrale Bedeutung in der Terminologie und in der operativen Tätigkeit des MfS.

Die massive Ausweitung der überwachungsstaatlichen Präsenz und damit auch der überwachungsstaatlichen Durchdringung der DDR-Gesellschaft hing somit nicht nur mit den großen politischen Krisen des Kommunismus – 17. Juni 1953, Ungarnaufstand 1956, Prager Frühling 1968 oder Solidarność seit Beginn der 80er Jahre in Polen – zusammen, sondern war auch eine Folge der Entspannungspolitik. Vor allem durch die explodierende Zahl von Ausreiseanträgen in der Folge des KSZE-Prozesses erschien die Stabilität des SED-Regimes bedroht.

Unter den Bedingungen der Entspannungspolitik verzichtete das MfS mit Rücksicht auf die internationale Reputation zunehmend auf offen repressive Maßnahmen und ersetzte diese durch vorbeugende und verdeckt-manipulative Vorgehensweisen, die erheblich größere personelle Ressourcen erforderten. Waren bis dahin → Operative Vorgänge (OV) eine Art konspirativer Vorermittlungsverfahren gewesen, die mit einer gewissen Zwangsläufigkeit in die Eröffnung eines offiziellen Strafverfahrens nach der StPO mündeten, wenn die strafrechtlichen Voraussetzungen nach DDR-Maßstäben gegeben waren, so mutierten insbesondere die OV gegen Oppositionelle nunmehr zu langjährigen Überwachungsvorgängen, in deren Rahmen eine intensive Ausforschung der betroffenen Personen und Einflussnahme auf deren Lebensweg – bis hin zu Maßnahmen der → Zersetzung – realisiert wurden.

Folge war eine stetige, in den 70er Jahren überdurchschnittliche Ausweitung des MfS-Personalbestandes. Dies gilt sowohl für die → hauptamtlichen Mitarbeiter als auch für die → inoffiziellen Mitarbeiter. Die Zahl der hauptamtlichen Mitarbeiter verdoppelte sich bis Anfang der 80er Jahre alle zehn Jahre. Im Jahr 1989 erreichte sie rund 91 000 – d. h. auf 180 DDR-Bürger kam ein hauptamtlicher MfS-Mitarbeiter. Bezüglich der inoffiziellen Mitarbeiter ist eine ähnliche quantitative Entwicklung festzustellen, die allerdings mit geschätzt ca. 200 000 bereits Ende der 70er Jahre ihren Höhepunkt erreichte.

Trotz Begrenzung der personellen Ressourcen des MfS nahm in den 80er Jahren die Tendenz zur Ausweitung vorbeugender Maßnahmen nicht ab – im Gegenteil. Angesichts der Entwicklungen im Nachbarland Polen, der Herausbildung politisch oppositioneller Gruppierungen, der Vervielfältigung der Westkontakte auch von Funktionsträgern sowie der sich akkumulierenden gesellschaftlichen und ökonomischen Missstände, weitete das MfS seinen Kontrollanspruch weiter aus. Wie Erich Mielke Anfang der 80er Jahre betonte, ging es nicht mehr nur um die Identifizierung aktuell abweichenden Verhaltens, sondern um die »Aufklärung von Persönlichkeitsbildern«, auf deren Grundlage Prognosen für künftiges Verhalten erstellt werden sollten. Diese Herangehensweise zeigte sich weniger in der herkömmlichen Vorgangsbearbeitung, die quantitativ in einem relativ begrenzten Rahmen blieb – in der zweiten Hälfte der 80er Jahre wurden jährlich 4500 bis 5000 OV und rund 20 000 → Operative Personenkontrollen durchgeführt. Zu einem regelrechten Massengeschäft wurden dagegen die → Sicherheitsüberprüfungen und andere Personenermittlungen unterhalb der Schwelle registrierter Vorgänge (→ Registrierung), die jährlich in die Hunderttausende gingen (1987: ca. 400 000). Ende des Jahres 1987 war durchschnittlich jeder zweite DDR Bürger in der → Vorverdichtungs-, Such- und Hinweiskartei (VSH) der MfS-Dienststelle seines Kreises erfasst. Darüber hinaus waren zu ca. 40 % der Bürger Informationen in den Zentralen Materialablagen der Kreisdienststellen zu finden. Eine derartige Datenflut konnte nur durch einen massiven Ausbau

des → Auswertungs- und Informationssystems sowie den Einsatz der elektronischen Datenverarbeitung, insbesondere der → Zentralen Personendatenbank bewältigt werden.
Literatur: Engelmann, Roger: Geheimpolizeiliche Lehren aus der Krise? Staatssicherheit 1953 und 1961. In: Diedrich, Torsten; Kowalczuk, Ilko-Sascha (Hg.): Staatsgründung auf Raten. Die Auswirkungen des Volksaufstandes 1953 und des Mauerbaus 1961 auf Staat, Militär und Gesellschaft der DDR. Berlin 2005, S. 139–151; Gieseke, Jens: Die Einheit von Wirtschafts-, Sozial- und Sicherheitspolitik. Militarisierung und Überwachung als Probleme der Ära Honecker. In: Zeitschrift für Geschichtswissenschaft 51(2003)11, S. 996–1021; Süß, Walter: Die Staatssicherheit im letzten Jahrzehnt der DDR (MfS-Handbuch). Berlin 2009.

DMü

Gesellschaftlicher Mitarbeiter für Sicherheit (GMS) Seit 1968 bestehende Kategorie inoffizieller Informanten, die laut Richtlinie 1/79 eine in der Öffentlichkeit bekannte »staatsbewusste Einstellung und Haltung« aufwiesen und entsprechend auftraten. Mit den GMS strebte das MfS die »Einbeziehung breiter gesellschaftlicher Kräfte« in Informationsbeschaffung und vorbeugende Sicherungsaufgaben an. Die Tätigkeit der GMS wurde als Ausdruck einer »entfalteten Massenwachsamkeit« angesehen und sollte Operative Mitarbeiter (→ Führungsoffizier)und IM entlasten.
Die Auswahl, Prüfung und Rekrutierung der GMS erfolgte auf ähnliche Weise wie bei den → inoffiziellen Mitarbeitern. Die Anforderungen hinsichtlich der Einhaltung konspirativer Regeln und der Aktenführung waren jedoch, insbesondere bis 1981, geringer als bei den IM. Auch sollten GMS in der Regel nicht zur direkten »Bearbeitung« von »feindlich-negativen« Personen eingesetzt werden. Es gab zuletzt 33 000 GMS.   *HME*

Gesundheitswesen → Überwachung des Gesundheitswesens

Geyer, Heinz 30.4.1929 – 3.6.2008
Stellvertretender Leiter der Hauptverwaltung Aufklärung
Geb. in Lauban (Schlesien), Vater Friseur, Mutter Arbeiterin; Volksschule; 1943/44 Ausbildung zum Friseur; 1944 dienstverpflichtet; Jan. 1945 Hilfsdienste für die Rote Armee.
1945 KPD/SED, Fortsetzung der Lehre u. Arbeit als Friseur; 1949 Einstellung bei

Heinz Geyer

der VP, Kursant der VP-Schule; 1950 Einstellung beim MfS, KD Görlitz, 1951 KD Leipzig; 1952 Leiter der Abt. II (Spionageabwehr), 1953–1964 Stellv. Operativ des Leiters der BV Leipzig, 1958 kommissarischer Leiter, September bis Dezember 1960 zum MfS Berlin kommandiert; 1960–1968 Fernstudium an der JHS des MfS Potsdam, Diplom-Jurist; 1964 Versetzung zur HV A, Abt. III, Leiter der MfS-Beratergruppe in Sansibar; 1965 stellv. Leiter der HV A-Abt. III (Spionage gegen dritte Länder); 1968 vorübergehend Leiter der HV A-Einsatzgruppe in der ČSSR; 1971 Leiter der HV A-Abt. XI (USA, Kanada, Mexiko); 1973 Leiter der HV A-Abt. IX (westliche Geheimdienste), 1977 stellv. Leiter der HV A; 1978/79 Besuch der PHS; 1982 außerdem Leiter des Stabs der HV A, Generalmajor; 1985 VVO in Gold; 1990 Entlassung. 1994–2002 im Wachschutz tätig.   *JGi*

GMS → Gesellschaftlicher Mitarbeiter für Sicherheit

GMS-Akte Da nach der Richtlinie 1/68 → Gesellschaftliche Mitarbeiter für Sicherheit nur begrenzt in konspirative Methoden einbezogen werden sollten, erfolgte die Aktenführung zunächst in Handakten. Dabei verzichtete das MfS oftmals auf die Vergabe eines Decknamens und die → Registrierung in der

→ Abteilung XII. Seit den 70er Jahren gab es eine spezifische GMS-Akte, die Personal- und Arbeitsakte in einem Band vereinte. Die Aktenführung war nun, insbesondere nach der Richtlinie 1/79, durch die Vorgabe zu verwendender Formblätter exakt definiert; auch erfolgte grundsätzlich eine Erfassung in der Registratur. *HME*

Grenz-IM (GIM) → **Schleuser**

Grenzpolizei Die G. in der SBZ/DDR wurde auf Befehl der sowjetischen Besatzungsmacht zum 1.12.1946 in den Ländern und Provinzen der SBZ gegründet. Sie agierte zunächst als ausführendes Organ der Militäradministration. Ihre Hauptaufgabe war es, den unkontrollierten Personen- und Warenverkehr über die noch unbefestigte Demarkationslinie in die westlichen Besatzungszonen zu unterbinden. Sie rekrutierte sich überwiegend aus bisherigen Angehörigen der neu formierten Schutzpolizei und im Sinne der Besatzungsmacht politisch zuverlässigen Bewerbern, bevorzugt aus der Arbeiterschaft. Ende 1948, mit dem Beginn des Kalten Krieges, war die Aufbauphase abgeschlossen. Die G. zählte ca. 20 000 Bedienstete, die sich freiwillig auf mindestens drei Jahre verpflichtet hatten. Die neue, bisher den Ländern unterstellte Polizei wurde im November 1948 zu einem zentral geführten Organ der Besatzungszone aufgewertet und als HA in die Deutsche Verwaltung des Innern (→ Gründung des MfS) integriert. Ihr erster Leiter im Rang eines Chefinspekteurs wurde Hermann Rentzsch, ein früherer Wehrmachtsoffizier und NKFD-Kader.

Schon nach wenigen Monaten wurde die G. erneut den Landesverwaltungen unterstellt. Solche kurzfristigen politisch motivierten Wechsel im Unterstellungsverhältnis sollten bis zu ihrer Auflösung 1990 eine Besonderheit in der Organisationsgeschichte der G. bleiben. Im Zuge des sich verschärfenden Ost-West-Konflikts und des Übergangs zum Aufbau des Sozialismus in der DDR gewannen die in Deutsche G. umbenannten Verbände erheblich an politischer Bedeutung. Sie wurden im Mai 1952 nach sowjetischem Vorbild dem Ministerium für Staatssicherheit unterstellt. Neuer Chef wurde Generalinspekteur → Gartmann. Die G. nahm mehr und mehr militärischen Charakter an, der sich in neuen Uniformen der 35 000 Bediensteten (1957) und in der Ausrüstung dokumentierte, zu der auch Panzer zählten. Die Aufwertung ging einher mit dem Ausbau der Grenzbefestigungen gegenüber der Bundesrepublik und der zunehmenden Abschottung der Westsektoren Berlins.

Angehörige der Grenztruppen im Einsatz. Seit September 1961 war die Grenzpolizei als Grenztruppen dem Verantwortungsbereich des Verteidigungsministeriums zugeordnet.

Nach dem 17. Juni 1953 wurde die G. der Zuständigkeit des Staatssicherheitsdienstes entzogen und ihm erst im April 1955 wieder zugeordnet. Nach dem Volksaufstand in Ungarn fasste die SED-Führung die G., die → Transport- und → Bereitschaftspolizei zur → Hauptverwaltung Innere Sicherheit der Staatssicherheit zusammen, gliederte diese drei Organe aber bereits im Frühjahr 1957 wieder aus dem MfS aus und in das MdI ein. Neuer G.-Chef wurde Oberst Paul Ludwig. Nach dem Bau der Mauer wurde die G. als Kommando Grenze in die NVA integriert und als Grenztruppen offen als militärische Formation tituliert, die ab 1962 auch Wehrpflichtige rekrutierte. Vor dem Hintergrund der Wiener Truppenreduzierungsgespräche wurden sie zur Jahreswende 1973/74 aus der NVA herausgelöst und bildeten seitdem eine selbständige Formation im Verantwortungsbereich des MfNV.

Die Verflechtung mit dem MfS blieb unverändert eng. Mit der »Verwaltung 2000« (→ HA I) hatte das MfS eigene Verbindungsoffiziere und unterhielt ein enges IM-Netz in den Grenztruppen und von 1964 bis 1985 ein Einsatzkommando der HA I, das im Rahmen der Grenztruppen Spezialaufträge ausführte. Zudem sah auch die Stasi eine ihrer Hauptaufgaben darin, Fluchtversuche in die Bundesrepublik zu verhindern.

Der letzte Chef der auf 50 000 Soldaten angewachsenen Grenztruppen, Generaloberst Baumgarten, wurde 1996 u. a. wegen seiner Mitverantwortung für den Tod von DDR-Flüchtlingen zu einer mehrjährigen Haftstrafe verurteilt.   SSu

Grenzschleuse, operative (OGS)   Als OGS bezeichnete das MfS Übertrittsstellen, die sich in der Regel in dichten Wäldern oder anderen unübersichtlichen Stellen an der DDR-Westgrenze und an der Grenze zu Westberlin befanden. Auf diesem Weg wurden Personen (zumeist IM) oder Material (z. B. Dokumente, Filme, technisches Gerät) vom MfS unter Umgehung der Grenzkontrollen unbemerkt über die innerdeutsche Grenze gebracht. Entsprechend unterschied es Personenschleusen (OGS/P) und Materialschleusen (OGS/M). Grundsätzlich standen die OGS unter der Verantwortung der Grenzaufklärung der → HA I. Diese übergab aber auch geeignete Grenzabschnitte an die → HA VIII und die → HV A, die eigenständig OGS unterhielten. Bei der Durchführung und Absicherung von Schleusungen wurden auf westlichem Territorium spezielle IM eingesetzt (→ IME/Grenze, Grenz-IM, → Schleuser).   *ASe*

Grenzsicherung   Das MfS verstand unter Grenzsicherung Maßnahmen der DDR an ihrer Grenze zur Bundesrepublik und zu Westberlin sowie zum angrenzenden Territorium, um die gewünschte Ordnung durchzusetzen und Störungen, einschließlich Fluchtversuche, abzuwenden. Dagegen wurden die Maßnahmen an den Grenzen zur ČSSR und zur VR Polen als Grenzüberwachung bezeichnet. Zur unmittelbaren Grenzsicherung eingesetzt waren die Grenztruppen (bis 1961 Deutsche → Grenzpolizei) und ihre Freiwilligen Helfer, die Grenzbrigade Küste der Volksmarine, Mitarbeiter der Deutschen Volkspolizei und ihre Freiwilligen Helfer, Mitarbeiter der Zollverwaltung, Mitarbeiter des Staatssicherheitsdienstes und ihre → inoffiziellen Mitarbeiter. Eine mittelbare Verantwortlichkeit lag bei den örtlichen Räten, die vielfältige organisatorische Maßnahmen sicherzustellen hatten.
1952/53 und 1956 war die Grenzpolizei dem MfS jeweils für mehrere Monate unterstellt. Am 27.5.1952 erließ daher der Minister für Staatssicherheit eine »Polizeiverordnung über die Einführung einer besonderen Ordnung an der Demarkationslinie«. Das MfS-Statut von 1969 zählte den Schutz der »Staatsgrenze mit spezifischen Mitteln und Methoden« zur Hauptaufgabe des MfS. Spätestens seit dem Mauerbau 1961 wurde der Staatssicherheitsdienst eingebunden in ein einheitliches, immer komplexeres System zur Verhinderung von Fluchten in die

Bundesrepublik bzw. nach Westberlin (→ Republikflucht), auch über die Ostsee, und zum Schutz der Staatsgrenze bis hin zur Klärung von Vorkommnissen im Grenzgebiet. Das MfS beteiligte sich mit eigenen Kräften an der Grenzsicherung (z. B. durch die Passkontrolleinheiten und die Kontrolle neuralgischer Punkte wie der Berliner Kanalisation), wirkte mit den anderen Einrichtungen zusammen, überwachte sie zugleich und trug die letzte Hauptverantwortung. Dabei wurden über die reine Grenzsicherung hinaus das gesamte Grenzgebiet und seine Zugänge kontrolliert. Im MfS lag die Verantwortung für Grenzsicherheit bei einem stellv. Minister, zuletzt bei → Neiber.

Für das Funktionieren der eigentlichen Grenzsicherung durch Grenztruppen und die Grenzbrigade Küste war im MfS seit 1953 die → HA I zuständig. Keinesfalls sollten Grenzsoldaten zum Einsatz kommen, die sich weigerten, auf Flüchtende zu schießen, oder bei denen Fluchtgefahr bestand. Hierfür bot ein differenziertes System der Personalauswahl die Gewähr. Schon eine Musterung für die Grenztruppen war nur möglich, wenn die MfS-→ Kreisdienststelle nach der heimlichen Überprüfung (Aktion »grün«) des potenziellen Kandidaten zugestimmt hatte. In allen Grenz(ausbildungs)regimentern saßen → Verbindungsoffiziere der HA I, armeeintern als »Verwaltung 2000« bezeichnet. Während der mehrmonatigen Ausbildung überprüften sie den Wehrpflichtigen weiter – die sog. Filtrierung. Wer keine Gewähr bot, dass er dem geforderten Auftrag nachkommen würde, wurde versetzt. Zahlenmäßig waren diese Nichtzuführungen zur Linie (NL) erheblich. Auch die Grenzkompanien waren mit inoffiziellen Mitarbeitern durchsetzt. Zugleich kam es zwischen dem Verbindungsoffizier und dem jeweiligen Kompaniechef zu regelmäßigen offiziellen Einschätzungen über die Zuverlässigkeit jedes Grenzers.

Zur HA I gehörte auch die Abteilung Grenzsicherheit. Sie trug für dieses Arbeitsfeld die Gesamtverantwortung im MfS. Die Abteilung sollte für ein einheitliches Funktionieren des tief gestaffelten Systems der Grenzsicherung sorgen. Dazu existierten Unterabteilungen in den Bezirksverwaltungen der Grenzbezirke Erfurt, Gera, Karl-Marx-Stadt (Chemnitz), Magdeburg, Potsdam, Schwerin und Suhl. Die Leiter dieser Unterabteilungen waren zugleich als Grenzbeauftragte für den Bezirk die offiziellen Vertreter des MfS in allen die Staatsgrenze betreffenden Fragen – mit Billigung Honeckers. In den Grenz-Kreisdienststellen existierte in der Regel ein Sachgebiet »Grenze«.

Die Grenzaufklärung der HA I überwachte Regionen, die sich für Fluchttunnel eigneten und ermittelte bei Störungen und »Angriffen« vom westlichen Territorium aus, etwa zu Einrichtungen, die das brutale Grenzregime anprangerten, zu Protestaufmärschen und bei Beschädigungen der Grenzanlagen. Sowohl gelungene als auch misslungene Fluchtversuche führten zu einer eingehenden Untersuchung durch die MfS-Spezialkommissionen (→ Vorkommnisuntersuchung). Hier wurde auch vermerkt, inwieweit Grenzsoldaten sich angemessen verhalten hatten, bspw. ob die Abgabe von Schüssen nicht eine Überreaktion war. Dabei wog eine gelungene Flucht schwerer als die Tötung des Flüchtlings: Selbst wenn Befehle zweifelsfrei überschritten oder gestellte Flüchtige regelrecht exekutiert wurden, hatte dies keine strafrechtlichen Folgen für den betreffenden Grenzsoldaten.

Seit einer Ballonflucht im Jahre 1979 sollte die → ZKG/6 weitere spektakuläre Fluchtversuche verhindern. Dazu dienten Karten, in denen geeignete Stellen für heimliche Starts mit Luftfahrzeugen besonders markiert waren. Auffällige Materialbeschaffungen oder die Ausleihe von Fachliteratur wurden überwacht.

Die eigentliche Passkontrolle an den Grenzübergangsstellen und damit ggf. die Festnahme übernahmen Passkontrolleinheiten, die zur HA VI bzw. den → Abt. VI zählten. Die → HA VII überwachte den Einsatz der Polizei an den Zugängen zum Grenzgebiet (→ Volkspolizei und Staatssicherheit).

Die Aussetzung des Schießbefehls vom April 1989 galt auch für MfS-Mitarbeiter an der Grenze. Noch in den letzten Wochen des Staatssicherheitsdienstes wurde die Gewährleistung der inneren Sicherheit der Grenztruppen als unbedingt durchzuführende Aufgabe angesehen.

Literatur: Grafe, Roman: Die Grenze durch Deutschland. Eine Chronik von 1945 bis 1990. Berlin 2002; Wolf, Stephan: Hauptabteilung I: NVA und Grenztruppen (MfS-Handbuch). Berlin 2005.   *SWo*

Griebner, Helmut 10.7.1919–21.8.2007
Leiter der HA XIX (Verkehr)
Geb. in Hammerstadt, Kr. Weißwasser (Schlesien), Vater Arbeiter, Mutter Reinemachefrau; 1925–1933 Volksschule; 1933–1939 Lehre und Arbeit als Glasmacher; 1940–1945 Luftwaffe.
1945 britische Gefangenschaft, Arbeiter; 1946 Waldarbeiter; 1946–1948 parteiloses Mitglied des Gemeinderats Hammerstadt; 1947 Glasmacher; 1948 SED, Einstellung bei der → Transportpolizei; 1955 MfS, HA XIII (Verkehr), 1958 stellv. Abteilungsleiter; 1958/59 Besuch der BPS; 1960 stellv. Leiter der HA XIII (ab 1964 HA XIX); 1967–1969 Studium an der Hochschule für Verkehr Dresden,

Helmut Griebner   *Heinz Gronau*

Diplom-Ingenieur-Ökonom; 1972 Oberst; 1979 Leiter der HA XIX; 1982 Entlassung, Rentner.   *JGi*

Gronau, Heinz 1.1.1912–28.10.1977
Kommandeur des → Wachregiments
Geb. in Leipzig, Vater Buchdrucker; 1918–1926 Volksschule; 1926–1930 Ausbildung zum Dentalmechaniker, dann arbeitslos; 1930 KPD; bis 1933 Mitglied der KJVD-Bezirksleitung Sachsen; 1933 viermal vorübergehend verhaftet; 1934/35 Hilfsarbeiter; 1935 erneut verhaftet, wegen Hochverrats zu zweieinhalb Jahren Zuchthaus verurteilt, verbüßt bis 1938 in Zwickau, dann KZ Buchenwald, hier Mitglied der illegalen Partei- und der Internationalen Militärorganisation, 11.4.1945 an der Selbstbefreiung der Häftlinge beteiligt.
1945/46 Personalleiter des Sozial- und Jugendamts der Stadt Leipzig; 1946 Einstellung bei der Polizei, Leiter des Kreispolizeiamts Rochlitz bzw. Großenhain, dann stellv. Chef der Landesbehörde Sachsen in Dresden; 1948 Höhere Polizeischule Berlin; 1949/50 Speziallehrgang für Panzer am Militärinstitut Moskau; 1950 MfS, Leiter der Abt. VIIa, später → HA I; 1953 Kommandeur der Grenzbe-

reitschaft Blumberg, dann Stabschef der HV Deutsche → Grenzpolizei, Oberst; 1957/58 Leiter der Abt. Grenzdienst, dann Stellv. des Stabschefs beim Kommando der Deutschen Grenzpolizei; 1958–1962 Besuch der Grenztruppen-Fakultät der Hochschule des KGB, Diplom-Militärwissenschaftler; 1962–1972 Kommandeur des Wachregiments des MfS (ab 1967:»Feliks Dzierżyński«); 1966 Generalmajor; 1971 VVO in Gold; 1972 Ruhestand. *JGi*

Großmann, Werner *9.3.1929
Stellv. Minister für Staatssicherheit, Leiter der HV A, Mitglied des Kollegiums des MfS
Geb. in Oberebenheit (Sachsen) als Sohn eines Zimmermanns und einer Küchengehilfin; nahm als 16-Jähriger am Volkssturm teil.
Nach dem Zweiten Weltkrieg absolvierte er eine Ausbildung zum Maurer und erwarb von 1947 bis 1949 an einer Vorstudienanstalt das Abitur, studierte an der Technischen Hochschule in Dresden bis 1951, war dort FDJ-Sekretär. Nach dem Besuch der Nachrichtendienstschule des → IWF von April 1951 bis Oktober 1952 trat er in den Dienst des IWF ein, zunächst in der HA I, die sich mit der Spionage gegen den Staatsapparat der Bundesrepublik Deutschland richtete, wechselte ein Jahr später zur HA II (später als Abteilung IV bezeichnet), die sich mit Militärspionage befasste, wo er es 1956 zum stellv. Leiter brachte, 1962 zum Abteilungsleiter. Zwischenzeitlich kehrte er 1958/59 zurück zur HA I der → HV A, die nunmehr Abteilung 1 hieß. 1970 Oberst; nach seinem Besuch an der PHS der KPdSU in Moskau 1966/67 und einem Fernstudium an der → JHS des MfS Potsdam 1969–1972, wo er sich zum Diplom-Juristen qualifizierte, wurde er 1975 stellv. Leiter der HV A, 1978 Generalmajor; 1983 1. Stellv. des Leiters der HV A; 1985 Generalleutnant; 1986–1989 stellv. Minister des MfS und Leiter der HV A. Als Generaloberst (1989) schied er aus dem Dienst aus. Am 3.10.1990 kurzzeitig in U-Haft wegen der Vorwürfe des Landesverrats und der Agententätigkeit; 1995 Einstellung des Verfahrens.
Großmann, Werner:»Bonn im Blick. Die DDR-Aufklärung aus der Sicht ihres letzten Chefs«. Berlin 2001, erw. 2007.   *HME*

Grubert, Helmut 24.12.1908–20.8.1992
Leiter der Bezirksverwaltung Frankfurt (Oder)
Geb. in Nekla, Kreis Schroda (Westpreußen); Stiefvater Reichsbahnangestellter; Volksschule; 1923–1945 Lehre und Arbeit als Werkzeugmacher.

Werner Großmann   *Helmut Grubert*

1945/46 KPD/SED; 1945 Bürgermeister in Beenz (Kreis Prenzlau); 1948 Personalleiter der Kreisverwaltung Prenzlau; 1949 auch stellv. Landrat; 1950 Einstellung beim MfS, Leiter der KD Prenzlau; 1951 Versetzung zur Länderverwaltung
Brandenburg, dann Leiter der Abt. VI (Staatsapparat); 1952 Stellv. Operativ des
Leiters, 1954 Leiter der BV Frankfurt (Oder) und Mitglied der SED-Bezirksleitung Frankfurt (Oder); 1956 Oberstleutnant; 1960/61 Lehrgang an der Bezirksparteischule; 1961 OibE als Leiter der Abt. Postzollfahndung des Amtes für Zoll
und Kontrolle des Warenverkehrs; 1969 Entlassung, Rentner; bis 1976 ehrenamt-
licher Ermittler der HA KuSch.   *JGi*

Gründung und Vorgeschichte des MfS Am 8.2.1950 wurde im Schnellverfah-
ren ein Volkskammergesetz erlassen, das die → Hauptverwaltung zum Schutz
der Volkswirtschaft aus dem Ministerium des Innern der DDR ausgliederte und
zum Ministerium für Staatssicherheit aufwertete.
Das Gesetz, dem am 24. Januar ein entsprechender Beschluss des SED-Politbü-
ros vorangegangen war, trat mit seiner Verkündung durch den Präsidenten der
DDR, Wilhelm Pieck, am 18. Februar in Kraft. Es handelte sich nicht nur um

Wilhelm Zaisser (links), von 1950 bis 1953 Minister für Staatssicherheit, mit seinem damaligen Staatssekretär und Stellvertreter Erich Mielke.

eine organisatorische Maßnahme, sondern auch um einen symbolischen Akt, mit dem demonstrativ eine weitere Etappe bei der Sowjetisierung des DDR-Herrschaftssystems beschritten wurde. Der Gründung des MfS war eine Pressekampagne gegen westliche »Spione, Saboteure und Agenten« vorausgegangen. ➔ Mielke, Leiter der Hauptverwaltung zum Schutz der Volkswirtschaft, hatte der DDR-Regierung am 26. Januar einen entsprechenden Bericht erstattet, der zwei Tage später unter dem Titel »Gangster und Mörder im Kampf gegen unsere Republik« im »Neuen Deutschland« publiziert wurde. Mielke konnte als designierter Minister gelten, zumal er der Favorit Ulbrichts für dieses Amt war. Doch die Sowjets stießen sich sowohl an seinem undurchsichtigen Charakter als auch an Unklarheiten in seinem Lebensweg und setzten wenige Tage vor der Gründung des Ministeriums ➔ Zaisser, den Mann ihres Vertrauens, durch. Mielke musste ins zweite Glied zurücktreten, er wurde Staatssekretär und 1. Stellv. Zaissers.

Die Vorgeschichte des MfS geht bis in die unmittelbare Nachkriegszeit zurück. Zwar war deutschen Stellen laut Kontrollratsgesetz Nr. 31 vom 1.7.1946 die »Überwachung oder Kontrolle der politischen Betätigung von Personen« verboten, doch lassen sich schon in diesem Jahr Diensteinheiten innerhalb der Kriminalpolizei der SBZ nachweisen, die u. a. die Aufgabe hatten, gegen »konterrevolutionäre« oder »antidemokratische Elemente« vorzugehen. Es ging hier jedoch zunächst ausschließlich um Hilfstätigkeiten, etwa das Sammeln von Informationen oder das Ermitteln von Zeugen, während die exekutiven Handlungen den sowjetischen Organen vorbehalten blieben. Im Zuge der Zentralisierung des Polizeiwesens durch die Deutsche Verwaltung des Innern (DVdI) wurden die regional unterschiedlichen Strukturen der politischen Polizei zum Jahresbeginn 1947 als Sonderbereich der Kriminalpolizei unter der Bezeichnung → K 5 vereinheitlicht. Die Dezernate K 5 waren für NS-Delikte und für »Delikte gegen den demokratischen Aufbau« zuständig und fungierten in den Ländern der SBZ faktisch als Hilfspolizei der Operativen Sektoren des MGB. Durch den SMAD-Befehl 201 erhielten die K 5 im August 1947 im Bereich der NS-Verfahren weitreichende Ermittlungsbefugnisse bis hin zu der Kompetenz, Anklageschriften eigenverantwortlich auszufertigen.

In der zweiten Jahreshälfte 1948 versuchte die SED-Führung die sowjetische Seite für den Ausbau der K 5 zu einer politischen Geheimpolizei zu gewinnen. Der sowjetische Staatssicherheitsminister Viktor S. Abakumow war jedoch strikt gegen die Schaffung eines solchen Apparates. Er argumentierte, schon jetzt werde die K 5 von den Engländern und Amerikanern als Gestapo verleumdet. Es sei daher zu befürchten, dass eine solche Entscheidung die Einrichtung eines deutschen Spionagedienstes in den Westzonen zur Folge haben werde. Entscheidender aber scheint gewesen zu sein, dass er keine Kompetenzen an deutsche Organe abgeben wollte. Es gebe zu wenig überprüfte deutsche Kader. Am 18.12.1948 entschied Stalin bei einem Treffen mit Ulbricht, Pieck und Grotewohl in Moskau jedoch im Sinne der SED. Zehn Tage später beschloss das Politbüro der KPdSU die Schaffung einer eigenen deutschen Geheimpolizei.

Als erster Schritt wurden die Dezernate K 5 am 6.5.1949 aus den Strukturen der Landespolizeiverwaltungen herausgelöst, der DVdI direkt unterstellt und sukzessive faktisch aufgelöst. Gleichzeitig baute der Vizepräsident für Allgemeines der DVdI Mielke unter sowjetischer Regie einen Apparat auf, der zunächst offiziell als Arbeitsbereich D (Abt. D der DVdI und Dezernate D in den Ländern) und nach der Gründung der DDR als Hauptverwaltung zum Schutz der Volkswirtschaft im MdI firmierte. In diesen Apparat wurden letztlich nur ca. 10 % der Mitarbeiter der ehemaligen K 5 übernommen. Die restlichen Mitarbeiter des neuen Apparates stammten aus anderen Zweigen der Kriminalpolizei und vorwiegend aus leitenden Positionen der übrigen Volkspolizei sowie aus dem Parteiapparat. Die Kaderauswahl war vom fest verwurzelten Misstrauen des MGB gegenüber den deutschen Kadern geprägt. Das MGB entsandte zur Überprüfung der Kandidaten, die sich bis in die Zeit nach der Gründung des MfS hinzog, eigens 115 zusätzliche Offiziere in die SBZ. Ausschlusskriterien waren Verwandte und Bekannte im Westen, westalliierte Gefangenschaft sowie Jugoslawien-Aufenthalte. Der neue Apparat wurde streng nach sowjetischem Vorbild aufgebaut; das zeigte sich bei Zuständigkeiten, Strukturen, Organisations- und Leitungsprinzipien, operativen Verfahren und geheimpolizeilichen Fachbegriffen. *Literatur:* Gieseke, Jens: Der Mielke-Konzern: Geschichte der Stasi 1945–1990, erw. u. aktualisierte Neuausgabe, München 2006; Tantzscher, Monika: »In der Ostzone wird ein neuer Apparat aufgebaut«. Die Gründung des DDR-Staatssicherheitsdienstes. In: Deutschland Archiv 31(1998)1, S. 48–56.   *REn*

Grünert, Werner *1.12.1924
Leiter der HA II (Spionageabwehr), 1962–1976 Mitglied des Kollegiums des MfS
Geb. in Bobenneukirchen (Sachsen), Vater Arbeiter; Volksschule; 1939–1942 Ausbildung zum Klempner; 1942 Wehrmacht.
1945 Klempner; 1947 SED, Einstellung bei der Polizei, Kreisamt Oelsnitz, K 5 (politische Polizei); 1949 → Verwaltung zum Schutz der Volkswirtschaft Sachsen (ab Februar 1950 Landesverwaltung Sachsen des MfS); 1950 Versetzung zur Abt. IV (spätere → HA II), MfS Berlin; 1953 Abteilungsleiter in der HA II; 1956/57 Besuch der BPS Berlin; 1958 stellv. Leiter, 1960 Leiter der HA II; 1964 Oberst; 1970 Generalmajor; 1974 VVO in Gold; 1976 Offizier für Sonderaufgaben beim 1. Stellv. des Ministers; 1977 Offizier für Sonderaufgaben in der HA KuSch; 1983 Entlassung, Rentner.   *JGi*

Grünler, Kurt 15.8.1906–28.7.1985
Leiter der Bezirksverwaltung Suhl
Geb. in Leipzig-Lindenau, Vater Eisendreher; höhere Bürgerschule; 1920–1923 Lehre als Elektriker; 1923–1930 Arbeit als Elektriker und Hilfsarbeiter, zeitweilig auf Wanderschaft; 1928 KPD; 1930–1933 arbeitslos; 1933 Emigration nach Dänemark, 1934 Schweden, 1936 Sowjetunion; 1937–1939 Interbrigadist im Spanischen Bürgerkrieg; 1939 Internierung in Frankreich; 1940–1945 Gefängnis und KZ Buchenwald.
1945/46 KPD/SED; 1945 Sekretär des Antifa-Blocks in Altränstedt; 1945–1947 dort Amtsvorsteher; 1947 Einstellung bei der VP, Leiter der K 5 (politische Polizei) in Magdeburg; September 1949 Leiter der Verwaltung zum Schutz der

Werner Grünert   *Kurt Grünler*

Volkswirtschaft Mecklenburg; 1950 Stellv. Operativ des Leiters der Verwaltung zum Schutz der Volkswirtschaft Sachsen-Anhalt (ab Februar 1950 Länderverwaltung Sachsen-Anhalt des MfS); 1952 Leiter der BV Frankfurt (Oder); 1953 Oberstleutnant; 1954/55 Bezirksparteischule Frankfurt (Oder); 1955 Leiter der BV Suhl; 1960 aus gesundheitlichen Gründen beurlaubt; 1961 Versetzung zur Abt. XII (Zentrale Auskunft/Speicher), MfS Berlin; 1964 Entlassung, Rentner; 1971 VVO in Gold.   *JGi*

Gruppenvorgang Vorgangsart von 1950 bis 1960, erstmals definiert in den Erfassungsrichtlinien vom 20.9.1950; → Operativer Vorgang gegen mehrere Personen, denen eine »feindliche Tätigkeit« unterstellt wurde. Die Eröffnung eines G. hatte auf der Grundlage von »überprüftem Material«, das z. B. durch einen → Überprüfungsvorgang gewonnen wurde, zu erfolgen. Er war zentral in der → Abt. XII zu registrieren. Die betroffenen Personen und ihre Verbindungen waren in der zentralen Personenkartei (→ F 16), involvierte Organisationen in der zentralen Feindobjektkartei (→ F 17) zu erfassen.   *REn*

Joseph Gutsche

Gutsche, Joseph 5.4.1895 – 4.5.1964

Leiter der Länderverwaltung Sachsen, 1955 –1957 Mitglied des Kollegiums des MfS

Geb. in Gräditz, Kr. Schwiebus (Neumark), Vater Arbeiter; Volksschule; Ausbildung zum Buchbinder; 1915 Soldat, russische Gefangenschaft, Flucht nach Rostow am Don; 1917/18 Rotgardist in den revolutionären Kämpfen, Mitglied der Sozialdemokratischen Arbeiterpartei Russlands (Bolschewiki); 1918 Rückkehr nach Deutschland, USPD, militärischer Berater und Organisator bei den bewaffneten Kämpfen in Berlin; 1920 KPD; bis 1923 Arbeit als Buchbinder, Teilnahme am Hamburger Aufstand, danach Mitarbeiter des ZK der KPD; 1923/24 militärpolitischer Lehrgang in Moskau; 1924 –1927 Haft im Zuchthaus Sonnenburg (b. Küstrin) wegen Hochverrats; 1930 Emigration in die UdSSR, Mitglied der KPdSU(B); 1931–1942 Regimentskommissar in der Roten Armee, Einsatz für Sonderaufgaben in China und anderen Ländern; 1942 Eintritt in die US-Marine, später wieder in die Rote Armee, mit Sohn Rudolf Partisan und Aufklärer in der Ukraine.

1945 Rückkehr nach Deutschland; 1945/46 KPD/SED, Mitarbeiter der Dresdener Stadtverwaltung; 1946/47 Direktor des Industriekontors; 1947 –1949 Präsident des Landeskriminalamts Sachsen in Dresden; 1949/50 Leiter der Verwaltung zum Schutz der Volkswirtschaft Sachsen (ab Februar 1950 Länderverwaltung Sachsen des MfS); 1952 Leiter der BV Dresden des MfS; Januar 1953 Leiter des Informationsbüros des MfS bzw. der Abteilung zur besonderen Verwendung (Untergrundaktionen in Westdeutschland), Generalmajor; 1955 Leiter der Kontrollinspektion; 1957 Ruhestand.   *JGi*

H

HA → Hauptabteilung

Hähnel, Siegfried *9.6.1934
Leiter der Bezirksverwaltung Berlin
Geb. in Chemnitz, Vater Dreher, Mutter Hausfrau; 1952 Oberschule (ohne Abschluss), Einstellung beim MfS, Abt. VIII (Festnahmen/Observationen) der BV Chemnitz, SED; 1953/54 Einjahreslehrgang an der Schule des MfS Potsdam-Eiche; 1954 HA IX (Untersuchungsorgan) des MfS Berlin; 1956–1960 Fernstudium Kriminalistik an der Fachschule des MdI Aschersleben; 1962 Leiter der Abt. IX (Untersuchungsorgan) der Verwaltung Groß-Berlin; 1962–1966 Fernstudium an der HU Berlin, Diplom-Kriminalist; 1974 Stellv. Operativ des Leiters der Verwaltung Groß-Berlin; 1980 Promotion zum Dr. jur. an der JHS des MfS Potsdam; 1986 Leiter der BV Berlin, Mitglied der SED-Bezirksleitung Berlin; 1987 Generalmajor; Dezember 1989 von seiner Funktion entbunden; 1990 Entlassung. *JGi*

Haft im MfS Die in der DDR herrschende diffuse Furcht vor dem Staatssicherheitsdienst hatte verschiedene Gründe. Die Angst, einfach abgeholt werden zu können und dann für unbestimmte Zeit zu verschwinden, spielte dabei eine nicht geringe Rolle. Reale Grundlage für diese Angst war das zwar geheime, aber zumindest durch Gerüchte und Vermutungen sehr präsente Haftsystem des MfS. Schwerpunkt dieses Haftsystems waren 15 Untersuchungshaftanstalten (UHA) auf der Ebene der MfS-Bezirksverwaltungen. Außerdem gab es noch zwei UHA

Siegfried Hähnel

auf Ministeriumsebene in Ostberlin: in der Genslerstraße in Hohenschönhausen (UHA I) und in der Magdalenenstraße in Lichtenberg (UHA II). Das bekannteste MfS-Gefängnis war jedoch die Strafvollzugsanstalt Bautzen II, ein altes Gerichtsgefängnis in Bautzens Innenstadt. Formal betrachtet, unterstand dieses häufig als MfS-Sonderhaftanstalt bezeichnete Gefängnis jedoch der Verwaltung Strafvollzug des DDR-Innenministeriums (MdI); faktisch entschied hier jedoch das MfS über alle wichtigen Fragen, von der Auswahl der Angestellten bis zur Einweisung der Häftlinge. Das größte MfS-Gefängnis war gleichzeitig das unbekannteste: In Berlin-Hohenschönhausen befand sich unmittelbar neben der Untersuchungshaftanstalt das sog. Lager X, ein Haftarbeitslager für bis zu 900 männliche Strafgefangene. Es existierte von Anfang der 50er bis Mitte der 70er Jahre. Weiterhin gab es in allen Untersuchungshaftanstalten des MfS eigene Strafgefangenenarbeitskommandos (SGAK).

Es gilt also zu unterscheiden zwischen Untersuchungshaft und Strafvollzug. Nur ein kleiner Teil der MfS-Untersuchungshäftlinge kam nach einer rechtskräftigen Verurteilung auch in den Strafvollzug des MfS. In Bautzen II wurden bekannte politische Häftlinge untergebracht, aber auch Gefangene, die wegen schwerwiegender Spionagevorwürfe verurteilt worden waren. Ins Lager X und in die SGAK

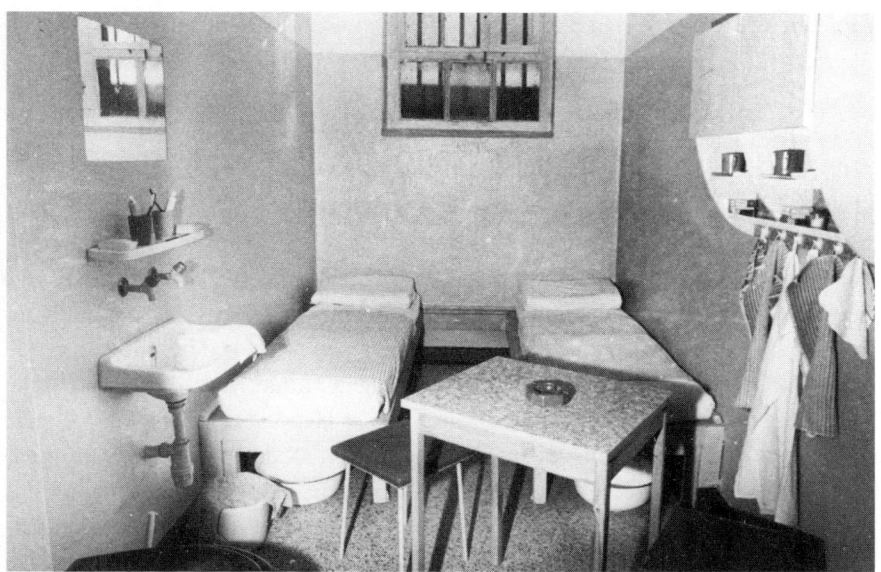

Zelle in der U-Haftanstalt der Bezirksverwaltung Schwerin, Aufnahme von 1967.
Das Foto war Bestandteil von Schulungsmaterial der Abteilung XIV.

der Untersuchungshaftanstalten wurden nur verhältnismäßig wenige politische Gefangene überstellt; hier wurden die Gefangenen vor allem für die Verrichtung von Arbeiten für das MfS eingesetzt und daher auch unter dem Gesichtspunkt beruflicher Qualifikation ausgewählt. Dennoch wurden diese beiden Möglichkeiten wegen der – im Vergleich zum normalen Strafvollzug – besseren Haftbedingungen auch als Belohnung für besonders kooperative Häftlinge genutzt, gleichermaßen wegen der besonderen Geheimhaltung, aber auch zur Isolierung von straffällig gewordenen MfS-Mitarbeitern oder Funktionären aus Politik und Wirtschaft. Das Hauptinteresse des MfS richtete sich auf die Untersuchungshaft. Hier führte das MfS in eigener Zuständigkeit strafprozessuale Ermittlungsverfahren durch und brachte die Beschuldigten in den eigenen Untersuchungshaftanstalten unter. Parallel zur normalen Untersuchungshaft, für die in der DDR seit 1952 nicht mehr die Justizverwaltung, sondern die Verwaltung Strafvollzug des MdI zuständig war, existierte hier ein paralleles Haftsystem für Beschuldigte, die vom MfS als Feinde eingestuft worden waren. Das gesonderte System umfasste nicht nur die Haftanstalten und die für die Ermittlungen zuständigen MfS-Mitarbeiter, sondern es erstreckte sich auch auf die Staatsanwaltschaften und Gerichte. Für die Aufsicht in den vom MfS geführten Ermittlungsverfahren waren allein Staatsanwälte der Abteilungen I bzw. IA der General- bzw. Bezirksstaatsanwaltschaften zuständig, die vom MfS »bestätigt« worden waren. Das Gleiche galt für die für MfS-Fälle zuständigen Haftrichter. Formal wurden die Anforderungen der Strafprozessordnung zwar gewahrt, faktisch war jedoch das dort normierte System der Unterordnung der Ermittler unter die Staatsanwaltschaft sowie die Unabhängigkeit der Gerichte auf den Kopf gestellt (→ Justiz, Verhältnis des MfS zur).

Die Zuständigkeit für den Vollzug der Untersuchungshaft und den Strafvollzug lag im MfS bei der → Abteilung XIV des Ministeriums sowie den ihr nachgeordneten Abteilungen XIV der Bezirksverwaltungen (Linie XIV). Für die Durchführung des Ermittlungsverfahrens waren die → Hauptabteilung IX des Ministeriums sowie die ihr nachgeordneten Abteilungen IX der Bezirksverwaltungen (Linie IX), die im Außenkontakt als MfS-Untersuchungsabteilung firmierten, zuständig. Die Linien IX und XIV lagen im unmittelbaren Anleitungsbereich des Ministers für Staatssicherheit.

Die Haftbedingungen wandelten sich im Laufe der Zeit. Herrschten in den frühen 50er Jahren sehr einfache, an sowjetischen Verhältnissen orientierte, mitunter brutale Unterbringungs- und Umgangsformen vor – erinnert sei hier an das Kellergefängnis in Berlin-Hohenschönhausen, das sog. U-Boot –, besserten sich die materiellen Bedingungen danach langsam, aber kontinuierlich. Von Häftlingen, die sowohl MfS- als auch MdI-Untersuchungshaftanstalten kennengelernt haben, werden die materiellen Unterbringungsbedingungen, also Zellenausstattung, Hygiene, Verpflegung etc. beim MfS regelmäßig als deutlich besser bezeichnet; innerhalb des MfS gab es ein Gefälle von der Ministeriumsebene zu den UHA der Bezirksverwaltungen. Umgekehrt wurden jedoch die Umgangsregeln beim MfS als unmenschlicher als beim MdI bezeichnet. Beim MfS galt ein absolutes Primat der Sicherheit: Häftlinge wurden strikt voneinander getrennt; zwar gab es nicht nur Einzelhaft, aber es kam zu keinen zufälligen Begegnungen von Häftlingen untereinander. Sämtliche Kontakte wurden von der Untersuchungsabteilung gesteuert. Die Häftlinge wurden außerhalb der Vernehmungen nicht mehr mit ihrem Namen, sondern nur mit einer Nummer angesprochen. MfS-Mitarbeitern war jede Kommunikation mit Häftlingen, die über das unbedingt dienstlich Erforderliche hinausging, streng verboten – schließlich hätten so Informationen vom MfS an die als Feinde betrachteten Häftlinge abfließen können.

Alle eigentlich normalen Rechte von Inhaftierten, wie Besuchs-, Schreib-, Lese-
oder Einkaufserlaubnis, Freigang, Versorgung mit Zigaretten, Kaffee oder Ähnliches, wurden als besondere Belohnung behandelt und von den Vernehmungs-
offizieren zur gezielten Steuerung der Aussagebereitschaft eingesetzt. Häftlinge
fühlten sich so meist sehr schnell einem übermächtigen, weder durchschau-
noch berechenbaren Apparat ohnmächtig ausgeliefert. Spezielle Methoden, wie
die konspirative und überraschende Festnahme, die Einlieferung in geschlossenen Fahrzeugen, die Vermeidung jeglichen Sichtkontakts zu Orientierungs-
punkten außerhalb des Gefängnisses, die Wegnahme von Uhren und das Verbot
von Schreibzeug und Aufzeichnungen in den Zellen, führten bei den Häftlingen
oft zu einem Gefühl der räumlichen und zeitlichen Desorientierung.

Hinzu kam ein ausgeklügeltes Spitzelsystem unter den Häftlingen. Die Untersuchungsabteilungen sammelten gezielt Informationen unter den Häftlingen mit
Hilfe angeworbener Zuträger, die zunächst als Kammeragenten (KA), später als
→ Zelleninformatoren (ZI) bezeichnet wurden. Sie sollten von ihren Mithäftlin-
gen jene Informationen erlangen, die diese in den Vernehmungen nicht preis-
gegeben hatten. Insbesondere in den 70er und 80er Jahren sollten sie Häftlinge
oft aber auch nur in Gespräche zu bestimmten Themen oder Zusammenhängen verwickeln, die dann von der Untersuchungsabteilung mittels versteckter
Abhöreinrichtungen in den Zellen aufgezeichnet und ausgewertet wurden.

Bei den Häftlingen führten diese Bedingungen häufig zu einem Gefühl psychi-
scher Einkreisung, des Ausgeliefertseins und dem Schwinden jeglichen Wider-
standsgeistes. Ohnehin hatten die meisten Häftlinge das berechtigte Empfinden
einer extrem ungerechten Behandlung. Schließlich war seit Anfang der 60er Jahre die überwiegende Zahl Gefangener lediglich wegen ihrer Bestrebungen, die
DDR in Richtung Westen zu verlassen, inhaftiert worden. Sie fühlten sich in ihrem Handeln im Einklang mit der Allgemeinen Erklärung der Menschenrechte
und diversen auch von der DDR unterzeichneten völkerrechtlichen Abkommen.
Eine weitere Häftlingsgruppe bildeten Menschen, die durch unerschrockene
Wahrnehmung von oder Forderung nach politischen Rechten in den Augen der
herrschenden Partei zu einer Gefahr für das Ansehen oder die Existenz der DDR
geworden waren. Nur einem sehr kleinen Teil der Häftlinge wurden tatsächliche → Staatsverbrechen zur Last gelegt. Außerdem gab es neben den politischen
Gefangenen auch noch Beschuldigte, denen gewöhnliche unpolitische Delikte angelastet wurden, die aber unter besonderer Geheimhaltung ermittelt und
verhandelt werden sollten. Eine Rechtsgrundlage für den Betrieb von Untersu-

chungshaftanstalten durch das MfS gab es nicht. Der Strafvollzug des MfS widersprach seit Inkrafttreten des Strafvollzugsgesetzes 1968 ausdrücklich der geltenden Rechtslage. Die strafprozessuale Ermittlungstätigkeit des MfS war erst seit 1968 in der Strafprozessordnung explizit geregelt, fand aber auch vorher statt. Eine besondere Bedeutung hatten die MfS-Haftanstalten auch für die Praxis des Häftlingsfreikaufs durch die Bundesrepublik. Seitens der DDR wurden die konkreten Freikaufaktionen vom MfS koordiniert und durchgeführt. Sämtliche freigekauften Häftlinge durchliefen kurz vor ihrer Entlassung in die Bundesrepublik daher noch die MfS-Untersuchungshaftanstalt Karl-Marx-Stadt, in der die letzten Formalitäten erledigt wurden und von wo aus die Busse in die Bundesrepublik abfuhren.

Literatur: Beleites, Johannes: Abteilung XIV: Haftvollzug (MfS-Handbuch). Berlin 2004; ders.: Schwerin. Demmlerplatz. Die Untersuchungshaftanstalt des Ministeriums für Staatssicherheit in Schwerin. Schwerin 2001.   *JBe*

Haftbefehl Der schriftliche richterliche H. bildete die Grundlage für eine reguläre Verhaftung (§ 114 StPO/1949; § 142 StPO/1952; § 124 StPO/1968). Beschuldigte oder Angeklagte mussten unverzüglich, spätestens am Tage nach ihrer Ergreifung dem zuständigen Gericht vorgeführt werden (§§ 114 b, 128 StPO/1949; §§ 144, 153 StPO/1952; § 126 StPO/1968) – vor allem in den frühen 50er Jahren wurde diese Frist vom MfS teilweise überschritten und der Zeitpunkt der Festnahme entsprechend geändert. Auch wurden die Festgenommenen nicht bei Gericht vorgeführt, die vom MfS ausgewählten Haftrichter (→ Justiz, Verhältnis des MfS zur) kamen zur Ausstellung des H. in die Untersuchungshaftanstalten. Rechtliche Voraussetzungen für den Erlass eines H. waren ein dringender Tatverdacht und ein gesetzlich definierter Haftgrund, z. B. Fluchtverdacht oder Verdunklungsgefahr (§ 112 StPO/1949; § 141 StPO/1952; § 122 StPO/1968) sowie während des Ermittlungsverfahrens ein Antrag des Staatsanwaltes; im Hauptverfahren konnte das Gericht auch ohne Antrag einen H. erlassen. Laut einer Richtlinie des Obersten Gerichts der DDR vom 17.10.1962 lag ein Haftgrund auch vor bei »Verbrechen im Auftrag feindlicher Agenturen, bei konterrevolutionären Verbrechen« und »bei anderen schweren Verbrechen«.   *JBe*

Haftbeschluss Strafverfahrensrechtlich nicht vorgeschriebene, lediglich MfS-interne Anordnung der Inhaftierung eines Beschuldigten, die dem Leiter der HA IX und seinen Stellvertretern bzw. den Leitern der MfS-Bezirksverwaltungen

Gerhard Harnisch

und ihren Stellv. Operativ oblag. Er sollte das geordnete Verfahren innerhalb des MfS absichern und war – außer bei dem im MfS seltenen Fall einer tatsächlichen Festnahme auf frischer Tat – unbedingte administrative Voraussetzung für eine Festnahme. *JBe*

Haftkrankenhaus → Abteilung Haftkrankenhaus

Harnisch, Gerhard 4.2.1916 – 18.6.1996
Leiter der Schule Potsdam-Eiche
Geb. in Pirna, Vater Ankerwickler (1945 von Nazis hingerichtet), Mutter Hausfrau; Volksschule; 1930–1938 Lehre und Arbeit als Buchdrucker; 1933 illegale Tätigkeit für KJVD und KPD, sechs Wochen »Schutzhaft«, KZ Hohenstein (KPD-Beitritt nachträglich auf 1934 datiert); 1938 RAD, dann Wehrmacht; 1942 vier Monate Gefängnis wegen Wehrkraftzersetzung.
1945–1948 sowjetische Gefangenschaft, Besuch der Antifa-Schule 2041, dann dort Assistent und Lehrer; 1949 Org.-Sekretär der SED-Kreisleitung Pirna; 1949 Einstellung bei der Verwaltung zum Schutz der Volkswirtschaft Sachsen (ab Februar 1950 Länderverwaltung Sachsen des MfS), Dienststelle Pirna; 1953

Gunar Hartling

Oberst, Leiter der BV Dresden, dann Leiter der Schule des MfS Potsdam-Eiche (ab 1955 Hochschule); 1955/56 Einjahreslehrgang an der Hochschule des KGB in Moskau; 1959 Leiter des Fach- und Lehrkabinetts der HA KuSch; 1962 Leiter des Büros der Leitung II (Unterstützung DKP/SEW); 1976 VVO in Gold; 1977 Entlassung, Rentner. *JGi*

Hartling, Gunar 5.3.1930 – 31.5.2005
Leiter der Abt. XIII (Zentrales Rechenzentrum)
Geb. in Chemnitz, Vater Kraftfahrer, Mutter Hausfrau; Volksschule; 1945 Ausbildung zum Forstarbeiter, danach tätig im Forstamt Döbeln; 1948 SED; 1952 MfS, KD Rochlitz; 1954 Abt. XIII der BV Karl-Marx-Stadt; 1956 stellv. Leiter, 1958 – 1976 Leiter der Abt. XIII der BV Karl-Marx-Stadt; 1960 – 1965 Fernstudium an der → JHS des MfS Potsdam, Diplom-Jurist; 1976 Leiter der Abt. XIII des MfS Berlin; 1977 Oberst; Dezember 1989 von seiner Funktion entbunden; Januar 1990 Entlassung, Rentner. *JGi*

Hauptablage, Operative Archivbestand 1 in den → Abt. XII mit abgeschlossenen Vorgängen der Vorgangsarten → Beobachtungsvorgang, → Einzelvorgang,

→ Fahndungsvorgang, → Geheimer Informator, → Geheimer Mitarbeiter, → Gesellschaftlicher Mitarbeiter für Sicherheit, → Gruppenvorgang, → inoffizieller Mitarbeiter, Kontrollvorgang, → Objektvorgang, → Operative Personenkontrolle, → Operativer Vorgang, → Teilvorgang, → Überprüfungsvorgang, → Untersuchungsvorgang, → Zentraler Operativer Vorgang, → Zelleninformator, → Feind- und → Kontrollobjektakte und Arbeitsakten von → Offizieren im besonderen Einsatz sowie nichtregistriertem Material ehemals → KK-erfasster Personen und sonstigem Material mit Personenbezug. Die Unterlagen sind personenbezogen nutzbar über die → F 16/→ F 22. Dieser Archivbestand umfasst in Berlin 9993 lfm.

SWo

Hauptabteilung (HA) Organisationsstruktur in der MfS-Zentrale, die durch den Minister oder einen seiner Stellvertreter direkt angeleitet wurde. Die zuletzt 13 HA wurden durch Einzelleiter geführt. Die weiter untergliederten und nach dem Linienprinzip tätigen HA waren für komplexe, abgegrenzte Bereiche operativ zuständig und federführend verantwortlich. Der Zuschnitt der Zuständigkeitsbereiche war an Ressorts oder geheimdienstlichen Praktiken (z. B. Verkehrswesen, Beobachtung, Funkspionage) orientiert. *MEr*

Hauptabteilung I (NVA und Grenztruppen/HA I) Zuständig für die Überwachung des Ministeriums für Nationale Verteidigung sowie der nachgeordneten Führungsorgane, Truppen und Einrichtungen einschließlich der Grenztruppen der DDR. Armeeintern trug die HA I die Bezeichnung »Verwaltung 2000«. Ihre Mitarbeiter wurden als Verbindungsoffiziere bezeichnet. Der Armeeführung war die HA I jedoch weder unterstellt noch rechenschaftspflichtig (→ Militär, Verhältnis des MfS zum).

Die HA I ging im Dezember 1951 aus den Abt. VII a, VII b und VII c hervor. Seit 1956 (Gründung der Nationalen Volksarmee) trugen ihre Struktureinheiten die taktische Bezeichnung des Truppenteils bzw. der Einheit, für deren abwehrmäßige Sicherung sie zuständig waren. Der Mauerbau 1961 und die Einführung der allgemeinen Wehrpflicht 1962 sorgten für Zäsuren in der Arbeit der HA I.

Von 1956 bis 1961 war die HA I außerdem für die Überwachung der → Bereitschaftspolizei zuständig und von 1958 bis 1986 für das → Wachregiment des MfS.

Die Arbeit der HA I umfasste folgende Aufgaben:
– Schutz der bewaffneten Organe vor dem Eindringen westlicher Geheimdienste, etwa durch ein striktes Kontaktverbot zu Bürgern westlicher Staaten;

- Organisation des Geheimnisschutzes;
- Schutz der militärischen Technik, von Waffen und Munition vor Sabotage und Diebstahl;
- Unterbinden von staatsfeindlicher Hetze und Staatsverleumdung;
- Verhinderung von Fahnenfluchten und Verratsdelikten. Dies galt besonders für Grenzsoldaten, an deren Auswahl sich das MfS in einem gestaffelten System, das bereits vor der Musterung einsetzte, beteiligte.
- Bekämpfen und Zurückdrängen des Einflusses gegnerischer Medien;
- Durchführung von Sicherheitsüberprüfungen;
- Analyse der Stimmungen und Meinungen unter Militärangehörigen wie Zivilbeschäftigten;
- Untersuchung von Vorkommnissen im Bereich von Armee und Grenztruppen;
- seit dem Mauerbau 1961 Mitwirken an einem immer komplexeren System zur Verhinderung von Fluchten, auch über die Ostsee, und zum Schutz der Staatsgrenze;
- Berichterstattung über militärische und grenzpolizeiliche Einrichtungen in Westberlin und in der Bundesrepublik für einen 30 bis 50 km breiten Gürtel jenseits der Staatsgrenze.

Der Leiter der HA I unterstand einem Ministerstellvertreter, zuletzt → Neiber. Leiter der HA I waren 1950–1953 → Gronau, 1953–1955 → Pech, 1955–1981 → Kleinjung und ab 1981 → Dietze. Der Verantwortungsbereich der HA I umfasste 1986 knapp 300 000 Soldaten und Zivilbeschäftigte. Hierfür waren ihr 1989 2223 Planstellen zugeteilt, darunter jede 2. Stelle für IM-führende Mitarbeiter. Die HA I verfügte über 13 Planstellen für → OibE. 1987 führte die HA I 22 585 → IM und → GMS. Zu den Informanten zählten nicht nur Militärangehörige oder Zivilbeschäftigte. Die Zahl der IM, die die HA I im Westen führte, lag unter 150. Die Bearbeitung von → OV und → OPK war vergleichsweise gering. Sie betrug 1988 59 OV und 312 OPK.

Literatur: Wolf, Stephan: Hauptabteilung I: NVA und Grenztruppen (MfS-Handbuch). Berlin 2005.   *SWo*

Hauptabteilung II (Spionageabwehr/HA II) Die HA II wurde 1953 durch Fusion der MfS-Abt. II (Spionage) und IV (Spionageabwehr) gebildet. Sie deckte klassische Bereiche der Spionageabwehr ab. Dazu zählte auch die interne Abwehrarbeit im MfS, etwa die Überwachung aktiver und ehemaliger MfS-Mit-

Observationsfoto aus dem Bestand der Hauptabteilung II (Spionageabwehr),
aufgenommen bei einer Pressekonferenz in der Hochschule der FDJ in Lanke bei
Berlin anlässlich des Besuchs des Bundeskanzlers Schmidt in der DDR 1981.

arbeiter, von Einrichtungen der KGB-Dienststelle Berlin-Karlshorst sowie von
Objekten der sowjetischen Streitkräfte und der Sektion Kriminalistik an der
Ostberliner Humboldt-Universität. Darüber hinaus betrieb die HA II im Rahmen der »offensiven Spionageabwehr« aktive Spionage in der Bundesrepublik;
diese zielte auf westliche Geheimdienste, auf Bundeswehr, Polizei, Massenme-
dien, Emigrantenverbände u. a. Die HA II überwachte, sicherte und kontrollierte
die DDR-Botschaften im Ausland, die ausländischen diplomatischen Vertretungen in der DDR sowie das Außenministerium der DDR. DDR-Bürger, die westliche Botschaften bzw. die Ständige Vertretung der Bundesrepublik in Ostberlin
aufsuchten, wurden systematisch erfasst. In den Zuständigkeitsbereich der HA II
fielen auch die Überwachung der in der DDR lebenden Ausländer sowie die
Betreuung von Funktionären und Mitgliedern illegaler, verfolgter kommunistischer Parteien, die in der DDR Aufnahme fanden.
Besondere Brisanz beinhaltete die politisch-operative Sicherung der Westkontakte von SED und FDGB. So kümmerte sich die HA II um die Militärorganisa-

tion der DKP (»Gruppe Ralf Forster«, eine ca. 220 Bundesbürger umfassende Sabotage- und Bürgerkriegstruppe), organisierte in Absprache mit der NVA deren militärische Ausbildung, finanzierte die Gruppe und stattete sie mit Falschpapieren aus. Die HA II sicherte (bis 1961 und wieder ab 1980; zwischenzeitlich gab es hierfür die Abteilung BdL II) die Abteilung Verkehr des ZK der SED ab, die kommunistische Organisationen im Westen unterstützte und dort SED-Tarnfirmen betrieb. Die HA II versuchte, Aktivitäten bundesdeutscher Behörden gegen DKP, SEW und SED-Tarnfirmen festzustellen und zu verhindern.

Im Ergebnis der Entspannungspolitik nahmen Begegnungen zwischen Ost- und Westdeutschen zu, westliche Medienvertreter konnten sich in der DDR akkreditieren. Das veranlasste den beträchtlichen personellen Ausbau der HA II. Sie war nun auch zuständig für die Überwachung westlicher Journalisten in der DDR. Ziel war es, unerwünschten Informationsabfluss und unbequeme, kritische Berichterstattung zu verhindern. 1987 übertrug → Mielke in der Dienstanweisung 1/87 der HA II die Führung der Spionageabwehr, um ein unkoordiniertes Nebeneinander verschiedener Diensteinheiten zu vermeiden.

Die HA II leitete von Beginn an die → Operativgruppen des MfS in der Sowjetunion und Polen, seit 1989 auch in der ČSSR, Ungarn und Bulgarien. Mit den entsprechenden Spionageabwehr-Abteilungen in diesen Ländern gab es eine ausgeprägte bi- und multilaterale Zusammenarbeit, die aber erst in den frühen 80er Jahren vertraglich fixiert wurde (→ kommunistischer Geheimdienst). Im Dezember 1981 übernahm die HA II innerhalb des MfS die Federführung bei der Bekämpfung der unabhängigen polnischen Gewerkschaft »Solidarność«. Schließlich unterstützte die HA II Sicherheitsorgane in (pro)sozialistischen Entwicklungsländern, entsandte Berater und bildete deren Geheimdienstmitarbeiter in der DDR aus.

Die HA II verfügte über eigene Abteilungen für Fahndung, Logistik, operative Technik und Beobachtung und war in dieser Hinsicht nicht auf andere Abteilungen angewiesen. Zum unmittelbaren → Anleitungsbereich des Leiters der HA II gehörte die → Abt. M (Postkontrolle).

1989 zählte die HA II in der Ostberliner Zentrale 1432 hauptamtliche Mitarbeiter, in den → BV auf der Linie II weitere 934. Hinzu kamen Mitarbeiter in den → KD, die die Aufgaben der Linie II ausführten. Genaue Zahlen der IM ließen sich bis heute nicht ermitteln. Die HA II hatte mindestens 3000 IM, die Abt. II der BV etwa 4000; hinzu kamen weitere IM der KD. 1976 führte die HA II im Westen 109 IM. Unter den West-IM befanden sich z. T. hochkarätige Agenten. *GHe*

Hauptabteilung III (Funkaufklärung und Funkabwehr/HA III) Die HA III ging im Januar 1983 aus der Fusion der für Funkaufklärung zuständigen Abt. III mit der Abteilung Funkabwehr im MfS Berlin hervor. Gemeinsam mit den nachgeordneten Abt. III der BV betrieb sie die → Funkaufklärung, → Funkabwehr, → Funkkontrolle und → Funkgegenwirkung unter dem Leitbegriff Elektronischer Kampf (EloKa) des MfS. Ihr oblag es, aus den Funk- und Fernmeldeverbindungen der Bundesrepublik und Westberlins möglichst viele und hochwertige Gesprächsinhalte abzuschöpfen. Im Mittelpunkt der Abhöraktionen standen Informationen aus der Bundesregierung, den Landeskabinetten, den Parteien und Medien, der Bundeswehr, der Rüstungsindustrie, den Führungsgremien der NATO, den westdeutschen Geheimdiensten und der Polizei. Daneben wurde die dem Aufspüren illegaler Funksendungen auf dem Gebiet der DDR dienende Funkabwehr betrieben und die auf den DDR-internen Funkbetrieb beschränkte Funkkontrolle.

Vor der Umstrukturierung Anfang der 80er Jahre befassten sich zwei Dienstbereiche mit der Funkarbeit im MfS: Von 1951 bis 1955 analysierte man in der HA S/2 die von westlichen Geheimdiensten benutzten technischen Verfahren und Chiffren bei der Nachrichtenübermittlung mittels Sendern und Fernsprech- und Telegrafieeinrichtungen für Funk. Parallel dazu begann der technisch-organisatorische Aufbau einer Spionagefunkabwehr. Die hierauf im Jahr 1955 gebildete Abteilung Funkabwehr war bis 1968 die einzige MfS-Diensteinheit, die sich mit Angelegenheiten des speziellen Nachrichtenfunks beschäftigte. In diesen 13 Jahren wurde ein Funkfahndungssystem formiert, das aus drei Funkbeobachtungsstellen (FBS), neun Peilpunkten (PP) sowie Trupps zur mobilen Funkfahndung bestand. Bei der Suche nach Agentenfunkern und Funkresidenturen in der DDR arbeitete die Abt. F mit dem Sachgebiet Funk der → HA II zusammen. Im Rahmen der Spionagefunkabwehr auf dem gesamten sozialistischen Territorium bekamen die FBS und PP Aufgaben zur Funkortung und Funkpeilung vom → Apparat der Koordination zugewiesen. Seit dem Jahr 1966 wurde die Funkarbeit im MfS neu ausgerichtet: Man löste sich von der alleinigen Fixierung auf den Spionagefunk und ging zur offensiven Abschöpfung von Funkkanälen über. Die Gründung der Koordinierungsgruppe Funk und technisch-physikalische Mittel, die zunächst den Rang einer Stabsstelle im Operativstab beim stellv. Minister besaß und dort bis ins Jahr 1971 zum Bereich III erweitert wurde, markierte den Beginn der Funkaufklärung: Im sog. Punktsystem baute man Funkaufklärungsstützpunkte auf, um die von der Bundesrepublik und

Mitarbeiter der Hauptabteilung III (Funkaufklärung und Funkabwehr) beim Abhören und Mitschneiden von Telefonaten.

ihren Verbündeten unterhaltenen Informationskanäle im UKW-Funkspektrum abzuhören. Am 1.7.1971 wurden im MfS die Abt. III und in den BV wie in der Verwaltung Groß-Berlin die Referate III gebildet. Die neue Diensteinheit trug auch die Bezeichnung Spezialfunkdienste (SFD) des MfS und kooperierte mit der Abteilung Funkabwehr.

Der Auftrag der HA III bedingte den Einsatz von funkelektronischen Mitteln (FEM) und ein Gefüge aus Stützpunkten, Gebäuden, Anlagen und technischen Dienstleistungsstellen. Im Jahr 1989 existierten auf dem Gebiet der DDR 187 Stützpunkte: 105 feststehende sowie 82 mobile oder halbstationäre Abhörstellen an regelmäßig aufgesuchten Geländepunkten. Dazu erfüllten 41 Stützpunkte von anderen DDR-Ministerien Abhöraufträge oder Funkkontrolldienste im Auftrag der HA III.

Die HA III verfügte im September 1989 über 2361 Mitarbeiter, weitere 654 gab es in den 15 Abt. III der BV. Der zentrale Dienstsitz befand sich in Berlin-Köpenick, im Zentralobjekt Wuhlheide (ZOW). Im Jahr 1989 gliederte sich die HA III bei insgesamt 25 Abteilungen in die fünf Anleitungs- und Arbeitsbereiche Operativ (O), Informationsgewinnung (I), Funkabwehr (F), Sicherheit (S) und Technik (T).   *ASt*

Hauptabteilung III (Volkswirtschaft/HA III) 1952 entstanden durch Aufwertung der → Abt. III; 1964 Umbenennung in → HA XVIII.

Hauptabteilung V (HA V) 1953 entstanden aus den → Abt. V und → Abt. VI; 1964 Umbenennung in → HA XX.

Hauptabteilung VI (Passkontrolle, Tourismus, Interhotel/HA VI) Die HA VI befasste sich mit dem grenzüberschreitenden Reiseverkehr. Sie wurde 1970 durch Fusion der Arbeitsgruppen »Passkontrolle und Fahndung« und »Sicherung des Reiseverkehrs« sowie der Zoll-Abwehr (Überwachung der Zoll-Mitarbeiter) gebildet. Die HA VI hatte an den Grenzübergängen der DDR die Reisenden zu kontrollieren und abzufertigen. Deshalb waren die DDR-Passkontrolleure hauptamtliche Mitarbeiter der HA VI. Zur Tarnung trugen sie Uniformen der Grenztruppen. Zunächst war 1950 die → Grenzpolizei mit der Grenzabfertigung beauftragt worden.

Bei der HA VI wurden die Daten der Einreisenden einer ersten Analyse unterzogen, um politisch-operativ interessante Personen herauszufiltern. Die Grenzkontrolle umfasste für die HA VI auch die Überwachung der westlichen Grenzkontrollstellen, in Westberlin auch die der Flughäfen Tegel und Tempelhof sowie der Polizei und des Grenzzolldienstes. Zum Verantwortungsbereich der HA VI gehörte die lückenlose Überwachung der Transitstrecken von und nach Westberlin. Bei ihr liefen Avisierungen für bevorzugte Grenzabfertigungen zusammen. 1970 übernahm sie von der → HA XX/5 die Aufgabe, Fluchtversuche zu unterbinden und Fluchthelfer im Westen zu verfolgen, was 1975/76 zu Teilen an die → Zentrale Koordinierungsgruppe überging (→ Republikflucht). Die HA VI überwachte touristische Einrichtungen in der DDR, darunter die Reisebüros und die Interhotels. Ebenso kontrollierte sie DDR-Bürger bei ihren Reisen ins sozialistische Ausland, um Kontakte zu westlichen Staatsbürgern und Fluchtversuche ggf. zu unterbinden. Die → Operativgruppen des MfS in der ČSSR, Ungarn und Bulgarien waren ihr von 1970 bis 1989 unterstellt. 1989 gab sie deren Leitung an die → HA II ab. Im Verantwortungsbereich der HA VI wurden 1979–1981 drei Mordanschläge auf den Fluchthelfer Wolfgang Welsch durchgeführt, die dieser nur knapp überlebte.

Transitreisende aus Westberlin passieren die Grenzübergangsstelle Drewitz bei Potsdam (1972). Die Passkontrolleure gehörten dem MfS an. Zur Tarnung trugen sie Uniformen der Grenztruppen der DDR.

Charakteristisch für die HA VI war die enge Kooperation mit vielen MfS-Diensteinheiten und anderen Institutionen wie Grenztruppen und Zoll, da im Bereich der HA VI eine Vielzahl von relevanten Erstinformationen und Daten zusammenkam. 1985 führte die HA VI 1064 IM, darunter 67 West-IM, von denen 62 in Westberlin lebten. *GHe*

Hauptabteilung VII (Ministerium des Innern, Deutsche Volkspolizei/HA VII)
Die HA VII war für das MdI und die ihm nachgeordneten Bereiche zuständig, d. h. für die Kriminalpolizei (insbesondere deren Arbeitsrichtung I/→ K I), die Schutz-, Verkehrs- und → Bereitschaftspolizei, die Kampfgruppen, den Betriebsschutz, den Strafvollzug, das Pass- und Meldewesen, die Feuerwehr, das Deutsche Rote Kreuz, das Zentrale Aufnahmeheim in Röntgental, das Archivwesen, Geodäsie und Kartographie sowie die Politische Verwaltung des MdI, die medizinischen Einrichtungen der Volkspolizei und die Bereiche Innere Angelegenheiten der staatlichen Verwaltungen.

Zum Teil reichte der Verantwortungsbereich der Hauptabteilung bzw. Linie VII über das MdI hinaus, so etwa gegenüber der Zivilverteidigung, die seit 1977 dem MfNV unterstand. Andere nachgeordnete Bereiche des MdI wurden indes aus fachlichen Gründen von anderen Diensteinheiten der Staatssicherheit abgesichert, so etwa die Arbeitsrichtung Observation der Kriminalpolizei (I/U) (durch die → HA VIII), das Wachkommando Missionsschutz (durch die → HA II) oder die Transport- und Wasserschutzpolizei (durch die HA XIX). Gegenüber den Kampfgruppen sowie den lokalen Abteilungen Innere Angelegenheiten teilte sich die Linie VII die Zuständigkeit mit anderen Diensteinheiten. Die Abt. VII der Verwaltung Groß-Berlin war zeitweise auch für die »Bearbeitung« der Polizei von Westberlin zuständig.

Gleichwohl fungierte die Linie VII als Generalbevollmächtigter des Mielke-Imperiums gegenüber der Volkspolizei. Hatte sie in den 50er Jahren vor allem gegen auffällige Volkspolizisten ermittelt sowie vermutete Spionage aufgedeckt, durchleuchtete sie die Polizei in den späteren Jahren immer stärker prophylaktisch, knüpfte ein weites Netz von Zuträgern im dienstlichen wie im privaten Bereich der Volkspolizisten und beeinflusste auch zunehmend die fachlichen Entscheidungen auf Leitungsebene. Verfügte die Abt. VII im MfS 1958 über 38 Mitarbeiter in drei Referaten, so wurde sie im Folgejahr zur HA aufgewertet und wuchs bis 1989 auf 319 hauptamtliche Geheimpolizisten in acht Abteilungen an. Hinzu kamen 510 Mitarbeiter in den Abt. VII der BV sowie 264 sog. Abwehroffiziere Volkspolizei, seit 1981 der verlängerte Arm der Linie VII in den KD.

TWu

Hauptabteilung VIII (Beobachtung, Ermittlung/HA VIII) 1950 wurde die selbständige Abt. VIII gebildet. Aufgabe der 1958 in HA VIII umbenannten Diensteinheit war es, im Auftrag anderer MfS-Abteilungen operative Beobachtungen (→ Beobachtung, operative) und → Ermittlungen durchzuführen. Ihre Standardmethoden waren Mitschnitte von Telefongesprächen, heimliche Fotoaufnahmen, Videoüberwachung, verdeckte Wohnungsdurchsuchungen sowie gewaltsames Eindringen in fremde Objekte aller Art in Ost und West. Neben Beobachtungen, Ermittlungen, Durchsuchungen und Festnahmen in der DDR gehörten auch »aktive operative Maßnahmen in und nach dem Operationsgebiet« zu den Aufgaben der HA VIII. Hauptamtliche MfS-Mitarbeiter und IM reisten unter falschem Namen über getarnte Grenzschleusen ins westliche → Operationsgebiet, wo sie Nachforschungen anstellten und Personen und Gebäude überwachten.

Die Hauptabteilung VIII führte im Auftrag anderer Diensteinheiten des MfS Beobachtungen und Ermittlungen durch. Observationsfoto von Angehörigen der westalliierten Streitkräfte, aufgenommen in Ostberlin.

Auch Anschläge und Entführungen gehörten zum operativen Geschäft dieser MfS-Abteilung. Ende 1988 arbeiteten in der HA VIII 1509 und in den Abt. VIII der BV 2960 hauptamtliche MfS-Mitarbeiter. Neben diesen 4469 hauptamtlichen unterstanden der HA VIII 1198 IM (darunter 124 West-IM). Hinzu kamen etwa 3500 IM in den Abt. VIII der BV.

In den 50er Jahren wirkte die HA III an zahlreichen Unrechtshandlungen des SED-Regimes mit. So entführte sie u.a. in den Westen geflohene MfS-Mitarbeiter, die später als Verräter hingerichtet wurden (→ Entführung). Seit dem Mauerbau konzentrierte sich die HA VIII überwiegend auf Überwachungsmaßnahmen in der DDR. Nach dem Grundlagenvertrag und dem Transitabkommen versuchte sie, → Republikfluchten und unerlaubte Kontakte zwischen DDR-Bürgern und Westdeutschen zu verhindern. Zur Überwachung des innerdeutschen Reiseverkehrs errichtete die HA VIII an Grenzübergängen Beobachtungsstützpunkte. Im Zuge des POZW mit den DDR-Grenztruppen, der DDR-Zollverwaltung und den Bereichen Passkontrolle und Fahndung der → HA VI des MfS sollten »Reisespione« und »operativ interessante Personen« (westdeutsche Politiker, ausländische Unternehmer und Geschäftsleute, Korrespondenten, Journalisten und Westverwandte von verdächtigen DDR-Bürgern) beobachtet werden. Mit großem Aufwand beobachtete die HA VIII Patrouillen der Westalliierten. Sie sammelte Belege für »subversive Handlungen und Aktivitäten«, erfasste StVO-Verstöße und Sperrgebietsverletzungen. Seit Juni 1989 war die HA VIII für die Überwachung von NVA-Angehörigen außerhalb des Dienstes zuständig. Bei der Spuren- und Beweissicherung konzentrierte sie sich auf »schwerwiegende Vorkommnisse« innerhalb der NVA und Grenztruppen: Spionage, Fahnenflucht, Westkontakte und Fluchtversuche. Ihre letzten Einsätze hatten die MfS-Offiziere der HA VIII im Herbst 1989, die zugleich deren personelle und logistische Kapazitäten überstiegen: Immer öfter mussten Angehörige der HA VIII zu außerplanmäßigen Großeinsätzen ausrücken, um an verdächtigen Gottesdiensten teilzunehmen und Demonstrationen zu beobachten oder vorbeugend einzudämmen.

ASe

Hauptabteilung IX (Untersuchungsorgan/HA IX) Für strafrechtliche Ermittlungen zuständige Diensteinheit (→ Strafverfolgung). Sie hatte wie die nachgeordneten Abt. IX in den BV (→ Linie IX) die Befugnisse eines → Untersuchungsorgans, d. h. einer kriminalpolizeilichen Ermittlungsbehörde. Ursprünglich vor allem für die sog. → Staatsverbrechen zuständig, befasste sie sich in der Honecker-Ära überwiegend mit → Straftaten gegen die staatliche Ordnung, vor allem mit Fällen »ungesetzlichen Grenzübertritts« und Delikten, die mit Ausreisebegehren zu tun hatten. Nach StPO der DDR standen auch die → Ermittlungsverfahren der Linie IX unter Aufsicht der Staatsanwaltschaft, in der Praxis arbeitete das MfS hier jedoch weitgehend eigenständig (→ Justiz, Verhältnis des MfS zur). Die HA IX und die Abt. IX der BV waren berechtigt, Ermittlungsverfahren einzuleiten sowie Festnahmen, Vernehmungen, Durchsuchungen, Beschlagnahmen und andere strafprozessuale Handlungen vorzunehmen sowie verpflichtet, diese Verfahren nach einer bestimmten Frist – meist durch die Übergabe an die Staatsanwaltschaft zur Anklageerhebung – zum Abschluss zu bringen (→ Untersuchungsvorgang). Daneben führte sie Vorermittlungen zur Feststellung von Ursachen und Verantwortlichen bei Großhavarien (industriellen Störfällen), Flugblättern widerständigen Inhalts, öffentlichen Protesten u. ä. (→ Vorkommnisuntersuchung, → Sachverhaltsprüfung).

Die HA IX gehörte zeit ihres Bestehens zum → Anleitungsbereich → Mielkes, in den ersten Jahren in seiner Funktion als Staatssekretär und 1. stellv. Minister, ab 1957 als Minister. Ihre Leiter waren → Scholz (1950–1956), → Richter (1956–1964), → Heinitz (1964–1973) und → Fister (1973–1989). 1953 bestand die

HA IX aus drei Abteilungen, die für Spionagefälle, Fälle politischer → »Untergrundtätigkeit« und die Anleitung der Abt. IX der BV zuständig waren. Durch Ausgliederungen entstanden weitere Abteilungen, so u. a. für Wirtschaftsdelikte, Militärstraftaten, Delikte von MfS-Angehörigen und Fluchtfälle. Ende 1988 bestand die HA IX aus zehn Untersuchungsabteilungen sowie der → AKG und der AGL (→ AGM) mit insgesamt 489 Mitarbeitern. Auf der Linie IX arbeiteten 1225 hauptamtliche Mitarbeiter.

Die Linie IX wirkte eng mit den → Abt. XIV (→ Haft) und der Linie VIII (→ HA VIII), die für die Durchführung der Festnahmen zuständig waren, zusammen. Bei der juristischen Beurteilung von → OV wurde die HA IX von den geheimdienstlich arbeitenden Diensteinheiten häufig einbezogen.   *FJo*

Hauptabteilung XIII (HA XIII) 1953 entstanden aus der → Abt. XIII; 1964 Umbenennung in → HA XIX.

Hauptabteilung XV (HA XV) 1953–1956 Bezeichnung des Vorläufers der → HV A.

Hauptabteilung XVIII (Volkswirtschaft/HA XVIII) Nach dem Vorbild der »Verwaltung für Wirtschaft« in der sowjetischen Hauptverwaltung für Staatssicherheit erhielt das am 8.2.1950 gebildete MfS eine Einrichtung, die zunächst unter der Bezeichnung Abt. III bzw. HA III agierte. Vorläufer war die von → Mielke geleitete → Hauptverwaltung zum Schutz der Volkswirtschaft im MdI. Die Kernaufgaben bestanden in der Sabotageabwehr, im Schutz des Volkseigentums und in der Überwachung der Betriebe. Für die SAG Wismut wurde 1951 eine separate Struktureinheit, die → Objektverwaltung »W« gegründet. 1955 wurde die systematische Überprüfung von Leitungskadern (später → Sicherheitsüberprüfungen), 1957 der Aufbau des Informantennetzes, die Zusammenarbeit mit staatlichen Leitern und Parteisekretären, der Aufbau von → Operativgruppen und → Objektdienststellen sowie die Gewinnung von IM für Schlüsselpositionen in wirtschaftsleitenden Organen, Betrieben und Institutionen etabliert. Mit der Auflösung der → Abt. VI erhielt die HA III den Auftrag zur Sicherung volkswirtschaftlicher Maßnahmen auf dem Gebiet der Landesverteidigung. 1964 erfolgte im Zusammenhang mit den Reformen in der DDR-Volkswirtschaft die Umbenennung der HA III in HA XVIII. Die neue Struktur basierte auf dem Produktionsprinzip, das zunächst auf die führenden Wirtschaftszweige Bau und

Industrie fokussiert war. Andere Wirtschaftsobjekte wurden nach dem Territorialprinzip von den → KD bearbeitet. Der HA XVIII in der Zentrale entsprachen gemäß dem → Linienprinzip auf der Bezirksebene die Abt. XVIII der → BV. Sicherungsschwerpunkte waren vor allem Außenhandel, Wissenschaft und Technik sowie die Verteidigungsindustrie. Mit der Richtlinie 1/82 wurde der Akzent auf die Gewährleistung der inneren Stabilität verschoben. Strukturelle Auswirkungen hatte insbesondere die Hochtechnologie Mikroelektronik. 1983 wurde die für den Bereich KoKo zuständige → AG BKK aus der für den Außenhandel zuständigen Abt. 7 der HA XVIII herausgelöst. Zuletzt wies die Organisationsstruktur 6 Arbeitsbereiche und 62 Referate auf. Sie diente vor allem der Aufklärung gegnerischer Geheimdienste (»Arbeit im und nach dem Operationsgebiet«), der inneren Abwehrarbeit in den Betrieben und Institutionen, der Gewährleistung der inneren Stabilität, der Wahrung von Sicherheit, Ordnung und Geheimnisschutz sowie der Unterstützung der Wirtschaft durch »effektivitäts- und leistungsfördernde Maßnahmen«. Leiter der HA XVIII waren → Knoppe (1950–1953), → Hofmann (1953–1957), → Weidauer (1957–1963), → Mittig (1964–1974) und → Kleine (1974–1989). Der hauptamtliche Mitarbeiterbestand stieg 1954–1989 von 93 auf 646; auf der gesamten Linie XVIII waren es zuletzt 1623. 1989 arbeiteten für die Linie XVIII ca. 11 000 IM.   *RBu*

Hauptabteilung XIX (Verkehr, Post, Nachrichtenwesen/HA XIX) 1964 entstanden durch Umbenennung der → HA XIII.
Aufgaben: Sicherung des Ministeriums für Verkehrswesen und dessen zentraler Einrichtungen sowie der Verkehrsträger Reichsbahn, Schifffahrt, Kraftverkehr und Luftfahrt als auch der Transportpolizei und deren Arbeitsgebiet→ K I.
RWi, APo

Hauptabteilung XX (Staatsapparat, Kultur, Kirchen, Untergrund/HA XX) Die HA XX bildete den Kernbereich der politischen Repression und Überwachung der Staatssicherheit. In Struktur und Tätigkeit passte sie sich mehrfach an die sich wandelnden Bedingungen der Herrschaftssicherung an. Die Diensteinheit ging 1964 durch Umbenennung aus der HA V hervor, die ihrerseits in den Abt. V und VI (1950–1953) ihre Vorläufer hatte. Die HA XX und die ihr nachgeordneten Abt. XX in den BV (Linie XX) sowie entsprechende Arbeitsbereiche in den KD überwachten wichtige Teile des Staatsapparates (u. a. Justiz, Gesundheitswesen und bis 1986 das Post- und Fernmeldewesen), die Blockparteien und Mas-

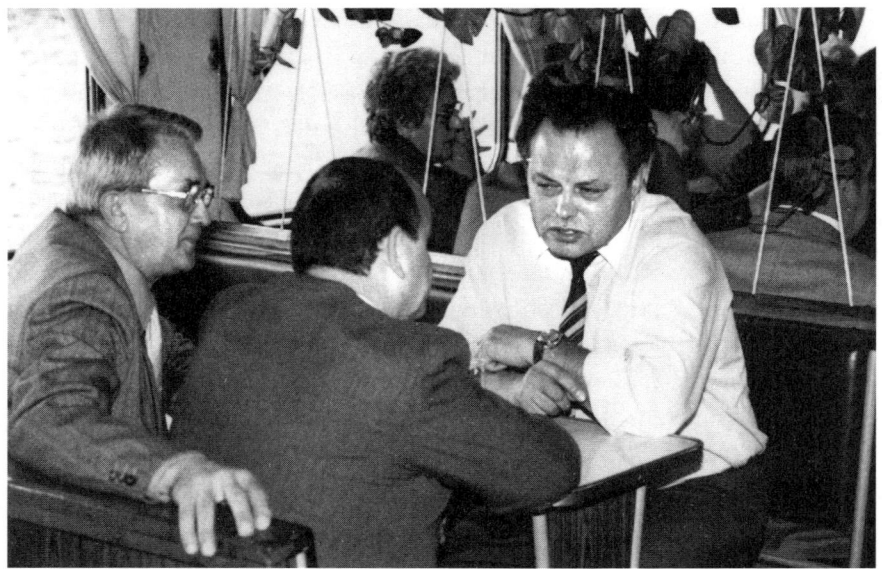

Betriebsausflug der Hauptabteilung XX Anfang der 80er Jahre: Die Mitarbeiter entspannen sich bei einer Bootsfahrt auf der Spree in Berlin.

senorganisationen, den Kultur- und Sportbereich, die Medien und die Kirchen sowie SED-Sonderobjekte und Parteibetriebe. Federführend war die HA XX auch bei der Bekämpfung der »politischen Untergrundtätigkeit« (PUT→ Untergrundtätigkeit, politische), also der Opposition.

Ab der zweiten Hälfte der 50er Jahre und verstärkt seit dem Beginn der Entspannungspolitik fühlte sich das SED-Regime zunehmend durch die »politisch-ideologische Diversion« (PiD → Diversion, politisch-ideologische) bedroht. Die Schwächung der »Arbeiter-und-Bauern-Macht« durch »ideologische Aufweichung und Zersetzung« galt als Hauptinstrument des Westens bei der Unterminierung der DDR. Auch bei der Bekämpfung der PiD hatte die HA XX innerhalb des MfS die Federführung.

Das Erstarken der Bürgerrechtsbewegung (Friedens-, Umwelt- und Menschenrechtsgruppen) in der DDR führte in den 80er Jahren zu einem weiteren Bedeutungszuwachs der Linie XX. In der DA 2/85 bestätigte Minister → Mielke dementsprechend die Federführung der HA XX bei der Bekämpfung der PUT. Im Verlauf der fast 40-jährigen Entwicklung der HA XX veränderte sich ihre

Struktur mehrfach. In der Endphase verfügte sie über neun operative Abteilungen und vier Funktionalorgane der Leitung (Sekretariat, Arbeitsgruppe der Leitung, Koordinierungsgruppe des Leiters, Auswertungs- und Kontrollgruppe). Die HA V lag ab 1953 zunächst im unmittelbaren Anleitungsbereich von → Mielke in seiner Eigenschaft als 1. Stellv. des Staatssicherheitschefs. Ab 1955 war der stellv. Minister → Beater und 1964–1974 der stellv. Minister → Schröder auf der Ebene der MfS-Leitung für die HA XX zuständig. Beide waren zuvor selbst (Beater 1953–1955, Schröder 1955–1963) Leiter der HA V. Seit 1975 gehörte die HA XX zum Verantwortungsbereich von Mielkes Stellvertreter → Mittig. Von 1964 bis zur Auflösung des MfS leitete → Kienberg die HA XX. Ihm standen seit 1965 zwei Stellvertreter zur Seite.

1954 waren in der HA V insgesamt 139 Mitarbeiter beschäftigt. Im Herbst 1989 verfügte die HA XX über 461 Mitarbeiter, von denen mehr als 200 als IM-führende Mitarbeiter eingesetzt waren.

In den 15 BV waren auf der Linie XX im Oktober 1989 insgesamt knapp 1000 Kader und damit auf der gesamten Linie XX fast 1500 hauptamtliche Mitarbeiter im Einsatz. Gleichzeitig konnte allein die HA XX mit etwas mehr als 1500 IM auf einen überdurchschnittlich hohen Bestand an inoffiziellen Kräften zurückgreifen. Ihrem Aufgabenprofil entsprechend spiegelt sich nicht zuletzt in der Entwicklung der HA XX auch die Geschichte von Opposition, Widerstand und politischer Dissidenz in der DDR. Im Herbst 1989 wurden von der Diensteinheit 31 → OV (10 % aller OV im Berliner Ministeriumsbereich) und 59 → OPK (8,7 %) bearbeitet. *MBr*

Hauptabteilung XXII (»Terrorabwehr«/HA XXII) Die Abt. XXII sollte die terroristische Szene in Westeuropa und im Nahen Osten lückenlos aufklären, d. h. die Mitglieder extremistischer Gruppen identifizieren, ihre Absichten erkunden, etwaige Kontakte in die DDR aufdecken und die vermutete Steuerung der Gruppen durch westliche Geheimdienste stören. Um zu verhindern, dass die Terroristen sich womöglich gegen das SED-Regime wendeten, wurden Durchreise bzw. Aufenthalt in der DDR geduldet, die RAF und die »Carlos«-Gruppe zeitweilig sogar protegiert.

Die Abt. XXII richtete ihre Aufmerksamkeit vor allem auf linksterroristische Organisationen, jedoch auch auf linksextreme Gruppen in der Bundesrepublik mit DDR-kritischer Ausrichtung (etwa »trotzkistischer« oder »maoistischer« Spielart), die autonome Szene in Westberlin sowie militante Gruppierungen im paläs-

Ausbildung von Mitarbeitern der Hauptabteilung XXII.

tinensischen bzw. arabischen Lager (wie die Abu-Nidal-Gruppe). Sobald sich die
Arbeit solcher Zellen gegen die DDR zu richten schienen, leitete die Abt. XXII
umfangreiche Zersetzungsmaßnahmen ein (so z. B. gegenüber der KPD/ML).
Die Diensteinheit befasste sich auch mit neonazistischen und rechtsextremen
Gruppen in der Bundesrepublik (wie der »Wehrsportgruppe Hoffmann«) sowie allen Einrichtungen, die dezidiert antikommunistische Positionen vertraten
(wie etwa die Arbeitsgemeinschaft 13. August – Haus am Checkpoint Charlie).
Im Umfeld solcher Organisationen hatte die Abt. XXII 161 → IM platziert, davon
35 aus dem Westen (wie etwa den RAF-Anwalt Klaus Croissant oder den Ex-
Terroristen Till Meyer).
Die Bildung der Abt. XXII im Jahre 1975 war eine Reaktion auf die Entstehung
des arabisch/palästinensischen und bundesdeutschen Terrorismus. Die Zahl
der hauptamtlichen Mitarbeiter dieser Diensteinheit wuchs bis 1980 auf fast 140
Personen an, doch sogar mit 248 Mitarbeitern im Jahre 1988 war die Abteilung
innerhalb des Mielke-Apparates vergleichsweise klein dimensioniert. Aufgrund
der Brisanz ihrer Tätigkeit war sie besonders um Abschottung und Konspiration bemüht und suchte häufig Rückendeckung von oben. Zunächst wurde die

Abt. XXII von Harry Dahl geleitet; ihm folgte 1985 → Franz. Um etwaige Drohanrufe oder potenzielle Gewaltakte auch in der DDR sowie mögliche Rückverbindungen westlicher Terroristen nach Ostdeutschland aufzudecken, existierten in den → BV sog. → Arbeitsgruppen XXII mit insgesamt 69 Mitarbeitern. Aus weltanschaulichen Gründen hat die Staatssicherheit zudem damalige Befreiungsbewegungen der Dritten Welt (wie den Afrikanischen Nationalkongress/ANC) sowie etliche »junge Nationalstaaten« protegiert. Als Verbündete im Kampf gegen den »Imperialismus« wurden zwischen 1970 und 1989 insgesamt 1895 Mitglieder dieser Organisationen militärisch oder geheimpolizeilich ausgebildet. Hierfür zuständig war die Arbeitsgruppe des Ministers/Sonderfragen (AGM/S), die auch Aufgaben der bewaffneten Flugsicherungsbegleitung wahrnahm und ggf. Gewalttäter überwältigen sollte. Im Jahre 1987 wurde diese Diensteinheit in Abt. XXIII umbenannt und verschmolz 1989 mit der Abt. XXII zur HA XXII mit zuletzt 878 Mitarbeitern. *TWu*

Hauptabteilung/Abteilung Personal Entstanden 1950 als HA. 1951 und 1953 hieß diese Diensteinheit für einige Monate Abteilung Personal. 1953 Umbenennung in → HA Kader und Schulung.

Hauptabteilung Kader und Schulung (HA KuSch, auch HA KuS) 1953 entstanden durch Umbenennung der → HA/Abt. Personal; zuletzt unterteilt in die Bereiche Kader, Schulung und Disziplinar.
Aufgaben: Auswahl, Einstellung, Schulung und Betreuung der MfS-Mitarbeiter, inkl. Versetzungen und Entlassungen von Angehörigen aus dem Dienst des MfS sowie Disziplinararbeit und Gewährleistung der inneren Sicherheit im MfS. *RWi, APo*

Hauptabteilung Passkontrolle und Fahndung 1964 entstanden aus der → Arbeitsgruppe Passkontrolle und Fahndung (APF); 1970 mit der Arbeitsgruppe »Sicherung des Reiseverkehrs« (ASR) und dem Ref. A der → HA VII/Zoll (Abwehr) als → HA VI zusammengefasst.
Aufgaben: Weiterführung der Aufgaben der APF; außerdem: Pass- und Personenkontrolle im Berliner Bereich und beim Flughafen Schönefeld durch den Einsatz von Passkontrolleinheiten (PKE); Verhinderung des missbräuchlichen Benutzung der Verkehrswege der DDR zur Durchreise nach und von Westberlin. *RWi, APo*

Hauptabteilung PS (Personenschutz) 1951 wurde die Abt. PS zu einer → HA aufgewertet. Ihre Hauptaufgaben bestanden in der
- Gewährleistung des Schutzes der führenden Repräsentanten der SED und der DDR sowie ihrer ausländischen Gäste unter allen Bedingungen;
- Absicherung der Objekte, Fahrstrecken und Streckenbereiche einschließlich Handlungsraum- und Tiefensicherung sowie Aufklärung und Abwehr feindlicher Handlungen oder geplanter Terroranschläge;
- Nahabsicherung (»physischer Schutz«) im Arbeits- und Wohnbereich, bei der Teilnahme an Veranstaltungen, in der Bewegung, bei Auslandsreisen sowie Sicherung der insgesamt 25 Freizeitobjekte und von festgelegten zentralen Objekten;
- Betreuung und Versorgung der »führenden Repräsentanten« und ihrer Familienangehörigen im Wohnbereich;
- Sicherungsmaßnahmen bei Auslandsreisen oder Veranstaltungen bei Teilnahme führender Repräsentanten;
- Durchführung technischer Überprüfungen von Objekten und Räumlichkeiten, bei Einsatzfahrzeugen oder bei Geschenksendungen und Paketen zur Verhinderung von Anschlägen;
- vor allem seit 1974 (linienspezifische) Schutz- und Sicherungsaufgaben – in Abstimmung mit der → HA II – von Vertretern anderer Staaten und bevorrechteter Personen sowie von Publikationsorganen und Korrespondenten anderer Staaten;
- Durchführung der militärisch-operativen und militärsportlichen Aus- und Weiterbildung für Diensteinheiten des MfS und internationaler Lehrgänge;
- fachliche Anleitung des → Wachregiments »Feliks Dzierżyński«.

Im Herbst 1989 gehörten der HA PS 3343 hauptamtliche Mitarbeiter an.
In den BVfS bestanden selbständige Referate PS.   *RWi*

Hauptabteilung Transportpolizei 1953 entstanden aus der HA Transportpolizei der Hauptverwaltung Deutsche Volkspolizei (HV DVP) des Ministeriums des Innern; 1956 eingegangen in die neu gebildete → HV Innere Sicherheit.

Hauptabteilung Verwaltung und Wirtschaft (HA VuW) 1952 entstanden aus Bereichen der HA Allgemeine Verwaltung sowie der HA Wirtschaftsverwaltung; 1974 in die neu gebildete → VRD eingegliedert.
Aufgabe: Sicherstellung der Arbeit der Diensteinheiten des MfS; insbesondere

durch Realisierung von Bauvorhaben, Ausstattung von Objekten, Verwaltung der Liegenschaften, Lagerwirtschaft von Materialien, Wohnungsverwaltung und -zuweisung an Mitarbeiter, Kfz-Dienste und Fahrbereitschaft, Betrieb einer Druckerei; Wahrnehmung der Aufgaben einer Koordinierungsstelle für das Sondergebiet Karlshorst, dem Sitz des KfS der UdSSR in der DDR (→ sowjetischer Geheimdienst) und von Teilen von Diensteinheiten des MfS.   *RWi, APo*

Hauptamtlicher inoffizieller Mitarbeiter (HIM)   Seit den 60er Jahren bestehende Kategorie von inoffiziellen Mitarbeitern, die in einem besonderen Dienstverhältnis zum MfS standen und für ihre Tätigkeit eine regelmäßige Vergütung erhielten. Dabei handelte es sich weder um ein militärisches Dienstverhältnis (wie bei den Offizieren und Unteroffizieren) noch um ein Arbeitsrechtsverhältnis (wie bei den → Zivilbeschäftigten). Zur Tarnung ihrer Tätigkeit erhielten die HIM zumeist einen Scheinarbeitsplatz (→ Herauslösung von IM). HIM waren u. a. als → Führungs-IM und Ermittler (→ IME) sowie im → Operationsgebiet in unterschiedlichen Funktionen tätig. Die Anzahl der HIM lag 1982 bei 4000. Ab 1986 wurden die noch vorhandenen 3500 HIM im Stellenplan des MfS geführt.
                                                                                                HME

Hauptamtlicher Mitarbeiter   Die hauptamtlichen Mitarbeiter des Ministeriums für Staatssicherheit bildeten die personelle Basis des Geheimpolizeiapparates. Sie verstanden sich in der Tradition der sowjetischen Geheimpolizei als »Tschekisten« (→ Ideologie, tschekistische) und Parteisoldaten an der »unsichtbaren Front«. Jenseits dieser Selbstmystifizierung repräsentierten sie den gewaltsamen Kern kommunistischer Machtausübung. In der staatssozialistischen Gesellschaft waren sie Teil der staatsloyalen Dienstklasse und pflegten den Korpsgeist einer Elite von »Genossen erster Kategorie« (→ Zaisser).
Der hauptamtliche Apparat des Ministeriums für Staatssicherheit hatte 1989 einen Umfang von 91 015 Mitarbeitern (Stichdatum: 31.10.1989) und war damit – gemessen an der Bevölkerungszahl – einer der größten geheimen Sicherheitsapparate der Welt. In den 50er Jahren hatte sich das MfS als stalinistische Geheimpolizei etabliert und erreichte bereits 1956 eine Personalstärke von rund 16 000 Mitarbeitern. Am stärksten wuchs der Stasi-Apparat von 1968 bis 1982. Die Weichenstellungen hierfür gingen seit Mitte der 60er Jahre mit einer neokonservativen Renaissance des Sicherheitsdenkens in der sowjetischen und DDR-Parteiführung einher und wurden durch die Erfahrungen des Prager Früh-

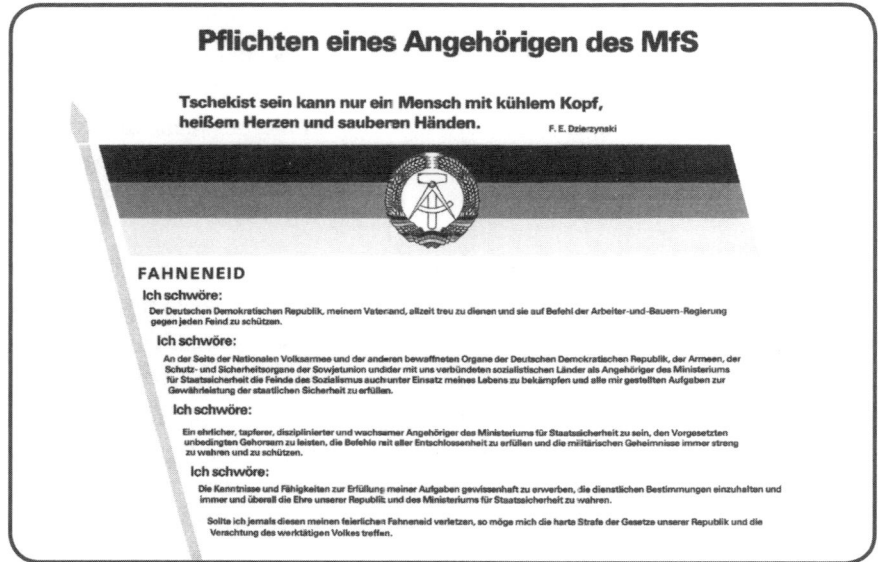

Fahneneid, den alle hauptamtlichen Mitarbeiter des MfS abzulegen hatten. Das Feliks Dzierżyński zugeschriebene Zitat ist historisch nicht belegt.

lings und seiner Niederschlagung 1968 bestätigt. Hinter der Expansion stand ein groß angelegtes Abwehrprogramm gegen die intensivierten Kontakte nach Westdeutschland im Zuge der Entspannungspolitik. Das ausufernde Aufgabenverständnis mit dem Ziel der Massenüberwachung und die Arbeitsteilung der Großbürokratie erforderten immer mehr Personal. Aufgrund der Krise der Staatsfinanzen in der DDR musste das MfS ab 1983 jedoch die Zuwachsraten beim hauptamtlichen Personal deutlich absenken. Die hauptamtlichen Mitarbeiter galten als Teil der kommunistischen Parteiavantgarde, von der Stalin gesagt hatte: »Die Kader entscheiden alles.« Diesem Verständnis gemäß wählte die Staatssicherheit ihr Personal nach strengen Kriterien aus, was die Linientreue und die Abschottung zum Westen anging. Allgemeinbildung und besondere fachliche Qualifikationen gewannen erst im Laufe der Jahre eine gewisse Bedeutung. Da es in der DDR keine Beamten gab, standen die MfS-Mitarbeiter im Dienstverhältnis eines Berufssoldaten. Ausnahmen waren neben wenigen Zivilbeschäftigten die Zeitsoldaten des → Wachregiments »Feliks Dzierżyński« (sowie an einigen anderen Stellen im Apparat → Unteroffiziere auf Zeit).

Die Initiative für die Aufnahme in den MfS-Dienst musste in aller Regel vom MfS ausgehen. Selbstbewerber wurden verdächtigt, feindliche Spione zu sein. Faktisch war die Mitgliedschaft in der SED vorgeschrieben; allerdings durfte bei jungen Einstellungskandidaten die Aufnahme in die Partei auch noch nach Dienstantritt erfolgen. Neben der ideologischen Linientreue stand das Verbot jeglicher Westkontakte im Zentrum der Rekrutierungsregeln: Aus Furcht vor dem Eindringen gegnerischer Geheimdienste durften die Mitarbeiter sowie ihre engere Familie keine persönlichen Verbindungen in den Westen unterhalten. Gab es Verwandte im Westen, so war der Kontakt zu ihnen abzubrechen. Ehemalige Nationalsozialisten stellte die Stasi grundsätzlich nicht ein.

In den 50er Jahren erfolgte die Werbung häufig aus der Volkspolizei oder hauptamtlichen SED- und FDJ-Funktionen. Außerdem hielten die Offiziere in den Betrieben und Einrichtungen, die sie zu überwachen hatten, Ausschau nach geeigneten Kandidaten. Später suchte das MfS systematisch in den Musterungsjahrgängen. In den 80er Jahren ließ die Bereitschaft jugendlicher Einstellungskandidaten selbst aus dem SED-nahen Milieu nach, sich den Kontaktverboten und rigiden Verhaltensregeln des MfS zu unterwerfen. Ab 1981 beteiligte es sich deshalb mit festen Sollquoten an der militärischen Nachwuchswerbung ab der 7. Klasse der Polytechnischen Oberschule.

An der Spitze des Apparates stand seit 1950 ein harter Kern von erfahrenen kommunistischen Untergrundkadern mit langjährigen Erfahrungen in den Straßenkämpfen und Saalschlachten während der Weimarer Republik, dem Widerstand gegen den Nationalsozialismus, der Haft in Zuchthaus und Konzentrationslager, der Emigration in die Sowjetunion, des Militärdienstes im Spanischen Bürgerkrieg sowie in Partisanen- und Agenteneinsätzen im Zweiten Weltkrieg. Nach 1945 hatten diese Kader die Polizei der Sowjetischen Besatzungszone nach kommunistischen Vorstellungen aufgebaut. Einige von ihnen prägten die Atmosphäre im Apparat bis in die späten Jahre, allen voran der seit 1957 amtierende Minister, Armeegeneral → Mielke.

Da es nur einige Hundert solcher kommunistischer Polizei- und Militärkader gab, erfolgte der Personalausbau zunächst überwiegend mit jungen Männern, die vor 1945 durch die Hitlerjugend und den Krieg geprägt worden waren und nach dem Zusammenbruch des Dritten Reiches häufig über die Freie Deutsche Jugend (FDJ) zur Volkspolizei gekommen waren. Meist stammten sie aus unterprivilegierten Verhältnissen und hatten nur eine einfache Volksschulbildung. Prägend für diese Generation waren neben den alten Kommunisten als Vorbilder die Indoktrination durch Stalins Lehre von der ständigen Verschärfung des Klassenkampfs sowie die alltäglichen Erlebnisse im Apparat: die Suche nach angeblichen oder tatsächlichen Agenten westlicher »Feindorganisationen«, die Verhaftungen und nächtelangen Verhöre bis zum Geständnis, das Gefühl der schrankenlosen Macht.

Seit den 60er und 70er Jahren stillte das MfS seinen Personalhunger überwiegend aus Elternhäusern der sozialistischen Dienstklasse. Mehr als die Hälfte der eingestellten Nachwuchskräfte waren Funktionärskinder, vorwiegend aus den bewaffneten Organen (MfS, NVA, DVP) und dem SED-Parteiapparat.

Frauen waren im MfS-Apparat mit einem Anteil von ca. 16 bis 19 % stets eine Minderheit und überwiegend auf typische Berufe wie Sekretärinnen usw. festgelegt. Für die eigentliche geheimdienstliche Arbeit spielten sie nur in der Informationsauswertung sowie bei der Postkontrolle eine gewisse Rolle. Weibliche Führungsoffiziere für inoffizielle Mitarbeiter oder Vernehmungsoffiziere gab es selten, weibliche Generäle gar nicht.

Die Besoldungsregeln der MfS-Mitarbeiter entsprachen formell weitgehend denen der anderen bewaffneten Organe (NVA, DVP). Die Eingruppierung erfolgte beim MfS jedoch bei vergleichbarem Qualifikationsniveau und Tätigkeitsprofil mehrere Dienststellungs- und Dienstgradstufen höher. Dadurch kam eine erheblich höhere Bezahlung zustande.

Nach den Beschlüssen zur Auflösung des MfS wurden die hauptamtlichen Mitarbeiter bis zum 31.3.1990 aus dem militärischen Dienstverhältnis entlassen. In der vereinigten Bundesrepublik sind sie häufig in privaten Sicherheitsunternehmen, Detekteien, Versicherungen sowie im Bereich der öffentlichen Beschäftigungsförderung tätig geworden. Etwa 1500 hauptamtliche Mitarbeiter sind in den Polizeidienst des Bundes und der neuen Länder übernommen worden. Die Gesamtzahl der MfS-Mitarbeiter im öffentlichen Dienst ist nicht bekannt. Strafrechtlich zur Rechenschaft gezogen wurden nach 1990 nur wenige Mitarbeiter des Ministeriums für Staatssicherheit (→ Strafverfolgung wegen MfS-Unrechts).

→ Anhang: Personalentwicklung des MfS 1950 bis 1989

Literatur: Giesecke, Jens: Die hauptamtlichen Mitarbeiter der Staatssicherheit. Personalstruktur und Lebenswelt 1950–1989/90. Berlin 2000.   *JGi*

Hauptverwaltung (HV) Organisationseinheit in der MfS-Zentrale, die bereits ausdifferenzierte Aufgabenkomplexe in einer hierarchisch gegliederten Einheit zusammenfasst. Überwiegend durch Stellvertreter des Ministers direkt geleitet.

Markus Wolf gratuliert der NATO-Sekretärin und DDR-Spionin Ursel Lorenzen
zur Auszeichnung mit dem Karl-Marx-Orden (1980). Lorenzen war 1979 ihrer
Enttarnung durch Flucht in die DDR zuvorgekommen.

Über das Gründungsjahrzehnt des MfS hinweg hatte nur die HV A als echte HV
Bestand.
Daneben Bezeichnung für Diensteinheiten im MfS ohne strukturell berechti-
genden Hintergrund.   *MEr*

Hauptverwaltung A (HV A) Spionageabteilung des MfS, deren Bezeichnung sich
an die der Spionageabteilung des KGB, 1. Verwaltung, anlehnt. Der Ordnungs-
buchstabe A wurde in der Bundesrepublik oftmals, aber unzutreffenderweise
mit »Aufklärung« aufgelöst. Die HV A wurde 1951 als → Institut für Wirtschaftswissenschaftliche Forschung (IWF) gebildet und ging im September 1953 als
HA XV in das Staatssekretariat für Staatssicherheit ein. Sie wurde im MfS von
1956 bis zur Auflösung im Juni 1990 als HV A bezeichnet.

Der Schwerpunkt nachrichtendienstlicher Tätigkeit der HV A lag in der Bundesrepublik Deutschland und Westberlin, wo sie mit Objektquellen, d. h. den IM in den nachrichtendienstlichen Zielobjekten, aktiv war.

Die HV A gliederte sich 1956 in 15, 1989 in 20 Abteilungen. Für die operative Arbeit gegen das Bundeskanzleramt und wichtige Bundesministerien war die Abt. I, für die gegen die bundesdeutschen Parteien die Abt. II und für die Arbeit außerhalb Deutschlands die Abt. III zuständig. Für die Infiltration der USA war die Abt. XI, für die NATO und die Europäischen Gemeinschaften die Abt. XII verantwortlich. Mit der Militärspionage war die Abt. IV befasst, mit der Unterwanderung gegnerischer Nachrichtendienste die Abt. IX. Innerhalb der H. war vornehmlich der Sektor Wissenschaft und Technik (SWT) mit Wissenschafts- und Technikspionage befasst, der zu diesem Zweck die Abt. XIII bis XV sowie die Arbeitsgruppen 1, 3 und 5 unterhielt sowie eine eigene Auswertungsabteilung, die Abt. V bzw. ab 1959 Abt. VII.

Leiter der HV A waren 1951/52 Anton Ackermann, kurzzeitig → Stahlmann, 1952–1986 → Wolf, dann → Großmann und 1989/90 Bernd Fischer. Von anfangs zwölf Mitarbeitern wuchs der Apparat bis 1955 auf 430, bis 1961 auf 524 Mitarbeiter und erreichte bis 1972 einen Umfang von 1066 hauptamtlichen Mitarbeitern. Bis 1989 wuchs die HV A auf 3299 hauptamtliche Mitarbeiter, hinzu kamen 701 → OibE (1985: 1006) sowie 778 → HIM. OibE und HIM arbeiteten verdeckt in der DDR und im → Operationsgebiet. Insgesamt verfügte die HV A also zuletzt über 4778 Mitarbeiter.

Die Anzahl der von der HV A geführten IM umfasste im Jahre 1989 rund 13 400 in der DDR und weitere 1550 in der Bundesrepublik. Über 40 Jahre hinweg werden nach Hochrechnungen insgesamt rund 6000 Bundesbürger und Westberliner IM der HV A gewesen sein. *HME*

Hauptverwaltung Beschaffung/Versorgung und Betreuung (HV B) 1957 entstanden; 1974 zugunsten der → VRD aufgelöst.

Aufgaben: materiell-technische, finanzielle, medizinische und andere Sicherstellung der politisch-operativen Aufgaben des MfS; Investitionskoordinierung und Betreuung der Betriebe im bzw. beim MfS; Linienanleitung, Kontrolle und Koordinierung für einzelne Diensteinheiten inkl. Unterbindung von »Feindtätigkeit«; Sicherstellung des materiellen Bedarfs für die »sowjetischen Freunde«. Bei der HV B handelte es sich nicht um eine → Hauptverwaltung, sondern um einen Verantwortungsbereich. *RWi, APo*

Auf der Grundlage eines Volkskammergesetzes wurde die Hauptverwaltung zum Schutz der Volkswirtschaft 1950 zu einem Ministerium für Staatssicherheit aufgewertet.

Hauptverwaltung Innere Sicherheit Am 24.8.1956, nach dem Ausbruch innerer Unruhen in Polen und Ungarn, beschloss die → Sicherheitskommission beim Politbüro des ZK der SED die Bildung einer H. im MfS. Sie umfasste die drei damals bereits dem MfS unterstehenden Polizeiverbände: Deutsche → Grenzpolizei, → Transportpolizei und → Bereitschaftspolizei. Leiter der H. war der Stellv. des Ministers für Staatssicherheit, Generalmajor → Gartmann. Im Zusammenhang mit dem zur Jahreswende 1956/57 eskalierenden Konflikt zwischen Ulbricht und dem Minister für Staatssicherheit → Wollweber wurden die in der H. zusammengefassten Polizeiverbände am 15.2.1957 aus dem MfS ausgegliedert und dem MdI unterstellt. *SSu*

Hauptverwaltung zum Schutz der Volkswirtschaft Die H. war der unmittelbare Vorläufer des MfS und hatte schon dessen Aufgaben- und Organisationsstruktur einschließlich der territorialen Gliederung (Verwaltungen in den Ländern und Kreisen). Nachdem Stalin im Dezember 1948 dem längeren Drängen der SED-Führung nachgegeben und sein Plazet zur Schaffung eines deutschen Geheimdienstapparates in der SBZ gegeben hatte, wurde die H. – nach der faktischen Auflösung der Strukturen der alten → K 5 – ab Mai 1949 im Rahmen der Deutschen Verwaltung des Innern (DVdI) von ihrem Vizepräsidenten Erich Mielke aufgebaut. Dieser neue, von den restlichen Polizeistrukturen unabhängige und bei der DVdI zentralisierte Apparat fungierte bis zur DDR-Gründung zumeist unter der Bezeichnung Arbeitsbereich D (Abt. D der DVdI und Dezernate D in den Ländern). Die Kaderauswahl fand unter der Ägide der sowjetischen Staatssicherheit (MGB) statt, die hierfür eigens 115 Offiziere in die SBZ entsandte. Nur etwa 10 % der Mitarbeiter der ehemaligen K 5 wurden in die H. übernommen, die restlichen stammten aus anderen Zweigen der Kriminalpolizei und vorwiegend aus leitenden Positionen der übrigen Volkspolizei sowie aus dem Parteiapparat. Mit der DDR-Staatsgründung am 7.10.1949 wurde der Apparat formal eine Struktureinheit des Ministeriums des Innern (MdI). Die unter dem Kommando von → Mielke stehende H. war jedoch in die Weisungsstruktur des MdI nicht eingebunden und institutionell faktisch eigenständig. Sie fungierte weitgehend, wie schon die K 5 und später auch das MfS in seinen ersten Jahren, als Hilfsorgan des sowjetischen MGB. Auf der Grundlage eines Volkskammergesetzes vom 8.2.1950 wurde die H. zum Ministerium für Staatssicherheit aufgewertet.   *REn*

Heidenreich, Gerhard 5.10.1916–23.2.2001
1. Sekretär der SED-Kreisleitung im MfS Berlin, 1957–1979 Mitglied des Kollegiums des MfS
Geb. in Breslau, Vater Arbeiter, Mutter Landarbeiterin; Volksschule; 1930–1932 Laufbursche; 1931 Vertreter der Roten Pioniere in der KJVD-Bezirksleitung Breslau; 1934 kaufmännische Lehre; 1934 Verurteilung zu zwei Jahren Gefängnis wegen Vorbereitung zum Hochverrat, danach arbeitslos; 1937/38 verschiedene Hilfsarbeiten; 1938–1945 Transportarbeiter und Ofenbauer; 1945 antifaschistische Widerstandsarbeit im Kessel Breslau.
1945/46 KPD/SED, Jugendsekretär der KPD-Kreisleitung Plauen; 1946 Lehrgang an der Antifa-Schule der SMAD in Königs Wusterhausen; 1947 Sachbearbeiter für Kaderfragen beim Zentralrat der FDJ; 1947–1949 Mitglied der Landesleitung und des Sekretariats der SED Sachsen, 1. Sekretär der FDJ-Landesleitung Sachsen; 1948–1950 Mitglied, 1949/50 2. Sekretär des Zentralrats der FDJ; 1950 Kandidat des ZK der SED, Mitglied der Volkskammer, stellv. Leiter der Abt. Kader des ZK der SED; 1951 stellv. Leiter des → IWF (ab 1953 HA XV, ab 1956 → HV A des MfS); 1957 1. Sekretär der SED-Kreisleitung im MfS; 1963–1981 Mitglied des ZK der SED; 1965/66 Studium an der PHS der KPdSU in Moskau; 1970 General-

Gerhard Heidenreich   *Karl Heine*

major; 1974 VVO in Gold; 1979 Ruhestand; 1986 Stern der Völkerfreundschaft in Gold.   *JGi*

Heine, Karl 25.6.1905 – 21.8.1980
Leiter der Abt. M (Postkontrolle)
Geb. in Zernsdorf (Brandenburg), Vater Dachdecker; Volksschule; 1919 – 1945 Lehre und Arbeit als Schlosser; 1924 KPD, 1924 – 1930 Politleiter der KPD Zernsdorf; Juni 1933 »Schutzhaft«; 1933 – 1935 illegale Parteiarbeit.
1945/46 KPD/SED, Angestellter der Gemeinde Zernsdorf, Aufbau der Polizei; 1948 Leiter der Kriminaldienststelle Königs Wusterhausen; 1949 operativer Mitarbeiter der → Verwaltung zum Schutz der Volkswirtschaft Brandenburg (ab Februar 1950 Länderverwaltung Brandenburg des MfS); 1950 Leiter der Dienststelle Fürstenwalde, dann Versetzung zur Abt. IV des MfS Berlin; 1953 Abteilungsleiter in der → HA II; 1956 stellv. Abteilungsleiter in der HA V; 1957 Leiter der Arbeitsgruppe Sicherung, dann Leiter der → Abteilung M; 1964 Oberst; 1965 Entlassung, Rentner; 1980 VVO in Gold.   *JGi*

Walter Heinitz

Heinitz, Walter 25.8.1915 – 10.3.1987
Leiter der HA IX (Untersuchungsorgan)
Geb. in Eppendorf (Sachsen), Vater Streckenarbeiter; Volksschule; 1930 – 1937 Ausbildung und Arbeit als Orchestermusiker; 1937 RAD, dann Wehrmacht (Musiker und Sanitäter); 1944 Verurteilung durch Kriegsgericht wegen Wehrkraftzersetzung, Strafbataillon 999.
April 1945 Rückkehr nach Deutschland, Antifa-Arbeit, 1945/46 KPD/SED; September 1945 Einstellung bei der politischen Polizei (später K 5) Chemnitz; September 1949 Einstellung bei der → Verwaltung zum Schutz der Volkswirtschaft Sachsen (ab Februar 1950 Landesverwaltung Sachsen des MfS), KD Chemnitz; 1950 KD Stollberg, dann Abt. IV (Spionageabwehr) der Landesverwaltung Sachsen; 1951 Versetzung zum MfS Berlin, → HA IX, 1952 Abteilungsleiter, 1957 stellv. HA-Leiter; 1962 Oberst; 1962–1964 Fernstudium an der HU Berlin, Staatsexamen als Kriminalist; 1964 Leiter der HA IX; 1973 Entlassung aus dem MfS; hauptamtlicher Parteisekretär in einem Feierabendheim in Dresden, dann Rentner. *JGi*

Herauslösen von IM 1. Maßnahme der → Konspiration bei der Bearbeitung von → Operativen Vorgängen, bei der, insbesondere im Falle von Strafverfolgungsmaßnahmen oder anderen Sanktionen gegen die Betroffenen, wichtige IM rechtzeitig aus entsprechenden Zusammenhängen entfernt wurden, um einen möglichen Verdacht von ihnen abzulenken. 2. Maßnahme der Konspiration, bei der → Übersiedlungs-IM (ÜIM) bzw. → hauptamtliche IM aus operativen Gründen unter einem Vorwand (→ Legende, operative) Arbeitsstelle, Betätigungsfeld und/oder Wohnort wechselten, um einen längerfristigen Auftrag des MfS z. B. im → Operationsgebiet zu erfüllen.   *REn, HME*

Herauslösen von Kadern Entfernung von Personen aus Funktionen, Positionen oder sicherheitsrelevanten Tätigkeiten. Die H. erfolgte nach Kontroll- oder Überwachungshandlungen des MfS etwa nach → Operativen Vorgängen, → Operativen Personenkontrollen oder → Sicherheitsüberprüfungen. Sie vollzog sich im Zusammenwirken mit Entscheidungsträgern der SED und/oder der betreffenden Stelle. Gründe konnten u. a. politisch-ideologische Unzuverlässigkeit, oppositionelle Aktivitäten, als sicherheitsrelevant eingestufte Westverbindungen oder Risikofaktoren für den Geheimnisschutz sein.   *RBu*

Herbstrevolution, Rolle des MfS in der Die Staatssicherheit war als Parteigeheimpolizei darauf angewiesen, dass die SED die Linie ihres Handelns vorgab. Das hatte schon unter dem späten Honecker kaum mehr funktioniert. Unter Krenz hinkte die Partei hinter den Aktionen der Demokratiebewegung her – woraus sich auch keine Orientierung gewinnen ließ. Im demokratischen Umbruch versuchte die Staatssicherheit durch inoffizielle Mitarbeiter die neu gebildeten Organisationen im Rahmen des Systems zu halten. Das misslang. Währenddessen ging sie selbst in einen Prozess inneren Zerfalls über.

Das MfS wurde von der Dynamik der Herbstrevolution überrascht, obwohl seinen Analytikern in deren Vorfeld durchaus bewusst war, dass die Unzufriedenheit im Land zunahm und die internationale Lage kritisch wurde. Die Liberalisierungsprozesse in Ungarn, Polen und besonders in der Sowjetunion waren Herausforderungen, die bereits zu Problemen in der Zusammenarbeit geführt hatten und auf die man keine Antwort wusste (→ kommunistische Geheimdienste). Befürchtet wurde, dass sich ähnliche Tendenzen auch in der SED breitmachen könnten. Demgegenüber bereitete die Bürgerrechtsbewegung weniger Sorgen, da man sie als relativ marginal betrachtete und unter Kontrolle zu haben schien. Außerdem glaubte man, sie werde vom Westen gesteuert und der setze auf schrittweise »Aufweichung«, nicht aber auf einen revolutionären Umsturz.

*Nicht genehmigte Demonstration am 7. Oktober 1989 am Marx-Engels-Forum
in Ostberlin; Polizeiabsperrung auf der Rathausbrücke. Im gegenüberliegenden
Palast der Republik fanden die Feierlichkeiten zum 40. Jahrestag der DDR-Gründung im Beisein Michail Gorbatschows statt.*

Das größte Problem im Spätsommer 1989 war die → Ausreisebewegung. Die
SED-Führung forderte von der Staatssicherheit, die Fluchtwelle einzudämmen,
ohne die Lage durch Einschränkung des regulären Tourismus weiter anzuhei-
zen. Das erwies sich als ebenso unmöglich wie den wachsenden Zorn in der
Bevölkerung am Ausdruck zu hindern. Die Situation eskalierte, als ab Ende September und im Zusammenhang mit den offiziellen Jubelfeiern zum 40. Jahrestag
der DDR ganz normale Bürger, Ausreisewillige und Bürgerrechtler bei Demonstrationen zusammenfanden. Der Versuch, das – wie von Honecker gefordert –
durch Repression zu unterbinden, schlug fehl. Volkspolizei und Staatssicherheit
bemühten sich in Dresden, Leipzig und Berlin, nicht nachzugeben, aber vor allem die Staatssicherheit fürchtete, dass bei allzu heftigem Einschreiten der Fun-
ke auf die Betriebe überspringen könnte.
Die MfS-Führung war der Auffassung, dass nur ein Wechsel an der Spitze der
SED eine Lösung bringen könne; Mielke hat deshalb den Sturz Honeckers un-

terstützt. Die SED unter Egon Krenz versuchte nun, auf offene Repression zu verzichten, die politische Initiative zurückzugewinnen und damit ihre Macht zu sichern. Auch mit diesem Kurs war die Führung der Staatssicherheit einverstanden und versuchte, zum Erfolg beizutragen: Die Bürgerrechtsorganisationen sollten überwacht und durch inoffizielle Mitarbeiter unterwandert werden. Deren Aufgabe sollte sein, einer weiteren Radikalisierung entgegenzuwirken. Außerdem hatten die Mitarbeiter der Staatssicherheit von der SED organisierte Veranstaltungen abzusichern und oppositionelle Wortführer am Auftreten zu hindern. All diese Vorhaben scheiterten. Als nicht mehr zu leugnen war, dass es der SED nicht gelingen würde, die Lage mit politischen Mitteln unter Kontrolle zu bringen, wurde an der Spitze der Staatssicherheit überlegt, den Ausnahmezustand auszurufen. Doch das Politbüro der SED war nicht bereit, das auch nur in Erwägung zu ziehen.

Die Staatssicherheit ging nun zur Eigensicherung über: Wichtige Unterlagen sollten aus den besonders gefährdeten Kreisdienststellen in die Bezirksverwaltungen ausgelagert werden. Das war der Auslöser für den Beginn einer umfassenden Aktenvernichtung. Sie diente der Verschleierung der Vergangenheit, bedeutete aber, dass die Staatssicherheit sich ihres Gedächtnisses und damit der Information als Waffe beraubte. Über die Hälfte aller inoffiziellen Mitarbeiter waren von den regionalen Diensteinheiten geführt worden; die Verbindung zu den meisten von ihnen wurde nun abgebrochen. Damit konnte die Staatssicherheit sich ihres wichtigsten Instruments nur noch sehr eingeschränkt bedienen.

Am 18. November 1989 wurde eine neue Regierung gebildet. Das Ministerium für Staatssicherheit wurde in → Amt für Nationale Sicherheit umbenannt und dem Vorsitzenden des Ministerrates direkt untergeordnet. Das war der erste Schritt, der unter dem Druck der demokratischen Revolutionäre schließlich zur → Auflösung der Staatssicherheit führte. Obwohl die Staatssicherheit mit inoffiziellen Mitarbeitern in den Regierungsparteien und am Zentralen Runden Tisch präsent war, gelang es ihr nicht, darüber den politischen Prozess zu steuern. Es fehlte eine fundamentale Voraussetzung: eine klare politische Linie, die nur die SED hätte vorgeben können; die aber war inzwischen vor allem mit ihrem drohenden Verfall beschäftigt.

Literatur: Süß, Walter: Staatssicherheit am Ende. Berlin 1999; ders.: »Die Stasi im Jahr 1989« (auf www.bstu.bund.de); Gieseke, Jens: »Seit Langem angestaute Unzufriedenheit breitester Bevölkerungskreise«. In: Henke, Klaus-Dietmar (Hg.): Revolution und Vereinigung 1989/90. München 2009, S. 130–148.   *WSü*

Artur Hofmann

HIM → Hauptamtlicher inoffizieller Mitarbeiter

Hinweiskarte → F 402

Hochschule des MfS → Juristische Hochschule des MfS Potsdam (JHS)

Hofmann, Artur 24.6.1907–4.5.1987
Leiter der HA III (Volkswirtschaft), 1957–1960 Mitglied des Kollegiums des MfS
Geb. in Plauen (Sachsen), Vater Bauschlosser; Volksschule; 1920–1927 Ausbildung und Arbeit als Maschinen- bzw. Reparaturschlosser in Thüringen, Bayern und im Ruhrgebiet; 1927–1929 Wanderschaft nach Holland, dann über Österreich, Slowakei, Ungarn und Jugoslawien nach Bulgarien; 1930 Arbeit in Hamburg, dann arbeitslos; 1931 KPD; März 1931 Faltbootfahrt von Kiel über Dänemark, Schweden und Finnland nach Kronstadt (UdSSR), Brigadier im Hüttenwerk Nadeshdinsk (Ural), dann Meister im Werk für Schwermaschinenbau in Swerdlowsk; 1938 Montageleiter im Hüttenkombinat Tagil und Tagilstroj; 1938 elf Monate NKWD-Haft in Moskau; 1943/44 Lehrgang an der KPD-Schule in

Richard Horn *Manfred Hummitzsch*

Puschkino (bei Moskau) und Kuschnarenkowo; 1944 Propagandist im Kriegsgefangenenlager Uman (Ukraine), dann sechs Monate Partisaneneinsatz in Schlesien und Polen; 1945 Aufenthalt in Moskau.
1945 Rückkehr nach Deutschland mit der KPD-Initiativgruppe Ackermann, bis
Oktober 1945 stellv. Landrat bzw. 2. Bürgermeister in Görlitz, dann Chef der
VP Sachsen; 1949 sächsischer Innenminister; 1952 stellv. Vorsitzender des Rates des Bezirks Dresden; 1953 Einstellung beim MfS, Leiter der HA III, Oberst;
1957–1960 OibE als Mitarbeiter der Abteilung Sicherheit des ZK der SED; 1960
schwere Erkrankung, danach Stellv. Operativ des Leiters der BV Dresden; 1967
VVO in Gold; 1970 Entlassung, Rentner. *JGi*

Horn, Richard 20.2.1904–11.11.1977
Leiter der Bezirksverwaltung Neubrandenburg
Geb. in Marienthal (Kreis Zittau), Vater Brunnenbauer; Volksschule; 1918–1929
Lehre und Arbeit als Schlosser; 1923 KPD; 1929 Arbeit als Schweißer; 1930–1933
arbeitslos bzw. Gelegenheitsarbeiter; 1933 Emigration in die ČSR, illegale Partei-
arbeit; 1937–1939 Interbrigadist im Spanischen Bürgerkrieg, Politkommissar ei-

ner Kompanie; 1939 Internierung in Frankreich; 1940 deutsche Gefangenschaft, unter falschem Namen Zwangsarbeit in Brüx.

1945 Bürgermeister in Hirschfeld (Kreis Zittau); 1947 Sekretär im FDGB-Kreisvorstand Zittau; 1948 Kontrollbeauftragter der Landeskontrollkommission in Zittau; Oktober 1949 Einstellung bei der Verwaltung zum Schutz der Volkswirtschaft Sachsen (ab Februar 1950 Länderverwaltung Sachsen des MfS), Leiter der KD Großenhain; Mai 1952 Stellv. Operativ des Leiters der Länderverwaltung Sachsen; Juli 1952 Leiter der BV Neubrandenburg; 1953 Oberstleutnant; November 1953 auf eigenen Wunsch von seiner Funktion entbunden; Februar 1954 Stellv. Operativ des Leiters der BV Neubrandenburg; November 1954 Entlassung auf eigenen Wunsch, Abteilungsleiter beim Rat des Bezirks Neustrelitz, dann stellv. Vorsitzender des Rates des Kreises Templin; 1956 Abteilungsleiter beim Rat des Kreises Bernau; 1960 Hochschule des FDGB, Mitarbeiter der Kaderabteilung; 1961 Entlassung, Rentner.   *JGi*

Hummitzsch, Manfred *7.7.1929
Leiter der Bezirksverwaltung Leipzig
Geb. in Limbach, Vater Lagerarbeiter, Mutter Näherin; Volksschule; 1943 NSDAP; 1944–1947 kaufmännische Lehre.
1947 kaufmännischer Angestellter; 1948 Postarbeiter; 1949 Stadtjugendleiter beim FDJ-Kreisvorstand Chemnitz, SED; 1950 Einstellung beim MfS, Dienststelle Flöha; 1951 Länderverwaltung Sachsen, Abt. III (Volkswirtschaft), dann HA III des MfS Berlin; 1955/56 Einjahreslehrgang an der Bezirksparteischule Berlin; 1957 Leiter der Abt. III, BV Leipzig; 1958 1. Sekretär der SED-Parteiorganisation der BV Leipzig; 1960–1965 Fernstudium an der JHS des MfS Potsdam, Diplom-Jurist; 1962 Stellv. Operativ des Leiters der BV Leipzig, 1966 Leiter; 1967 Mitglied der SED-Bezirksleitung Leipzig; 1975 Promotion zum Dr. jur. an der JHS; 1989 Generalleutnant; Januar 1990 Entlassung, Rentner.   *JGi*

HV A → Hauptverwaltung A

I

Ideologie, tschekistische Zur Legitimation der DDR-Geheimpolizei diente eine spezifische Ausformung der marxistisch-leninistischen Ideologie, die rückblickend als »Tschekismus« bezeichnet werden kann. Das MfS konstruierte damit ein normatives Gefüge, dessen Begriffskern die Berufung auf die 1917 von den Bolschewiki gegründete sowjetische Geheimpolizei Tscheka (oder ČK – russ.: Außerordentliche Allrussische Kommission zur Bekämpfung von Konterrevolution, Spekulation und Sabotage) war. Daraus leitete das MfS einen Katalog von Funktionen, Selbstzuschreibungen und Verhaltensmaßgaben für die Mitarbeiter ab. Im Vokabular der Staatssicherheit tauchte der Begriff als Bezeichnung für die Mitarbeiter (»Tschekisten«) sowie als daraus abgeleitetes Adjektiv (»tschekistisch«) auf. Elemente der »tschekistischen« Ideologie waren:

- die Legitimation als Organ der »Diktatur des Proletariats« und die damit verbundene Rechtfertigung von Gewalt und Repression als Mittel des Klassenkampfes zur Durchsetzung des historisch »gesetzmäßigen« Sieges des Sozialismus über den Imperialismus;
- die Begründung des strukturell unbegrenzten geheimdienstlichen und geheimpolizeilichen Methodenspektrums wie Spionage, Denunziation, Verfolgung, Tötung usw. als notwendige Akte des »Humanismus«;
- die Unterordnung unter die kommunistische Partei als ihr »Schild und Schwert«;
- die Einordnung der eigenen Tätigkeit unter dem Dach der »internationalistischen« Mission unter Führung der Sowjetunion, beginnend mit der Bekämpfung von Gegnern der Bolschewiki nach der Oktoberrevolution 1917;
- die Kultivierung und Vermittlung eines Feindbildes des »Imperialismus« für die Wahrnehmung von innergesellschaftlichen und zwischenstaatlichen Konfliktlagen;
- die Propagierung eines berufsspezifischen Wertekanons, in dem die MfS-Mitarbeiter sich als antiintellektuelle, militante Avantgarde der Tat mit »proletarischem Instinkt« begriffen: »Tschekisten zeichnen sich dadurch aus, dass sie jenen ›6. Sinn‹ besitzen, der sie befähigt, die Feinde zu erkennen und aufzuspüren« (Erich Mielke 1957).

Aus dieser Ideologie ergab sich das normative Leitbild der »tschekistischen Persönlichkeit« für die Formung und seelisch-moralische Orientierung der MfS-

Mitarbeiter als Weltanschauungskämpfer. Im Mittelpunkt standen die »tiefen Gefühle des Hasses, des Abscheus, der Abneigung und Unerbittlichkeit« als »entscheidende Grundlage für den leidenschaftlichen und unversöhnlichen Kampf gegen den Feind«. Hinzu kamen soldatische Tugenden wie bedingungslose Einsatzbereitschaft, Härte, Standhaftigkeit, Mut und Opferbereitschaft und geheimdienstliche Kompetenzen wie die Fähigkeit zur Konspiration und zur Verkörperung von operativen Legenden, die an die maskuline Kampf- und Gewaltkultur aus der Epoche der Bürgerkriege in der ersten Hälfte des 20. Jahrhunderts anknüpften.

Diese Kombination von Leidenschaft, Prinzipientreue und Härte wurde personifiziert in der kulthaften Überhöhung des asketisch-revolutionären Tscheka-Vorsitzenden Feliks Dzierżyński (1877–1926), dessen (nicht belegtes) Zitat: »Tschekist sein kann nur ein Mensch mit kühlem Kopf, heißem Herzen und sauberen Händen« die wohl meistzitierte Formel der »tschekistischen« Ideologie war. Sie diente der Erziehung zur »bewussten Disziplin«. Zugleich diente dieser Kult als normatives Widerlager zur Alltagskultur der geheimen Sicherheitsbürokratie, in der sich das elitäre Selbstverständnis der »Genossen erster Kategorie« (Wilhelm Zaisser 1953) in einem Gemenge von Machtbewusstsein, Privilegienwirtschaft und einer Neigung zu periodischen Alkoholexzessen niederschlug.

Historisch betrachtet war die »tschekistische« Ideologie im MfS von den Anfängen an Grundlage der inneren Verfassung, gewann jedoch als explizites Leitbild erst infolge der halbherzigen Entstalinisierung nach 1956 an Bedeutung, als Stalin und seine Leitsätze wie der von der »ständigen Verschärfung des Klassenkampfes« nicht mehr benutzt werden konnten. Die damit auch in der Sowjetunion einhergehende Dzierżyński-Renaissance führte in der DDR zur öffentlichen Aufwertung, deren Höhepunkt die Feierlichkeiten anlässlich des 100. Geburtstages Dzierżyńskis 1977 bildeten. Bis zum Beginn der kritischen vergangenheitspolitischen Debatten in der Sowjetunion 1985/86 gewann der Tscheka-Kult zudem neben der Traditionsarbeit zum kommunistischen Antifaschismus im MfS weiter an Bedeutung. Beide dienten als Surrogat für die verblassende Sinnstiftung unter den MfS-Mitarbeitern, denen es an persönlichen Kampferfahrungen fehlte und die die sukzessive Begrenzung ihrer »außerordentlichen« Legitimation in der täglichen Verfolgungspraxis (sinkende Strafmaße, Freikauf von Häftlingen, Tätigkeit westlicher Medien von der DDR aus usw.) verarbeiten mussten.

In den Rettungs- und Rechtfertigungsversuchen im und nach dem Herbst 1989 rückten SED/PDS und MfS-Führung schnell ab von der »tschekistischen« Ideo-

*Feliks Dzierżyński (1877–1926), Grün-
der und erster Chef der sowjetischen
Geheimpolizei Tscheka. Das MfS erhob
ihn zur Leitfigur und die Mitarbeiter
bezeichneten sich selbst als Tschekisten.*

logie. Der Versuch, einen entstalinisierten »sauberen Tschekismus« zu etablie-
ren, blieb die Ausnahme. An ihre Stelle trat ein Etatismus, der das MfS als Element »normaler« Staatlichkeit legitimierte.
Literatur: Gieseke, Jens: Die hauptamtlichen Mitarbeiter der Staatssicherheit.
Personalstruktur und Lebenswelt 1950–1989/90. Berlin 2000; ders.: Der entkräf-
tete Tschekismus. Das MfS und die ausgebliebene Niederschlagung der Konterrevolution 1989/90. In: Sabrow, Martin (Hg.): 1989 und die Rolle der Gewalt.
Göttingen 2012, S. 56–81.   *JGi*

IM → Inoffizieller Mitarbeiter

IMA Aktenart bzw. Vorgangsart bei der HV A, Abkürzung für »IM-Akte A«,
nicht zu verwechseln mit der IM-Kategorie → Inoffizieller Mitarbeiter mit besonderen Aufgaben (IMA). Eine IM-Akte A gliederte sich gemäß HV A-Ordnung 1/84 in Personalakte, Arbeitsakte sowie Beiakte zur Personalakte. Eine
IM-Akte A legte die HV A bei folgenden IM-Kategorien an: Quellen, IM für besondere Aufgaben, Residenten, Gehilfen des Residenten, Führungs-IM, Funker,
Werber, Instrukteure, Kuriere, Ermittler, Perspektiv-IM. IM-Akten A wurden

sowohl zu inoffiziellen Mitarbeitern im → Operationsgebiet als auch Einsatzkadern aus der DDR angelegt. Bis Mai 1988 wurden auch Kontaktpersonen in IM-Akten A geführt. Danach führte die HV A für Kontaktpersonen die Aktenart »Kontaktperson-Akte« (KPA) ein. Im Frühjahr 1989 führte die HV A 10 843 IM-Akten A. Siehe auch IMB.   *GHe*

IMA → **Inoffizieller Mitarbeiter mit besonderen Aufgaben**

IMB Aktenart bzw. Vorgangsart bei der HV A, Abkürzung für »IM-Akte B«, nicht zu verwechseln mit der IM-Kategorie → Inoffizieller Mitarbeiter der Abwehr mit Feindverbindung bzw. zur unmittelbaren »Bearbeitung« im Verdacht der Feindtätigkeit stehender Personen (IMB). In einer IM-Akte B wurden gemäß HV A-Ordnung 1/84 Personal- und Arbeitsakte des IM kombiniert, d. h. nicht gesondert geführt. Eine IM-Akte B legte die HV A im Wesentlichen bei IM des Verbindungswesens an. Dies betraf folgende IM-Kategorien: Deckadressen, Decktelefone, Konspirative Wohnungen, Verwalter konspirativer Objekte, Anlaufstellen, Grenz-IM, Sicherungs-IM. Im Frühjahr 1989 führte die HV A 5168 IM-Akten B. Siehe auch IMA.   *GHe*

IMB → **Inoffizieller Mitarbeiter der Abwehr mit Feindverbindung bzw. zur unmittelbaren Bearbeitung im Verdacht der Feindtätigkeit stehender Personen**

IME → **Inoffizieller Mitarbeiter im besonderen Einsatz**

IMF → **Inoffizieller Mitarbeiter der inneren Abwehr mit Feindverbindungen zum Operationsgebiet**

IMK/DA, IMK/DT, IMK/KO, IMK/KW, IMK/S → **Inoffizieller Mitarbeiter zur Sicherung der Konspiration und des Verbindungswesens**

IMS → **Inoffizieller Mitarbeiter zur politisch-operativen Durchdringung und Sicherung eines Verantwortungsbereiches**

IMV → **Inoffizieller Mitarbeiter, der unmittelbar an der Bearbeitung und Entlarvung im Verdacht der Feindtätigkeit stehender Personen mitarbeitet**

IM-Kandidat Person, die das MfS als → inoffiziellen Mitarbeiter gewinnen wollte. Die hierbei angefallenen Unterlagen wurden in einem → IM-Vorlauf oder (insbesondere bei der HV A) manchmal auch in einer OPK abgelegt. IM-Kandidaten und die entsprechenden Vorgänge wurden in den zentralen Karteien des MfS (→ F 16, → F 22) erfasst. Sobald sich abzeichnete, dass eine → Werbung erfolgversprechend war, setzte die eigentliche Rekrutierungsphase ein. In jeder Phase des Prozesses konnte das MfS den Vorgang abbrechen und die Akten dann archivieren. *HME*

IM-Vorauswahlkartei (IMVAK, IM-VAK) Nach der Registrierung eines → IM-Vorganges wurden in der → Abt. XII → Kerblochkarten »Teil I« und »Teil II« angelegt (entsprechend der IM-Aktenführung: Teil I zur Person des IM, Teil II zu seiner Berichterstattung). Diese Karteikarten enthalten – trotz ihrer Größe (DIN A4) – nur wenige schriftliche Angaben zu den IM wie Decknamen, Registriernummer, Diensteinheit und Datum der Werbung. Weitere Informationen wurden nach einem vorgegebenen Schlüssel gekerbt. Die Kartei ist nach Diensteinheiten sortiert, innerhalb dieser alphabetisch nach Decknamen und bei Namensgleichheit aufsteigend nach Registriernummer. Daneben wurden andersartige IM-Vorauswahlkarteien auch in den einzelnen operativen Diensteinheiten geführt. Diese enthalten umfangreiche Informationen auf den Karteiformaten F 505 und F 505a oder auf anderen Formaten. *AWe*

IM-Vorgang Die vom MfS angelegten Akten für einen → inoffiziellen Mitarbeiter hießen nach den Richtlinien 1/68 und 1/79 IM-Vorgang bzw. -Akte und bestanden aus Personalakte als Teil I und Arbeitsakte als Teil II. Der Teil I wurde in der Regel zunächst als → IM-Vorlauf angelegt und nach der → Werbung als Personalakte zum IM weitergeführt. Im Teil I waren alle Dokumente zur Person, einschließlich der Verpflichtungserklärung (→ Verpflichtung) abzulegen. Der Teil II hatte die schriftlichen Berichte des IM einschließlich entsprechender Abschriften von Tonträgern zu enthalten sowie die Treffberichte des → Führungsoffiziers bzw. → Führungs-IM. In dem Fall, dass jemand als → IMK geworben wurde, wurde eine kombinierte Personal- und Arbeitsakte angelegt. Recht selten wurde ein Teil III angelegt, der Nachweise über operative Dokumente oder Quittungen enthalten konnte. *HME*

IM-Vorlauf IM-Vorlauf (IM-V) bzw. Vorlauf-IM gab es beim MfS einerseits als Bezeichnung für eine Vorgangsart, andererseits für Personen, die als → inoffizielle Mitarbeiter in Aussicht genommen und als → IM-Kandidaten bezeichnet wurden.

IM-Vorlauf wurde als Vorgangsart 1960 eingeführt. Bis dahin waren die Akten nicht nach rekrutierten und zu werbenden IM differenziert. Nach der Richtlinie 1/68 war die IM-Vorlauf-Akte in vier Abschnitte gegliedert, wozu über ein Dutzend Formulare zu benutzen waren. Das unterstrich die Absicht, der Kandidatenprüfung administrativ mehr Bedeutung beizumessen, verlangte aber einen größeren Zeitaufwand. Die Zahl der zu verwendenden Formblätter für die Personalakte (nunmehr Teil I genannt) nahm mit der Richtlinie 1/79 zu. Im Falle der → Werbung einer Person wurde die IM-Vorlauf-Akte zu einem → IM-Vorgang umgewidmet, im anderen Fall archiviert oder, falls sich entsprechende Anhaltspunkte ergeben hatten, einer anderen Vorgangsart zugeführt. *HME*

Informationsgruppen (IG) Die IG wurden nach dem Juniaufstand 1953 in der Zentrale und den Bezirksverwaltungen der Staatssicherheit gebildet, um aus den anfallenden Informationen zur Unterrichtung der Partei- und Staatsführung eine regelmäßige Berichterstattung über die innere Sicherheitslage und die Bevölkerungsstimmung zu erarbeiten. Sie fertigten zunächst einen umfassenden täglichen Lagebericht (Informationsdienst), ab 1955 überwiegend nur noch Einzelberichte. Die Informationsgruppe der Zentrale wurde 1955 in Abteilung Information und 1959 in Zentrale Informationsgruppe (ZIG) umbenannt (Vorläufer der → ZAIG). Die IG der Bezirksverwaltungen gingen 1965 in den → AIG auf. *REn*

Informator → **Geheimer Informator** → **Geheimer Hauptinformator**

Inoffizieller Mitarbeiter (IM) Inoffizielle Mitarbeiter waren das wichtigste Instrument des Ministeriums für Staatssicherheit (MfS), um primär Informationen über Bürger, die Gesellschaft, ihre Institutionen und Organisationen der DDR oder im Ausland zu gewinnen. Unter Umständen hatten IM auf Personen oder Ereignisse in der DDR steuernden Einfluss zu nehmen.

In der DDR-Gesellschaft hießen sie »Spitzel«, »Denunzianten« oder »Kundschafter«. Mit der deutschen Einheit hat sich die Bezeichnung Inoffizieller Mitarbeiter des MfS für die heimlichen Zuträger etabliert. Sie lieferten u. a. Informationen über Stimmungen und Meinungen in der Bevölkerung.

Die SED-Führung wollte stets über die konkrete Situation und Lage in der DDR

Ibrahim Böhme am 30. März 1990 auf dem Weg in das MfS-Archiv. Kurz zuvor war er als langjähriger IM enttarnt worden.

unterrichtet sein. Die IM hatten den Auftrag, »staatsgefährdende« Bestrebungen zu ermitteln, was beim MfS »politisch ideologische → Diversion« bzw. »politische Untergrundtätigkeit« hieß. Der Bogen hierfür war weit gespannt und reichte von einer privaten Meinungsäußerung bis hin zu politischen Aktivitäten. Überdies sollten sie, wenn auch selten, direkt auf gesellschaftliche Entwicklungen oder einzelne Personen einwirken.

Die IM waren das wichtigste Repressionsinstrument in der DDR. IM wurden auf bestimmte Schwerpunkte angesetzt, von denen tatsächliche oder vermeintliche Gefahren ausgehen konnten. Diese Objekte und Territorien, Bereiche oder Personen waren so zahlreich, dass die geheimpolizeiliche Durchdringung tendenziell den Charakter einer flächendeckenden Überwachung annahm.

Die Anzahl der vom MfS geführten inoffiziellen Mitarbeiter umfasste im Jahre 1989 ungefähr 189 000 IM, darunter 173 000 IM der Abwehrdiensteinheiten, ferner 13 400 IM in der DDR und 1550 IM in der Bundesrepublik, die von der → Hauptverwaltung A geführt wurden, sowie diverse andere wie Zelleninformatoren usw. Auf 89 DDR-Bürger kam somit ein IM. In der Zeit von 1950 bis 1989 gab es insgesamt ca. 620 000 IM.

Die Entwicklung des IM-Netzes ist nicht allein von einem kontinuierlichen Anstieg geprägt, sondern verweist auf besondere Wachstumsphasen in Zeiten innergesellschaftlicher Krisen wie dem 17. Juni 1953 oder am Vorabend des Mauerbaus. Im Zuge der deutsch-deutschen Entspannungspolitik wurde das IM-Netz ebenfalls erweitert. So umfasste es Mitte der 70er Jahre – hochgerechnet – über 200 000 IM. Angesichts wachsender oppositioneller Bewegungen hatte es in den 80er Jahren gleichfalls ein hohes Niveau.

Die flächendeckende Überwachung der Gesellschaft fiel regional recht unterschiedlich aus. Im Land Brandenburg, das die Bezirke Cottbus, Frankfurt (Oder) und Potsdam vereint, war sie stärker als in Thüringen. Die höchste IM-Dichte wies der ehemalige Bezirk Cottbus auf.

Das MfS operierte formal nach territorialen Gesichtspunkten und Sicherungsbereichen, setzte jedoch operative Schwerpunkte in der geheimpolizeilichen Arbeit. Bezogen auf das Gesamtministerium lagen diese – sowohl auf Kreis-, als auch auf Bezirks- und Hauptabteilungsebene – bei der Volkswirtschaft, der Spionageabwehr und auf der »politischen → Untergrundtätigkeit«, der »Bearbeitung« von oppositionellen Milieus und den Kirchen.

Die Motive zur Kooperation mit dem MfS waren überwiegend ideeller, seltener materieller Natur, noch seltener war Erpressung der Grund. Die Kooperation währte durchschnittlich sechs bis zehn Jahre oder länger. Augenfällig ist, dass darunter nicht wenige soziale Aufsteiger waren. Der Anteil von weiblichen IM lag in der DDR bei 17 %, in der Bundesrepublik bei 28 %. Über die Hälfte der IM war Mitglied der SED. Von den 2,3 Mio. Mitgliedern der Partei ausgehend, waren 4 bis 5 % zuletzt inoffiziell aktiv, d. h. jedes 20. SED-Mitglied.

Das MfS differenzierte IM nach Kategorien: → Gesellschaftliche Mitarbeiter für Sicherheit, → IM zur Sicherung und Durchdringung des Verantwortungsbereichs, → IM im besonderen Einsatz, → Führungs-IM und → IM zur Sicherung der Konspiration und des Verbindungswesens. Die wichtigste Kategorie waren IM mit »Feindverbindungen« bzw. solche, die Personen zu »bearbeiten« hatten, die »im Verdacht der Feindtätigkeit« standen. Im Laufe der 80er Jahre nahm der Anteil von IM in der Kategorie → IMB bis Dezember 1988 auf rund 3900 zu.

Der Anteil von Bundesbürgern oder Ausländern unter den IM des MfS betrug nicht einmal 2 %. 1989 waren mindestens 3000 Bundesbürger inoffiziell im Dienste des MfS, zusätzlich mehrere Hundert Ausländer. In der Zeit von 1949 bis

1989 waren insgesamt mindestens 12 000 Bundesbürger und Westberliner IM. Die operativen Ziele des MfS waren über die gesamte Bundesrepublik Deutschland verteilt. Darüber hinaus gab es Schwerpunkte in Europa, im Nahen Osten und Asien, nachgeordnet auch in Afrika und Lateinamerika. Nachrichtendienstliche Schwerpunkte waren vor allem die Wissenschafts- und Technikspionage, erst danach die politische und mit etwas Abstand die Militärspionage. Die Bundesrepublik Deutschland wurde folglich vor allem als Ressource zur Systemstabilisierung genutzt. Die politische Spionage diente vornehmlich dazu, die politische Gefährdungslage des herrschenden Systems in der DDR bestimmen zu können. Dieses Profil deutet an, dass die Spionage der Bewahrung des Status quo dienen sollte. Von einer Unterwanderung der Bundesrepublik war die Geheimpolizei zahlenmäßig weit entfernt. Vielmehr waren ihre inoffiziellen Mitarbeiter damit beschäftigt, das DDR-System zu stabilisieren.

Literatur: Müller-Enbergs, Helmut: Inoffizielle Mitarbeiter des Ministeriums für Staatssicherheit. Teil 1: Richtlinien und Durchführungsbestimmungen. Berlin 2010, Teil 2: Anleitungen für die Arbeit mit Agenten, Kundschaftern und Spionen in der Bundesrepublik Deutschland. Berlin 1998, Teil 3: Statistiken. Berlin 2008.   *HME*

Inoffizieller Mitarbeiter der Abwehr mit Feindverbindung bzw. zur unmittelbaren Bearbeitung im Verdacht der Feindtätigkeit stehender Personen (IMB) Von 1980 bis 1989 geltende IM-Kategorie, als IMB definiert – nicht zu verwechseln mit der Vorgangsart → IMB. Mit der Einführung des IMB wurden die IM-Kategorien → IMV und → IMF zu einer zusammengefasst. Die IMB galten als hochkarätige IM, die direkten Kontakt mit Personen hatten, die vom MfS als »feindlich« eingestuft wurden und deren Vertrauen besaßen, etwa Zuträger mit kirchlichen Funktionen oder aus Oppositionsgruppen. Außerdem wurden IMB zur Bekämpfung als »feindlich« angesehener Organisationen und Individuen im sog. → Operationsgebiet eingesetzt. Zuletzt gab es rund 3900 IMB.   *HME*

Inoffizieller Mitarbeiter der inneren Abwehr mit Feindverbindungen zum Operationsgebiet (IMF) Von 1968 bis 1979 geltende IM-Kategorie, als IMF definiert. Den IMF wurde der Teil der Aufgaben der Vorgängerkategorie → Geheimer Mitarbeiter zugeordnet, die auf den Westen bezogen waren, während der andere, DDR-intern ausgerichtete Teil der Aufgaben bei der Kategorie → IMV angesiedelt wurde. 1980 wurde diese Aufteilung wieder aufgehoben und IMF und IMV in ➨ IMB zusammengefasst. 1979 gab es schätzungsweise 800 IMF.   *HME*

Inoffizieller Mitarbeiter im besonderen Einsatz (IME) Von 1968 bis 1989 geltende Bezeichnung für IM, die für spezielle Aufgaben eingesetzt wurden. Innerhalb der Kategorie wurde unterschieden zwischen 1. IM in Schlüsselpositionen, 2. Experten-IM sowie IM, die auf operative ➨ Beobachtungen und ➨ Ermittlungen spezialisiert waren. Letztere waren vor 1968 der Kategorie ➨ Geheimer Mitarbeiter im besonderen Einsatz zugeordnet. Das MfS führte 1988 7167 IME.   *HME*

Inoffizieller Mitarbeiter mit besonderen Aufgaben (IMA) Von 1968 bis 1989 bestehende IM-Kategorie – nicht zu verwechseln mit der Vorgangsart ➨ IMA. IMA waren mit »offensiven« Aufgaben im ➨ Operationsgebiet betraut, die ständiger, zeitweiliger oder einmaliger Art sein konnten. Vorrangig handelte es sich um sog. aktive ➨ Maßnahmen, etwa die Lancierung von Informationen über bundesdeutsche Journalisten. Zuletzt gab es 16 bundesdeutsche IMA.   *HME*

Inoffizieller Mitarbeiter zur politisch-operativen Durchdringung und Sicherung des Verantwortungsbereiches (IMS) Von 1968 bis 1989 geltende Abkürzung für den gewöhnlichen inoffiziellen Mitarbeiter, der in der IM-Richtlinie von 1968 als IM, »der mit der Sicherung gesellschaftlicher Bereiche oder Objekte betraut ist«, und in der IM-Richtlinie von 1979 als IM »zur politisch-operativen Durchdringung und Sicherung des Verantwortungsbereiches« (1980) definiert wurde. Der IMS löste die Kategorie ➨ Geheimer Informator ab. IMS hatten Verdachtsmomente zu erkennen, ferner »wesentliche Beiträge zur allseitigen Gewährleistung der inneren Sicherheit« im Verantwortungsbereich zu leisten, »im hohen Maße vorbeugend und schadensverhütend« zu wirken und »neue Sicherheitserfordernisse« rechtzeitig zu erkennen helfen. IMS war die im MfS bei weitem am häufigsten vorkommende Informanten-Kategorie, zuletzt gab es 93 600 IMS.   *HME*

Inoffizieller Mitarbeiter zur Sicherung der Konspiration und des Verbindungswesens (IMK) Von 1968 bis 1989 geltende Bezeichnung für IM, die verschiedene logistische Aufgaben hatten. Bei der bereitgestellten Leistung wurde nach Konspirativer Wohnung (KW) bzw. konspirativem Objekt (KO), Deckadresse (DA), Decktelefon (DT) und Sicherheit (S) differenziert. IMK, die ein Zimmer, eine

Wohnung, ein Büro oder Gebäude für konspirative Zwecke zur Verfügung stellten, wurden als IMK/KW bzw. IMK/KO (→ Konspirative Wohnung) bezeichnet. Solche, die die inoffizielle Verbindung zwischen IM und Führungsoffizier durch die Bereitstellung einer Deckadresse oder eines Decktelefons aufrechterhielten, wurden als IMK/DA und IMK/DT bezeichnet. IM, die auf sonstige Art und Weise die Konspiration gewährleisteten und unterstützten, trugen die Bezeichnung IMK/S. Zuletzt gab es 30 500 IMK. *HME*

Inoffizieller Mitarbeiter, der unmittelbar an der Bearbeitung und Entlarvung im Verdacht der Feindtätigkeit stehender Personen mitarbeitet (IMV) Von 1968 bis 1979 geltende IM-Kategorie, die als »Inoffizielle Mitarbeiter, die unmittelbar an der Bearbeitung und Entlarvung im Verdacht der Feindtätigkeit stehender Personen mitarbeiten« definiert war. Den IMV wurde der Teil der Aufgaben der Vorgängerkategorie → Geheimer Mitarbeiter zugeordnet, die auf die Bekämpfung von »Feinden« innerhalb der DDR bezogen waren, während der andere, auf das »Operationsgebiet« ausgerichtete Teil der Aufgaben bei der Kategorie → IMF angesiedelt wurde. 1980 wurden beide Kategorien wieder zur Kategorie → IMB zusammengefasst. IMV sollten verdächtige Personen oder Gruppen »direkt bearbeiten«, umfassende Persönlichkeitsbilder erstellen und Beweise für »feindliche« Tätigkeit sichern. *HME*

Institut für Wirtschaftswissenschaftliche Forschung (IWF) Das IWF – mitunter auch als Außenpolitischer Nachrichtendienst (APN) bezeichnet – ist ein Vorläufer der → Hauptverwaltung A und bestand 1951–1953. Leiter waren Anton Ackermann, → Stahlmann und → Wolf. Das IWF arbeitete parallel zum → MfS. Es hatte in der Bundesrepublik Deutschland und Westberlin konspirativ vor allem politische, wissenschaftlich-technische und wirtschaftliche Informationen zu beschaffen.

Das IWF hatte die »innenpolitische und wirtschaftliche Lage in Westdeutschland«, Parlament und Regierung der Bundesrepublik, die Parteien, die wissenschaftlich-technischen Zentren, die Kirchen und andere Organisationen mit Hilfe von illegal operierenden Quellen aufzuklären sowie »Licht auf die Politik der westlichen Besatzungsmächte zu werfen«, heißt es im Gründungsbeschluss des sowjetischen Informationskomitees. Ferner gehörten zu seinen Aufgaben die politische Aufklärung in Westberlin, wirtschaftliche und wissenschaftlich-technische Aufklärung auf den Gebieten der Kern- und Trägerwaffen, der Kernenergie, Chemie, Elektronik und Elektrotechnik, des Flugzeug- und Maschinen-baus und der konventionellen Waffen.

Es gab zuletzt vier HA und mindestens sechs Abteilungen. Die I. HA befasste sich mit der politischen Aufklärung in Westdeutschland. Sie versuchte in Regie-rungsstellen und Parteien der Bundesrepublik mit Quellen einzudringen. Sie be-fasste sich auch mit gesellschaftlichen Organisationen und Verbänden, mit den Kirchen und den Besatzungsmächten. Eine Zeitlang wurde die HA Information als II. HA ausgewiesen, die jedoch zur III. HA aufrückte. Sie wertete die von den HA und Abt. Operativ beschafften Informationen aus. Die IV. HA war zuständig für die nachrichtendienstliche Ausrüstung der Quellen.

Die 1. Abt. befasste sich mit der Gegenspionage. Die wissenschaftlich-technische Aufklärung (WTA) war Gegenstand der 2. Abt. (dann 3. Abt. bzw. Abt. III). Die 3. Abt. – später Abt. K genannt – war für die Kadergewinnung und die Auswahl der Kursanten für die institutseigene Schule zuständig. Als 3. Abt. firmierte zeit-weise, vermutlich bei Einrichtung des IWF, eine Abt., die das inoffizielle Netz in Westberlin führte. In der 4. Abt. verzeichnete das IWF in der Erfassungskartei alle Personen, an denen operatives Interesse bestand, die persönlichen Konten-blätter, auf denen für jeden operativen Mitarbeiter die von ihm geführten Vor-gänge verzeichnet waren, sowie das Archiv.

Im April 1953 lief mit Gotthold Krauss, der mit dem amerikanischen Nachrich-tendienst kooperiert hatte, ein Abteilungsleiter des IWF nach Westberlin über. Seine Erkenntnisse gingen in die Aktion »Vulkan« des Bundesamtes für Verfas-sungsschutz ein und lösten eine Verhaftungswelle aus. Dieser Übertritt erzwang eine Reorganisation des IWF. *HME*

Instrukteur Der I. unterhielt im Auftrag des Führungsoffiziers die persönliche Verbindung zu dem im sog. → Operationsgebiet eingesetzten inoffiziellen Mit-arbeiter oder → Residenten. Er beauftragte und instruierte den IM und nahm dessen Berichte entgegen. In der Regel waren die I. DDR-Bürger und erhielten in den 80er Jahren den Status von → Hauptamtlichen IM. Zuletzt gab es 777 In-strukteure. *HME*

Irmler, Werner *15.4.1930
Leiter der ZAIG, 1979–1989 Mitglied des Kollegiums des MfS
Geb. in Kühnau (Schlesien), Vater Maschinenformer, Mutter Hausfrau; Volks-schule; 1944/45 Ausbildung zum Industriekaufmann.

Werner Irmler

1945 Umsiedlung; 1946–1948 Lehre als Forstfacharbeiter; 1948 SED; 1948/49 Hilfsförster; 1949–1951 Forstfachschule, Förster; 1951 Mitarbeiter im Ministerium für Land und Forst Brandenburg, dann Forstinstrukteur in Zehdenick; 1952 Einstellung beim MfS, Abteilung Volkswirtschaft der BV Potsdam; 1953 Versetzung zur → HA IX des MfS Berlin; 1955/56 Einjahreslehrgang an der Bezirksparteischule Berlin; 1957–1959 Leiter der Abt. Information; 1959 stellv. Leiter der Zentralen Informationsgruppe; 1965 Leiter der → ZAIG; 1960–1965 Fernstudium an der → JHS, Diplom-Jurist; 1970 Promotion an der JHS des MfS Potsdam; 1971 Oberst; 1975 Orden des Roten Sterns (UdSSR); 1982 VVO in Gold; 1987 Generalleutnant; Dezember 1989 von seiner Funktion entbunden; Januar 1990 Entlassung, Rentner.   *JGi*

IWF → Institut für Wirtschaftswissenschaftliche Forschung

J

Jamin, Erich 20.3.1907–29.12.1976
Leiter der HA VII (Ministerium des Innern, Deutsche Volkspolizei)
Geb. in Witten (Westfalen), Vater Schlosser; 1913–1921 Volksschule; 1921–1923 kaufmännische Lehre; 1923–1928 Lehre und Arbeit als Bäcker; 1927–1929 Abendgymnasium; 1928 kurzfristig Bauarbeiter; 1928–1933 arbeitslos; 1929 KPD; Juli–Dezember 1933 KZ Brandenburg (Havel); 1934/35 Bauarbeiter und Bäcker; 1935/36 arbeitslos; 1936–1942 Zuchthaus Brandenburg wegen Vorbereitung zum Hochverrat; 1942–1944 KZ Sachsenhausen; 15.10.–12.12.1944 zur SS-Sonderformation Dirlewanger eingezogen; 1944–1947 sowjetische Gefangenschaft. 1947 Einstellung bei der DVdI, Referat K 5, 1948 Leiter; 1949 → Hauptverwaltung zum Schutz der Volkswirtschaft (ab Februar 1950 MfS), Abt. VI, zuletzt Leiter der Abt. VIb (Sicherheitsüberprüfungen); 1953 Oberst; 1953 Abteilungsleiter in der HA V; 1955 stellv. Leiter der HA V; 1959 Leiter der HA VII; 1965 Entlassung, Rentner.   *JGi*

JHS → Juristische Hochschule des MfS Potsdam

Jugend Zahlreiche MfS-Dokumente belegen, dass die Jugend der DDR zu keiner Zeit flächendeckend überwacht wurde und die Stasi auf aktuelle Entwicklungen häufig nur reagieren konnte. Jugendliche haben sich dem DDR-System vielfach konsequenter verweigert und ihm als Erwachsene widerstanden. Seit seiner Gründung 1950 setzte sich das MfS mit unangepassten Jugendlichen auseinander. Hierbei ging es sowohl um die Absicherung von Großveranstaltungen der Staatsjugendorganisation »Freie Deutsche Jugend« (FDJ) als auch um die Bekämpfung jugendlicher Widerstandsgruppen. 1952/53 beteiligte sich das MfS an der von SED und FDJ initiierten Verfolgung junger Christen, besonders der evangelischen Jungen Gemeinden. Das MfS nahm das nonkonforme Auftreten von größeren Gruppen unter den DDR-Jugendlichen allerdings erst ab Mitte der 50er Jahre als ein politisches und soziales Problem wahr. So registrierten die Teilnehmer einer → Kollegiumssitzung des MfS am 1.2.1956 im Zusammenhang mit der Gründung der Nationalen Volksarmee pazifistische Tendenzen unter den Jugendlichen der DDR und überlegten, wie dem zu begegnen sei. Gestützt auf die Zuarbeit der nachgeordneten Diensteinheiten, erließ

Erich Jamin

Mielke am 4.7.1963 erstmals für das gesamte MfS verbindliche »Arbeitshinweise für die politisch-operative Bekämpfung der politisch-ideologischen Diversion und Untergrundtätigkeit unter jugendlichen Personenkreisen in der DDR«. Damit reagierte das MfS auf das Jugendkommuniqué des Politbüros der SED vom 21.3.1963. Die beispielhafte Schilderung »feindlicher« Handlungen von »Meuten, Rowdygruppen, Klubs, Banden« und sonstigen »negativen Gruppierungen und Konzentrationen« nahmen in den Arbeitshinweisen einen breiten Raum ein. → Mielke legte u. a. fest, dass die inoffizielle Tätigkeit des MfS stärker auf die Arbeit unter Jugendlichen bis 25 Jahren zu konzentrieren sei. Am 11.10.1965 fasste das Sekretariat des ZK der SED einen Beschluss zu Fragen der Jugendarbeit und des Auftretens von sog. »Rowdygruppen unter der Jugend«. Darin wurden die FDJ und die Medien angewiesen, dem Eindringen westlicher »Dekadenz« keinen Vorschub zu leisten und ihm in »überzeugender Weise entschieden entgegenzuwirken«. Dieser Beschluss war für das MfS Anlass zu hektischer Betriebsamkeit. Die für die »Bearbeitung« der Jugend zuständige → HA XX/2 registrierte akribisch sämtliche Vorkommnisse bei der nun einsetzenden Disziplinierungskampagne. Die wichtigste Reaktion des MfS auf den Beschluss des ZK-Sekretariats jedoch war der Befehl 11/66 Mielkes zur »Bekämpfung der

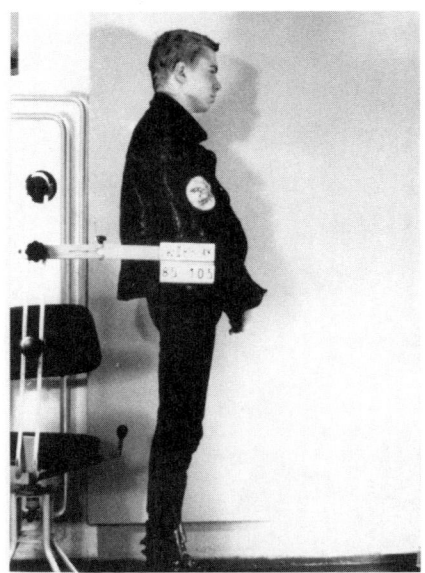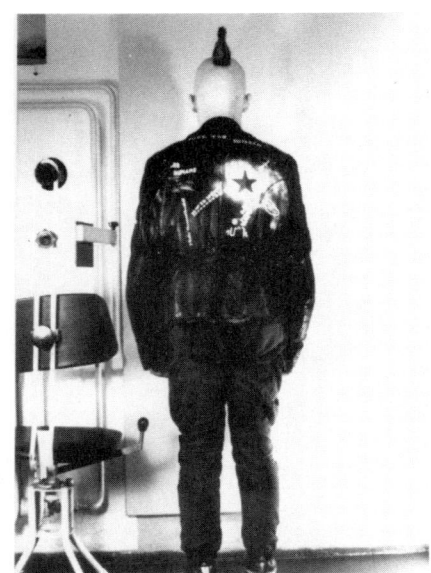

Dem MfS waren unangepasste Jugendliche suspekt, weshalb sie vielfältigen Repressionen ausgesetzt waren. Punks, die bereits durch ihr Äußeres eine Provokation darstellten, wurden wie hier im Bild »erkennungsdienstlich« von der Staatssicherheit erfasst (1985).

politisch-ideologischen Diversion und Untergrundtätigkeit unter jugendlichen Personenkreisen« vom 15.5.1966. Diesen Befehl ergänzte die Dienstanweisung 4/66 gleichen Datums und Titels und führte ihn genauer aus. Beide Dokumente behielten bis 1989 ihre Gültigkeit. Die Dienstanweisung 4/66 regelte grundsätzlich die Vorgehensweise, Mittel und Methoden, Zuständigkeiten und Zielrichtung des MfS bei der »Bearbeitung« Jugendlicher. Sowohl der Befehl als auch die Dienstanweisung wurden bereits Ende der 60er Jahre in Bezug auf aktuelle Ereignisse wie den Prager Frühling und den 20. Jahrestag der DDR durch Durchführungsbestimmungen ergänzt und verschärft. Zu Anfang der 70er Jahre entstand unter der Jugend der DDR die »Tramperbewegung«, die dem MfS wegen ihrer geistigen und körperlichen Mobilität und dem damit einhergehenden Kontrollverlust durch das »Organ« außerordentlich suspekt war. Besonderer Zielpunkt des MfS war deshalb ab Anfang der 70er Jahre die Offene Jugendarbeit der Ev. Kirche, in der sich diese Jugendlichen sammelten. Mit dieser Entwicklung ging eine Politisierung einher, welche Anfang der 80er Jahre in die Bildung von Friedens-, Menschenrechts- und Umweltgruppen mündete. Jetzt sah sich das MfS auch mit einer weitaus radikaleren Form von Jugendprotest konfrontiert als bisher. Konsequenter als die »Tramper« der 70er Jahre verweigerten sich nun die Punks dem allumfassenden Zugriff von Partei und Staat. Dem MfS wurde diese Entwicklung besonders deutlich bei den Bemühungen um jugendliche → IM. Eine Analyse der HA XX zur Lage unter jugendlichen Personenkreisen aus dem Jahr 1980 schilderte die wachsenden Schwierigkeiten: Trotz erheblicher Anstrengungen aller → Bezirksverwaltungen, die Qualität und Quantität der inoffiziellen Basis unter Jugendlichen zu erhöhen, seien die gestellten Ziele nicht erreicht worden. Zu verzeichnen sei vielmehr eine hohe »Abschreibungsquote« bei jugendlichen IM infolge bewusster Dekonspiration, von Desinteresse, mangelhafter Treffdisziplin, unbefriedigender Arbeitsergebnisse, Perspektivlosigkeit in der Zusammenarbeit und wegen des Einflusses »feindlich-negativer« Personen auf die jugendlichen IM. So betrug beispielsweise der Anteil Jugendlicher am Gesamtbestand von IM in den Bezirksverwaltungen 1982 nur 10 %. Es ist auffällig, dass in den Monatsberichten, Arbeitsplänen und Analysen der HA XX ab 1987 den Aktivitäten rechtsgerichteter, neonazistischer Jugendlicher große Aufmerksamkeit zuteil wurde, während bis dahin fast ausschließlich die linksgerichteten Punks im Visier der HA XX waren. Offensichtlich wurden die Sicherheitsorgane durch die gewalttätigen Ausschreitungen von Skinheads auf einer Punkveranstaltung in der Berliner Zionskirche am 17.10.1987 so aufgeschreckt, dass Mielke sich sogar genötigt sah, in einer Anweisung an die Leiter der Diensteinheiten im Zusammenhang mit möglichen neonazistischen Ausschreitungen am 30.1.1988 bei »ernsthaften Gefährdungen« der Sicherheit, den Gebrauch der Schusswaffe anzuordnen. Es bleibt zu fragen, warum das MfS den Rechtsradikalismus unter Jugendlichen erst so spät wahrnahm. Eine mögliche Antwort gibt eine Anweisung des stellv. Ministers für Staatssicherheit Generaloberst Mittig an die Bezirksverwaltungen des MfS vom 2.2.1988. Nachdem dort zunächst das äußere Erscheinungsbild der Skinheads (Glatze, Bomberjacke, Röhrenjeans, Springerstiefel) beschrieben wurde, lieferte Mittig eine Einschätzung der Ideologie der Skinheads. Sie gingen einer Arbeit nach und zeigten im Gegensatz zu anderen »negativ-dekadenten« Jugendlichen eine gute Arbeitsdisziplin. Militärische Ausbildung gehöre für sie zum »Deutschtum«, deshalb hätten sie eine positive Einstellung zum Wehrdienst. Dies waren schätzenswerte Eigenschaften in einer Gesellschaft, in der Disziplin, Ordnung, Sicherheit und Wehrwille zu den obersten Geboten zählten. 1989 war dem MfS die Kontrolle der Jugendszene weitgehend entglitten.

Literatur: Mothes, Jörn u. a. (Hg.): Beschädigte Seelen. DDR-Jugend und Staatssicherheit. Rostock 1996; Behnke, Klaus; Wolf, Jürgen (Hg.): Stasi auf dem Schulhof. Der Mißbrauch von Kindern und Jugendlichen durch das MfS. Berlin 1998; Süß, Walter: Zu Wahrnehmung und Interpretation des Rechtsextremismus in der DDR durch das MfS. Berlin 1993.   *TAu*

Juristische Hochschule des MfS Potsdam (JHS) Die seit 1951 bestehende Schule des MfS in Potsdam-Eiche wurde im Juli 1965 durch den DDR-Ministerrat in den Status einer Hochschule erhoben. Die JHS, MfS-intern teilweise auch nur als Hochschule des MfS bezeichnet, war zentrale Ausbildungs-, Studien- und Forschungseinrichtung. Der Studien- und Forschungsbereich bestand 1989 aus den Sektionen Marxismus/Leninismus, Politisch-operative Spezialdisziplin, Rechtswissenschaft, Sektion A (Schule der HV A in Gosen bei Berlin) und dem Institut für Internationale Beziehungen für die Ausbildung von »Kadern der Sicherheitsorgane befreundeter Staaten«.

Der JHS war bis September 1989 die Juristische Fachschule mit dem Abschluss Fachschuljurist oder Staatswissenschaftler angeschlossen. Die Anzahl der Absolventen wird auf ca. 10 000 geschätzt.

Der Rektor der JHS (seit 1985 Opitz) wurde vom Minister für Staatssicherheit ernannt. Die Anzahl der Studierenden im Hochschulstudium betrug 1300 im Jahre 1988. Das vierjährige Direktstudium und das fünfeinhalbjährige Fernstudium hatten bis 1989 4300 Absolventen mit dem akademischen Grad »Diplomjurist« abgeschlossen. Das Hochschulstudium war jedoch keine umfassende juristische Ausbildung für eine Tätigkeit als Richter oder Rechtsanwalt. Den Schwerpunkt des Studiums mit einem Anteil von fast 40 % bildeten die operativen Fachgebiete, d. h. die Theorie und Praxis eines Nachrichtendienstes. Das Lehrgebiet Rechtswissenschaft hatte nur einen Anteil von 20 %. Das Praktikum bestand im Wesentlichen aus der Arbeit mit → IM einschließlich der Anfertigung von Treffberichten. Im Einigungsvertrag von 1990 wurde daher bestimmt, dass ein an der JHS erworbener Abschluss nicht zur Aufnahme eines gesetzlich geregelten juristischen Berufes berechtigt. Dagegen können die an der JHS erworbenen oder verliehenen akademischen Berufsbezeichnungen, Grade und Titel weiterhin geführt werden. 310 hatten an der JHS den Grad eines »Dr. jur.«, 31 den eines »Dr. sc. jur.« und 68 beide Doktorgrade erworben. Die Mehrzahl der Promovenden

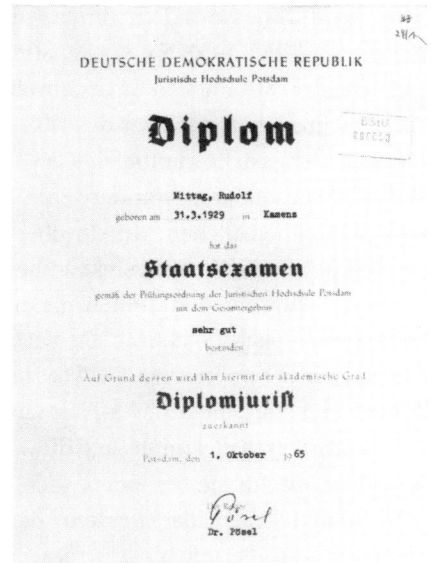

Diplomurkunde der Juristischen Hochschule des MfS in Potsdam für Rudolf → Mittag, ab 1975 Leiter der Bezirksverwaltung Rostock.

war in leitenden Positionen im MfS oder als Lehrkräfte an der JHS tätig. 41 % der Leiter der obersten Diensteinheiten (HA, zentrale Gruppen, BV) hatten an der JHS promoviert.

Der Titel »Dr. jur. h. c.« wurde nur zweimal verliehen, und zwar 1969 an den ehemaligen Residenten des KGB in den USA, Rudolf Iwanowitsch Abel, und 1985 an den »Kanzleramtsspion« Günter Guillaume.

Die 175 in den Beständen der BStU vollständig vorliegenden Dissertationen und andere Forschungsarbeiten sind stark ideologisch orientiert und vermitteln einen Einblick in die Denk- und Arbeitsweise des MfS. Die 3700 Diplomarbeiten sind näher an der Praxis orientiert und befassen sich im größeren Umfang mit der Tätigkeit der Bezirksverwaltungen und Kreisdienststellen.

Die JHS wurde im November 1989 in Hochschule des Amtes für Nationale Sicherheit umbenannt und hat im Januar 1990 ihre Tätigkeit eingestellt.   *GFö*

Justiz, Verhältnis des MfS zur Das Verhältnis des MfS zur Justiz war im Wesentlichen durch die beiden Tätigkeitsbereiche der Staatssicherheit als Untersuchungs- und Überwachungsorgan geprägt.

Das MfS fungierte erstens als → Untersuchungsorgan, d. h. es führte strafrecht-

liche Ermittlungsverfahren durch, die gemäß Strafprozessordnung der DDR
(§§ 95–98 StPO/1952; §§ 87–89 StPO/1968) formal unter der Leitung und
Aufsicht des zuständigen Staatsanwaltes standen. Für Beschuldigte, die in den
Untersuchungshaftanstalten des MfS längerfristig festgehalten werden sollten,
mussten richterliche Haftbefehle erwirkt werden. Zweitens wurde die Justiz als
Teil des Staatsapparats von der Linie XX/1 (→ HA XX) der Staatssicherheit mit
nachrichtendienstlichen Mitteln überwacht. Die Justizkader wurden vom MfS
auf ihre politische Zuverlässigkeit überprüft. Bei der Berufung von Staatsanwälten und Richtern in Funktionen, die die Verantwortung für MfS-Sachen beinhal-
teten, besaß das MfS faktisch ein Vetorecht. Betroffen waren hiervon insbesondere die für die politischen Delikte zuständigen Staatsanwälte der Abteilungen I
(ab 1963 I A) und die für MfS-Fälle zuständigen Haftrichter.

Die Staatssicherheit konnte auf diese Weise die Personalpolitik in den Justiz-
bereichen, die für sie besonders wichtig waren, maßgeblich mitbestimmen. Die
betreffenden Justizkader wussten, dass sie vom Wohlwollen des MfS abhängig waren. Darüber hinaus schirmte die Geheimpolizei durch die Praxis der dop-
pelten Aktenführung wichtige Aspekte seiner strafrechtlichen Ermittlungstätigkeit auch von den zur Aufsicht befugten Staatsanwälten ab (→ Strafverfolgung,
Rolle des MfS). Beide Sachverhalte zusammengenommen führten dazu, dass
die durch das Strafverfahrensrecht der DDR formal gegebenen Kontrollrechte der
Justiz gegenüber dem Stasi-Untersuchungsorgan weitgehend wirkungslos blieben.
In den 50er und frühen 60er Jahren wurde diese strukturelle Dominanz des MfS
gegenüber den Justizorganen immer wieder kritisch thematisiert. Schon 1952
monierte eine von der SED eingesetzte Überprüfungskommission die Unterwür-
figkeit mancher Staatsanwälte gegenüber der Staatssicherheit. Das Druckaus-
üben auf Staatsanwälte und Richter gehörte in dieser Zeit gleichsam zur Routine. Nur sehr hochrangige Justizfunktionäre konnten sich mitunter gegenüber
dem MfS behaupten. Justizministerin Hilde Benjamin etwa wehrte sich gegen
die Unterwanderung ihres Ministeriums durch inoffizielle Mitarbeiter, indem
sie sie aktiv zu enttarnen versuchte. Es gelang ihr, ihren Hauptabteilungsleiter
Werner Böhme, den sie verdächtigte, »Zuträger der Sicherheitsorgane« zu sein,
aus dem Ministerium zu entfernen. Eine ähnliche MfS-kritische Haltung ist vom
ersten Chef der Staatsanwaltschaft der VP (ab 1956 Militärstaatsanwaltschaft)
Max Berger und vom stellv. Generalstaatsanwalt Bruno Haid überliefert, der
während des politischen Tauwetters im Sommer 1956 forderte, dass die Einmi-
schung des MfS in die Personalpolitik der Staatsanwaltschaften beendet werden

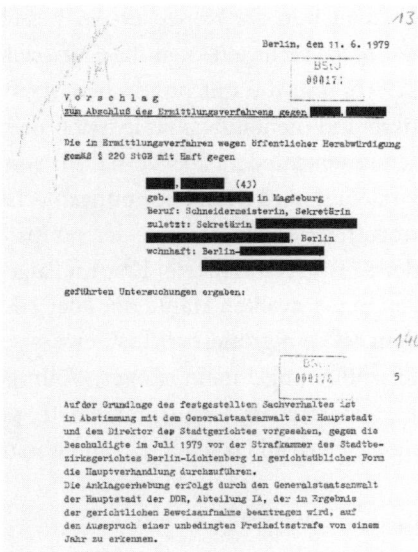

Einflussnahme auf die Justiz: Der »Vorschlag zum Abschluss des Ermittlungsverfahrens« ist links oben vom Minister für Staatssicherheit abgezeichnet mit »einverstanden Mielke«.

müsse. Schon wenig später geißelte Ulbricht solche Ansichten als »liberalistische Tendenzen in der Justiz«; Haid wurde im April 1958 seines Amtes enthoben.

Als 1962 in der DDR – ausgelöst von entsprechenden Entwicklungen in der Sowjetunion – ein weiteres justizpolitisches Tauwetter anbrach, rügte allerdings sogar die SED die ungenügende Aufsicht der Staatsanwaltschaft über die Arbeit der Untersuchungsorgane des MfS, die dazu führe, dass Verstöße gegen die sozialistische Gesetzlichkeit geduldet würden. Die Partei thematisierte in diesem Zusammenhang die Problematik der kaderpolitischen Bestätigungsbefugnisse des MfS bei den Staatsanwälten der Abteilungen I und bei den für MfS-Fälle zuständigen Haftrichtern und die Infiltration der Justizorgane durch inoffizielle Mitarbeiter, zog aber keine nachhaltigen Schlussfolgerungen daraus. An den kaderpolitischen Bestätigungsrechten der Staatssicherheit wurde letztlich nicht gerüttelt. Das Gleiche gilt für die weiterhin mangelhaften Einblicks- und Eingriffsmöglichkeiten von Staatsanwälten und Haftrichtern in das konspirative Gebaren der Geheimpolizei.

Seit den 60er Jahren herrschte zweifellos auch im Untersuchungsorgan des MfS eine größere Korrektheit bei der formalen Einhaltung von Rechtsvorschriften, aber die Dominanz der Staatssicherheit im Verhältnis zu den Justizorganen

blieb auch in der Honecker-Ära bestehen. Konflikte wie in den 50er Jahren traten nicht mehr auf, weil die Staatssicherheit nunmehr juristisch professioneller
agierte und die mit politischen Strafverfahren befassten Justizkader sich politisch und mentalitätsmäßig nicht mehr so stark von den Staatssicherheitsoffizie-
ren unterschieden. Das Verhältnis von MfS und Justiz war jetzt durch ein System
von eingespielten Abstimmungsmechanismen geprägt, das ein weitgehend frik-
tionsfreies Funktionieren der politischen Strafverfolgung unter den Vorgaben
der SED gewährleistete. Erst im Zuge weitergehender Verrechtlichungstenden-
zen in der zweiten Hälfte der 80er Jahre entwickelten die Justizkader gegenüber
dem MfS ein größeres Selbstbewusstsein.
Literatur: Engelmann, Roger; Vollnhals, Clemens (Hg.): Justiz im Dienste der
Parteiherrschaft. Rechtspraxis und Staatssicherheit. Berlin 1999; Vollnhals, Clemens: Der Fall Havemann. Ein Lehrstück politischer Justiz. Berlin 1998.   *REn*

K

K I (Arbeitsgebiet I der Kriminalpolizei) Neben der Staatssicherheit warb auch
die → Volkspolizei Bürger als Spitzel an, besonders ab Herbst 1953. Die dazu er-
mächtigten Kriminalpolizisten wurden 1959 als sog. Operativgruppen disloziert:
eine Operativabteilung in der HA Kriminalpolizei der HV der DVP, Operativgruppen in den Abt. K der Bezirksdirektionen der DVP und Arbeitsgruppen in
den Abt. K der VP-Kreisämter. Diese sollten solche Verbrechen untersuchen, die
nur durch spezifische Mittel und Methoden (wie den Einsatz von Spitzeln) zu
klären waren. Die entsprechenden Fälle wie auch die Zuträger konnte die Staatssicherheit jederzeit in eigener Regie übernehmen.
Insgesamt arbeiteten im Jahre 1961 auf allen Ebenen 2051 Kriminalpolizisten mit
Zuträgern. An der Spitze der Operativgruppen standen ausnahmslos → OibE,
→ IM oder Leitungskader, die nach Anordnung 6/61 zur»besonderen politisch-
moralischen Bindung an das MfS« verpflichtet waren. Zudem wurden ab 1959
Operativdienststellen gebildet, die Ermittlungen und Beschattungen durchführ-
ten und aus denen die Arbeitsrichtung I/U der Kriminalpolizei hervorging.

Im Januar 1965 erhielten die Operativgruppen die bis zuletzt gültige Bezeichnung als Arbeitsgebiet I der Kriminalpolizei (K I). Zudem wurde nun eine Arbeitsrichtung II (Untersuchung/K II) gebildet, die vom Untersuchungsorgan der Staatssicherheit (→ HA IX) instruiert wurde und in den Untersuchungshaftanstalten des Ministeriums des Innern eigene Spitzel anwarb, sog. → Zelleninformatoren. Im Jahre 1966 wurde zudem die Abt. 4 der Verwaltung Strafvollzug aufgestellt; sie führte Zuträger unter kriminellen Strafgefangenen und wurde 1974 als Arbeitsrichtung 4 der K I unterstellt. Ihre zuletzt 120 hauptamtlichen Mitarbeiter wurden in den Gefängnissen als Offiziere für Kontrolle und Sicherheit bezeichnet und führten zusammen 697 Strafgefangene als Spitzel.

Durch »konzentrierten Einsatz der inoffiziellen Mitarbeiter sowie der speziellen Mittel und Methoden« verfolgte die K I zumeist kleinere politische Delikte und politisch bedeutsame Verbrechen allgemeiner Art (wie organisierte Kriminalität). Zu ihren Aufgaben zählten ferner die Kriminalprävention (durch Aushorchen des kriminellen Milieus) und die Überwachung entlassener Straftäter. Aufgrund der Vorrangstellung der Staatssicherheit (insbesondere der → HA VII) durfte die K I allerdings keine ausgewiesenen Feindorganisationen oder die Kirchen bearbeiten, nicht in den Westen wirken und keine Ausländer anwerben; dementsprechend oblag auch die Archivierung ihrer Akten der Staatssicherheit. Aufgrund ihrer hohen Bedeutung für den Mielke-Apparat wurde die K I ihrerseits besonders intensiv durchleuchtet: Im Jahr 1989 wurden 5 ihrer Mitarbeiter in OV und 67 weitere in OPK bearbeitet. Die K I verfügte zu diesem Zeitpunkt über 2015 Mitarbeiter (einschließlich der Arbeitsrichtung I/4), die zu drei Vierteln in VPKA disloziert waren und in deren Mitte 47 OibE sowie 412 IM arbeiteten (zusammen 22,7%). Die Arbeitsrichtung I/U verfügte zur gleichen Zeit über weitere 377 Mitarbeiter, darunter 43 OibE. Die Angehörigen der K I führten ihrerseits zuletzt mehr als 15 000 Spitzel unter DDR-Bürgern (sog. Inoffizielle Kriminalpolizeiliche Mitarbeiter/IKM) und bearbeiteten etwa 2750 Kontrollmaterialien (KM), die zu 46% Ausreisewillige und zu 3,4% Bürger mit »feindlich-negativer Einstellung« betrafen. Die K I war somit an der politischen Repression im SED-Staat maßgeblich beteiligt und wurde weitgehend von der Staatssicherheit dirigiert.   *TWu*

K 5 Der Befehl 0212/46 der SMAD vom 31. Juli 1946 verfügte die Bildung der »Deutschen Verwaltung des Innern« (DVdI) als ein zentrales Organ, das vornehmlich mit Polizeiaufgaben betraut war. Die DVdI gliederte sich in die Abteilung Verwaltungspolizei, Schutzpolizei, Eisenbahn- und Wasserschutzpolizei sowie Feuerwehr, eine Verkehrsinspektion sowie eine Abteilung Kriminalpolizei (Abt. K). Die Abteilung K umfasste sechs Referate. Referat K 5 war ein Querschnittsreferat und mit Fragen der Jugendkriminalität befasst.

Auf einer Konferenz des Präsidenten der DVdI am 30. Oktober 1946 kündigte → Mielke als einer von drei Stellvertretern den Ausbau der Abt. K an, der im ersten Quartal 1947 erfolgte. Unter der globalen Aufgabe »Aufträge der Besatzungsbehörden« bzw. »Ersuchen von deutschen und Besatzungsbehörden« entstand ein neues Referat K 5. Das bisherige Referat K 5 wurde zur K 6 und die Referate K 6 und K 7 zum neuen Referat K 7 (Fahndung und Technik) zusammengeschlossen. Von diesem Zeitpunkt an kann die K 5 als die politische Polizei in der SBZ angesehen werden. Gleichzeitig wurden die Strukturen in den Kriminalpolizeiapparaten in der SBZ vereinheitlicht, bei denen es bereits versteckte Vorformen einer politischen Polizei gab: so z. B. bei der Pressestelle des Polizeipräsidiums der (Groß-)Berliner Polizei oder in Sachsen. Betont wurde stets, dass die Bezeichnung »politische Polizei« niemals in Anwendung kommen sollte.

Bis zum Sommer 1948 fungierte der Altkommunist Ernst Lange als Leiter des Referats K 5. Sein Nachfolger → Jamin übte später leitende Funktionen im MfS aus.

Seit Sommer 1947 rückte der SMAD-Befehl 201/47 über die Entnazifizierung in den Mittelpunkt der Aktivität der K 5. Es wurden Entnazifizierungskommissionen (EK) gebildet. Die einbezogenen K 5-Mitarbeiter wurden mit Exekutivrechten ausgestattet, das gesamte Ermittlungs- und Untersuchungsverfahren bis hin zur Erstellung der Anklageschrift lag in der Hand der eingesetzten K 5-Leute. Den Staatsanwälten kam allenfalls formale Bedeutung zu.

Ab Oktober 1947 wurden im Referat K 5 die Arbeitsgruppen A 1 und A 2 zur Bearbeitung von Aufträgen der Besatzungsmächte bzw. deutscher Behörden und A 3 zur Bearbeitung von Sprengstoff- und Waffenvergehen gebildet. Die AG B 1 und B 2 hatten den Befehl 201 und das Kontrollratsgesetz 10 weiter durchzusetzen. Die AG B 3 sollte die etwaige Weiterführung von NS-Organisationen aufdecken und unterbinden. Die AG C 1 und C 2 hatten Attentate gegen Personen des öffentlichen Lebens bzw. Sabotage zu verhindern bzw. aufzuklären. Die Bekämpfung der Verbreitung antidemokratischer Parolen und Gerüchte bildeten den ersten Arbeitsschwerpunkt der AG C 3. Die AG D war nicht weiter untergliedert und richtete sich allgemein gegen »sonstige Verstöße gegen den demokratischen Aufbau«. Im Februar 1948 wurden noch die Arbeitsgruppen

K 5 C 4 (Registrierung und Überwachung aller Rundfunk-Reparaturwerkstätten und Herstellerfirmen) und danach die AG D II gebildet, deren Aufgaben nicht ausgewiesen sind. Der politische Charakter von K 5 prägte sich rasch aus. So sollte 1947 die AG C 3 Aktivitäten gegen »Schumacherleute und Trotzkisten« entfalten. Das Referat K 5 bestand 1948/49 aus etwa drei Dutzend Mitarbeitern. Die eigentliche operative Arbeit von K 5 erfolgte in den Ländern. Intern unternahm K 5 alles, um innerhalb der Kriminalpolizei die Konspiration zu erhöhen. Im Dezember 1948 erhielten Pieck, Grotewohl, Ulbricht und Oelßner in Moskau die Zustimmung zum Aufbau einer »Hauptabteilung zum Schutze der Wirtschaft und der demokratischen Ordnung« unter direkter Kontrolle der sowjetischen Besatzungsorgane und des Präsidenten der Verwaltung des Innern. Damit waren die Weichen für die künftige Entwicklung der politischen Polizei gestellt.

RWi

KAG I-Erfassung Sowohl die Werbung von Inoffiziellen Kriminalpolizeilichen Mitarbeitern/Kontaktpersonen als auch die »Bearbeitung« von Personen durch das Arbeitsgebiet I der Kriminalpolizei (→ K I) setzte die Zustimmung des MfS und eine dortige aktive Erfassung (→ Erfassung, aktive) voraus. Hierfür waren eigene Formulare zu verwenden. Für den Bearbeitungsgrund gab es eine numerische Codierung, die ggf. durch Stichwörter zu ergänzen war. Als Erfassungsart war »KAG I« anzugeben. Akten zu ehemals vom AG I aktiv erfassten Personen kamen in den Archiven des MfS als AOG oder AKAG zur Ablage (→ Akten des Arbeitsgebiets I der Kriminalpolizei) und sind direkt über die Personenkartei → F 16 recherchierbar.

APo

Kammeragent → **Zelleninformator**

Kaufmann, Bernd *6.7.1941
Leiter der Schule der HV A
Geb. in Zella-Mehlis (Thüringen); 1959 Abitur; 1959–1961 Militärdienst in der NVA; 1960 SED; 1961–1965 Studium an der Karl-Marx-Universität Leipzig, Diplom-Jurist; 1963 IM; 1965 Einstellung beim MfS, → HV A/III (legal abgedeckte Residenturen); 1969 Promotion zum Dr. jur. an der Karl-Marx-Universität Leipzig; 1978 Promotion B zum Dr. sc. phil. an der HU Berlin; 1981 HV A/VII (Auswertung/Information); 1982 stellv. Leiter HV A/VII; 1986 Leiter der HV A-Schule; 1987 Oberst; 1990 Entlassung.

JGi

Bernd Kaufmann

KD → Kreisdienststelle

Kerblochkarten (KK) KK waren Handlochkarten mit zwei gestanzten Lochreihen am Kartenrand. Die Lochreihen sind in Felder und Paare gegliedert, deren Löcher zur Speicherung von Informationen zum Kartenrand hin flach (äußere Reihe) oder tief (innere Reihe) nach einem verbindlichen Schlüssel gekerbt wurden. KK bedurften keiner inneren Sortierung. Bei der Auswertung wurde eine Selektionsnadel in das Loch für das abgefragte Merkmal geschoben und der Kartenblock angehoben oder gekippt. Auf das Merkmal zutreffende Karten fielen dabei heraus. Mit Selektionsgabeln ließen sich mehrere Merkmale gleichzeitig abfragen. Selektionsgeräte für komplexe Abfragen an einem Kartenrand konnten bis zu 350 KK gleichzeitig aufnehmen. Das MfS benutzte seit den 60er Jahren KK im Format DIN A4 mit je nach Verwendungszweck unterschiedlichen Aufdrucken. Die → F 410 (Personenkerbloch-Karteien DDR und West), die → Delikte-Kartei und die → Kfz-Kartei bildeten einen grundlegenden Bestandteil des operativen → Auswertungs- und Informationssystems, das durch Mielkes Befehl 299/65 im MfS eingerichtet wurde. Das KK-System ermöglichte gezielte Recherchen, statistische Auswertungen und die Steuerung von Infor-

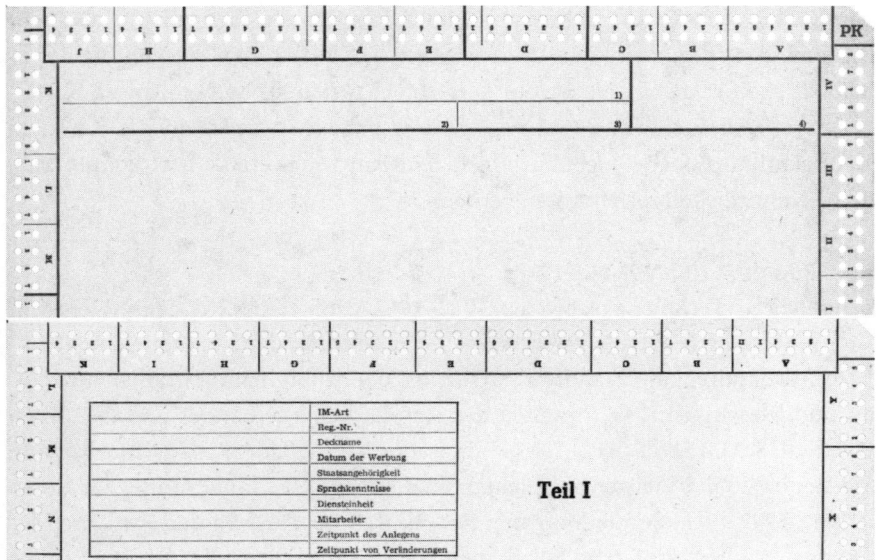

IM-Art
Reg.-Nr.
Deckname
Datum der Werbung
Staatsangehörigkeit
Sprachkenntnisse
Diensteinheit
Mitarbeiter
Zeitpunkt des Anlegens
Zeitpunkt von Veränderungen

Teil I

*Kerblochkarten (Ausschnitt des Kopfteils), oben ein Muster der Personenkartei
F 410a, unten ein Muster der → IM-Vorauswahlkartei.*

mationsflüssen. Daneben gab es andere KK-Formen, etwa die zu den → Ermittlungsverfahren der → Hauptabteilung IX oder die → IM-Vorauswahlkarteien. Durch Mielkes Dienstanweisung 1/80 wurde das 1965 eingeführte KK-System wieder abgeschafft. Ihre Auswertungsfunktion wurde (in erweiterter Form) von den → VSH- und → Sichtlochkarteien und der → ZPDB übernommen. Einzelne Diensteinheiten (z. B. → Hauptabteilung XX) verwandten KK jedoch bis zuletzt als ihre zentrale Personenkartei sowie für spezielle Informationsspeicher. Die Aufnahme eines Personennamens in eine der (in Befehl 299/65 definierten) KK galt als aktive → Erfassung, darum wurde zusätzlich eine → F 16-Personenkarteikarte für den zentralen Nachweis ausgestellt. Diese Erfassungsart blieb mit einer inhaltlichen Definition auch nach 1980, trotz Abschaffung der KK als verbindliches Speichermittel, bestehen (→ KK-Erfassung). KK trugen oft umfangreiche Textinformationen und konnten zu → Zentralen Materialablagen führen. Unterlagen über in KK erfasste Personen, die für die laufende Arbeit nicht mehr benötigt wurden, kamen seit 1974 im Archiv der → Abteilung XII als »Archiviertes Material zu ehemals KK-erfassten Personen« (AKK) zur Ablage.   *RLu*

Kfz-Kartei Kartei zum Nachweis relevanter Kfz-Kennzeichen entsprechend der Zuständigkeit der operativen Diensteinheiten. Kfz-Karteien wurden nicht einheitlich geführt. Es waren sowohl → Kerblochkarten als auch formlose Karteikarten in Gebrauch. Im Bereich der Spionageabwehr wurden in Kfz-Karteien, z. B. bei militärischen Objekten, aufgefallene Fahrzeuge erfasst bzw. konnte nach deren Kennzeichen recherchiert werden.   *DHa*

Kiefel, Josef 2.10.1909–11.3.1988
Leiter der HA II (Spionageabwehr), 1957–1962 Mitglied des Kollegiums des MfS
Geb. in Gotzing (Bayern), Vater Arbeiter; Volksschule, dann Laufbursche; 1923–1926 Ausbildung zum Schlosser, arbeitslos, dann Bergmann, Straßenbauarbeiter und Maschinist; 1927 Mitglied des Fabrikarbeiterverbandes und der Roten Hilfe; 1928 RFB; 1929 KPD; 1931 Emigration in die UdSSR, Maschinist, dann Meister bzw. Obermeister im Pelzkombinat Kasan; 1942 Einberufung zur Roten Armee, 1942–1944 Sonderlehrgang; 1944 Einsatz als Partisan und Aufklärer der Gruppe »Andreas Hofer« in Polen, mehrmals verwundet; nach Anschluss an die Rote Armee Entlassung ins Lazarett nach Kasan.
Juli 1946 Rückkehr nach Deutschland, SED; 1946/47 Instrukteur des SED-Landesvorstandes Sachsen-Anhalt in Halle bzw. Seminarlehrer an der Landesparteischule Wettin; 1947 Einstellung bei der Polizei, stellv. Leiter, 1949 Leiter des Dezernats K 5 (politische Polizei) im LKA Sachsen-Anhalt; 1949/50 stellv. Leiter der → Verwaltung zum Schutz der Volkswirtschaft Brandenburg (ab Februar 1950 Landesverwaltung Brandenburg des MfS); August 1950 Leiter der Abt. IVa (Informationsermittlung) des MfS Berlin; 1952 Leiter der Abt. II (Westarbeit); 1953–1960 Leiter der → HA II; 1953 Oberst; 1960 Leiter der Abt. XXI (Innere Sicherheit im MfS); 1969 VVO in Gold; 1970 Ruhestand; 1984 KMO.   *JGi*

Kienberg, Paul 15.10.1926
Leiter der HA XX (Staatsapparat, Kirchen, Kultur, Untergrund)
Geb. in Mühlberg/Elbe, Vater Arbeiter, Mutter Hausfrau; Volksschule; 1941–1944 Schlosserlehre, Verweigerung der Facharbeiterprüfung wegen jüdischer Herkunft des Vaters; 1944 Arbeitslager; 1945/46 KPD/SED; 1945–1949 Volontär, dann technischer Leiter in Mühlberg; Dezember 1949 Einstellung bei der VP; 1950 MfS Liebenwerda; 1950 Berlin, Abt. VI; 1953 HA V; 1956 Abteilungsleiter, 1959 stellv. Leiter der HA V; 1964 Leiter der HA V (zeitgleich umbenannt in → HA XX); 1963–1965 und 1966–1968 Fernstudium an der → JHS des MfS Pots-

Josef Kiefel   *Paul Kienberg*

dam, Diplom-Jurist; 1965 Oberst; 1973 VVO in Gold; 1989 Generalleutnant; Dezember 1989 von allen Aufgaben entbunden; Januar 1990 Entlassung, Rentner.

JGi

Kirchen, Bekämpfung und Infiltration der   Die Kirchen gerieten nicht selten unter Verdacht, gegen die politischen Verhältnisse in der DDR zu opponieren. Das lag an ihrer weitgehenden Eigenständigkeit, an der christlichen Botschaft, die von den kommunistischen Ideologen als konkurrierendes Sinn- und Erklärungsangebot abgelehnt wurde, sowie an ihrem Beharren auf Mitsprache und Gestaltungsanspruch in gesellschaftlichen Fragen. Im Auftrag der SED wurde daher das MfS tätig, um die von den Kirchen ausgehenden vermeintlichen und tatsächlichen Gefahren für das politisch-ideologische System der DDR abzuwehren. Die SED-Kirchenpolitik war in den vier Jahrzehnten der DDR Wandlungen unterworfen. In den 50er Jahren führte die SED mehrfach einen offenen Kirchenkampf. Dieser richtete sich u. a. gegen die kirchliche Jugend- und Studentenarbeit, v. a. bei der Einführung der Jugendweihe, sowie gegen karitative Einrichtungen wie die Bahnhofsmissionen. Mehrere Religionsgemeinschaften wurden verboten und deren Anhänger verfolgt. Die SED war zudem bestrebt, die Verlesung von solchen Hirtenbriefen und Kanzelabkündigungen zu unterbinden, in denen sozialethische, gesellschaftskritische oder politische Fragen aufgegriffen wurden. Von der Polizei und dem MfS wurden kirchliche Einrichtungen durchsucht und Literatur beschlagnahmt. Neben kirchlichen Mitarbeitern wurden unter Mitwirkung des MfS auch Pfarrer – zwischen 1950 und 1960 mindestens 140 – inhaftiert.

Ab den 60er Jahren beschränkte sich die SED zunehmend darauf, durch eine rigorose Auslegung der Veranstaltungsordnung unerwünschte kirchliche Aktivitäten zu behindern. Das offizielle Eindringen in kirchliche Räume wie im November 1987, als es nachts in der Zionsgemeinde in Ostberlin zu Durchsuchungen und Festnahmen kam, war in den 70er und 80er Jahren eher untypisch, weil dies die Staat-Kirche-Beziehungen erheblich belastete. Vor allem seit 1978 bemühte sich die SED, ein Stillhalteabkommen zwischen Kirchenleitungen und Staat zu respektieren. Das MfS versuchte aber stets, indirekt Einfluss auf kirchliche Entscheidungen zu nehmen. Dies und die verdeckte Informationsbeschaffung zählten zu den Hauptbetätigungsfeldern des MfS im Rahmen der von der SED konzipierten Kirchenpolitik. Die Informationsbeschaffung erfolgte mittels Observation, IM-Einsatz und auf dem Weg der sog. Gesprächsabschöpfung. Dabei gelang es in Einzelfällen auch, Christen in kirchlichen Leitungspositionen als IM zu gewinnen. So arbeitete der thüringische Kirchenjurist und Oberkirchenrat Gerhard Lotz seit 1955 mit dem MfS als IM »Karl« zusammen. Durch die Positionierung eines → Offiziers im besonderen Einsatz im Konsistorium in Magdeburg, Detlev Hammer, der ab 1974 juristischer, dann Oberkonsistorialrat war, vermochte es das MfS, einen hauptamtlichen Mitarbeiter innerhalb der Leitungsstruktur der provinzsächsischen Kirche zu platzieren. Außerdem hatte das MfS gegenüber den Kirchen dann tätig zu werden, wenn Verdachtsmomente dafür vorlagen, dass die Kirchen über den ihnen von der SED zugewiesenen religiös-kultischen Bereich hinaus tätig wurden. Dementsprechend observierte das MfS Kirchengemeinden und Pfarrer, die – wie es beim MfS hieß – im Rahmen der »Partnerschaftsarbeit« Besuchskontakt zu Kirchengemeinden in der Bundesrepublik unterhielten. Das MfS legte hierzu → OV an und ermittelte gegen die Organisatoren der Zusammenkünfte. Als Ziele der MfS-Aufklärung galten ebenso kirchliche Synoden und Basistreffen, auf denen grundsätzlich die potenzielle Gefahr bestand, dass Kritik an den Verhältnissen in der DDR geübt werden würde. In das Blickfeld des MfS rückten die evangelischen Kirchen

*Die Kirchen bildeten einen der Schwerpunktbereiche der geheimpolizeilichen
Überwachung. Observationsfoto vom Kirchentag der evangelischen Landeskirche
Mecklenburg im Juni 1976 in Rostock.*

insbesondere ab Mitte der 70er Jahre: Zunächst rief die auch unter nichtkirch-
lichen Jugendlichen an Attraktivität gewinnende kirchliche Jugendarbeit, dann
die Friedens-, Umwelt- und Menschenrechtsarbeit unter dem Dach der Kirche
den Argwohn des MfS hervor.

Insgesamt war das MfS nur eine von mehreren Institutionen des SED-Staates, die
im Rahmen der SED-Kirchenpolitik tätig wurden. Im Zusammenspiel mit ihnen
versuchte das MfS, die Kirchen zu kontrollieren und zu disziplinieren. In Auswertung der kirchenpolitischen Kampagnen der 50er Jahre und bestärkt durch
konzeptionelle Arbeiten, drängte die SED-Führung ab Anfang der 80er Jahre zunehmend auf ein koordiniertes Vorgehen. Die vom MdI und den Abteilungen für
Inneres erstellten Rapportmeldungen, Berichte und Personeneinschätzungen zu
Gottesdiensten und kirchlichen Mitarbeitern wurden vereinbarungsgemäß dem
MfS zur Verfügung gestellt und bildeten häufig den Grundstock jener Berichte
und Personencharakteristiken, die sich in den Beständen des MfS wiederfinden.
Bereits vor Gründung des MfS hatte bei der Deutschen Verwaltung des Innern

in der → Abteilung K 5 das Referat C 3 existiert. Als Aufgabenbeschreibung wurde die »Aufklärung und Bekämpfung der kirchlichen Feindtätigkeit« genannt. Ab 1950 bestand im MfS zunächst die → Abteilung V, die sich ab 1953 → Hauptabteilung V nannte und 1964 im Zuge einer Umstrukturierung zur → Hauptabteilung XX wurde. Innerhalb dieser Organisationsstruktur zeichnete die Abt. 4 für die »Bearbeitung« der Kirchen verantwortlich. 1988 gliedert sich diese in sechs Fachreferate, wobei je eins für die evangelischen Kirchen, die katholische Kirche sowie die Religionsgemeinschaften und Sekten zuständig war. Ein Referat widmete sich Operativen Vorgängen. Als Schwerpunkt der Arbeit wurde die »Bekämpfung der politischen Untergrundtätigkeit« benannt. Zwei weitere Referate nahmen koordinierende Funktionen wahr. Neben der Hauptabteilung XX/4 stützte sich das MfS bei der Bekämpfung und Infiltration der Kirchen auf die Zuarbeit verschiedener Hauptabteilungen und Abteilungen – so u. a. auf die Dienste der → HV A bei der »Aufklärung« von westlichen Partnergemeinden und Pfarrern, die die kirchliche Friedensarbeit in den ostdeutschen Gemeinden unterstützten. Im Fall der Inhaftierung kirchlicher Mitarbeiter übernahm die → Hauptabteilung IX als Untersuchungsorgan den Vorgang. Hinzu kamen andere institutionalisierte Formen der »Bearbeitung«. Als politisch-ideologische fungierte ab 1958 das Referat Familienforschung, das Verwicklungen missliebiger Kirchenvertreter in das NS-Regime aufdecken oder konstruieren sollte, um die so Diffamierten unter Druck setzen zu können. Angesiedelt war es beim Deutschen Zentralarchiv in Potsdam. Es verwaltete verschiedene aus NS-Beständen stammende Unterlagen und wertete sie aus. Dabei handelte es sich um eine verdeckt arbeitende Einrichtung des MfS. Um den steigenden Informationsbedarf – unter Berücksichtigung der Spezifik kirchlicher und religiöser Angelegenheiten – zu decken und um Sonderaufträge u. a. auch im Ausland ausführen zu können, etablierte das MfS 1960 die sog. Auswertungsgruppe, die dem Referat V zugeordnet wurde. In einem konspirativen Objekt in Berlin-Pankow (»Institut Wandlitz«) arbeiteten hauptamtliche IM und mehrere OibE zusammen.

Seine »Absicherung« fand das Vorgehen des MfS gegenüber den Kirchen durch ein umfangreiches Netz von OibE und IM, die das MfS im Staatssekretariat für Kirchenfragen und in den Kirchenabteilungen der DDR-Bezirke unterhielt. 1989 gab es im Staatssekretariat drei OibE; zudem berichtete der persönliche Referent und Büroleiter der Staatssekretäre Hans Seigewasser und Klaus Gysi, Horst Dohle, ab 1975 als IM »Horst« dem MfS. Insgesamt aber schaffte es das MfS nicht, die Kirchen umfassend zu unterwandern.

Literatur: Vollnhals, Clemens (Hg.): Die Kirchenpolitik von SED und Staatssicherheit. Eine Zwischenbilanz. Berlin 1996; Überprüfung der Stasi-Kontakte in den östlichen Gliedkirchen der EKD. Dokumentation und Kommentar, hg. im Auftrag des Kirchenamtes der EKD. In: Die Zeichen der Zeit, 1997/Beiheft 1.

CHa, ISK

KK-Erfassung Erfassungsart in der Personenkartei → F 16. Der Befehl 299/65 zum → Auswertungs- und Informationssystem schrieb die Speicherung von Informationen in → Kerblochkarten der operativen Diensteinheiten und den zentralen Nachweis zu allen in die KK aufgenommenen Personen in der F 16 mit dem Vermerk »KK-erfasst« vor. Die K. galt als aktive Erfassung (→ Erfassung, aktive). Nach Wegfall der KK durch Dienstanweisung 1/80 blieb die K. als Erfassungsart für Personen bestehen, die wegen »feindlich-negativer Einstellung« oder »besonderer gesellschaftlicher Stellung« die Aufmerksamkeit des MfS erregten, ohne dass die Bearbeitung in einem → Operativen Vorgang/einer → Operativen Personenkontrolle gerechtfertigt gewesen wäre.   *REn*

Kleine, Alfred *13.11.1930
Leiter der HA XVIII (Volkswirtschaft), 1979–1985 Mitglied des Kollegiums des MfS
Geb. in Leipzig, Vater Kraftfahrer; 1947 mittlere Reife; 1947–1950 Lehre und Arbeit als Verwaltungsangestellter; 1950 SED, Wirtschaftsleiter des Krankenhauses Leipzig-Dösen; 1952 Verwaltungsleiter eines Betriebs; 1953 Einstellung beim MfS, HA III; 1955 stellv. Abteilungsleiter, dann Abteilungsleiter; 1956 stellv. Leiter der HA III (ab 1964 HA XVIII); 1956–1962 Fernstudium an der HfÖ Berlin, Diplom-Wirtschaftler; 1967/68 Freistellung, Promotion zum Dr. jur. an der → JHS des MfS Potsdam; 1974 Leiter der → HA XVIII; 1985 VVO in Gold; 1989 Generalleutnant; Dezember 1989 von seiner Funktion entbunden; 1990 Entlassung; nach 1992 Mitbetreiber einer Dienstleistungsfirma.   *JGi*

Kleinjung, Karl 11.3.1912–20.2.2003
Leiter der HA I (NVA und Grenztruppen), 1959–1980 Mitglied des Kollegiums des MfS
Geb. in Remscheid, Vater Heftmacher; Volksschule; Ausbildung zum Friseur, danach arbeitslos; 1929 KJVD; 1930 RFB, bis 1933 Politleiter in Remscheid-Vieringhausen; 1931 KPD; 1933 Emigration nach Holland, 1935 Verhaftung,

Alfred Kleine *Karl Kleinjung*

dann Abschiebung nach Belgien, KPD-Kurier; 1936–1939 Interbrigadist in Spanien, zuletzt in der Gegenaufklärung; anschließend UdSSR; bis 1941 Schlosser in einer Autofabrik in Gorki; 1941–1943 Spezialausbildung als Aufklärer in Moskau und Ufa; 1943–1945 Partisan und Durchführung von NKWD-Sonderaufträgen; 1945 Parteischule bei Moskau.

1946 Rückkehr nach Deutschland, Kreispolizeidirektor in Nordhausen, Gruppenchef der Grenzpolizei in Mühlhausen, SED; 1947–1949 stellv. Leiter der VP-Landesbehörde Thüringen bzw. Leiter der VP Mecklenburg; 1949/50 Lehrgang für DVP-Offiziere an der Militärakademie der UdSSR in Priwolsk; 1950 Einstellung beim MfS, Leiter der Verwaltung Groß-Berlin; 1951 Leiter der → Objektverwaltung »W«; 1955 Leiter der → HA I; 1965 VVO in Gold; 1974 Generalleutnant; 1981 Ruhestand; 1982 KMO; 1987 Stern der Völkerfreundschaft in Gold. Nach 1990 mehrere Ermittlungsverfahren u. a. 1997 wegen Totschlags an Michael Gartenschläger, eingestellt wegen Verhandlungsunfähigkeit. *JGi*

Reinhold Knoppe   *Peter Koch*

Knoppe, Reinhold 6.4.1908–30.5.1983
Leiter der Abt. XII (Erfassung und Statistik)
Geb. in Bernstein (Bayern), Vater Schmied, Mutter Hausfrau; Volksschule; 1922–1924 Ausbildung zum Glaser; 1924–1927 Gelegenheitsarbeiter; 1927 Redaktionsbote, dann Zeitungsfahrer; 1929 KPD; 1932 arbeitslos; 1933 Emigration in die ČSR; 1937–1939 Interbrigadist im Spanischen Bürgerkrieg; 1939–1941 Internierung in Frankreich; 1941 Übergabe an die Gestapo, dann KZ Sachsenhausen.
1945 Leiter des OdF-Heimes Lehnitz, dann VP; 1950 Einstellung beim MfS, Leiter der HA III (Volkswirtschaft), Oberst; 1953 Leiter der BV Magdeburg; 1962 Leiter der → Abt. XII des MfS Berlin; 1968 Entlassung, Rentner; 1983 VVO in Gold.   *JGi*

Koch, Peter 19.7.1929–3.5.1990
Leiter der Bezirksverwaltung Neubrandenburg
Geb. in Stettin, Vater Lehrer, Mutter Bankangestellte; 1944 mittlere Reife; 1945 Landarbeiter; 1945–1948 Ausbildung zum Schlosser; 1946 SED; 1949/50 Schlos-

serbrigadier und Kulturleiter in einer MTS; 1950 Studium an der Deutschen Verwaltungsakademie »Walter Ulbricht« Forst-Zinna; 1950 wegen Verfehlung »Bewährung in der Produktion«; 1951 Wiederaufnahme des Studiums, Diplom-Wirtschaftler; 1952 Hauptreferent beim Rat des Bezirks Neubrandenburg; 1952 Leiter der Politabteilung der Arbeitsgruppe MTS der BV Neubrandenburg; 1953 Lehrer an der Polithochschule der KVP in Potsdam, Einstellung beim MfS, BV Potsdam, Abt. III (Volkswirtschaft); 1960–1965 Fernstudium an der JHS des MfS Potsdam, Diplom-Jurist; 1962–1975 Stellv. Operativ des Leiters der BV Potsdam; 1972 Promotion zum Dr. jur. an der JHS des MfS Potsdam; 1976 Stellv. Operativ, ab 1977 Leiter der BV Neubrandenburg, Mitglied der SED-Bezirksleitung Neubrandenburg; 1980 Generalmajor; 1986 VVO in Gold; Januar 1990 Entlassung, Verhaftung wegen Verdachtes der Untreue zum Nachteil sozialistischen Eigentums; Mai 1990 Selbstmord in der U-Haft.   *JGi*

Koletzki, Erwin *11.10.1911
Leiter der Schule des MfS Potsdam
Geb. in Berlin, Vater Klavierbauer, Mutter Hausfrau; 1918–1926 Volksschule; 1928–1930 Fachschule für Mechanik und Elektrotechnik Berlin; 1930/31 Mechaniker; 1931 KPD; 1931–1934 erwerbslos; 1934–1936 Haft im Zuchthaus Luckau wegen Vorbereitung zum Hochverrat; 1937–1939 Arbeit als Mechaniker; 1939–1945 Zuchthaus Brandenburg wegen Vorbereitung zum Hochverrat.
1945 Einstellung bei der Polizei, Leiter der Zweigstelle Berlin-Treptow, später Leiter der VP-Schule Berlin-Oberschöneweide; 1948/49 Besuch der PHS; 1951 MfS; 1951–1953 Leiter der Schule des MfS Potsdam; 1953 Oberst; 1954 stellv. Leiter der HA XV/III (Auswertung); 1956 stellv. Leiter der HV A/V (Information); 1959 Leiter der HV A/VII (Auswertung/Information); 1961 Entlassung, Frührentner; 1965 Mitarbeit im Bereich Baureparaturen der HA Verwaltung und Wirtschaft; 1968 im MfS-Betrieb VEB Montagebau Berlin (MBB); 1971 Entlassung, Rentner.   *JGi*

Kollegium des MfS Auf der Grundlage einer Regierungsverordnung von 1952 wurde im Juli 1954 im damaligen → Staatssekretariat für Staatssicherheit ein K. gebildet, dem laut Geschäftsordnung neben dem Staatssekretär (ab November 1955 Minister) als Vorsitzender seine fünf Stellvertreter und der 1. Sekretär der SED-Parteiorganisation angehörten. Der Kreis der formellen und informellen Mitglieder erweiterte sich jedoch schon bald. Informell nahmen die obersten

Erwin Koletzki

sowjetischen Chefberater und ab April 1957 auch der Leiter des → Sektors MfS in der Abteilung für Sicherheitsfragen des ZK an den Sitzungen des K. teil. Im Juli 1957 wurde das Gremium durch Beschluss der → Sicherheitskommission des ZK um die Leiter wichtiger operativer Hauptabteilungen (→ HA I, → HA II, → HA III [Vorläufer → HA XVIII], → HA V [Vorläufer → HA XX] und den stellv. Leiter der → HV A, → Fruck, erweitert. Das K. war laut Geschäftsordnung ein beratendes Gremium, fällte aber – vor allem in der Schwächephase → Wollwebers 1957 – immer wieder auch Beschlüsse. Im September 1957 – wenige Wochen vor der Einsetzung → Mielkes als Minister – wurde die Geschäftsordnung des K. außer Kraft gesetzt. Unter Mielke verlor das Gremium an Bedeutung, über längere Zeiträume wurde es nicht mehr einberufen. Das Statut des MfS von 1969 enthält nur noch die Festlegung, dass das K. ein »beratendes Organ des Ministers« sei, dessen Mitglieder von ihm berufen werden. Die Zusammensetzung des K. variierte im Laufe der Jahrzehnte leicht. 1989 gehörten ihm der Minister, seine Stellvertreter, die Leiter der HA I, II und XVIII sowie der → HA KuSch, → AGM, → ZAIG und der → BV Berlin, ferner auch der 1. Sekretär der SED-Kreisleitung im MfS und der Leiter des → BdL als Sekretär des K. an. Am 5.12.1989 wurde das K. zum Rücktritt gezwungen. Entscheidend war dabei die Empörung, die sich in den Tagen zuvor auf den Stasi-internen Parteiversammlungen entladen hatte. Der Generalität wurde vorgeworfen, dass sie jahrzehntelang bedingungslos einer verfehlten Politik gefolgt sei. *REn, WSü*

Kombination, operative → Operative Kombination

Kommunistische Geheimdienste, Verhältnis des MfS zu anderen kommunistischen Geheimdiensten Das MfS kooperierte von Beginn an mit den Geheimdiensten anderer Staaten. Der sowjetische Geheimdienst nahm hierbei eine Sonderrolle ein (→ sowjetischer Geheimdienst). Reguläre, gleichberechtigte Arbeitsbeziehungen unterhielt das MfS zu den meisten kommunistischen Geheimdiensten in Europa. In zahlreichen Ländern Afrikas, Asiens und Lateinamerikas betätigte sich das MfS als geheimpolizeilicher und nachrichtendienstlicher »Entwicklungshelfer«.

Europäische Länder: Schon zu Beginn der 50er Jahre dienten die Botschaften Polens, der Tschechoslowakei, Ungarns, Rumäniens, Bulgariens und Albaniens in Ostberlin den Geheimdiensten der jeweiligen Länder als Spionageresidenturen (→ Operativgruppen). Dort arbeiteten Geheimdienstoffiziere unter dem Schutz diplomatischer Immunität und betrieben über Westberlin auch in der Bundesrepublik Spionage, die sich vor allem gegen die hier lebenden Emigranten des eigenen Landes richtete.

Das MfS unterstützte die »Bruderorgane«, indem es in Ostberlin Konspirative Wohnungen für Agententreffs zur Verfügung stellte, Post kontrollierte, Spionageerkenntnisse austauschte und Westemigranten kidnappte, um sie dem jeweiligen Geheimdienst zu übergeben. Der Ungarnaufstand 1956 führte zu einer intensiveren Kooperation, da er als Bedrohung für alle sozialistischen Länder aufgefasst wurde; zudem machten die östlichen Geheimdienste Emigrantenverbände für den Ausbruch des Aufstandes mitverantwortlich und befürchteten eine Wiederholung etwa in Rumänien oder Bulgarien. Seit 1955/56 nahm das MfS an den multilateralen Geheimdienstkonferenzen der Ostblockstaaten teil. Bereits in dieser Zeit existierten Absprachen zwischen den Geheimdiensten hinsichtlich eines umfassenden Informationsaustausches zu Personen und Sachverhalten sowie zum arbeitsteiligen Vorgehen bei Spionage gegen die Bundesrepublik.

Nach dem Mauerbau am 13.8.1961 verlor Ostberlin für die Ostblock-Geheimdienste an Bedeutung. Da nun viele DDR-Bürger über Drittstaaten in den Westen zu fliehen versuchten, intensivierte das MfS seine Kontakte zu den »Bruder-organen« und begann damit, ständige Operativgruppen in einigen Ländern zu stationieren. Die Verbindung zu Albanien brach 1961 offensichtlich ab. Mit der rumänischen Securitate gab es seit Ende der 60er Jahre keine regulären Arbeits-beziehungen mehr, sondern nur noch sporadische Kontakte. Innerhalb des MfS wurde am 1.3.1956 die Abt. X gegründet. Deren ausschließliche Aufgabe war es, die Zusammenarbeit des MfS mit den befreundeten Geheimdiensten zu koor-dinieren und Übersetzungsaufgaben zu erledigen. Ihr durchgängiger Leiter von 1956 bis 1989/90 war Willi Damm. Der Aktenbestand der Abt. X wurde 1989/90 größtenteils vernichtet.

Die erste umfassende schriftliche, bilaterale Kooperationsvereinbarung, die im MfS-Bestand überliefert ist, schloss die DDR-Staatssicherheit am 6./7.7.1955 mit dem Geheimdienst der ČSR ab; sie trägt die Unterschriften von → Wollweber und dem tschechoslowakischen Innenminister Rudolf Barák sowie einen Zu-stimmungsvermerk von Walter Ulbricht. 1958 folgte ein Vertrag des MfS mit dem ungarischen Geheimdienst. Weitere Kooperationsvereinbarungen sind aus den 60er Jahren überliefert. So unterzeichneten → Mielke und der polnische Innenminister Mieczysław Moczar am 19.2.1965 ein Protokoll, das die Zusam-menarbeit bis zu diesem Zeitpunkt positiv bewertete und konkrete Festlegungen für die Zukunft enthielt. Dazu zählten: gegenseitige Abstimmung sowie Informa-tionsaustausch bei der Spionage gegen Ziele in der Bundesrepublik (Politik, Wirt-schaft, Sicherheitsbehörden, Landsmannschaften, Ostforschungsinstitute, katho-lische Kirche, polnische Exilorganisationen); Datenaustausch über verdächtige Reisende im jeweils anderen Land; vorbeugende und operative Maßnahmen zur Verhinderung von Fluchtversuchen; Informationsaustausch über Kontakte zwi-schen Katholiken der DDR und Polens; gemeinsame Auswertung von Archiv-unterlagen zu NS-Verbrechern; gegenseitige Unterstützung bei der Entwicklung und beim Einsatz operativer (geheimdienstlicher) Technik; Austausch von Lehr-filmen zu Schulungszwecken. Eine vergleichbare Vereinbarung zwischen MfS und bulgarischem Geheimdienst wurde im Juni 1967 unterzeichnet.

1974 schloss das MfS erneut Verträge mit den Geheimdiensten (formal: Innen-ministerien) Polens und Bulgariens, 1977 der ČSSR, 1981 Ungarns. Inhaltlich schrieben diese den bisherigen Stand fort. Die Verträge wurden nun mit bila-teralen Abkommen zwischen einzelnen Geheimdienstabteilungen untersetzt, die auf der gleichen Linie (→ Linienprinzip) arbeiteten, insbesondere zwischen den Abteilungen für Auslandsspionage, für Spionage- und »Terrorabwehr« oder für Bekämpfung oppositioneller und kirchlicher Gruppen. In den 70er und 80er Jahren intensivierte sich auch die multilaterale Zusammenarbeit (siehe auch → SOUD). Nicht nur die Minister und Geheimdienstchefs, sondern auch die jeweils für dieselbe Linie verantwortlichen Abteilungsleiter trafen sich in regelmäßigen Abständen zu bi- und multilateralen Beratungen, daneben gab es Begegnungen, Absprachen und gemeinsame Arbeitspläne auf untergeordneter Ebene. Die geheimdienstliche Kooperation zielte einerseits gegen den Westen. Andererseits war sie eine Reaktion auf die enger werdenden wirtschaftlichen, wissenschaftlichen und touristischen Verflechtungen zwischen den Ostblockstaaten sowie auf gemeinsame internationale Herausforderungen wie den KSZE-Prozess. Es ging darum, die Machtverhältnisse innerhalb des östlichen Bündnissystems zu sichern und die eigenen Staatsangehörigen auch im Ausland zuverlässig überwachen zu können. Einige Regimekritiker wurden in gemeinsamen, abgestimmten Aktionen mehrerer Ostblock-Geheimdienste verfolgt.

Die Erwartungen des MfS an die »Bruderorgane« waren zumeist höher als in umgekehrter Richtung, so dass das MfS dort als belehrend und fordernd wahrgenommen wurde. Hinzu kamen ein gegenseitiges, gewiss auch berufsbedingtes Misstrauen sowie unterschiedliche Auffassungen über sicherheitspolitische Prioritäten. Die alltägliche operative Zusammenarbeit hatte sich dennoch eingespielt.

In politischen Krisensituationen mischte sich das MfS einschließlich der → HV A direkt in die Angelegenheiten der »Bruderländer« ein. Ab 1968 in der ČSSR und ab 1980 in Polen half das MfS gezielt den dortigen Geheimdiensten in ihrem Kampf gegen Reformer und Oppositionelle. Den bulgarischen Geheimdienst unterstützte das MfS in den 80er Jahren, als Gerüchte aufkamen, jener sei für das Attentat auf Papst Johannes Paul II. am 13.5.1981 mitverantwortlich gewesen. Mit gemeinsamen aktiven → Maßnahmen versuchte die HV A, den Verdacht gegen Bulgarien zu zerstreuen.

Als in den 80er Jahren die Krisensymptome in den sozialistischen Ländern zunahmen, richtete sich das Interesse des MfS verstärkt auf die innere Entwicklung in den »Bruderstaaten«. Seit 1981 erstellte das MfS wöchentliche Berichte über Polen. 1983 begann das MfS in Absprache mit dem KGB, systematisch und heimlich Informationen über den inneren Zustand Rumäniens zusammenzutragen. Seit 1984 ließ Mielke auch die innere Entwicklung in der Tschechoslowakei, Ungarn und Bulgarien in monatlichen Berichten analysieren, wobei die betreffenden Geheimdienste davon nichts erfahren sollten.

Erich Mielke und der mosambikanische Sicherheitsminister Mariano de Araujo Matsinha unterzeichnen im August 1988 eine Vereinbarung über geheimdienstliche Zusammenarbeit.

Außereuropäische Länder: Die Geheimdienste Kubas, Vietnams, der Mongolei und Nordkoreas, deren Staatsführungen sich dauerhaft und eng an die Sowjetunion anlehnten, entwickelten sich zunehmend zu regulären Kooperationspartnern des MfS und nahmen in einigen Fällen an multilateralen Beratungen und Projekten teil (exemplarisch: SOUD).

Daneben sind zwischen 1964 und 1989 zeitweilige oder kontinuierliche Unterstützungsmaßnahmen bzw. Arbeitsbeziehungen des MfS zu den Sicherheitsorganen von Ägypten, Äthiopien, Angola, Grenada, Südjemen, Kambodscha, Kap Verde, Volksrepublik Kongo, Laos, Mosambik, Namibia (zunächst: SWAPO), Nicaragua, Sambia, Sansibar, Simbabwe (zunächst: ZAPU), Sudan und Tansania bekannt; hinzu kamen Palästinenserorganisationen sowie der ANC in Südafrika. Das MfS, insbesondere die Abt. III der HV A, war in den Ländern mit Operativgruppen oder Verbindungsoffizieren präsent. Die Zusammenarbeit konnte, in grundsätzlicher Art oder auf konkrete Vorhaben bezogen, schriftlich vereinbart sein. In vielen dieser Länder beteiligte sich das MfS daran, Sicherheitsapparate aufzubauen, Führungskräfte und Mitarbeiter geheimpolizeilich und nachrichtendienstlich auszubilden, die politisch-operative Arbeit zu begleiten und technische und materielle Ausstattung bereitzustellen. So lieferte die HV A nicht nur Geheimdienst- und Sicherheitstechnik, sondern auch Waffen, Munition und Handschellen. Ziel war es, prosowjetische Regierungen und Gruppen zu stärken und deren innenpolitische Gegner zu bekämpfen. Andererseits interessierte sich beispielsweise die MfS-Diensteinheit AGM/S (Arbeitsgruppe des Ministers/Sonderfragen) für die vietnamesischen Kriegserfahrungen, um sie für die Ausbildung der eigenen Einsatzgruppen nutzbar zu machen. Der Einsatz in den außereuropäischen Ländern fand arbeitsteilig in Abstimmung insbesondere mit dem KGB und dem kubanischen MININT, aber auch anderen osteuropäischen Geheimdiensten statt.

Literatur: Gieseke, Jens; Kamiński, Łukasz; Persak, Krzysztof (Hg.): Handbuch der kommunistischen Geheimdienste in Osteuropa 1944–1991. Göttingen 2009; Tantzscher, Monika: Die Stasi und ihre geheimen Brüder. Die internationale geheimdienstliche Kooperation des MfS. In: Timmermann, Heiner (Hg.): Diktaturen in Europa im 20. Jahrhundert – der Fall DDR. Berlin 1996, S. 595–621. *GHe*

Kompromat Kenntnisse und/oder Belege für ein juristisches oder ethisches Fehlverhalten eines Bürgers, das dem Betreffenden bei Bekanntwerden rechtliche oder disziplinarische Probleme bereiten oder sein Ansehen beschädigen konnte. K. wurden als Maßnahmen der → Zersetzung und auch bei der → Werbung von IM verwendet. Da das MfS bei IM, die mit solchen Mitteln zur Kooperation erpresst wurden, auf Dauer Probleme bei der Motivation erwartete, ging es mit dem aktiven Einsatz von K. sparsam um. *HME*

Konspiration Grundprinzip der nachrichtendienstlichen und geheimpolizeilichen Arbeit des MfS, das den Einsatz von inoffiziellen → Kräften und anderen verdeckten → Mitteln und → Methoden sowie die weitgehende Geheimhaltung der eigenen Tätigkeit auch gegenüber anderen DDR-Organen und dem SED-Parteiapparat beinhaltet.

Eine besondere Rolle spielt die K. bei den Verhaltensregeln für → IM, → GMS, → HIM, → OibE und → Führungsoffiziere, welche über die inoffiziellen Beziehungen zum MfS zu schweigen bzw. inoffizielle Handlungen für das MfS geheimzuhalten, zu tarnen oder zu verschleiern hatten. *HME, REn*

Konspirative Wohnung (KW) Zumeist private Wohnungen (oder Zimmer), deren Inhaber als → IMK geworben wurden und in denen sich die → Führungsoffiziere mit ihren → IM trafen (→ Treff). Diese Praxis diente der → Konspiration der inoffiziellen Zusammenarbeit. Bei den Inhabern handelte es sich zumeist um »gute Genossen«, denen für das bereitgestellte Zimmer Miete gezahlt wurde. Die KW wurden vorzugsweise in Häusern mit viel Publikumsverkehr und nach Möglichkeit in den mittleren Geschossen eingerichtet. Über die Nutzung der KW wurde detailliert Buch geführt. *HME*

Kontaktperson (KP) Hierbei handelt es sich um einen unscharfen Begriff, der Personen bezeichnete, mit denen das MfS Kontakte unterschiedlicher Natur hatte. Insbesondere in den 50er Jahren waren KP oftmals regelrechte Informanten, bei denen allerdings keinerlei formelle → Erfassung und → Registrierung als inoffizieller Mitarbeiter vorlag. In der IM-Richtlinie von 1958 sind KP als »vertrauenswürdige Bürger« definiert, die »zur Lösung bestimmter Aufgaben angesprochen werden«. In den MfS-Unterlagen der Honecker-Ära werden Funktionsträger, mit denen das MfS offizielle Beziehungen pflegte, häufig als KP bezeichnet. Eine besondere Form von KP gab es bei der → Abt. XIV, die seit 1967 Strafgefangene »mit inoffiziellen Aufgaben als Kontaktpersonen« oder auch als »inoffizielle Kontaktpersonen« (iKP) bezeichnete. Eine andere Bedeutung hatte der Begriff bei der HV A. Laut IM-Richtlinie von 1979 handelte es sich hierbei um »Bürger aus dem Operationsgebiet«, »die über Zugang zu operativ bedeutsamen Informationen bzw. über Möglichkeiten zur politischen Einflussnahme verfügen« und zu denen »eine stabile Verbindung« unterhalten wird«, ohne dass diese über »den nachrichtendienstlichen Charakter« der Kontakte im Bilde waren (→ Abschöpfen). *HME*

Kontaktpolitik Von der Bundesrepublik und anderen westlichen Staaten im Zuge der Entspannungspolitik verfolgte vertragliche Erleichterung und Förderung von Ost-West-Kontakten. Findet sich zumeist mit dem Begriff → Kontakttätigkeit als Begriffspaar (KP/KT). Die MfS-Führung war der Überzeugung, dass die Bundesrepublik die K. nutzte, um durch ideologische Beeinflussung der Bevölkerung die politischen Machtverhältnisse in der DDR in ihrem Sinne zu verändern. Das westliche Interesse an der Erleichterung des privaten Reiseverkehrs, an Städtepartnerschaften, wissenschaftlichem Austausch, der Entsendung diplomatischer Vertreter und Korrespondenten in die DDR, selbst das Bemühen um den Ausbau der Handelsbeziehungen sah das MfS auch als Ausdruck einer gezielten K., die das Normalisierungsinteresse nur als Vorwand nutzte. Da KPdSU und SED als Initiatoren der Entspannungspolitik auftraten, übte das MfS keine grundsätzliche Kritik, machte seine Mitarbeiter aber intern immer wieder auf die Gefahren dieser Politik aufmerksam und forderte zu vermehrten Anstrengungen auf, die Kontakttätigkeit als Auswirkung der K. einzudämmen. Letztlich waren die Möglichkeiten des MfS aber zu begrenzt, um nachhaltig Gegenwirkung zu erzeugen. Selbst SED-Mitglieder waren im Laufe der Jahre immer weniger bereit, auf Westkontakte zu verzichten.   *SSu*

Kontakttätigkeit Auf der vermeintlichen ➔ Kontaktpolitik westlicher Staaten basierende Ost-West-Kontakte, denen vom MfS unterstellt wurde, einer zielgerichteten ideologischen und politischen Unterminierung der DDR und anderer kommunistischer Länder (➔ Diversion, politisch-ideologische) sowie der Beschaffung von Informationen zu dienen. Findet sich zumeist zusammen mit dem Begriff Kontaktpolitik als Begriffspaar (KP/KT).   *REn*

Kontrollobjektakte (KOA) Die Aktenkategorie KOA wurde 1981 als eine reine Informationssammlung zu Objekten eingeführt. Es durften keine Personen erfasst werden. Objekte wurden definiert als »Einrichtungen, Gebäude, Bungalows, Wohnungen, Nachrichtenverbindungen u. a. Objekte in der DDR, die für die Planung, Vorbereitung und Durchführung feindlich-negativer Aktivitäten genutzt werden bzw. genutzt werden können«. Gemäß DA 2/81 mussten KOA in den ➔ Abt. XII registriert werden. Als Vorläufer kann der ➔ Objektvorgang angesehen werden.   *DMü*

Kontrolloffizier K. waren für die interne Anleitung und Kontrolle, insbesondere der operativen Tätigkeit und der entsprechenden Aktenführung zuständig und besaßen bei der Erfüllung ihrer Kontrollaufträge weitgehende Befugnisse, insbesondere Akteneinsichts- und Befragungsrechte. Sie arbeiteten in speziellen Kontrollorganen, die zentral beim Minister angesiedelt waren (Kontrollinspektion, AG Anleitung und Kontrolle, ➔ ZAIG) oder bei den Leitungen der selbständigen Diensteinheiten bestanden. Letztere wurden 1978/79 Bestandteil der ➔ AKG.   *REn*

Robert Korb   *Werner Korth*

Kontrollvorgang Vorgangsart von 1953 bis 1960. K. dienten der Anleitung und Kontrolle besonders wichtiger → Operativer Vorgänge und → Untersuchungsvorgänge sowie von Vorgängen zu bedeutsamen inoffiziellen Mitarbeitern durch eine fachlich übergeordnete Diensteinheit (→ Linienprinzip). Der K. enthält Dokumente zum Stand der Bearbeitung und zu den Anleitungsvorgaben.   *REn*

Korb, Robert 25.9.1900–31.12.1972
Stellv. Leiter der HV A
Geb. in Bodenbach (Böhmen), Vater Lokführer, Mutter Hausfrau; 1906–1917 Volks- und Mittelschule; 1918 erst Militärdienst, dann Angestellter der Waggonfabrik Leipa (ČSR); 1918 Tschechoslowakische Sozialdemokratische Arbeiterpartei; 1919 Tätigkeit als Gewerkschafts- und sozialistischer Jugendfunktionär; 1921 KPTsch; 1921–1923 Militärdienst, sechs Monate Untersuchungshaft wegen Meuterei und kommunistischer Propaganda; 1923 KPTsch-Bezirkssekretär in Leipa; 1924–1930 Partei- und Jugendfunktionär, später Redakteur; 1930 Chefredakteur der deutschen Parteipresse der KPTsch; 1931 KPTsch-Kreissekretär in Reichenberg (ČSR); 1933/34 13 Monate Haft; 1934 Chefredakteur der deutschsprachigen

»Roten Fahne« in Prag; 1936 Mitglied des Politbüros des Zentralkomitees der KPTsch; 1937 Aufenthalt bei den Internationalen Brigaden in Spanien; 1939 – 1946 KI-Mitarbeiter in Moskau, Mitglied der Redaktion des »Sudetendeutschen Freiheitssenders«.

Juli 1946 Übersiedlung nach Berlin, SED; Chefredakteur des Pressedienstes des SED-Parteivorstandes; 1948 Leiter der Abt. Presse und Information des Parteivorstandes; 1949 Leiter der Abt. Agitation des Zentralkomitees; 1951 Einstellung beim → APN (ab 1953 HA XV, ab 1956 → HV A des MfS), Leiter der HV A/II (Westalliierte), dann der HV A/III (Auswertung); 1956 stellv. Leiter der HV A; 1959 Leiter der ZIG; 1962 Generalmajor; 1965 Ruhestand; 1965 VVO in Gold; 1970 KMO. *JGi*

Korth, Werner 17.8.1929 – 19.1.1998
Leiter der Bezirksverwaltung Schwerin
Geb. in Stettin, Vater Schlosser; Mittelschule; 1944/45 kaufmännische Lehre; 1945/46 Landarbeiter.

1946 – 1948 Lehre und Arbeit als Verwaltungsgehilfe bei der Stadt Rostock; 1948 SED, zuerst Org.-Leiter, dann 1. Sekretär der FDJ-Kreisleitung Rostock; 1950 Einstellung beim MfS, Abt. Personal der Länderverwaltung Mecklenburg; 1952 stellv. Personalleiter der Länderverwaltung Mecklenburg, dann Leiter der Abt. Personal der BV Schwerin; 1957 1. Sekretär der SED-Parteiorganisation der BV Schwerin; 1961 – 1963 wegen Unfalls dienstunfähig; 1965 Stellv. Operativ des Leiters der BV Schwerin; 1966 – 1968 Fernstudium an der JHS des MfS Potsdam, Diplom-Jurist; 1968 Leiter der BV Schwerin; 1973 Promotion zum Dr. jur. an der JHS des MfS Potsdam; 1979 Generalmajor; 1990 Entlassung.   *JGi*

KP/KT → **Kontaktpolitik** → **Kontakttätigkeit**

Kräfte, operative Hauptamtliches und inoffizielles Personal, das für nach außen gerichtete Aufgaben (→ Überwachung, → Ermittlung, → POZW) eingesetzt war. Hierzu zählten die hauptamtlichen Mitarbeiter im operativen Dienst (→ IM-führender Mitarbeiter) und entsprechende Perspektivkader, die → OibE sowie die → IM, → GMS und → HIM. Die K. mussten über eine allgemeine und für das jeweilige Aufgabengebiet spezifische Eignung verfügen, die durch eine entsprechende Erziehung zu erhalten und zu erweitern war. Dabei achtete das MfS auf entsprechende intellektuelle, psychische und physische Eigenschaften. Von besonderer Bedeutung war die geheimdienstspezifische Zuverlässigkeit der K.   *REn*

Günther Kratsch   *Alfred Kraus*

Kratsch, Günther 21.10.1930 – 9.5.2006
Leiter der HA II (Spionageabwehr), 1979 – 1989 Mitglied des Kollegiums des MfS
Geb. in Monstab (Thüringen), Vater kaufmännischer Angestellter; 1937 – 1945
Volksschule; 1945 – 1948 Verkäuferlehre; 1948 – 1950 Arbeiter im Konsum Meuselwitz; 1950 SED, Sekretär der Nationalen Front Meuselwitz; 1951 MfS, Dienststelle Altenburg; 1952 Versetzung zum MfS Berlin, Abt. II; 1960 Abteilungsleiter;
1960 – 1965 Fernstudium an der → JHS des MfS Potsdam, Diplom-Jurist; 1974
Oberst; 1975 stellv. Leiter, 1976 Leiter der → HA II; 1977 Promotion zum Dr. jur.
an der JHS; 1978 Generalmajor; 1985 Generalleutnant; Dezember 1989 von seiner Funktion entbunden; Januar 1990 Entlassung.   *JGi*

Kraus, Alfred 28.3.1910 – 22.4.2001
Leiter der Bezirksverwaltung Rostock
Geb. in Neurohlau (Böhmen), Vater Maurer; Volks- und Bürgerschule; 1924/25
Ausbildung zum Schlosser, abgebrochen; 1925 – 1938 Ausbildung zum und Ar-
beit als Bauzeichner; 1931/32 Mitglied des Zentralkomitees des KJVC; 1932 –
1934 Wehrdienst in der tschechischen Armee; 1935 KPČ; 1935 – 1938 Org.-Leiter

der KPČ-Kreisleitung Neudeck; 1936–1938 Mitglied der KPČ-Gebietsleitung Westböhmen; 1938 Einberufung zum Militärdienst, Flucht vor der Besetzung des Sudetenlandes; März 1939 Verhaftung in Prag, »Schutzhaft« im Gefängnis sowie in den KZ Dachau und Flossenbürg; 1940 Entlassung, Arbeit als Bauzeichner; 1940–1945 Wehrmacht; 1945 englische Gefangenschaft.

November 1945 Flucht aus der Gefangenschaft, Rückkehr in die ČSR; Dezember 1945 mit einem Antifa-Transport nach Mecklenburg; 1946 KPD/SED, Einstellung bei der Polizei, Wachhabender in der Stadtverwaltung Grabow; 1947 Landposten in Zierzow; 1948 Revierleiter in Neustadt-Glewe, dann Personalleiter, später Politkulturleiter des Kreispolizeiamtes Ludwigslust; 1949 Politkulturleiter im Polizeipräsidium Schwerin; 1951 Einstellung beim MfS, Mitarbeiter, dann stellv. Leiter der Abt. VI (Staatsapparat, Parteien) der Länderverwaltung Mecklenburg; März 1952 2., dann 1. Sekretär der SED-Kreisleitung und stellv. Politkulturleiter der Länderverwaltung; August 1952 1. Sekretär der SED-Kreisleitung der BV Rostock; 1954 Stellv. Allgemein des Leiters, dann Leiter der BV und Mitglied der SED-Bezirksleitung Rostock; 1970 Generalmajor; 1975 VVO in Gold; 1975 Entlassung, Rentner; 1985 KMO.   JGi

Kreisdienststelle (KD) Die KD waren neben den Objektdienststellen die territorial zuständigen Diensteinheiten. Sie waren entsprechend den regionalen Gegebenheiten unterschiedlich strukturiert und personell ausgestattet. Einige verfügten über ein Referat zur komplexen Spionageabwehr oder zur Sicherung der Volkswirtschaft und andere nur über spezialisierte Mitarbeiter in diesen Bereichen. Ihre Aufgaben waren die Kontrolle der Wirtschaft, des Verkehrswesens, des Staatsapparates, des Gesundheitswesens, der kulturellen Einrichtungen, der Volksbildung, ggf. von Einrichtungen des Hoch- und Fachschulwesens, wissenschaftlich-technischer Einrichtungen sowie die Überwachung besonders interessierender Personenkreise. Die KD waren maßgeblich an den Genehmigungsverfahren für dienstliche bzw. private Auslandsreisen beteiligt, führten Sicherheitsüberprüfungen durch und erstellten Stimmungs- und Lageberichte. Zur Realisierung der Aufgaben bedurfte es einer engen Zusammenarbeit mit den Partnern des → POZW, insbesondere mit der Volkspolizei, den Räten und anderen Einrichtungen der Kreise. Die KD unterhielten ständige Verbindungen zu den SED-Kreisleitungen. Zwei Drittel der hauptamtlichen Mitarbeiter der KD waren operativ tätig. Die KD führten 50 % der → IM und bearbeiteten etwa 60 % der → OV zu einzelnen Personen oder Gruppen.

Die KD gliederten sich in 2 bis 16 Fachreferate sowie das Referat Auswertung und Information (→ ZAIG) und die Wache/Militärische Sicherungsgruppe. In jeder KD gab es einen Offizier, der teilweise oder ganz (IM-führender Mitarbeiter/XV) für die Belange der → HV A vor Ort zuständig war.

→ Anhang: Kreis- und Objektdienststellen und ihre Kategorisierung 1989, Typische Struktur einer Kreisdienststelle 1989 (Kategorie B, Grenzkreis)   *RWi*

Kreiseinsatzleitung (KEL) Zusammen mit den → Bezirkseinsatzleitungen bildeten die KEL das »Filialsystem« des → Nationalen Verteidigungsrates. Ursprünglich für die Koordinierung der inneren Sicherheitsvorsorge im Falle eines neuerlichen Volksaufstandes wie dem am 17. Juni 1953 geschaffen, waren sie seit den 60er Jahren auf Kreisebene besonders für das System der staatlichen, ökonomischen, infrastrukturellen und gesellschaftlichen Vorbereitung der DDR auf einen Kriegsfall verantwortlich. Im Unterschied zu den BEL spielten die diesen nachgeordneten KEL allerdings eine geringere Rolle. Ihr landesweiter Aufbau geschah ab 1956 nur sukzessive und zog sich bis in die frühen 70er Jahre hin. Regelmäßige Mitglieder der KEL waren: die 1. Sekretäre der SED-Kreisleitungen als deren Vorsitzende; die Vorsitzenden der Räte der Kreise; die Mitarbeiter für Sicherheitsfragen der SED-Kreisleitung als KEL-Sekretäre; die Leiter der Volkspolizeikreisämter, die Leiter der → KD des MfS sowie die Chefs der Wehrkreiskommandos der NVA. Die Vorsitzenden der KEL erhielten ihre Weisungen von den BEL-Vorsitzenden ihrer Bezirke, die durch die 1. SED-Bezirkssekretäre gestellt wurden. Ihnen unterstanden die KEL-Vorsitzenden als 1. SED-Kreissekretäre zugleich in der parteilichen Befehlslinie. Die Leiter der MfS-KD waren wie die Vertreter der beiden anderen Sicherheitsministerien in die Planungen und Beschlussfassungen der KEL sowie in deren Durchführung involviert. Wie auch die BEL stellten die KEL am 30.11.1989 mit Befehl 16/89 des NVR-Vorsitzenden Egon Krenz ihre Tätigkeit ein.   *AWa*

Kretzschmar, Kurt 16.3.1904–16.5.1983
Leiter der Bezirksverwaltung Gera
Geb. in Chemnitz, Vater Textilarbeiter; Volksschule; 1918–1920 Arbeiter; 1921–1928 Lehre und Arbeit als Zimmermann; 1928 KPD, arbeitslos; 1932 Org.-Leiter im Bezirkskomitee der RGO Sachsen, dann KPD-Unterbezirksleiter Limbach; 1933 Mitglied der illegalen KPD-Bezirksleitung Sachsen, Verhaftung, zwei Jahre Zuchthaus Waldheim wegen Vorbereitung zum Hochverrat, dann KZ Sachsen-

Kurt Kretzschmar

burg; 1936–1944 unter Polizeiaufsicht, Arbeit bei verschiedenen Baufirmen; August bis September 1944 Militärdienst bei der Strafeinheit 999, dann zehn Tage KZ Buchenwald; Dezember 1944 Verhaftung nach illegaler Betätigung, Gestapo Chemnitz; März 1945 Ausbruch und Illegalität.

Mai 1945 Org.-Sekretär im KPD-, später SED-Kreisvorstand Chemnitz; 1948 Kreisvorsitzender der SED Annaberg; September 1949 Einstellung bei der Verwaltung zum Schutz der Volkswirtschaft Sachsen (ab Februar 1950 Länderverwaltung Sachsen des MfS), Leiter der Abt. VII (MdI/DVP) und zugleich der Abt. Personenschutz, außerdem Parteisekretär der Länderverwaltung Sachsen; 1952 Stellv. Operativ des Leiters der BV Gera; 1954 Oberstleutnant; 1958/59 kommissarischer Leiter, 1960 Leiter der KD Dresden-Stadt und Mitglied der SED-Stadtleitung Dresden; 1961 Entlassung, Rentner; 1974 VVO in Gold.   *JGi*

Kreusel, Karl 6.10.1911–14.6.1996
Leiter der Bezirksverwaltung Suhl
Geb. in Buchholz (Kreis Annaberg), Vater Arbeiter; Volksschule; 1925–1930 Lehre und Arbeit als Maurer; 1928 KPD; 1930 arbeitslos; 1935/36 Haft; 1936–1940 Arbeit als Maurer; 1940–1945 Wehrmacht.

Karl Kreusel

1945 Org.-Leiter beim KPD-Kreisvorstand Stollberg; August 1945 Einstellung bei der Polizei, Leiter der Kripo Oelsnitz/Vogtland; 1949 Einstellung bei der Verwaltung zum Schutz der Volkswirtschaft Sachsen (ab Februar 1950 Länderverwaltung Sachsen des MfS), KD Oelsnitz; 1951 Leiter der Abt. V (Kirchen, Untergrund) der Länderverwaltung Sachsen; 1952 Leiter der KD Marienberg, BV Chemnitz; Dezember 1952 Leiter der Abt. V der BV Chemnitz (ab 5.5.1953 BV Karl-Marx-Stadt); 1953 Stellv. Operativ, 1954 Leiter der BV Suhl; 1955/56 wegen Krankheit nicht im Dienst; 1956 Stellv. Operativ des Leiters der BV Leipzig; 1959 Oberstleutnant; 1962 Stellv. Operativ des Leiters der BV Gera; 1965 aus gesundheitlichen Gründen entlassen, Rentner.   *JGi*

Kröber, Leander 21.8.1902 – 9.6.1980
Leiter der Länderverwaltung Thüringen. Geb. in Meuselwitz (Kreis Altenburg), Vater Bergarbeiter; 1917–1932 Bergarbeiter, zeitweilig arbeitslos; 1921/22 USPD; 1923 KPD; 1932 Mitarbeiter der KPD-Bezirksleitung Groß-Thüringen und MdL in Thüringen; 1933/34 »Schutzhaft«; 1934/35 illegale Parteiarbeit; 1935 Verhaftung, sieben Jahre Zuchthaus wegen Vorbereitung zum Hochverrat, 1942 KZ Buchenwald; 1943 Außenkommando Schönebeck/Elbe, Leiter der Krankenabteilung.

Heinz Kühne

1945/46 Mitglied der KPD-Bezirksleitung Thüringen, zeitweise Bürgermeister in Meuselwitz; 1945–1947 Polizeidirektor in Eisenach; 1947 Gebietsinspektor der Polizei Thüringen Süd und West in Gotha; April 1948 Leiter der Landespolizeischule in Weimar; Oktober 1948 Leiter der VP-Landesbehörde Thüringen; 1949/50 Sonderlehrgang in der UdSSR; 1950 stellvertretender Leiter, 1951 Leiter der Länderverwaltung Thüringen; 1952 Leiter der BV Chemnitz; März 1953 Adjutant des Innenministers z.b.V.; 1955 Kommandeur der Offiziersschule der Deutschen Grenzpolizei in Sondershausen; 1958 Kommandeur der 3. Grenzbrigade in Erfurt, Oberst; 1960 Entlassung, Rentner; 1972 VVO in Gold.   *JGi*

Kühne, Heinz 8.1.1921–18.11.1996
Leiter der Bezirksverwaltung Magdeburg
Geb. in Bernburg, Vater Bergmann, Mutter Friseurin; Volksschule; 1935–1940 Lehre und Arbeit als Elektroschweißer; 1940–1945 Wehrmacht.
1945–1948 sowjetische Gefangenschaft, 1947/48 Antifa-Schüler, dann Lektor für Kriegsgefangene; 1948 Einstellung bei der VP, Kreisamt Bernburg, SED; 1950 Einstellung beim MfS, Länderverwaltung Sachsen-Anhalt, Leiter der Abt. VIIa (VP-Bereitschaften); 1952 Leiter der Abt. VII (MdI/DVP) der BV Magdeburg;

1953 Leiter der Abt. III (Volkswirtschaft); 1956/57 Lehrgang für mittlere Kader, MfS-Schule Teterow; 1957 Stellv. Operativ des Leiters der BV Magdeburg; 1962/63 Besuch der PHS; 1965–1968 Fern- bzw. Externstudium an der JHS des MfS Potsdam, Diplom-Jurist, 1971 dort Promotion zum Dr. jur., Leiter der BV Magdeburg, Mitglied der SED-Bezirksleitung Magdeburg; 1977 Entlassung, Rentner. *JGi*

Kulturbereich, Überwachung des Kulturbereichs Die für Kultur, Kunst und Literatur zuständigen Diensteinheiten des MfS hatten die kulturpolitische Linie der Partei zu unterstützen und durchzusetzen. Geheimpolizeiliche Überwachung im Kultur- und Medienbereich bedeutete zunächst → »Objektsicherung«, die nach dem Mauerbau durch eine personenbezogene Überwachung ergänzt und in den 70er Jahren durch eine angestrebte »flächendeckende Überwachung« drastisch erweitert wurde. Im letzten Jahrzehnt bestimmten subtilere Formen der Einflussnahme die geheimpolizeiliche Durchdringung des künstlerisch-kulturellen Bereiches der DDR.

In den 50er Jahren intensivierte das MfS seine operative Tätigkeit im Kulturbereich immer nur dann, wenn es »ideologische Aufweichungstendenzen« unter den Kulturschaffenden, speziell den Schriftstellern, befürchtete, was in der Regel mit bestimmten außen- oder innenpolitischen Prozessen im Zusammenhang stand. Derartige Tendenzen beobachtete es im Juni 1953 nicht, dafür aber umso mehr 1956/57 nach den Systemkrisen in Ungarn und Polen. Nach 1957 intensivierte das MfS die Überwachung im Verantwortungsbereich »Kultur« (K.). Beispielsweise geriet das Verlagswesen stärker ins Visier.

Nach dem Mauerbau wurde die geheimpolizeiliche Durchdringung des künstlerisch-kulturellen Bereiches verstärkt. Die Stasi meinte dort erste Anzeichen für das Entstehen eines »politischen Untergrundes« auszumachen. Das anfänglich eher sporadische Interesse wich einer zunehmenden Aufmerksamkeit, die sich speziell auf die Abläufe im Literaturbetrieb ausrichtete. Das MfS forcierte eine »unsichtbare Front« im Innern und fungierte fortan verstärkt als Wächter und Häscher der Kulturpolitik der SED. In der Folge nahm in den 60er Jahren das Ausmaß der personenbezogenen Überwachung stetig zu. Aus verstörenden Erfahrungen mit dem Prager Frühling (1967/68) wurde die Schlussfolgerung gezogen, dass »der Klassenfeind bei der Organisierung der Konterrevolution […] immer von dem scheinbar unpolitischen Bereich der Kunst ausgeht«. Vor diesem Hintergrund sind die 1969 eingeleiteten strukturellen und organisatori-

schen Veränderungen zur Kontrolle und Überwachung der Sicherungsbereiche
K. und Massenkommunikationsmittel (M.) zu sehen.
Der Befehl 20/69 regelte den Aufbau der »Linie XX/7« mit den Zuständigkeits-
bereichen K./M. in der → HA XX/7 und den Abt. XX/7 in den BV. In den KD
standen, den regionalen Besonderheiten entsprechend, häufig nur einzelne
Mitarbeiter zur zeitweiligen Erledigung operativer Aufgaben im Sicherungsbe-
reich K. zur Verfügung. Fortan richtete das MfS sein Augenmerk auf die Felder
Fernsehen, Rundfunk, den ADN und die Printmedien sowie auf alle kulturellen
Institutionen vom Ministerium für Kultur bis hin zum Theater in der Provinz.
Entsprechend der DA 3/69 sollten zukünftig »alle inoffiziellen und offiziellen
Möglichkeiten zur zielgerichteten und ständigen Informationsbeschaffung und
zur operativen Bearbeitung feindlicher Kräfte« eingesetzt und zur »offensiven
Abwehr der feindlichen Angriffe entsprechend der Sicherung der zentralen Ob-
jekte, Einrichtungen und Organisationen im Bereich der K./M. gewährleistet
werden«. Dieses grundsätzliche Aufgabenprofil zur Kontrolle und reibungslosen
Durchsetzung der SED-Kulturpolitik blieb bis Ende 1989 gültig.
Mitte der 70er Jahre weitete das MfS seinen Überwachungsapparat im Bereich K.
erheblich aus, weil »die ideologisch leicht anfälligen Kulturschaffenden« von der
SED-Führung und dem MfS nicht mehr nur als Saboteure der Kulturpolitik der
Partei eingestuft wurden, sondern zunehmend für potentielle oder tatsächliche
Gegner des Sozialismus schlechthin gehalten wurden. Infolgedessen strebte das
MfS die »flächendeckende Kontrolle« der kulturellen Szene an, in der möglichst
jegliche kritische Entwicklung bereits im Keim erstickt werden sollte. Nach der
Ratifizierung der KSZE-Schlussakte 1975 ließ → Mielke die nach innen gerichtete
Tätigkeit seines Apparates in jenen gesellschaftlichen Bereichen verstärken, die
ihm für die »Politik der menschlichen Kontakte« (→ Kontaktpolitik) besonders
anfällig schien. Betroffen waren davon auch die Künstler und Schriftsteller, die
nach Einschätzung des MfS einen »Hauptangriffsbereich des Klassengegners«
(des Westens) darstellten. Um die internationale Reputation der DDR nicht zu
gefährden, war Aufsehen möglichst zu vermeiden. Es gewannen subtile Formen
der Einflussnahme und differenzierte »Zersetzungsmethoden« an Bedeutung.
Diese Tendenz verstärkte sich nach dem aufsehenerregenden Protest gegen die
Ausbürgerung von Biermann 1976. Im Zusammenhang mit der Gründung der
Solidarność in Polen im Jahr 1980 verlagerte das MfS den Schwerpunkt seiner
operativen Arbeit im Kulturbereich von der »Objektsicherung« auf die Überwachung einzelner Personen. Das Ministerium konzentrierte sich nunmehr auf die

Bearbeitung von institutionell gebundenen Akteuren des Kunst- und Kulturbetriebes, die der → PUT verdächtigt wurden. Mit der DA 2/85 »zur vorbeugenden Verhinderung, Aufdeckung und Bekämpfung der PUT« versuchte das MfS, das allmählich anwachsende oppositionelle Potenzial gezielter zu »bearbeiten«. Die Einflussmöglichkeiten des MfS waren sehr stark von den lokalen Gegebenheiten, der aktuellen politischen bzw. kulturpolitischen Linie der SED und der Prominenz des jeweils bearbeiteten Künstlers/Schriftstellers abhängig. Demzufolge waren die Eingriffsmöglichkeiten bei prominenten Kulturschaffenden tendenziell erheblich geringer als beispielsweise bei noch unbekannten Nachwuchsautoren, die über keine Lobby verfügten und an Orten lebten und arbeiteten, für die sich Westmedien kaum interessierten.

Seit den 80er Jahren wurde die Veranlassung der Künstler zu »gesellschaftsgemäßem Verhalten« zu einer zentralen methodischen Variante der Staatssicherheit. Hierbei ging es nicht mehr darum, kritisches Denken strafrechtlich zu verfolgen oder das Entstehen partiell kritischer Werke zu verhindern, sondern deren Veröffentlichung »nur« noch einzuschränken und die betreffenden Personen von dem Bereich zu isolieren, den das MfS mit »politischer Untergrund« beschrieb. In solchen Fällen beschränkte es sich zunehmend darauf, »vorbeugende Aufklärungsarbeit« zu leisten, ohne repressive Maßnahmen einzuleiten. Dafür rückte verstärkt jene nachgewachsene Generation ins Blickfeld der politischen Geheimpolizei, die sich ästhetisch alternativ definierte und organisatorisch nicht in den staatlich organisierten Kulturbetrieb eingebunden war. Speziell für diesen Personenkreis wurde 1981 die »Linie XX/9« gegründet.

Literatur: Walter, Joachim: Sicherungsbereich Literatur. Berlin 1996; Braun, Matthias; Prittwitz v., Gesine: HA XX/7: Kultur und Massenkommunikationsmittel. In: Auerbach, Thomas u. a.: Hauptabteilung XX (MfS-Handbuch). Berlin 2008.

MBr

Kundschafter → Inoffizieller Mitarbeiter (IM)

Kurier IM-Kategorie der HV A. Der K. hielt die Verbindung zwischen dem im Westen ansässigen IM und dem Führungsoffizier aufrecht und übergab bzw. übernahm Informationen, Instruktionen, vom West-IM beschaffte Dokumente, nachrichtendienstliche Hilfsmittel und Geld. Die Gegenstände wurden z. B. in sog. → toten Briefkästen gelagert, so dass West-IM und K. sich nicht begegneten (»unpersönliches Verbindungswesen«). Als K. wurden meistens IM aus der

DDR eingesetzt. Ein K. konnte auch Aufgaben des → Instrukteurs übernehmen. Beim MfS galt das grenzüberschreitende Verbindungssystem als »Lebensnerv« und zugleich verwundbarste Stelle der Westarbeit. *GHe*

L

Lange, Gerhard 20.1.1935 – 30.1.1990
Leiter der Bezirksverwaltung Suhl
Geb. in Magdeburg, Vater Ofensetzer, Mutter Hausfrau; 1953 Abitur; 1953 – 1957 Jura-Studium an der MLU Halle-Wittenberg, Diplom-Jurist; 1954 SED; 1957 wissenschaftlicher Assistent an der MLU; 1959 Einstellung beim MfS, BV Halle, Abt. IX (Untersuchungsorgan); 1969 Stellv. Operativ des Leiters der BV Halle; 1973/74 Delegierung zur PHS; 1981 Leiter der BV Suhl; 1982 Mitglied der SED-Bezirksleitung Suhl; 1983 Generalmajor; 1989 Entlassung; 1990 Selbstmord. *JGi*

Länderverwaltung des MfS Manchmal auch (richtiger) Landesverwaltung oder einfach Verwaltung mit der Bezeichnung des betreffenden Landes (z. B. »Verwaltung Sachsen«). Mittlere Ebene in der territorialen Organisationsstruktur der Staatssicherheit vor der Verwaltungsreform in der DDR vom Juli 1952, die die Abschaffung der Länder und die Einführung der Bezirke mit sich brachte. Die Funktion der L. wurde von den → BV übernommen, die im Wesentlichen die gleiche Organisations- und Aufgabenstruktur hatten. *REn*

Last, Otto 14.4.1906 – 17.4.1990
Stellv. des Ministers für Staatssicherheit
L. wurde in Gustow (Rügen) als Sohn eines Arbeiters und einer Hausfrau geboren, absolvierte die Volksschule und lernte anschließend das Stellmacher- und Karosseriebauerhandwerk, das er in Stettin und an anderen Orten in Deutschland sowie 1928/29 in Brasilien (São Paulo) ausübte. Nach seiner Rückkehr trat er in Stettin der KPD bei, für die er als Agitpropleiter fungierte. Nach 1933 war er politisch illegal tätig, wurde im November 1935 von der Gestapo verhaftet und

Gerhard Lange   Otto Last

im Juli 1936 vom Kammergericht Berlin wegen Vorbereitung zum Hochverrat zu drei Jahren Zuchthaus verurteilt, die er in Gollnow verbüßte. Anschließend war er bis April 1939 in den KZ Sachsenhausen und Ravensbrück inhaftiert. Nach seiner Entlassung arbeitete er wieder in Stettin als Möbeltischler. Im Februar 1943 wurde L. zum Strafbataillon 999 eingezogen und in Griechenland eingesetzt, wo er an Malaria erkrankte: Bis März 1945 war er in verschiedenen Lazaretten. Im September 1945 wurde er 2. Sekretär der Kreisleitung der KPD (ab März 1946 SED-Kreisvorstand) Randow (Mecklenburg) und im Oktober 1946 Landtagsabgeordneter. Von November 1947 bis Mai 1948 besuchte er die Parteihochschule in Kleinmachnow, anschließend war er bis Juni 1949 1. Sekretär des SED-Kreisvorstandes Schönberg. Im Juli 1949 wurde L. im Range eines Chefinspekteurs als Leiter der Verwaltung Mecklenburg der → Hauptverwaltung zum Schutz der Volkswirtschaft eingesetzt, eine Funktion, die er auch nach der Umwandlung in das MfS beibehielt. Im September 1951 wurde er Stellv. des Ministers in Berlin, zuständig für die Linien III (Volkswirtschaft) und XIII (Verkehr) sowie bis 1955 die → Abt. XII. 1953–1955 fiel auch die → Transportpolizei in seinen Zuständigkeitsbereich, ab 1955 auch die Linie VI (Verteidigungsindustrie). Im Mai 1952

Dieter Lehmann   *Siegfried Leibholz*

erhielt er den Rang eines Generalinspekteurs und im Februar die Attestation als Generalmajor. 1956/57 geriet L. in den Strudel der Auseinandersetzungen innerhalb der SED-Führung. Der ZK-Sekretär für Wirtschaft Gerhard Ziller hatte ihn mit Ulbricht-kritischen Äußerungen ins Vertrauen gezogen und L. hatte darüber nur seinen sowjetischen Berater Wassili F. Samojlenko in Kenntnis gesetzt, der die Informationen direkt nach Moskau weitergab. Als sich Chruschtschow 1957 gegen Schirdewan und die anderen Ulbricht-Kritiker in der SED-Führung positionierte, wurde ihm das zum Verhängnis. Im November 1957 wurde er als stellv. Minister abgesetzt und zum Leiter der → Verwaltung »W« (Wismut) berufen. Im Januar 1960 entfernte man ihn auch aus dieser Dienststellung und degradierte ihn zum Oberst. Im April desselben Jahres wurde L. als → OibE im Kombinat »Schwarze Pumpe« in die Funktion des Kaderleiters eingesetzt, die er bis zu seiner Verrentung im Juli 1966 behielt.   *REn*

Legende, operative Inszenierte fiktive Sachverhalte und Vorwände, die bei bestimmten Personen gewünschte Verhaltensweisen auslösen und/oder das MfS in die Lage versetzen sollten, an bestimmte Informationen zu gelangen, wobei der nachrichtendienstliche Hintergrund der Vorgänge unerkannt bleiben sollte. Die L. sollte glaubwürdig sein und auf realen, überprüfbaren Gegebenheiten beruhen. Je nach operativer Zielsetzung gab es die Reise-, Ermittlungs-, Gesprächs-, Kontakt-, Ausweich- und Rückzugslegenden. *HME*

Lehmann, Dieter *19.9.1928
Leiter der Bezirksverwaltung Gera
Geb. in Dresden, Vater Tischler, Mutter Verkäuferin; Volksschule; 1943–1946 Lehre als Tischler.
1946 Arbeit als Tischler-Geselle, SED; 1948 Einstellung bei der VP Dresden; 1949 K 5 (politische Polizei), Einstellung bei der Verwaltung zum Schutz der Volkswirtschaft Sachsen (ab Februar 1950 Länderverwaltung Sachsen des MfS), Abt. IV (Spionageabwehr); 1952 Versetzung zur Abt. KuSch der BV Dresden; 1953 Lehrer an der Schule des MfS Potsdam-Eiche, dann Versetzung, später Leiter der Abt. VII (MdI/DVP) der BV Dresden; 1955 Leiter der KD Görlitz; 1958 Stellv. Operativ des Leiters der BV Dresden; 1962/63 Besuch der Bezirksparteischule Dresden; 1965–1970 Fernstudium an der JHS des MfS Potsdam, Diplom-Jurist; 1970 Leiter der BV Gera und Mitglied der SED-Bezirksleitung Gera; 1976 Promotion zum Dr. jur. an der JHS des MfS Potsdam; 1979 Generalmajor; 1988 Entlassung, Rentner. *JGi*

Leibholz, Siegfried 5.8.1925–1.2.2005
Leiter der Bezirksverwaltung Potsdam
Geb. in Berlin-Schöneberg, Vater Inhaber eines Konfektionsgeschäfts, Mutter Schneiderin; Volksschule, Ausschluss vom Gymnasium wegen jüdischer Herkunft und KPD-Zugehörigkeit des Vaters; 1939–1941 Schlosserlehre, Abendschule; 1942 Abitur; 1941–1943 Hilfsarbeiter; 1943–1945 illegaler Aufenthalt in Sommerfeld (Osthavelland).
1945 Einstellung bei der Polizei, Kreis Osthavelland; 1946 SPD/SED, Besuch der Provinzialpolizeischule Mark Brandenburg; 1947 Lehrer an der VP-Anwärterschule Luckenwalde, dann Leiter der Schutzpolizei Eberswalde, danach Lehrer an der Landespolizeischule Biesenthal; 1948 Leiter der Schutzpolizei im Kreis Teltow; 1949 stellv. Leiter der Dienststelle Mahlow der Verwaltung zum Schutz der Volkswirtschaft Brandenburg (ab Februar 1950 Länderverwaltung Brandenburg des MfS); 1951 Leiter der Abt. VII (VP) der Länderverwaltung Brandenburg, 1952 der BV Potsdam; 1954 Leiter der Abt. II (Spionageabwehr) der BV

Udo Lemme

Potsdam; 1955 Stellv. Operativ des Leiters der BV Potsdam; 1960–1968 Fernstudium an der DASR, Diplom-Staatswissenschaftler; 1971 Leiter der BV Potsdam und Mitglied der SED-Bezirksleitung Potsdam; 1980 Generalmajor; 1985 Entlassung, Rentner; 1985 VVO in Gold.   *JGi*

Lemme, Udo *19.9.1941
Leiter der → Rechtsstelle
Geb. in Gießmannsdorf (Preußen); 1960 Abitur; 1960–1962 Wehrdienst; 1962–1967 Studium an der MLU Halle-Wittenberg, Diplom-Jurist; 1965 SED; 1967 MfS, BV Halle, Abt. XX; 1970 Rechtsstelle des MfS Berlin; 1977 Promotion zum Dr. jur. an der → JHS des MfS Potsdam; 1978 stellv. Leiter, 1981 Leiter der Rechtsstelle; 1986 Oberst; 1990 Entlassung.   *JGi*

Linienprinzip Grundsatz des Organisationsaufbaus im MfS. Danach wurden bestimmte Aufgabenbereiche auf zentraler Ebene und Bezirksebene von Struktureinheiten mit einer entsprechenden fachlichen Zuständigkeit (z. B. Linie II: Spionageabwehr, Linie IX: Untersuchung, Linie XVIII: Volkswirtschaft) wahrgenommen. Die »auf Linie« nachgeordneten Diensteinheiten der BV wurden von den entsprechenden zentralen Diensteinheiten fachlich angeleitet, etwa durch Planorientierungen oder Koordinationsmaßnahmen, waren aber weisungsmäßig (entsprechend dem → Territorialprinzip) dem Leiter der MfS-Bezirksverwaltung oder einem seiner Stellvertreter unterstellt. Auf Kreisebene bildeten sich die Linien nicht mehr vollständig ab. Je nach regionaler Bedeutung des Aufgabenbereiches gab es jedoch auch in den KD manchmal entsprechende Fachreferate oder einzelne »auf Linie« arbeitende Offiziere.   *SSu*

Männchen, Horst 3.6.1935–12.1.2008
Leiter der HA III (Funkaufklärung und Funkabwehr)
Geb. in Berggießhübel (Sachsen), Vater Eisenformer, Mutter Chemielaborantin; 1953 Abitur, Einstellung beim MfS, Abt. V der BV Dresden; 1953/54 Besuch eines Funkerlehrgangs des MfS; 1954 Versetzung zur HA S (operative Technik) des MfS Berlin; 1954 SED; 1960–1965 Fernstudium an der Ingenieurschule Berlin-Lichtenberg und in Mittweida, Ingenieur für Hochfrequenztechnik; 1961 Entlassung aus disziplinarischen Gründen (schuldhafte Verursachung eines Verkehrsunfalls unter Alkoholeinfluss), jedoch weiterhin inoffizielle Arbeit für das MfS; 1963 neuerliche Einstellung, Abt. VIII der → HV A; 1965 Versetzung zum → BdL II; 1966–1968 Fernstudium an der → JHS des MfS Potsdam, Diplom-Jurist; 1966 Operativstab beim 1. Stellv. des Ministers; 1971 Leiter des Bereichs III (Funkaufklärung) beim 1. Stellv. des Ministers (später Abt. bzw. → HA III); 1974 Promotion zum Dr. jur. an der JHS; 1975 Oberst; 1979 Generalmajor; Dezember 1989 von seiner Funktion entbunden; Januar 1990 Entlassung, Rentner; offenbarte sein Insiderwissen dem Bundesamt für Verfassungsschutz.   *JGi*

Markert, Rolf (eigentl. Helmut Thiemann) 24.1.1914–30.1.1995
Leiter der Bezirksverwaltung Dresden
Geb. in Werdau (Sachsen), Vater Maurer; Volksschule; Lehre als Klavierbauer, nach Entlassung als Maurer; 1928 KJVD; 1929–1931 Leiter des Untergaus Zwickau der Roten Jungfront; 1931 Wanderschaft in Litauen und Lettland, dann So-

Horst Männchen   *Rolf Markert*

wjetunion, Arbeit als Ofenbauer in Swerdlowsk, Komsomol, 1932/33 Gewerk-
schaftsmitarbeiter, Anleitung von Wolgadeutschen, Kandidat der KPdSU(B);
1934 Besuch der Schule der Kommunistischen Jugendinternationale in Chot-
kowa bei Moskau; 1934 Rückkehr über Prag nach Berlin, illegale Arbeit, Verhaftung; 1935 dreieinhalb Jahre Zuchthaus Luckau wegen Vorbereitung zum Hochverrat; 1937 KZ Esterwegen/KZ Aschendorfer Moor, 1938–1945 KZ Buchenwald,
KPD, Mitglied der illegalen Parteiorganisation, Pfleger im Krankenbau und im
Abwehrapparat tätig, 1943–1945 Mitglied der militärpolitischen Leitung.
Mai 1945 Einstellung bei der Polizei, Leiter der Personalabteilung im Polizeipräsidium Chemnitz, Annahme des Namens Rolf Markert und des Geburtsdatums
3.9.1911; September 1945 Kadersekretär der KPD-Kreisleitung Bautzen; 1946
Leiter der Personalabteilung der Landespolizeibehörde Sachsen; 1948 Leiter
des Dezernats K 5 (politische Polizei) des Landeskriminalamtes Sachsen; August 1949 Stellv. Operativ des Leiters des Amtes zum Schutz des Volkseigentums
Sachsen; Oktober 1949 Leiter der Abt. VIIa (VP-Bereitschaften) der HV zum
Schutz der Volkswirtschaft (ab Februar 1950 MfS); 1951 Leiter der Länderverwaltung des MfS Brandenburg; 1952 Leiter der Abt. IV (Spionageabwehr) des

MfS Berlin; 1953 Leiter der BV Dresden und Mitglied der SED-Bezirksleitung Dresden; März bis August 1964 geheimdienstlicher Berater in Sansibar; 1969 Generalmajor; 1975 VVO in Gold; 1981 Entlassung, Rentner, KMO. *JGi*

Markierung Konspirative Ermittlungsmethode, bei der Personen und Gegenstände mit chemischen oder radioaktiven Substanzen gekennzeichnet wurden, um bestimmte Handlungen, Wege und Beziehungen nachvollziehen zu können. Die Markierungsmittel wurden vom → Operativ-technischen Sektor des MfS hergestellt oder beschafft. Radioaktive Substanzen stammten aus dem Zentralinstitut für Kernforschung Rossendorf der Akademie der Wissenschaften. Beim Umgang mit ihnen wurden häufig selbst MfS-eigene Strahlenschutzbestimmungen umgangen. Nach bisherigen Erkenntnissen wurde diese Methode von den → Abt. 26 und M, den → HA VIII, VI und II sowie der → HV A angewandt. *TAu*

Maskierung Um bei Überwachungsmaßnahmen nicht aufzufallen, verwendeten → Beobachter des MfS das Mittel der M. Beobachtungsstützpunkte dienten als Garderobe, in denen eine Sammlung von Berufsbekleidung, Perücken und Schminkutensilien aufbewahrt wurden. Am Einsatztag verkleideten sich die Beobachter unauffällig in einer der Umgebung angepassten Form, etwa als Handwerker, Förster oder Kellner. Im MfS-Sprachgebrauch wurde dafür der Begriff Personenmaskierung verwendet. Einige → Bezirksverwaltungen des MfS beschäftigten für Maßnahmen der M. Friseure und Maskenbildner als hauptamtliche → IM. Als »Pkw-Maskierung« wurde die Tarnung von MfS-Fahrzeugen bezeichnet, die durch private Gegenstände, gefälschte Kennzeichen oder aufgedruckte Firmenschilder ein ziviles Aussehen erhielten. *ASe*

Maßnahme A → Telefonüberwachung

Maßnahme B → Raumüberwachung, akustische → Abt. 26

Maßnahme D → Raumüberwachung, optische und elektronische → Abt. 26

Maßnahme S → Abt. 26

Maßnahme T → Fernschreibverkehr, Überwachung des Fernschreibverkehrs → Abt. 26

Maßnahme X → Abt. 26

Maßnahmen, aktive Bei den M. handelte es sich um Aktivitäten des MfS im Westen (→ Operationsgebiet), die über die Informationsbeschaffung hinausgingen. Vor allem in den 50er Jahren konnten diese auch Entführungen und Attentate beinhalten, später handelte es sich dabei überwiegend um Lancierung von Informationen, → Desinformation und psychologische Kriegsführung, teilweise auch um Maßnahmen zur Beeinflussung von politischen Entscheidungsprozessen. In der → HV A bestand eine eigene Diensteinheit (Abt. X), die speziell mit solchen Aktivitäten befasst war.   *HME*

Materialablage, Zentrale → Zentrale Materialablage

Menzel, Rudolf 19.11.1910–16.7.1974
Stellv. Minister für Staatssicherheit
Geb. in Dresden, Vater Fabrikheizer; Volksschule; Handelsschule; 1924–1928 Lehre und Arbeit als kaufmännischer Angestellter, Arbeiter in der Schamottfabrik Niedersedlitz, Abraumarbeiter im Bornaer Braunkohlenwerk; 1928 KPD; 1929–1933 mehrfach arbeitslos; Mitarbeiter KPD-Unterbezirksleitung Borna; 1931 Unterbezirkspolitleiter des KJVD Borna; 1932 Mitarbeiter KPD-Unterbezirksbüro Bautzen.
März–Dezember 1933 KZ Hohenstein; März 1934 Emigration in die ČSR; 1936 in die UdSSR; 1936/37 Kursant an der Internationalen Lenin-Schule; 1937–1939 Teilnahme am Spanischen Bürgerkrieg, Mitarbeiter der Kaderabteilung und beim Kriegskommissar der XI. Internationalen Brigade; 1939 Belgien, Internierung in Frankreich, Auslieferung an Deutschland; 1941–1942 KZ Buchenwald; 1942 Verurteilung zu zweieinhalb Jahren Zuchthaus wegen Hochverrats; 1942–1944 Zuchthaus Waldheim; ab 1944 KZ Buchenwald.
1945 KPD; 1945/46 Mitarbeiter der Sequesterkommission Thüringen; 1945 Landesamt für Wirtschaft Thüringen, Leiter Abteilung Elektrotechnik; 1946 SED; 1946–1948 Personalreferent, Landesamt für Wirtschaft; September 1948–1949 Stellv. Leiter Volkspolizei Thüringen, Kommandeur der Schutzpolizei; beteiligt am Aufbau der KVP; 1949 → Verwaltung zum Schutz der Volkswirtschaft Thüringen; 1950–1952 Leiter Landesverwaltung Thüringen des MfS; 1951–1954 Fernstudium SED-Parteihochschule; 1951 Leiter Landesverwaltung Mecklenburg-Vorpommern, Chefinspekteur; 1950–1953 Stellv. Minister für Staatssicher-

heit; November 1953 Generalmajor; 1953–1956 Stellv. Minister des Innern; Juli 1954 VVO in Silber; 1955/56 Chef für Bauwesen und Unterbringung der KVP; 1956–Oktober 1959 Stellv. Minister für Nationale Verteidigung (für Bauwesen und Unterbringung, ab 1957 für Bewaffnung und Technik); 1959–1961 Hörer Militärakademie »Friedrich Engels«, Dresden; 1961 Stellv. Chef Rückwärtige Dienste im MfNV; 1965–1967 Direktor Deutsche Militärbibliothek, Strausberg; 1967–1973 Militärattaché in Moskau; 1973 Generalleutnant; 1973 Entlassung, Rentner.

Die HA I des MfS beurteilte ihn bis Anfang der 60er Jahre eher negativ, monierte fehlende Fachkenntnisse, mangelnde Erfahrung in der Truppenführung und »zu weiches« Verhalten als Vorgesetzter.   *SSu*

MfS → Ministerium für Staatssicherheit

Methoden, operative Aus Erfahrungen und wissenschaftlichen Erkenntnissen gewonnenes System von Grundsätzen und Regeln, das der Lösung geheimdienstlicher Aufgaben und dem effektiven Einsatz operativer → Kräfte und → Mittel dienen sollte. Die M. waren an die jeweils vorliegenden operativen Bedingungen anzupassen. Als M. galten u. a. die → Zersetzung, die operative → Legende oder die operative → Kombination.   *MEr*

Michelberger, Julius 27.10.1919–24.1.1990
Leiter der Bezirksverwaltung Potsdam
Geb. in Engerau (ČSR), Vater Stellmacher; Volks- und Bürgerschule; 1934–1936 Handelsschule in Preßburg; 1937–1939 kaufmännischer Angestellter in Gablonz; 1939 Wehrmacht; 1942 sowjetische Gefangenschaft, 1943/44 Antifa-Schule und Zentralschule Krasnogorsk; 1944/45 Frontbeauftrager des NKFD.
1945 Bürgermeister in Altentreptow, KPD; 1946 SED; 1949 Einstellung bei der Verwaltung zum Schutz der Volkswirtschaft Mecklenburg (ab Februar 1950 Länderverwaltung Mecklenburg des MfS), Leiter der Abt. III (Volkswirtschaft); 1952 Stellv. Operativ des Leiters der BV Schwerin, dann Leiter der BV Gera und Mitglied der SED-Bezirksleitung Gera; 1958/59 Besuch der PHS; 1963 Leiter der BV Potsdam und Mitglied der SED-Bezirksleitung Potsdam; 1964 Oberst; 1966–1968 Externstudium an der JHS des MfS Potsdam, Diplom-Jurist; 1971 Abteilungsleiter in der AGM; 1979 Entlassung, Rentner; 1980 VVO in Gold.   *JGi*

Julius Michelberger   *Erich Mielke*

Mielke, Erich 28.12.1907–21.5.2000
Minister für Staatssicherheit, 1953–1989 Mitglied des Kollegiums des MfS

Erich Fritz Emil Mielke, Sohn eines Stellmachers (Karosseriebauers), geboren und aufgewachsen im Berliner »Roten Wedding«, wurde dort 1921 Mitglied des Kommunistischen Jugendverbandes Deutschlands (KJVD). Nach der Volksschule besuchte er bis zur 10. Klasse das Köllnische Gymnasium in Berlin. 1924 begann er eine Lehre als Expedient (Speditionskaufmann) und arbeitete bis 1931 in diesem Beruf. 1924 wurde er Mitglied der Jugendorganisation des Roten Frontkämpferbundes (RFB), 1927 der KPD. Als Angehöriger des KPD-Parteiselbstschutzes nahm er am 9.8.1931 an der Ermordung von zwei Polizisten auf dem Berliner Bülowplatz teil und floh anschließend in die Sowjetunion. Dort absolvierte er verschiedene Lehrgänge, u. a. 1932/33 an der Internationalen Lenin-Schule, wo er 1935/36 Aspirant war. November 1936–Februar 1939 diente er unter dem Namen Leissner als Etappenoffizier der republikanischen Armee im Spanischen Bürgerkrieg u. a. bei der Bekämpfung anarchistischer Freiwilliger. Nach kurzer Internierung hielt er sich in Belgien und Frankreich auf. 1940 im Lager St. Cyprien erneut interniert, konnte er fliehen und arbeitete als Holzfäller. 1942 wurde er aus Mitteln der von Noël Field geleiteten Hilfsorganisation unterstützt. 1944 wurde er nach Arbeitskonflikten inhaftiert, jedoch nicht als der wegen der Bülowplatz-Morde noch immer gesuchte M. identifiziert und in die Organisation Todt eingegliedert.

Im Juni 1945 kehrte er nach Berlin zurück und profilierte sich umgehend als Polizeipolitiker und Experte kommunistischer Machtsicherung. Im November 1945 wurde er Leiter des Bereichs Polizei im ZK der KPD (ab April 1946 Parteivorstand der SED) und wechselte 1946 als Vizepräsident in die Deutsche Verwaltung des Innern. 1949 bekam er den Auftrag, die → Hauptverwaltung zum Schutz der Volkswirtschaft im Ministerium des Innern der DDR aufzubauen, die am 8.2.1950 zum Ministerium für Staatssicherheit umgebildet wurde. In der Funktion des »zweiten Mannes« unter den Ministern → Zaisser und → Wollweber trieb M. die geheimpolizeiliche Verfolgung in der DDR maßgeblich voran.

Zeitlebens war er ein bekennender Verehrer Stalins und verhörte persönlich im Zuge der Parteisäuberungen 1950–1953 inhaftierte hochrangige west- und ostdeutsche Kommunisten. 1953 Generalleutnant. In den Führungskämpfen der SED genoss er das Vertrauen Ulbrichts, der ihn schließlich am 1.11.1957 zum Minister für Staatssicherheit machte. 1959 wurde M. zum Generaloberst, dem zu dieser Zeit faktisch höchsten erreichbaren Dienstgrad außerhalb der NVA, befördert.

In den folgenden Jahren stellte M. mit Ehrgeiz die Weichen für den massiven Ausbau des inneren Überwachungsapparates in der DDR. In den Reformdebatten der 60er Jahre verfocht er einen harten Kurs, zog eine Reihe von Aufgaben wie Grenzpasskontrollen und militärische Spezialeinheiten an sich und durchzog Staat und Wirtschaft mit einem dichten Informantennetz. Im Zuge des Machtwechsels von Ulbricht zu Honecker stieg M. 1971 zum Kandidaten und 1976 zum Mitglied des Politbüros auf. Er profilierte sich als Garant der inneren Stabilität gegen die Westeinflüsse der Entspannungspolitik. 1980 wurde ihm der Dienstgrad Armeegeneral verliehen. M. wurde mehrfach hoch dekoriert, u. a. fünf Mal mit dem KMO, mit dem sowjetischen Rotbanner- und dem Leninorden. 1975 und 1982 erhielt er den Orden »Held der DDR«.

Im Herbst 1989 stützte M. trotz seiner Präferenz für ein hartes Vorgehen Egon Krenz beim Sturz Honeckers und ordnete sich dessen Politik der »Wende« unter. Bürgerkomitees besetzten im Dezember 1989/Januar 1990 die Dienststellen der Staatssicherheit. M. trat am 7.11.1989 als Minister und am 8.11. als Politbüromitglied zurück. Vier Tage nach seiner einzigen Volkskammerrede (»Ich liebe doch alle«) vom 13.11. hob das Parlament sein Abgeordnetenmandat auf. Am 3.12.

schloss ihn die SED aus. Am 7.12. verhaftete ihn die Militärstaatsanwaltschaft der DDR wegen Vertrauensmissbrauchs. Es folgte eine nur kurzzeitig unterbrochene Untersuchungshaft bis zu seiner Verurteilung im Oktober 1993 wegen der Polizistenmorde vom Bülowplatz zu sechs Jahren Gefängnis. Im August 1995 erfolgte die vorzeitige Entlassung aus der Justizvollzugsanstalt Berlin-Moabit. Danach lebte Erich Mielke zurückgezogen mit seiner Frau Gertrud, er starb in einem Pflegeheim in Berlin-Hohenschönhausen.

Werke: Sozialismus und Frieden – Sinn unseres Kampfes. Berlin 1987.

Literatur: Otto, Wilfriede: Erich Mielke – Biographie. Aufstieg und Fall eines Tschekisten. Berlin 2000; Schwan, Heribert: Erich Mielke. Der Mann, der die Stasi war. München 1997; Lang, Jochen v.: Erich Mielke. Eine deutsche Karriere. Berlin 1991.   *JGi*

Militär, Verhältnis des MfS zum Die Nationale Volksarmee (NVA) war seit 1956 das stärkste und bedeutendste bewaffnete Organ der DDR. Sie bildete den Kern der ostdeutschen Landesverteidigung. Zwischen dem Ministerium für Staatssicherheit (MfS) und dem Militär, zu dem neben den Streitkräften auch die Grenztruppen der DDR und ihre Vorläufer gehörten, ergab sich von Anfang an ein enges Verhältnis mit einem hohen Maß an Kooperation.

Der dem MfS und Militär von der SED erteilte gemeinsame »Klassenauftrag« bestand darin, die »sozialistische Ordnung und das friedliche Leben der Bürger der DDR und aller Staaten der sozialistischen Gemeinschaft gegen jegliche Angriffe der aggressiven Kräfte des Imperialismus und der Reaktion zu schützen« (X. Parteitag der SED, 1981). Die Staatssicherheit war im Militär vor allem in ihren Funktionen als Geheimpolizei und Geheimdienst im Sinne eines Abwehrorgans sowie als Untersuchungsinstitution tätig. Im Rahmen ihrer Aufgaben zur Sicherung des Personalbestandes, der Liegenschaften und der Kampftechnik hatte sie in der NVA und in den Grenztruppen Spionage und Sabotage abzuwehren, den Geheimnisschutz zu gewährleisten, schwere Militärstraftaten und besondere Vorkommnisse zu untersuchen sowie → Sicherheitsüberprüfungen durchzuführen. Das MfS befasste sich darüber hinaus mit dem inneren Zustand der Truppe, ihrer Disziplin und Ordnung sowie mit der politischen Zuverlässigkeit der Armeeangehörigen, insbesondere des Offizierkorps. In diesem Zusammenhang nahm es u. a. Einfluss auf die Personalauswahl und -qualifizierung und ergänzte das dienstliche und parteiliche Disziplinierungs- und Überwachungssystem in der Armee.

Kampfappell zum 30. Jahrestag der Kampfgruppen am 24. September 1983.
Auf der Tribüne Erich Mielke (ganz links), neben ihm Armeegeneral Heinz Hoff-
mann, Polizeichef und Innenminister Friedrich Dickel, SED-Generalsekretär
Erich Honecker, Ministerpräsident Willi Stoph.

Zuständig für die DDR-Streitkräfte war im MfS die → Hauptabteilung I, die in der Organisationsstruktur der NVA offiziell unter der Bezeichnung »Verwaltung 2000« firmierte. Anders als beispielsweise in der Volksrepublik Polen war die Militärabwehr damit nicht dem Verteidigungsministerium, sondern dem Staatssicherheitsministerium unterstellt. Die sog. → Verbindungsoffiziere (VO), umgangssprachlich als »Vau-Nuller« bezeichnet, waren in den Armeeeinheiten bekannt und pflegten enge dienstliche Verbindungen zu den Kommandeuren sowie zu den Partei- und Politorganen. Die »Militärtschekisten«, wie sie sich selbst gern bezeichneten, hatten einerseits Zugang zu allen Stellen in ihrem Verantwortungsbereich und durften u. a. Armeeangehörige ohne vorheriges Einverständnis des Kommandeurs zu Aussprachen und Vernehmungen bestellen. Andererseits galten für sie auch bestimmte Befehle, Weisungen und Anordnungen der NVA. Ende der 80er Jahre waren bei einer Gesamtpersonalstärke von rund 170 000 Mann mehr als 2000 → hauptamtliche sowie rund 12 500 → inoffizielle

Mitarbeiter des MfS in den DDR-Streitkräften tätig. Die materielle Sicherstellung der HA I (Diensträume, Kraftfahrzeuge, Bewaffnung und Ausrüstung sowie Wohnungen) wurde durch das Ministerium für Nationale Verteidigung (MfNV) übernommen. Die NVA unterstützte darüber hinaus die militärische Ausbildung des MfS, insbesondere seines → Wachregiments »Feliks Dzierżyński«.

Seit den 60er Jahren trugen verschiedene Grundsatzvereinbarungen über die Zusammenarbeit und das Zusammenwirken beider Ministerien dazu bei, die Aufgaben, Pflichten und Rechte des MfS in der NVA zu regeln. Eine Koordinierung der Tätigkeit war insbesondere bei der Militäraufklärung notwendig, da sowohl das MfNV mit der → Verwaltung (später Bereich) Aufklärung als auch die → Hauptverwaltung Aufklärung des MfS mit Aufgaben auf diesem Gebiet betraut worden waren.

Ein besonderes Verhältnis bestand darüber hinaus zwischen dem MfS und den militärischen Grenzsicherungsorganen der DDR. Das MfS übte zeitweise die direkte Kommandogewalt über die Deutsche → Grenzpolizei aus, so vom Mai 1952 bis Juli 1953 und vom April 1955 bis zum März 1957. Nachdem 1961 die Grenzpolizei aus dem Innenministerium herausgelöst und der NVA als Grenztruppen zugeordnet worden war, wurden dem MfS nicht nur die Aufklärungsorgane der Grenztruppen unterstellt, sondern auch die Passkontrollen an den Grenzübergangsstellen und die Spionage im unmittelbaren grenzseitigen »Feindgebiet« übertragen.

Ein enges Zusammenwirken beider Ministerien war auch während einer Spannungsperiode und im Verteidigungszustand vereinbart. Das MfS hatte dabei sowohl die Aufgabe, militärische Überraschungsangriffe gegen die DDR rechtzeitig aufzudecken als auch die militärische Mobilmachung zu gewährleisten und die Bewegungsfreiheit der Vereinten Streitkräfte des Warschauer Paktes zu sichern. Es war zudem für die Internierung, Isolierung und Überwachung von politisch unzuverlässigen DDR-Bürgern und Ausländern zuständig.

Die Zusammenarbeit und Kooperation zwischen dem MfS und dem Militär, die auch immer wieder von beiden Seiten eingefordert wurden, waren jedoch nicht frei von Friktionen und Spannungen. Dazu trug nicht zuletzt das ambivalente Verhältnis der beiden langjährigen Minister → Mielke und Heinz Hoffmann bei. Beide galten als geltungs- und machtbewusste Persönlichkeiten. Ihre Profilierungssucht sowie persönlichen Eitelkeiten führten vor allem in den 60er Jahren zu Kompetenzstreitigkeiten. Mielke befand sich jedoch letztlich gegenüber dem Verteidigungsminister im Vorteil. Er verfügte – oft noch vor Hoffmann – nicht nur über alle entscheidenden Informationen aus dem militärischen Bereich, sondern er konnte zudem durchsetzen, dass Belange seines Ministeriums unter Ausschluss der anderen bewaffneten Organe direkt mit dem SED-Generalsekretär behandelt wurden. Die Tätigkeit und Operationsweise des MfS innerhalb der Streitkräfte entzog sich bewusst der Kontrolle der militärischen Leitungsebenen und gewährleistete damit der Partei einen vom Militärapparat unabhängigen Befehls- und Meldeweg.

Ein gewisses Konkurrenzverhalten setzte sich aufgrund der unterschiedlichen Dienstgradhierarchien, des auf beiden Seiten vorhandenen Prestigedenkens sowie der übertriebenen Konspiration seitens der Staatssicherheit zuweilen auch in den nachgeordneten Ebenen fort. Nicht wenige NVA-Offiziere fühlten sich von den MfS-Mitarbeitern bevormundet und in ihrer dienstlichen Zuständigkeit übergangen. Die Angehörigen des MfS unterlagen während ihrer Tätigkeit in den Streitkräften ausschließlich der Befehls-, Weisungs- und Disziplinarbefugnis des Ministers für Staatssicherheit und waren den Kommandeuren der NVA weder unterstellt noch rechenschaftspflichtig. Eine Kontrolle der Tätigkeit der Staatssicherheit in den militärischen Einheiten seitens der NVA-Führung fand nicht statt. Keineswegs »kameradschaftlich« war es auch, wenn Armeeangehörige zu Straftaten oder schweren Dienstvergehen verleitet wurden, indem sie beispielsweise für das MfS geheime NVA-Unterlagen beschaffen oder ihre eigenen Kameraden (mit oft weitreichenden Folgen für die Betroffenen) bespitzeln mussten. Insofern war die Tätigkeit des MfS mitverantwortlich für ein Klima der Angst und des gegenseitigen Misstrauens in der Truppe.

Insgesamt zeigte sich das Verhältnis zwischen MfS und Militär als funktional, kooperativ und zweckdienlich, wenn auch in manchen Fragen einseitig zugunsten der Staatssicherheit angelegt. Die Staatssicherheit verfügte zweifellos über eine Reihe von Machtbefugnissen und Informationsvorteilen gegenüber dem DDR-Militär und nutzte diese auch für die Durchsetzung ihrer eigenen Interessen. Im System der Landesverteidigung blieb jedoch das Verteidigungsministerium bestimmend. Zudem war der Einfluss des MfS auf das Militär letztlich begrenzt. Auf die militärischen Befehlsstrukturen und operativen Planungen hatte es beispielsweise ebenso wenig direkten Einfluss, wie es ihm nicht gelang, jedes besondere Vorkommnis oder jede politische Abweichung in der Truppe zu verhindern. *Literatur:* Diedrich, Torsten; Ehlert, Hans; Wenzke, Rüdiger (Hg.): Die bewaffneten Organe der DDR im System von Partei, Staat und Landesverteidigung. Ein Überblick. In: Im Dienste der Partei. Handbuch der bewaffneten Organe der DDR. Im Auftrag des Militärgeschichtlichen Forschungsamtes. Berlin 1998,

Motorradhelm mit eingebauter Fotokamera zum verdeckten Fotografieren.

S. 1–67; Dietze, Manfred; Riebe, Bernhard: Zur Militärabwehr (HA I im MfS). In: Die Sicherheit. Zur Abwehrarbeit des MfS. Bd. 2, hg. von Reinhard Grimmer, Werner Irmler, Willi Opitz und Wolfgang Schwanitz. Berlin 2002, S. 350–401; Wolf, Stephan: Hauptabteilung I: NVA und Grenztruppen (MfS-Handbuch). Berlin 2004. *RWe*

Ministerium für Staatssicherheit (MfS) Das Ministerium für Staatssicherheit (umgangssprachlich oft kurz »Stasi«) war politische Geheimpolizei, geheimer Nachrichtendienst und Organ für strafrechtliche Untersuchungen, vor allem in politischen Strafsachen. Es wurde faktisch nur von der Spitze der SED, der Sozialistischen Einheitspartei Deutschlands, angeleitet und kontrolliert. Am 8. Februar 1950 war der unmittelbare Vorläufer des MfS, die → Hauptverwaltung zum Schutz der Volkswirtschaft, per Gesetz durch die Volkskammer zum Ministerium für Staatssicherheit aufgewertet worden (→ Gründung des MfS). Im Zusammenhang mit der Neubildung der Regierung der DDR durch Ministerpräsident Hans Modrow am 17./18.11.1989 wurde das MfS in ein → Amt für Nationale Sicherheit umbenannt; schließlich erfolgte seine → Auflösung. Minis-

Rudolf Mittag

ter für Staatssicherheit waren → Zaisser (Minister von 1950–1953), → Wollweber (Staatssekretär für Staatssicherheit von 1953–1955, Minister von 1955–1957) und → Mielke (Minister von 1957–1989).

→ Anhang: MfS-Zentrale 1989   *CAd*

Missbrauch der Psychiatrie → Überwachung des Gesundheitswesens

Mittag, Rudolf *31.3.1929
Leiter der Bezirksverwaltung Rostock
Geb. in Kamenz (Sachsen), Vater Unternehmer, Mutter Hausfrau; Volksschule, Handelsschule; 1945 RAD.
1945 Wald- und Hilfsarbeiter, dann kaufmännische Lehre; 1946 KPD/SED; 1947 VP-Kreisamt Kamenz, erst Verwaltungsangestellter, dann Übernahme in die K 5 (politische Polizei); 1949 Dienststelle Kamenz der Verwaltung zum Schutz der Volkswirtschaft Sachsen (ab Februar 1950 Länderverwaltung Sachsen des MfS); 1950 Abt. IV (Spionageabwehr); 1951–1955 Tätigkeit in den Dienststellen Breitenbrunn, Schwarzenberg und Oberschlema der Objektverwaltung Wismut des MfS; 1954/55 Qualifikationslehrgang an der MfS-Schule Eberswalde; 1955 Leiter

Rudi Mittig   *Günter Möller*

der Dienststelle Oberschlema, 1959 der Dienststelle Aue; 1960–1965 Fernstudium an der JHS des MfS Potsdam, Diplom-Jurist; 1962 Stellv. Operativ des Leiters, 1970 Leiter der Objektverwaltung Wismut; 1975 Leiter der BV Rostock und Mitglied der SED-Bezirksleitung Rostock; 1985 VVO in Gold; 1989 Generalleutnant; 1990 Entlassung.   *JGi*

Mittel, operative Zur Lösung geheimdienstlicher Aufgaben verwendete Geräte, Gegenstände und Substanzen wie Fotoapparate, Kommunikationstechnik, Dokumente oder Markierungsmittel (➜ Markierung). Typisch für M. sind Miniaturisierung und/oder Tarnung. Die M. können spezielle Manipulationen durchlaufen haben (Tarngehäuse, gefälschte Ausweise und Urkunden). Als M. können aber auch Alltagsgegenstände (Arbeitsgerät, Berufsbekleidungen) zur Anwendung kommen, die operative ➜ Legenden stützen sollen.   *MEr*

Mittig, Rudi 26.1.1925–28.8.1994
Stellv. Minister für Staatssicherheit, 1964–1989 Mitglied des Kollegiums des MfS
Geb. in Reichenberg/Liberec (ČSR), Vater Besitzer einer Brause- und Sodawas-

serfabrik; 1931–1939 Besuch der Volks- und Mittelschule bis zur mittleren Reife; 1939–1942 Ingenieurschule für Bauwesen; HJ-Jungzugführer; 1943 Wehrmachtsangehöriger.

1945 bis Ende 1949 sowjetische Kriegsgefangenschaft, 1948 Antifa-Schüler, dann als Propagandist eingesetzt; 1950 Ingenieurschule für Bauwesen in Brandenburg, Abschluss als Ingenieur für Hochbau; 1950 SED; 1950–1952 Statiker; 1952 Einstellung beim MfS, Abt. III der BV Potsdam, 1952 Leiter der Abt. III; 1954 Stellv. Operativ der BV Potsdam, 1955 Leiter der BV Potsdam; 1956–1963 Mitglied der SED-Bezirksleitung Potsdam; 1964 Leiter der → HA XVIII des MfS Berlin; Oberst; 1966–1968 externes Studium an der → JHS des MfS Potsdam, Abschluss als Diplom-Jurist; 1969 Generalmajor; 1974 zeitweilig von der Funktion als Leiter der HA XVIII entbunden und für den Arbeitsbereich des Stellv. des Ministers → Schröder verantwortlich; 1975 stellv. Minister für Staatssicherheit (Verantwortungsbereich: → HA XVIII, HA XIX, → HA XX); 1975 VVO in Gold; 1979 Generalleutnant; 1981 Kandidat, 1986 Mitglied des ZK der SED; 1984 KMO; 1987 Generaloberst; zahlreiche Auszeichnungen durch andere kommunistische Sicherheitsdienste (UdSSR, Vietnam, Kuba, ČSSR); Dezember 1989 von seiner Funktion entbunden; Januar 1990 Entlassung, Rentner.   *RWi*

Möller, Günter 28.3.1934–28.12.2008
Leiter der HA Kader und Schulung, 1984–1989 Mitglied des Kollegiums des MfS
Geb. in Förtha (Thüringen), Vater Schlosser; 1940–1948 Volksschule; 1948–1952 Lehre und Arbeit als Werkzeugmacher; 1952 Einstellung beim MfS, KD Eisenach, dann Kursant an der Schule des MfS Potsdam; 1954 SED; 1953 BV Gera, Abt. IV (Spionageabwehr), dann KD Jena; 1954 Versetzung zur → HA II, MfS Berlin; 1964/65 Bezirksparteischule Eberswalde des MfS; 1964 stellv. Abteilungsleiter; 1965 Abteilungsleiter in der HA II; 1977 Promotion zum Dr. jur. an der → JHS des MfS Potsdam; 1978 stellv. Leiter der HA II, Oberst; 1982 Offizier für Sonderaufgaben, dann Leiter der HA Kader und Schulung; 1983 Generalmajor; 1985 VVO in Gold; 1988 Generalleutnant; Januar–Mai 1990 Berater des Staatlichen Komitees zur Auflösung des AfNS.   *JGi*

Mühlpforte, Robert 27.3.1911–17.8.1972
Leiter der HA Kader und Schulung
Geb. in Halle (Saale), Vater Klempner, Mutter Hausfrau; Volksschule; 1925–1929 Ausbildung zum Maler, danach im Beruf tätig; 1927 KJVD; 1932/33 Mitglied

Robert Mühlpforte   *Wilfried Müller*

der KJVD-Bezirksleitung Halle-Merseburg; 1933 nach illegaler Arbeit verhaftet, 1934/35 KZ Esterwegen, danach erneut illegale Arbeit; 1937 verhaftet, zweieinhalb Jahre Zuchthaus, dann KZ Dachau; November 1944 zur SS-Sonderformation Dirlewanger eingezogen, beim ersten Einsatz im Dezember 1944 zur Roten Armee übergelaufen, Gefangenschaft bis September 1945.

1945 Rückkehr nach Deutschland, tätig in der KPD-Bezirksleitung Halle-Merseburg; 1946 Mitarbeiter der SED-Landesleitung Sachsen-Anhalt; 1950 Einstellung beim MfS, Leiter der Abt. VI (Staatsapparat) der Länderverwaltung Sachsen-Anhalt; 1952 Stellv. Operativ des Leiters BV Rostock; 1956 stellv. Leiter Abt. II (Spionageabwehr), MfS Berlin; 1957 Leiter HA KuSch; 1969 Generalmajor; 1971 VVO in Gold.   *JGi*

Müller, Wilfried 8.5.1931–15.11.1993
Leiter der Bezirksverwaltung Magdeburg
Geb. in Magdeburg, Vater Schuhmacher, Mutter Hausfrau; Volksschule; 1945 Ausbildung zum Elektriker; 1948 Betriebselektriker in Magdeburg; 1949 SED; 1952 Einstellung beim MfS, KD Magdeburg, Abt. VIII (Beobachtung/Ermitt-

Wilhelm Müller

lung); 1954 Versetzung zur BV Magdeburg, Abt. V (Staatsapparat, Kultur, Kirchen, Untergrund); 1955 Leiter der Abt. VII (MdI/DVP); 1958/59 Besuch der Bezirksparteischule; 1964–1966 Studium an der JHS des MfS Potsdam, Diplom-Jurist; 1967 Stellv. Operativ des Leiters, 1977 Leiter der BV Magdeburg; 1981 Generalmajor; 1990 Entlassung.   *JGi*

Müller, Wilhelm   17.2.1904–11.7.1970
Leiter der Bezirksverwaltung Schwerin
Geb. in Ahlbeck, Vater Fischer; Volksschule; 1918–1921 Fischer; 1921–1935 Lehre und Arbeit als Fleischer; KPD; 1933–1935 illegale Parteiarbeit; 1935 Verhaftung, zweieinhalb Jahre Zuchthaus wegen Vorbereitung zum Hochverrat; 1937–1940 Heizer; 1940–1943 Fleischergeselle; 1943 Soldat, Verurteilung wegen Wehrkraftzersetzung, Versetzung zum Strafbataillon der Organisation Todt.
Mai–Juli 1945 amerikanische Gefangenschaft; 1945 Einstellung bei der Polizei Mecklenburg; 1947 Leiter der K5 (politische Polizei) und der Schutzpolizei im Kreis Usedom; 1948 Leiter des VPKA Ueckermünde; 1949 Einstellung bei der Verwaltung zum Schutz der Volkswirtschaft Mecklenburg (ab Februar 1950 Län-

derverwaltung Mecklenburg des MfS), Leiter der KD Güstrow; 1951 Leiter der Abt. V (Untergrund) der Länderverwaltung Mecklenburg; 1952 Stellv. Operativ, dann Leiter der BV Rostock; 1953 Oberst; 1954 Leiter der BV Schwerin; 1955 Versetzung zu den Inneren Truppen des MfS.   *JGi*

N

Nationaler Verteidigungsrat der DDR (NVR) Der NVR wurde mit Gesetz vom 10.2.1960 geschaffen (novelliert 1964). Mit Verabschiedung des Verteidigungs-gesetzes vom 13.10.1978, das auch die Zuständigkeiten des Verteidigungsrates regelte, trat das NVR-Gesetz außer Kraft. Die Aufgaben des NVR wurden in Statuten 1960, 1963, 1967, 1973 und 1981 genauer festgelegt. Der breit gefasste rechtliche Rahmen erteilte Generalauftrag und Generalvollmacht für die Orga-nisation der gesamtstaatlichen Mobilmachung zur Vorbereitung auf den Kriegs-fall. Durch die Schaffung des Staatsorgans NVR wurden alle Maßnahmen zum Ausbau der Landesverteidigung sowie der wehrpolitische Zugriff auf die DDR-Bevölkerung legalisiert. Wirkte das Politbüro im Spannungs- und Kriegsfall als oberstes politisches Entscheidungsorgan, sollte dem NVR die militärische Ent-scheidungsgewalt auf nationaler Ebene zukommen. Die Personalunion an der Spitze beider Gremien hob diese theoretische Trennung in der Praxis weitge-hend auf.

Der NVR übernahm die Aufgaben seiner Vorläuferin, der → Sicherheitskom-mission beim Politbüro des ZK der SED (SK). Diese Kontinuität kam u. a. in der internen Arbeitsorganisation, der fortbestehenden Gültigkeit von SK-Be-schlüssen und der unveränderten Unterstellung der → Bezirkseinsatzleitungen zum Ausdruck. Auch aufgrund sowjetischer Einflussnahme trat im NVR die Kriegsvorbereitung in Staat, Wirtschaft und Gesellschaft gegenüber der inne-ren Sicherheitsvorsorge in den Vordergrund. Die Steuerung des Ausbaus der gesamtstaatlichen Sicherheitsarchitektur, nicht die – ebenfalls stets relevante – Beschlussfassung zu den bewaffneten Organen war das entscheidende Charakte-ristikum in der Arbeit des NVR.

Unter den 30 Angehörigen des Gremiums zwischen 1960 und 1989 befanden sich 20 Vollmitglieder und ein Kandidat des Politbüros. Zehn Funktionäre standen im Generals- oder Admiralsrang, darunter alle Verteidigungsminister, alle Innenminister und Staatssicherheitsminister. 1971 löste Erich Honecker Walter Ulbricht als Vorsitzenden des NVR ab. Der Arbeitsstil wurde militärisch organisiert, neuer Sekretär wurde der Stellv. des Chefs des Hauptstabes der NVA für operative Fragen, Generalleutnant Fritz Streletz (seit 1979 Generaloberst und Chef des Hauptstabes). Bis 1979 führte das MfS Streletz als IM.

Von 1960–1970 trat der NVR zu 38 Sitzungen zusammen, 1971–1989 nur noch zu 40. In den 80er Jahren gab es mehrfach nur einmal im Jahr eine Sitzung – ein Zeichen für den Bedeutungsverlust des NVR.

In den 1967 vom NVR revidierten »Grundsätzen des Führungssystems im Verteidigungszustand« wurden die Aufgaben des MfS genauer definiert: Sicherung von Volks- und Verteidigungswirtschaft, Infrastruktur, NVA und Ministerium des Innern gegen alle »subversiven« Handlungen des Gegners, Auslandsaufklärung sowie Koordinierung von strafrechtlichen Untersuchungen. Im Unterschied zur Sicherheitskommission spielten interne Angelegenheiten des MfS auf der NVR-Tagesordnung eine deutlich geringere, schließlich unter Vorsitz Honeckers keine Rolle mehr. Mit zunehmender Komplexität der Landesverteidigung wurden die drei Sicherheitsministerien der DDR allerdings immer wieder gemeinsam mit der Durchführung von Maßnahmen beauftragt. Insofern war auch das MfS kontinuierlich in die Beschlussfassung des NVR eingebunden.

Die 78. und letzte Sitzung des NVR fand am 16.6.1989 statt. Am 6.12.1989 trat der dritte NVR-Vorsitzende Egon Krenz zurück. Der Staatsrat der DDR berief anschließend dessen Mitglieder ab.

Literatur: Bröckermann, Heiner: Landesverteidigung und Militarisierung. Militär- und Sicherheitspolitik der DDR in der Ära Honecker 1971–1989. Berlin 2011; Wagner, Armin: Walter Ulbricht und die geheime Sicherheitspolitik der SED. Der Nationale Verteidigungsrat und seine Vorgeschichte (1953–1971). Berlin 2002; Wenzel, Otto: Kriegsbereit. Der Nationale Verteidigungsrat der DDR 1960 bis 1989. Köln 1995. Die Protokolle des N. 1960 bis 1989 sind wissenschaftlich aufbereitet und abrufbar unter: www.nationaler-verteidigungsrat.de.

AWa

Gerhard Neiber   *Gerhard Niebling*

Neiber, Gerhard 20.4.1929–13.2.2008
Stellv. des Ministers für Staatssicherheit, 1979–1989 Mitglied des Kollegiums des MfS
Geb. in Neu Titschein/Nový Jičín (ČSR), Vater Arbeiter, Mutter Verkäuferin; Mittelschule ohne Abschluss; 1945 Landarbeiter; 1948 SED; 1948 Einstellung bei der VP Erfurt, dann Grenzkommandantur Gudersleben, Oktober 1948 Kriminalpolizei Erfurt, November/Dezember 1948 Kriminalistiklehrgang an der Landespolizeischule Erfurt; 1949 Einstellung bei der ➜ Verwaltung zum Schutz der Volkswirtschaft Thüringen (ab Februar 1950 Länderverwaltung Thüringen des MfS); 1950 KD Weimar, 1950 stellv. Leiter Abt. IV Länderverwaltung Thüringen; 1952 Versetzung als politischer Instrukteur zur Abteilung Politkultur der BV Erfurt; 1952 Bezirksparteischule Masserberg; 1953 1. Sekretär der MfS-internen SED-KL Erfurt, Juli 1953 Stellv. Politkultur der BV Schwerin; 1954 Leiter der Abt. II; 1955 Stellv. Operativ der BV Schwerin; 1959 Stellv. Operativ, 1960 Leiter der BV Frankfurt (Oder); 1961–1980 Mitglied der SED-Bezirksleitung Frankfurt (Oder); 1960–1965 Fernstudium an der ➜ JHS des MfS Potsdam, Diplom-Jurist; 1966 Oberst; 1970 Promotion zum Dr. jur. an der JHS; 1970 Generalmajor; 1979

kommandiert zum MfS Berlin, Bildung des Anleitungsbereiches Neiber; 1980 Stellv. des Ministers; 1982 Generalleutnant; 1988 VVO in Gold; Auszeichnungen der Sicherheitsdienste Vietnams, Kubas, der ČSSR und der UdSSR; Dezember 1989 von seinen Funktionen entbunden; 1990 Entlassung, Rentner. Ab 1993 zeitweise in U-Haft wegen des Verdachts der versuchten Entführung und des versuchten Mordes an einem geflüchteten Grenzsoldaten.   *RWi*

Niebling, Gerhard 16.7.1932 – 27.4.2003
Leiter der Zentralen Koordinierungsgruppe Flucht/Übersiedlung
Geb. in Markneukirchen (Sachsen), Vater Bergmann; 1939–1947 Volksschule; 1951 Abitur, dann Grubenarbeiter in der SAG Kaliwerk Heiligenroda; 1952 MfS; 1952/53 Kursant der Schule des MfS Potsdam; 1953 SED; 1953 → HA IX, MfS Berlin; 1959/60 Besuch der Bezirksparteischule; 1964–1968 Fernstudium an der HU Berlin, Diplom-Kriminalist; 1965 stellv. Abteilungsleiter, dann Abteilungsleiter, 1979 stellv. Leiter der HA IX, Promotion zum Dr. jur. an der → JHS des MfS Potsdam; 1983 Leiter der → ZKG; 1984 Generalmajor; 1990 Entlassung; bis Mai 1990 Berater des → Staatlichen Komitees zur Auflösung des AfNS; 1999 DKP.   *JGi*

NVR → Nationaler Verteidigungsrat der DDR

Objektdienststelle (OD) Die ersten OD wurden 1957 für die Chemiekombinate Buna und Leuna gegründet, die letzte 1981 für das Kernkraftwerk »Bruno Leuschner« bei Lubmin. 1989 existierten sieben OD, zwölf – darunter neun OD der → Objektverwaltung »W« – sind bis 1982 aufgelöst worden. Erst 1969 erfolgte mit der 1. Durchführungsbestimmung zur Richtlinie 1/69 die Festlegung der normativen Grundorientierung für die OD. Sie besaßen einen den → KD vergleichbaren Status und waren in der Struktur der jeweiligen → BV gemäß dem → Linienprinzip eingeordnet und dem dortigen Stellv. Operativ unterstellt. Die OD befanden sich in den zu sichernden Wirtschaftsobjekten oder zumindest in deren unmittelbarer räumlicher Nähe. Ihre Organisationsstruktur wies Referate und/oder Arbeitsgebiete sowie ggf. temporäre nichtstrukturelle Arbeitsgruppen (NSAG) auf, jedoch auch Einzelverantwortliche für bestimmte Arbeitsbereiche. Der Gesamtpersonalbestand betrug zuletzt 257 Mitarbeiter; er schwankte in den einzelnen OD zwischen 24 und 56. Ihnen standen ca. 2000 IM aller Kategorien zur Verfügung. Entsprechend den Veränderungen in der Produktionsstruktur der Wirtschaftsobjekte waren Struktur- und Organisationsänderungen recht häufig. Die Leiter der OD hatten die Informationsbeziehungen einschließlich offizieller Verbindungen zu den Leitungen der Betriebe und Einrichtungen zu organisieren. Die Sicherheitsstandards richteten sich nach dem Gefährdungs- und Bedeutungsstatus der jeweiligen Wirtschaftsobjekte. Entsprechend hoch war er für das Kernkraftwerk, das Kombinat Carl Zeiss Jena sowie für die drei großen Kombinate im Chemiedreieck Leuna, Buna und Bitterfeld.

→ Anhang: Organisationsstruktur der Objektdienststelle Technische Universität Dresden/Hochschulen, Übersicht zu den Objektdienststellen des MfS   *RBu*

Objektkartei → F 80

Objektverwaltung »W« Die mit Gründung des MfS etablierte Abteilung »W« (Wismut) schied zum 3.11.1951 aus dem MfS aus und erhielt den Status einer selbständigen Verwaltung mit den Rechten einer Länderverwaltung. Sie war für die politisch-operative Sicherung der Sowjetischen Aktiengesellschaft (SAG) Wismut – mit Verwaltungssitz in Moskau – verantwortlich, die in Westsachsen seit 1946 Uran förderte. Der Uranbergbau war von großer ökonomischer und militärischer Bedeutung – in ihm waren Anfang der 50er Jahre über 200 000 Beschäftigte tätig. Mit 13 % der Weltförderung in den Jahren 1947–1990 war die Wismut der drittgrößte Uranproduzent. Die Verwaltung »W« war die erste Diensteinheit des MfS, die zur direkten Bearbeitung eines Wirtschaftsobjektes »vor Ort« etabliert worden war. Mit Einführung der Bezirksstruktur erhielt sie 1952 den Status einer Bezirksverwaltung. 1954 ist die SAG Wismut in eine Sowjetisch-Deutsche Aktiengesellschaft (SDAG) umgewandelt worden. Aufgrund von Strukturänderungen in der SDAG Wismut wurde 1960 die erste → OD der in Karl-Marx-Stadt ansässigen Objektverwaltung »W«, die OD in Auerbach, aufgelöst. Deren Aufgabengebiet übernahm die OD Plauen. Nach weiteren Strukturänderungen in der Wismut erhielt die O. im März 1962 wiederum eine neue Organisationsstruktur. Sie beinhaltete u. a. eine Verwaltungsleitung, eine zentrale Parteileitung,

Verwaltungsgebäude im Chemiekombinat Buna. In der oberen Etage unterhielt das MfS seine Objektdienststelle.

fünf Abteilungen, drei selbständige Referate und vier weitere OD (Aue, Karl-Marx-Stadt/Siegmar, Ronneburg und Zwickau). Die innere Struktur der O. unterlag häufigen Änderungen und Anpassungen. Allein der Status ihrer Abt. XV (→ HV A) wurde mehrfach geändert: Auflösung, Wiedererrichtung, selbständiges Referat und seit 1975 wieder Abteilung. 1971 und 1979 wurden zwei weitere OD (Königstein und Altenburg) gegründet. 1971 wurde die Linie XVIII strukturell gestärkt, indem sie eine eigene, zwölf Mitarbeiter umfassende Abteilung erhielt. 1981 wurde aufgrund ständiger Standortveränderungen in Abbau und Produktion die Abt. IX aufgelöst. Deren Aufgaben übernahm die Abt. IX der BV Karl-Marx-Stadt. Den Status einer BV verlor die O. zum 1.4.1982. Die politisch-operative Arbeit in der Wismut wurde nun dezentralisiert von der BV Karl-Marx-Stadt (Abt. »Wismut«), KD Aue und KD Zwickau (Arbeitsgruppen »Wismut«), KD Gera (Referat »Wismut«), BV Dresden (Arbeitsgruppe »Wismut«) sowie KD Freital (Sachgebiet »Wismut«) realisiert. Die zuletzt sieben OD wurden aufgelöst. Mit deutlich schlankerer Organisationsstruktur und neuem Aufgabenprofil hatte sich die politisch-operative Bearbeitung der Wismut den veränderten Produktionsbedingungen im Uranbergbau angepasst, in dem zuletzt nur noch 33 500 Beschäftigte tätig waren. *RBu*

Objektvorgang Vorgangsart von 1953 bis 1976 bzw. 1981 zu Organisationen, Institutionen und Betrieben, die vom MfS überwacht wurden (zu »sichernde« Einrichtungen der DDR bzw. westliche Organisationen, die ausgespäht und bekämpft wurden; → Feindobjekte). O. waren zentral in der → Abt. XII zu registrieren, betreffende Organisationen in der zentralen Feindobjektkartei (→ F 17) und involvierte »feindliche« Personen in der zentralen Personenkartei (→ F 16) zu erfassen. In O. erfasste Personen konnten parallel in einem → Operativen Vorgang bearbeitet werden. O. zu DDR-Einrichtungen wurden mit der Einführung der → Sicherungsvorgänge 1976 eingestellt. Feindobjektvorgänge, insbesondere der HV A, gab es darüber hinaus. Ab 1981 wurde der O. in anderer Form als → Feindobjektakte bzw. → Kontrollobjektakte wieder ein- bzw. weitergeführt. *REn*

OD → Objektdienststelle

Öffentlichkeits- und Traditionsarbeit des MfS Bevor sich Anfang der 80er Jahre der Begriff Ö., zumeist als Begriffspaar Öffentlichkeits- und Traditionsarbeit (ÖTA), durchsetzte, wurde dieses Tätigkeitsfeld im MfS als Agitation bezeichnet. Im Verlauf der MfS-Geschichte nahm sie unterschiedliche Ausprägungen an. Ihren Höhepunkt erlebte sie in den 50er und 60er Jahren, später reduzierte sich ihre Bedeutung deutlich.

Schon die → Gründung des MfS wurde von einer Medienkampagne gegen westliche »Saboteure und Agenten« begleitet. 1954 wurde für die Ö. ein eigenes Referat in der für Verwaltungsaufgaben zuständigen Abteilung Allgemeines eingerichtet, das 1955 als selbständige → Abteilung Agitation ausgelagert wurde. Der Bereich wurde nach außen als Pressestelle oder Presseabteilung bezeichnet, seine Leiter traten in den 50er und 60er Jahren auch als Pressesprecher des MfS auf. 1985 wurde der Bereich umorganisiert und als Bereich 6 in die → ZAIG eingegliedert. In den Bezirksverwaltungen und Hauptabteilungen des Ministeriums lag die Zuständigkeit für die Ö. bei einzelnen Stabsoffizieren, die nach Einrichtung der → AKG 1978/79 diesem Bereich zugeordnet waren. Aufgaben einer wirklichen Pressestelle erfüllte der Agitationsbereich nur begrenzt. Die Medien wurden vom MfS nur sehr restriktiv informiert, aber umso intensiver instru-

Zur Öffentlichkeits- und Traditionsarbeit des MfS gehörte auch die Einrichtung von Traditionskabinetten wie hier beim Wachregiment »Feliks Dzierżyński«.

mentalisiert. Es ging primär um Popularisierung der Arbeit der Staatssicherheit; die Abwehr gegnerischer Angriffe stand thematisch im Zentrum der Ö. Konkrete Angaben zum eigenen Apparat, etwa zu Mitarbeiterzahlen, Aufbau und Arbeitsweise wurden grundsätzlich nicht in die Öffentlichkeit gegeben.

Wie kaum ein anderes Tätigkeitsfeld der Staatssicherheit war die Ö. in der Ulbricht-Ära unmittelbar in die entsprechenden Aktivitäten des zentralen Parteiapparates der SED (Abteilungen Agitation und Propaganda des ZK, Agitationskommission des ZK) eingebunden. Auch die Beziehungen zu anderen staatlichen Akteuren, etwa dem Amt für Information oder der Generalstaatsanwaltschaft, waren vorrangig offizieller Natur. Der Einsatz von → IM oder → OibE spielte in diesem Bereich eine untergeordnete Rolle. Eine prominente Ausnahme war der Publizist Julius Mader, der von 1962 bis 1989 OibE des MfS-Agitationsbereichs war und mit seinen geheimdienstspezifischen Büchern (z.B. Nicht länger geheim, 1966; Who's who in CIA, 1968) durchaus Breitenwirkung erzielte. In den 50er Jahren konzentrierte sich die MfS-Agitation darauf, »Diversanten«, »Spione« und ihre westlichen »Hintermänner« anzuprangern. Die Ö. wurde ab 1953 im Rahmen der Strategie der »Konzentrierten Schläge« erheblich intensiviert. Große Verhaftungsaktionen mit den Codenamen »Feuerwerk« (1953), »Pfeil« (1954) und »Blitz« (1955), die jeweils zu Hunderten von Festnahmen führten, wurden mit Pressekonferenzen beendet. Hierbei wurden auch »reumütige« Agenten vorgeführt, bei denen es sich zumeist um abgezogene IM der Staatssicherheit handelte. Außerdem gehörten Beiträge in Zeitungen, Zeitschriften, Rundfunk und der Kino-Wochenschau ebenso dazu wie Ausstellungen und Vorträge von hohen MfS-Kadern in Betriebsversammlungen.

Ab Ende der 50er Jahre konzentrierten sich die Ö. des MfS auf die elektronischen Medien und den Film. Besonders erfolgreich war der vom MfS inspirierte und 1963 gedrehte Spielfilm »For eyes only« über die spektakuläre Entwendung einer Agentenkartei aus der Würzburger Dienststelle des amerikanischen Militärgeheimdienstes MID durch den »Kundschafter« Horst Hesse. In den 60er Jahren hatte die Ö. des MfS in erster Linie Westdeutschland im Blick und arbeitete hierbei mit dem Agitationsapparat des ZK der SED zusammen. In Publikationen und auf internationalen Pressekonferenzen unter dem Vorsitz von Politbüromitglied Albert Norden wurden Themen wie die Aufrüstung der Bundeswehr oder die Nazivergangenheit bundesdeutscher Funktionsträger angeprangert. Diese Kampagnen waren vor allem dann wirkungsvoll, wenn es gelang, auf konspirativem Wege einschlägige Nachrichten in westlichen Medien zu platzieren. Außerdem organisierte das MfS zu dieser Zeit die massenhafte Einschleusung von Propagandaschriften in die Bundesrepublik. Als sich die DDR-Führung mit dem SED-Parteitag 1967 auch offiziell von der gesamtdeutschen Perspektive verabschiedete, wandte sich auch die MfS-Agitation mehr DDR-internen Themen zu. Vorrangige Ziele waren jetzt die Stärkung der »Massenwachsamkeit« und die Pflege des »Vertrauensverhältnisses« zwischen Bevölkerung und MfS.

In der Phase der Entspannungspolitik veränderte sich der Charakter der Ö. beträchtlich. Mediale Angriffe auf die Bundesrepublik ließen stark nach. Künstlerische und journalistische Projekte des Agitationsbereichs, etwa zur »BRD-Menschenrechtsdemagogie« oder zur Übersiedlungsproblematik, erhielten von der politischen Führung kein grünes Licht mehr, weil sie nicht in die Politik der internationalen Normalisierung passten oder an tabuisierten innenpolitischen Problemen rührten. Die Medienpräsenz von MfS-Themen ging stark zurück. Ausnahmen blieben in den 70er Jahren die beiden großen, vom MfS inspirierten Fernsehfilmserien »Das unsichtbare Visier« (mit Armin Mueller-Stahl in der Hauptrolle) und »Rendezvous mit Unbekannt«, die sich mit politisch unbedenklichen Sujets, der Auslandsspionage und der Frühzeit des MfS, befassten. Die Ö. beschränkte sich ansonsten auf ADN-Meldungen zu Kleinereignissen, wie z. B. dem »Missbrauch von Transitwegen« durch Fluchthelfer. Ab Mitte der 80er Jahre beklagten die Verantwortlichen der Ö. im MfS die mangelnde Verwertbarkeit von internen Ermittlungsergebnissen und die abnehmende Bereitschaft von Autoren, mit der Staatssicherheit zusammenzuarbeiten.

Die Ö. konzentrierte sich ab Mitte der 70er Jahre vorrangig auf die Traditions- und Patenschaftsarbeit im direkten Kontakt mit Arbeitskollektiven und Schulen. Ein nicht unbeträchtlicher Teil der Traditionspflege war aber auch nach innen, auf den eigenen Apparat, und auf andere bewaffnete Organe ausgerichtet. Diese sehr begrenzten Personenkreise erhielten Zugang zu Ausstellungen im sog. Informationszentrum des MfS in Berlin-Mitte und zu Broschüren mit den klassischen Geheimdienstthemen wie »CIA und BND«, »Zersetzung der DDR-Jugend« oder »Tätigkeit des MfS gegen innere und äußere Feinde«. Wie selbst eine interne Forschungsarbeit von 1989 bilanziert, scheiterte die Staatssicherheit in den 80er Jahren mit ihrem Ziel, durch Ö. die Verbundenheit der Bevölkerung mit dem MfS zu fördern.

Literatur: Engelmann, Roger; Joestel, Frank: Die Zentrale Auswertungs- und Informationsgruppe (MfS-Handbuch). Berlin 2009. *FJo*

Offizier für Sonderaufgaben In der Regel höherrangiger Offizier, der dem Leiter einer Diensteinheit direkt zugeordnet war. Eine verbindliche Definition seiner Funktion gibt es nicht, denn die Bezeichnung konnte höchst Verschiedenes bedeuten: sowohl die Übertragung besonders brisanter Aufgaben wie Häftlingsfreikauf und Devisenbeschaffung als auch eine Pro-forma-Position, um einem verdienten, aber nicht mehr voll leistungsfähigen Offizier die letzten Berufsjahre zu erleichtern. *WSü*

Offizier im besonderen Einsatz (OibE) Zur Durchdringung von Ministerien und anderen wichtigen Stellen des Staatsapparates, der Wirtschaft, aber auch außerhalb der DDR setzte das MfS hauptamtliche Mitarbeiter als OibE ein. Sie agierten dort verdeckt und mit einer legendierten Biografie ausgestattet (→ Legende, operative). Schwerpunkte waren das System der Sicherheitsbeauftragten in den Betrieben, Residenten sowie Wachkräfte in den Auslandsvertretungen der DDR. In einigen Bereichen arbeiteten (zeitweise) regelrechte OibE-Strukturen, etwa im MdI der DDR (→ Personendatenbank), dem Entwicklungszentrum

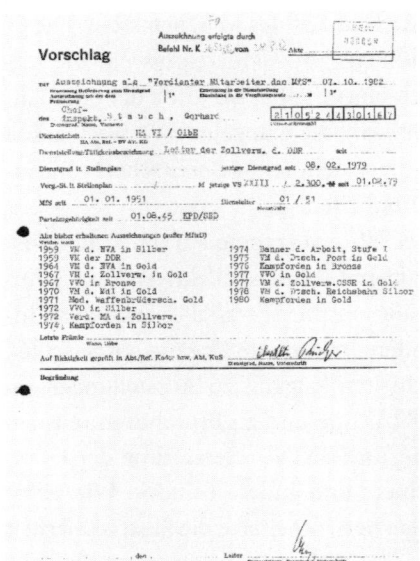

Der Leiter der Zollverwaltung der DDR, Gerhard Stauch, war OibE des Ministeriums für Staatssicherheit. Links der Vorschlag zur Auszeichnung von Stauch als »Verdienter Mitarbeiter des MfS«.

des Kombinates Robotron oder der Sektion Kriminalistik der Humboldt-Universität. 1983 gab es 3471 OibE, danach sank die Zahl. 1988 verfügten 27 Diensteinheiten der MfS-Zentrale über 1856 OibE.   *JGi*

OGS → Grenzschleuse, operative

OibE → Offizier im besonderen Einsatz

Operationsgebiet Mit O. bezeichnete das MfS zusammenfassend alle Länder, in denen bzw. gegen die es geheimdienstliche Aktionen durchführte. Zumeist waren damit die Bundesrepublik Deutschland und Westberlin gemeint, der Begriff konnte aber auch jedes andere westliche oder neutrale Land einschließen. Aufgrund besonderer innenpolitischer Entwicklungen galten 1968/69 auch die Tschechoslowakei, spätestens seit den 70er Jahren faktisch Rumänien und in den 80er Jahren auch Polen als O.   *GHe*

Operativ Diensthabende (ODH) In den Anfangsjahren gab es in der Zentrale sowie den → Länder- bzw. Bezirksverwaltungen der Staatssicherheit einen sog. Chefdienst, der nach Arbeitsschluss mit der Führung der Geschäfte verantwortlich beauftragt war. Mitte der 50er Jahre wurden dann Arbeitsgruppen »Offiziere vom Dienst« (OvD) beim Büro der Leitung des MfS Berlin und bei den BV eingerichtet, die mit festen Stellenplänen unterlegt waren. Ständige OvD bestanden bald auch bei den → HA I und → HA PS. Nach und nach schufen die operativen Diensteinheiten ein System von ODH, die häufig im Rahmen der jeweiligen AGL oder Operativen Leitzentren (OLZ) angesiedelt waren. Zu ihren Aufgaben gehörte u. a. auch die tägliche Erstellung von ODH-Informationen. Die Arbeitsgruppe ODH der → HV A hatte außerhalb der normalen Dienstzeiten speziell die Grenzpassagedokumente der Abt. A VI zu verwalten und bei besonderen Feststellungen im Reiseverkehr zur Absicherung des IM-Netzes eine Sofortberichterstattung einzuleiten.   *RWi*

Operative Kombination Zur Bearbeitung von Personen und Objekten angewandte Methode der Verknüpfung verschiedener, für die Zielpersonen scheinbar nicht zusammenhängender, legendierter Maßnahmen des MfS. Sie setzen das exakt abgestimmte Handeln von → IM, hauptamtlichen Mitarbeitern des MfS und z. T. im Rahmen des politisch-operativen → Zusammenwirkens von Mitarbeitern anderer Institutionen voraus und dienten der Desorientierung, → Zersetzung, → Abschöpfung und Beeinflussung von bearbeiteten Personen, der Beschaffung von Informationen und Beweismaterial sowie der Gewinnung und Überprüfung von IM.   *BFl*

Operative Personenkontrolle (OPK) Die OPK wurde 1971 in Abgrenzung zum → Operativen Vorgang eingeführt. Auf der Grundlage der MfS-Richtlinien 1/71 bzw. 1/81 zielte sie auf die Überprüfung von Verdachtsmomenten zu Verbrechen und Straftaten, das Erkennen »feindlich-negativer« Haltungen, aber auch den vorbeugenden Schutz von Personen in sicherheitsrelevanten Positionen. Auch Ausländer konnten unter OPK gestellt werden. Zur Informationsbeschaffung wurden staatliche Organe, Betriebe und Institute, gesellschaftliche Organisationen, die Deutsche Volkspolizei und andere Stellen sowie, wenn erforderlich, operative Mittel und Methoden einbezogen. Die OPK endete mit einem Abschlussbericht. Die bearbeitete Person galt bis dahin als aktiv erfasst, da OPK zu den registrierpflichtigen Vorgängen zählten (→ Erfassung, aktive; → Registrierung).   *RBu*

MfS/BV	Halle	BStU 090008	13 Halle· : den 26.03.1985
Diensteinheit	XX/2		
Mitarbeiter	Großmann		VIII/Reg.-Nr. 837/85

Übersichtsbogen zur operativen Personenkontrolle

" R E G I E "

Deckname

Lfd. Nr.	Name, Vorname	PKZ ι	Karteikarten erhalten Datum/Unterschrift
1	STÖCKLEIN, Gerd	270450415320	VIII 12. 4. 85 18

1. Gründe für das Einleiten
- bei St. handelt es sich um eine Person mit feindlich-negativer Einstellung bzw. mit ablehnender Haltung zu den gesellschaftlichen Verhältnissen in der DDR
- St. trat in der Vergangenheit mehrfach als Inspirator bzw. Teilnehmer von feindlich-negativen Aktivitäten in Erscheinung

Die operative Personenkontrolle (OPK) war häufig die Vorstufe zu einem Operativen Vorgang. Dabei wurden Informationen zu einzelnen Personen gesammelt.

Operative Zielkontrolle (OZK) Spezielles Verfahren der Informationsgewinnung in der → Funkaufklärung, das von der → HA III seit Ende der 70er Jahre eingesetzt wurde. Dabei wurden wichtige Fernschreib-, Datex-, Telex-, Fernsprech- und Funkfernsprechanschlüsse mit Rufnummernselektierungsanlagen (RSA) automatisch abgehört. Zielkontrollaufträge erteilten insbesondere die → HV A, die → HA II, I, XVIII, XIX, XX, XXII und die → Zentrale Koordinierungsgruppe. Auch der KGB und der Geheimdienst der ČSSR veranlassten Zielkontrollen. Die HA III selbst durfte diese nur in Ausnahmefällen eigenständig einleiten. *ASt*

Operativer Mitarbeiter (OM) → Führungsoffizier

- 4 -

```
3499 349        - bearbeitet wird der Hausmeister (Pauschalkraft)
"Tyrann"          im Gemeindehaus der evangelischen Zionsgemeinde,
1892/83           da er zu den entscheidenden Mitinitiatoren der Um-
Schwanitz         weltbibliothek gehört, von dem bekannten Roland
26.05.88          Jahn außengesteuert wird. (Rüddenklau)

3o4             - bearbeitet wird ein Facharzt für Neurologie und
"Wall"            Psychatrie der HUB, Sektion Rehabilitationspädagogik
o3/87             und Kommunikationswissenschaften, da es Hinweise gibt,
Nöschel           da er vermutlich mit ungesetzlich eingeführten
11.o1.88          Gegenständen spekulativen Handel treibt.
                  Er soll schon Artikel für die Umweltbibliothek
                  geschrieben haben und ist Übersiedlungsersuchender.
```

Operative Vorgänge (OV) wurden angelegt, um gegen Einzelne oder Gruppen geheimpolizeilich vorgehen zu können. Ausgangspunkt waren zumeist – aus MfS-Sicht – strafrechtlich relevante Tatbestände.

Operativer Vorgang (OV) Registrierpflichtiger Vorgang und Sammelbegriff für → Einzel- bzw. → Gruppenvorgänge (→ Registrierung, → TV und → ZOV); angelegt, um im Rahmen von verdeckten, aber zum Teil auch offenen Ermittlungen gegen missliebige Personen vorgehen zu können (Anweisung 14/52 vom 10.9.1952: Vorgangsordnung; 1976 durch Richtlinie 1/76 »zur Entwicklung und Bearbeitung Operativer Vorgänge« neu geregelt). Ausgangspunkt des OV waren zumeist Hinweise auf – aus MfS-Sicht – strafrechtlich relevante Tatbestände (i. d. R. Verstöße gegen die in der DDR geltenden politischen Normen), die es zu überprüfen galt. Bestandteil der nach einem klaren Abfolgeprinzip zu erstellenden OV waren »Maßnahmepläne« und ggf. in ihnen enthaltene Maßnahmen der → Zersetzung, die vor allem dann zur Anwendung gelangten, wenn eine Inhaftierung aus taktischen Erwägungen als nicht opportun galt. Im OV ermittelte das MfS nicht nur gegen die betreffende Person, es wurden auch Erkundigungen zum familiären Umfeld, zum Freundes- und Kollegenkreis u. ä. eingeholt. Konnten Delikte keinen Personen unmittelbar zugeordnet werden (z. B. Flugblätter, Losungen, anonyme Briefe), wurde ein OV gegen unbekannt eröffnet. Darin wurden die nach den Vorstellungen des MfS potenziell als Urheber in Frage kommenden Personen dahingehend überprüft, ob ihnen die »Tat« nachzuweisen war. Häufig ging dem OV eine → Operative Personenkontrolle voraus.

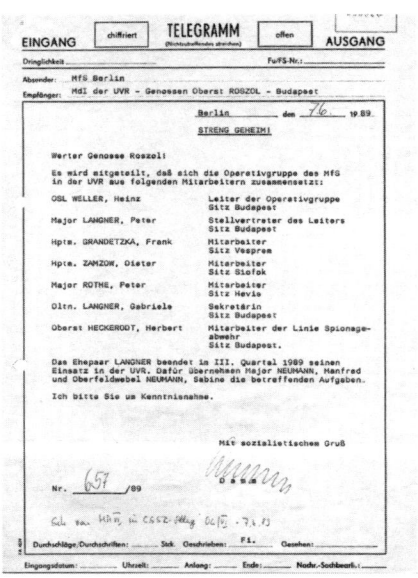

Telegramm über die Zusammensetzung der MfS-Operativgruppe in Ungarn im Juni 1989.

OV waren mit Vorschlägen zur Ahndung der nachgewiesenen Straftatverletzungen (z. B. Ermittlungsverfahren; Anwerbung; Zersetzungsmaßnahmen) bzw. bei Nicht-Bestätigung des Ausgangsverdachts durch Einstellen der Bearbeitung abzuschließen. *CHa, ISK*

Operatives Ausgangsmaterial (OAM) Material über politisch unerwünschte Vorkommnisse und Äußerungen, das vor der Eröffnung eines registrierpflichtigen Vorgangs (→ Registrierung), wie z. B. → OPK oder → OV, anfiel. Als Quelle dienten Berichte und Meldungen, die von → GMS, → IM oder anderen MfS-Mitarbeitern, aber auch von anderen Behörden stammten. Ebenso konnten auch Erkenntnisse, die das MfS aus der Auswertung seiner Observations- und Überwachungstätigkeit gegen andere Personen abgeleitet hatte, zur Anlage eines OAM führen. *CHa, ISK*

Operativgruppe (OG) 1. Das MfS unterhielt ständige Niederlassungen in der Sowjetunion (seit 1951), Bulgarien (1961), Ungarn (1964), ČSSR (1965), Polen (1980) sowie in einigen Entwicklungsländern, die als OG bezeichnet wurden. In den osteuropäischen Ländern umfasste eine OG zuletzt 8 bis 14 MfS-Offiziere (in Polen: 20, in der Sowjetunion einschließlich der dort an die OG angeschlossenen → Linien I und XVIII ca. 35), die auf mehrere Städte verteilt waren und bis zu 40 → IM (in Polen: 150, sowie zahlreiche Kontaktpersonen, in der Sowjetunion einschließlich der Linien I und XVIII ca. 400) führten, bei denen es sich zumeist um DDR-Bürger handelte, die längerfristig in dem Land lebten. Die OG war an den jeweiligen Landesgeheimdienst angebunden und kooperierte mit diesem. Eine OG setzte sich aus Mitarbeitern mehrerer MfS-Diensteinheiten zusammen (insb. → HA VI, → HA II, → ZKG); die an den Botschaften tätigen → HV A-Mitarbeiter agierten weitgehend unabhängig davon. Die Aufgabe der OG bestand darin, DDR-Bürger im Ausland zu überwachen und Fluchtversuche in den Westen zu verhindern, in der Spionageabwehr, in Entwicklungsländern auch im Schutz von DDR-Bürgern sowie in der Beratung und Unterstützung der örtlichen Sicherheitsdienste. In der ČSSR ab 1968 und Polen ab 1980 waren sie an der Unterdrückung der Opposition beteiligt. Viele Geheimdienste sozialistischer Länder unterhielten ihrerseits bis 1989/90 eine OG in der DDR. Die OG bildete nur eines von mehreren Elementen geheimdienstlicher Kooperation (→ kommunistische Geheimdienste).

2. Bezeichnung für Struktureinheiten auf den unteren Ebenen der MfS-Diensteinheiten, zumeist mit einer eng begrenzten oder befristeten Aufgabe. Eine OG konnte aber auch zu einer Abteilung aufgebaut werden. So entstand aus einer 1976 bis 1980 tätigen OG der → HA XX ab 1981 die HA XX/9, die Dissidenten und Oppositionelle verfolgte. *GHe*

Opitz, Willi 25.7.1928–20.3.2011
Rektor der Juristischen Hochschule des MfS Potsdam
Geb. in Goddula-Vesta bei Merseburg, Vater Konditor und Straßenbahnfahrer, Mutter Landarbeiterin; Volksschule; 1943–1947 Lehre als Verwaltungsangestellter, dazwischen 1944 RAD; 1945 amerikanische Kriegsgefangenschaft.
1946 KPD/SED; 1948 Einstellung bei der VP, Kreisamt Merseburg; 1951 MfS, Länderverwaltung Sachsen-Anhalt; 1952–1957 Objektverwaltung »W«, Abt. Politkultur bzw. Kreisleitung der SED; 1954 stellv. Leiter der Abt. V, 1955 der Abt. C; 1957–1959 Leiter der Dienststelle Aue; 1959 Lehrer, 1961 Lehrstuhlleiter an der → HS des MfS in Potsdam; 1960–1966 Fernstudium an der HU Berlin, Diplom-Jurist; 1966 Offizier für Sonderaufgaben; 1967 Brigadeleiter in der AG Anleitung und Kontrolle des MfS Berlin; 1967–1969 stellv. Leiter → ZAIG; 1975 dort stellv. Bereichsleiter, 1976 Promotion zum Dr. jur. an der JHS des MfS Potsdam,

Willi Opitz   *Walter Otto*

Oberst; 1976–1985 Arbeitsgruppenleiter ZAIG; 1985 Rektor der JHS, Berufung zum Professor, Dr. sc. jur.; 1986 Generalmajor; Dezember 1989 von seinen Funktionen entbunden; Januar 1990 Entlassung, Rentner.   *JGi*

Opposition → **Widerstand und Opposition, Bekämpfung von**

O-Quelle → **Quelle**

Ordnungswidrigkeiten Als O. galten nach DDR-Recht schuldhafte Verhaltensweisen, »die die staatliche Leitungstätigkeit erschweren oder die Entwicklung des sozialistischen Gemeinschaftslebens stören« (Gesetz zur Bekämpfung von Ordnungswidrigkeiten vom 12.1.1968). Durch Ordnungsstrafen sollte der Rechtsverletzer diszipliniert werden und anderen damit als erzieherisches Beispiel dienen. Die Strafandrohung war mit maximal 500 Mark, in Ausnahmefällen 1000 Mark, im Vergleich zum Strafgesetzbuch relativ begrenzt (→ Strafverfolgung). Die Staatssicherheit bediente sich dieses Repressionsinstruments in Zusammenarbeit mit der Volkspolizei vor allem seit Mitte der 80er Jahre, als auf spektakuläre Strafprozesse gegen Oppositionelle verzichtet werden sollte, um das internationale Ansehen der DDR nicht zu gefährden. Erich Mielke erklärte 1984, die neu erlassene Verordnung zur Bekämpfung von O. ermögliche, »gegen Personen vorzugehen, die aus anderen rechtspolitischen Gründen strafrechtlich nicht zur Verantwortung gezogen werden sollen«.   *WSü*

Otto, Walter 16.7.1920–1.10.1989
Leiter der HA Kader und Schulung
Geb. in Wurzen (Sachsen), Vater Kraftfahrer; bis 1935 Volksschule; Ausbildung und Arbeit als Tapezierer; 1940 RAD, dann Wehrmacht und Gefangenschaft. 1946/47 Tapezierer; 1947–1950 Sattler bei einer sowjetischen Militäreinheit; 1950 SED; 1950/51 Sachbearbeiter im Arbeitsamt Grimma; 1951/52 Arbeitsschutzinspektor beim Rat des Kreises Grimma; 1952 Einstellung beim MfS, KD Grimma, dann KD Wurzen; 1953 Leiter der Abt. II BV Leipzig; 1954 Abteilungsleiter in der → HA II, MfS Berlin; 1957 zunächst Instrukteur, dann Leiter der Arbeitsgruppe Anleitung und Kontrolle; 1960–1965 Fernstudium an der → JHS des MfS Potsdam, Diplom-Jurist; 1962 Abteilungsleiter, 1965 stellv. Leiter, 1971 Oberst; 1972 Leiter der HA KuSch; 1977 Generalmajor; 1982 aus gesundheitlichen Gründen von seiner Funktion entbunden, 1983 Rentner.   *JGi*

OV → Operativer Vorgang

P

Passkontrolleinheit (PKE) An den Grenzübergangsstellen (Güst) der DDR führten PKE der Staatssicherheit die Identitätskontrollen und Fahndungsmaßnahmen durch und überwachten auf diese Weise den gesamten grenzüberschreitenden Verkehr. Im Zuge der Kontrollen realisierten sie auch operative Maßnahmen im Auftrag anderer Diensteinheiten des MfS. Die in den Uniformen der Grenztruppen auftretenden Angehörigen der PKE gehörten zur Linie VI des MfS (→ HA VI: Passkontrolle, Tourismus, Interhotel). Die Passkontrolle war seit

Ottomar Pech

1962 in der Kompetenz des MfS, als das Aufgabengebiet vom Amt für Zoll und Kontrolle des Warenverkehrs auf die damals neu gegründete → Arbeitsgruppe Passkontrolle und Fahndung überging. Hintergrund war u. a. die sich nach dem Mauerbau entwickelnde Fluchthilfe (→ Republikflucht, Bekämpfung der). *REn*

Pech, Ottomar 2.1.1914 – 13.12.2000
Kommandeur der Inneren Truppen
Geb. in Weißenfels (Saale); Mittelschule; 1928 – 1931 Lehre und Arbeit als Stricker, Funktionär in der SAJ; 1931 – 1934 erwerbslos; 1934/35 und 1937 – 1939 Stricker; 1935 – 1937 und 1939 – 1945 Wehrmacht.
1945/46 KPD/SED; Juli 1945 Einstellung bei der Polizei Chemnitz; 1946 Sekretär der SED-Betriebsgruppe im Polizeipräsidium Chemnitz; 1948 Kommandeur Schutzpolizei in Berlin; 1949/50 Sonderlehrgang in der UdSSR; 1950 Einstellung beim MfS; 1951 Leiter Abt. VII (MdI/DVP); 1952 Leiter Abt. VII/G (Abwehr → Grenzpolizei); 1953 Leiter → HA I, Generalmajor; 1955 Kommandeur der Inneren Truppen/→ Bereitschaftspolizei des MfS; 1956 Stabschef der → HV Innere Sicherheit, Versetzung zur NVA; 1957 stellv. Chef des Hauptstabs der NVA; 1960 Lehrgang an der Militärakademie »Friedrich Engels«; 1961 Chef Verwaltung

Kader des MfNV, 1969 Generalleutnant; 1979 Entlassung, Rentner; KMO; 1995 Anklage im Prozess gegen führende NVA-Offiziere wegen Todesschüssen an der Mauer. *JGi*

Personalakten Die P. → hauptamtlicher Mitarbeiter wurden in den zuständigen Kaderabteilungen bzw. in der HA Kader und Schulung geführt. In den P. sollten relevante Veränderungen bei den hauptamtlichen Mitarbeitern und in deren privatem Umfeld festgehalten werden. Den Umgang mit den P. regelte die Personalaktenordnung von 1969. Sie unterschied fünf Aktenkategorien: P. der Berufs- und Zeitsoldaten, P. der → Zivilbeschäftigten (ZB), Disziplinarakten und Dossiers als mögliche Teile der jeweiligen P. sowie die Zentralkarteikarte, die den Teil I der P. der Berufs- und Zeitsoldaten bildete und die wichtigsten Personalangaben enthielt. Teil II enthielt den Einstellungsvorschlag und dessen Vorgeschichte, Teil III die Beurteilungen und Qualifikationsnachweise, Teil IV den Lebenslauf mit der Verpflichtungserklärung (→ Verpflichtung), Teil V die Überprüfungs- und Ermittlungsunterlagen zum späteren MfS-Angehörigen, seinen Verwandten und Bekannten, Teil VI war die Disziplinarakte. Dossiers wurden nur für Berufssoldaten angefertigt und fassten die wichtigsten Angaben aus den Teilen I und III zusammen. Die P. der ZB ähnelten kategorial denen der Soldaten, beschränkten sich aber auf vier Teile (→ Personalaktenablage, → OibE, → UMA). *SSu*

Personalaktenablage Personalakten → hauptamtlicher Mitarbeiter (inkl. Gesundheitsunterlagen und Disziplinarakten) waren der Archivbestand 3 in den → Abt. XII; Sigle: KS. Ab 1976 wurde unterschieden in KS I - P. der Führungskräfte, KS II - P. der Mitarbeiter, Zivilbeschäftigten und → Unteroffiziere auf Zeit (UaZ) im MfS, KS III - P. von UaZ im → Wachregiment (WR) und abgelehnte Kadervorschläge; ab 1987 KS IV - P. ehemaliger UaZ des WR, die als → inoffizielle Mitarbeiter angeworben wurden. Die P. sind nutzbar über die → F 16. Der Umfang beträgt im Berliner Zentralarchiv 1767 lfm. *SWo*

Personenablage, Allgemeine Teil der Operativen → Hauptablage; Sigle: AP. Sie umfasst nichtregistriertes Material über Personen (z. B. aus → Sicherungsvorgängen, → Sicherheitsüberprüfungen und → Zentralen Materialablagen der operativen Diensteinheiten) und ist personenbezogen nutzbar über die → F 16. Die Gesamtzahl beträgt in der → Abt. XII des MfS 255 016 Signaturen. Nur dort wurden durch die → Abt. X personenbezogene Informationen anderer Ostblock-Geheimpolizeien abgelegt, gekennzeichnet durch ein »X«.   *SWo*

Personendatenbank der DDR (PDB) In der vom Büro für Personendaten der HA Pass- und Meldewesen der Hauptverwaltung Deutsche Volkspolizei im MdI ab 1.1.1984 geführten PDB wurden zentral Informationen über alle in der DDR mit Hauptwohnung gemeldeten DDR-Bürger und Ausländer gespeichert. Hierfür standen über 60 Datenfelder zur Verfügung. Verstorbene und aus der DDR abgemeldete Personen blieben in der PDB registriert.

Für Volkspolizei und MfS war die PDB ein wichtiges Instrument für die Überwachung und Kontrolle der Bevölkerung. Daher wurden in der PDB auch über die Meldedaten weit hinausgehende Informationen gespeichert, wie z. B. Hinweise auf kriminell gefährdete Personen, auf gestellte/abgelehnte Ausreiseanträge, Reisesperren, Aufenthaltsbeschränkungen/-genehmigungen für das Grenzgebiet, weitere polizeiliche Registrierungen, Verbindungen zu Ausländern, Verdacht auf sog. ungesetzlichen Grenzübertritt oder ein Kennzeichen für vorhandene Eintragungen im zentralen Strafregister der DDR. Primäres Ordnungsmerkmal der PDB war die 1970 eingeführte Personenkennzahl (PKZ).

Die Daten für die PDB wurden auf Grundlage der Meldekarteikarten in den Volkspolizeikreisämtern erfasst. Das Rechenzentrum der PDB befand sich in Berlin-Biesdorf.

Das MfS hatte von Beginn an vollen Zugriff auf alle in der PDB gespeicherten Informationen; hierfür existierte innerhalb der → ZAIG eine Arbeitsgruppe PDB mit 16 Planstellen.

1990/91 wurde aus der PDB das Zentrale Einwohnerregister (ZER), welches die gespeicherten Daten wieder auf die grundlegenden Meldedaten reduzierte, allerdings die PKZ als Primärmerkmal beibehielt. Dem Einigungsvertrag folgend wurden die Daten aus dem ZER bis zu dessen Auflösung Ende 1992 zum Aufbau des Meldewesens in den neuen Bundesländern verwandt. (Vgl. dazu → Zentrale Personendatenbank)   *SKo*

Personenkartei → F 16

Personenkerbloch-Kartei-DDR (PKK-DDR) → F 410, 410a

Personenkerbloch-Kartei-West (PKK-West) Die PKK-West war Bestandteil des Kerbloch-Karteien-Systems (→ Kerblochkarten) und war Speicher und Findhilfsmittel für die operativen Diensteinheiten. Sie wurde zu Personen des »nichtsozialistischen Auslands« geführt, über die bedeutsame Informationen vorlagen. Die Erfassung erfolgte nach einem Schlüsselplan mit Angaben zu Personen, zu Personenmerkmalen und Verdachtshinweisen. Entsprechend dem Schlüsselplan erfolgte die Kerbung. *DHa*

Perspektiv-IM (PIM) Als PIM wurden IM im »Operationsgebiet« bezeichnet, die perspektivisch in »wesentliche Geheimbereiche des Feindes« einzuschleusen waren. Als Zielgruppe für die Werbung von PIM kamen insbesondere Studenten, Beamtenanwärter und junge Sekretärinnen in Frage. Zuletzt führte die → HV A 166 PIM. *HME*

Pösel, Willy 13.5.1923 – 21.10.1992
Rektor der Juristischen Hochschule des MfS Potsdam
Geb. in Calbe (Saale), Vater Bergarbeiter, Mutter Tabakarbeiterin; Volksschule; 1937–1942 kaufmännische Lehre und Angestellter; 1942 RAD, dann Wehrmacht. 1945 sowjetische Kriegsgefangenschaft, Antifa-Schüler; 1948 SED, Leiter der Kreisparteischule Bad Kösen; 1950 Einjahreslehrgang an der PHS; 1951 MfS, stellv. Leiter der Schule des MfS Potsdam; 1956–1961 Fernstudium an der DASR Potsdam, Diplom-Staatswissenschaftler; 1959–1965 Leiter der → HS des MfS Potsdam; 1961/62 für operativen Einsatz in der HA V entbunden; 1964 Oberst; 1964/65 freigestellt; 1965 Promotion an der DASR Potsdam, Dr. jur.; 1965 Rektor der JHS des MfS Potsdam; 1967 Habilitation an der JHS; 1969 Berufung ebendort zum Professor für Rechtswissenschaften; 1971 Generalmajor; 1985 wegen Krankheit von seiner Funktion entbunden, VVO in Gold; 1986 Entlassung, Rentner. *JGi*

Pommer, Heinz 24.3.1929 – 24.11.2004
Leiter des Büros der Zentralen Leitung der SV (Sportvereinigung) Dynamo
Geb. in Gera, Vater Heizer, Mutter Hausfrau; Volksschule; 1943–1946 Ausbildung und Arbeit als Bauschlosser; 1947 Bau- und Transportarbeiter; 1948 Einstellung bei der VP, Inspektion Thüringen/Ost; 1948 SED; 1949/50 Besuch der VP-Schule für Kriminalistik; 1951 Einstellung beim MfS, KD Gera, dann Abt. IX (Untersuchungsorgan) der Länderverwaltung Thüringen; 1952 stellvertreter

Willy Pösel   *Heinz Pommer*

Abteilungsleiter, 1954 Leiter der Abt. IX der BV Leipzig; 1960–1963 Fernstudium an der DASR Potsdam, 1964–1966 an der HU Berlin, Diplom-Jurist; 1964 Stellvertreter Operativ des Leiters der BV Leipzig; 1973 Promotion zum Dr. jur. an der JHS des MfS Potsdam; 1975 Offizier für Sonderaufgaben, dann Leiter der BV Suhl; 1980 Generalmajor; 1981 Offizier für Sonderaufgaben; 1982 Leiter des Büros der Zentralen Leitung der SV Dynamo Berlin; November 1989 von seiner Funktion entbunden; Januar 1990 Entlassung, Rentner.   *JGi*

Posteingangs- und -ausgangsbuch Der Versand von Schriftstücken war innerhalb des MfS vom Absender bis zum Empfänger lückenlos nachzuweisen. Dazu dienten in den Poststellen und Geschäftszimmern der Diensteinheiten chronologisch geführte P. (zudem Kurierbücher für die Zeit des Transports). In Posteingangsbüchern wurden im Wesentlichen die vergebene Tagebuchnummer, das Eingangsdatum, der Absender, der Betreff, die Weitergabe und die Ablage bzw. Vernichtung von Schriftstücken vermerkt; für VVS- und GVS-Unterlagen gab es jeweils eigene Bücher. Postausgangsbücher wurden seltener und lediglich für als bedeutsam erachtete Ausgangsschreiben benutzt. In der Regel wurden

Lfd. Nr.	Datum der Eintragung	Datum d. Schreibens	Empfänger	Betreff	Bemerkungen
			Ausgänge		
318	27.8.		*Persönlich! Streng geheim* Gen. E. Honecker	*Ausschreiben mit ...*	1.9.86 Orig Abl. Ho

Postausgangsbuch. Minister Mielke übersandte dem Partei- und Staatschef Honecker am 27.8.1986 ein Schreiben mit zwei Anlagen über Probleme der Transitwege und bei eventuellen Verhandlungen mit der Bundesrepublik. Nach der Rückgabe kam das Original in eine »Abl[age] Ho[necker]«, das Duplikat wurde vernichtet.

parallel zu den P. Institutionen-, Sach- oder (formlose) Personenkarteien, ggf. auch Terminkarteien geführt. P. können bei der Nachverfolgung des Verbleibs von Schriftstücken, bei deren aktenkundlicher Beurteilung und quellenkritischer Untersuchung sowie bei der Entschlüsselung der Wege des schriftlichen Informationsaustausches im MfS wichtige Hilfsmittel sein. Im Einzelfall geben sie Auskunft über die frühere Existenz nicht überlieferter Schriftstücke. *RLu*

Postkontrolle Von Beginn an betrieb das MfS – neben gezielten Fahndungsmaßnahmen – eine systematische Kontrolle und Auswertung der nationalen und internationalen Postsendungen (Brief- und Telegrammverkehr). Zuständig hierfür waren die → Abteilungen M (sowie vor 1952 ihre Vorläufer-Abteilungen VI a). Neben Einzelpersonen konnten auch ganze Häuser, Straßen, Ortschaften oder Städte, aber auch Betriebsangehörige bzw. -belegschaften und Berufsgruppen

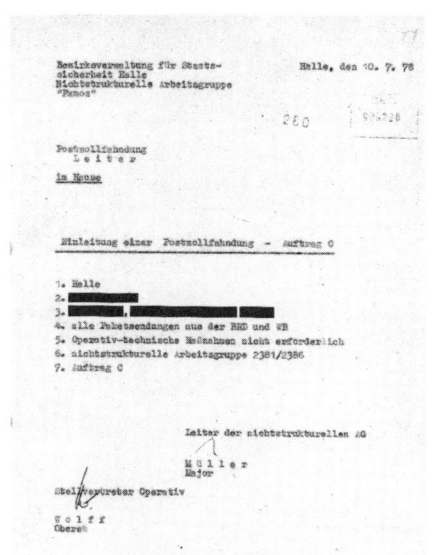

*Auftrag zur Paketkontrolle, Stufe C.
Dies bedeutete die Einziehung von
Kleingutsendungen unter Umgehung
der Zollverwaltung und Übergabe an
die auftraggebende Diensteinheit.*

unter P. gestellt werden. Die Aufträge hierzu wurden von den jeweils operativ
zuständigen Diensteinheiten erteilt. Die P. basierte auf dem politisch-operativen
→ Zusammenwirken insbesondere mit der Deutschen Post der DDR, daneben
auch mit der Volkspolizei und der Zollverwaltung der DDR (→ Postzollfahndung). Grundsätzlich durchlief die gesamte Post in den zentralen Postämtern
die dort getarnt arbeitenden Kontrollstellen der Abteilungen M. Diese sortierten
Briefe aus, die aufgrund der Adresse oder der äußeren Merkmale als verdächtig
angesehen wurden, und öffneten sie. Zumeist wurden sie kopiert sowie, möglichst ohne Spuren zu hinterlassen, anschließend wieder verschlossen und wei-
terbefördert, teilweise aber auch – wenn es geboten erschien – einbehalten. Bei
der P. entnahm das MfS die in den Sendungen enthaltene Valuta (1984–1989
rund 32 Mio. DM) und andere Wertsachen zugunsten des Staatshaushaltes der
DDR. Durch den zunehmenden Einsatz von Geräten und technischen Verfahren
sowie qualifizierter Fahndungsmethoden entwickelte sich die P. zu einem leis-
tungsstarken Überwachungs- und Kontrollsystem. *RWi*

POZW → **Zusammenwirken, politisch-operatives**

Postzollfahndung (PZF) Der eigentlichen Zollkontrolle vorgeschaltete Kontrolle von Kleingutsendungen (Pakete und Päckchen) in den DDR-Postzollämtern durch getarnte, aus → Offizieren im besonderen Einsatz bestehende MfS-Dienststellen. Die PZF arbeitete auf der Grundlage von Aufträgen und Fahndungsersuchen der operativen Diensteinheiten des MfS. Es bestanden vier unterschiedliche Auftragsstufen: Auftragsstufe A: Datenfeststellung und -mitteilung an auftraggebende Diensteinheit; Auftragsstufe B: inhaltliche Kontrolle und Erstellung eines Protokolls; Auftragsstufe C: Einziehung von Kleingutsendungen unter Umgehung der Zollverwaltung und Übergabe an die auftraggebende Diensteinheit; Auftragsstufe D: Ausschleusung von Sendungen auf postalischem Wege durch das MfS in das → Operationsgebiet (z. B. Agitationsmaterial) bei Vermeidung sonstiger Zollvorführung. Bei den zur Inhaltskontrolle ausgesonderten Kleingutsendungen folgten die Öffnung, fotografische Dokumentation des Inhalts sowie Wiederverpackung und Weiterleitung bzw. Einziehung verdächtiger Postsendungen. In die Entscheidung zur Einziehung von Paketen wurde die → HA II einbezogen. Die seit 1961 bestehenden Abt. PZF gingen im Januar 1984 in den → Abteilungen M auf. *RWi*

Pressestelle des MfS → Öffentlichkeits- und Traditionsarbeit des MfS

Psychiatrie, Missbrauch der → Überwachung des Gesundheitswesens

Q

Quelle Zentrale IM-Kategorie der → Hauptverwaltung A. Als Q. wurden im sog. → Operationsgebiet tätige inoffizielle Mitarbeiter bezeichnet, die in der Lage waren, an geheime Informationen über Aktivitäten und Absichten sowie Ressourcen und interne Lagebedingungen gegnerischer Einrichtungen zu gelangen. Es wurden zwei Typen von Quellen unterschieden: 1. die Abschöpfquelle (A-Quelle), welche über eine »zweite Person Verbindung zum Objekt« hat und »Personen aus dem Objekt« abschöpft (→ Abschöpfen); 2. die Objektquelle

(O-Quelle), die »direkt im Objekt verankert« ist, also der klassische Agent. Zuletzt besaß die HV A (einschließlich der ihr nachgeordneten Abteilungen XV der BV) in der Bundesrepublik und Westberlin 133 A-Quellen und 449 O-Quellen.

HME

R

Rataizick, Siegfried *29.5.1931
Leiter der Abt. XIV (Untersuchungshaft, Strafvollzug)
Geb. in Halle (Saale), Pflegevater Lokführer; 1937–1945 Volksschule. 1945–1950 Lehre und Arbeit als Klempner; 1950 Beifahrer; Einstellung beim MfS, Landesverwaltung Sachsen-Anhalt; 1950 Versetzung zum MfS Berlin, → Abt. XIV; 1951 SED; 1957/58 BPS Bad Blankenburg; 1962 stellv. Leiter, 1963– 1989 Leiter Abt. XIV; 1964–1968 Fernstudium HU Berlin, Diplom-Kriminalist; 1975 Oberst; 1984 Promotion zum Dr. jur. an der → JHS des MfS Potsdam; 1990 Entlassung.   *JGi*

Raumüberwachung, akustische Konspirative Ermittlungsmethode, auch als »Maßnahme B« bezeichnet, wurde definiert als »akustische Überwachung in geschlossenen und von begrenzten freien Räumen«.
MfS-Techniker der → Abt. 26 bauten Abhöranlagen heimlich in Hotels, Haftanstalten, Wohn- und Geschäftsräumen ein. R. wurden nicht nur in konkreten Verdachtsfällen veranlasst, sondern dienten teilweise auch der vorbeugenden Überwachung.   *ASe*

Raumüberwachung, optische und elektronische Konspirative Ermittlungsmethode, auch als »Maßnahme D« bezeichnet, wurde definiert als »optische und elektronische Beobachtung und Dokumentation, vorwiegend in Räumen«.
MfS-Techniker der → Abt. 26 präparierten Fahrzeuge und installierten heimlich Videokameras in Hotelzimmern, Haftanstalten, Wohn- und Geschäftsräumen oder etwa auch in Baucontainern u. ä., um begrenzte Außenräume zu obser-

Siegfried Rataizick

vieren. Die R. diente bisweilen auch der Schaffung von → Kompromaten, etwa beim Einsatz von Prostituierten in Interhotels. *ASe*

Rechtspflegeorgan Ab den 60er Jahren wird das MfS auch als R. bezeichnet, wobei seine Funktion als strafrechtliches → Untersuchungsorgan gemeint ist. So heißt es in § 1 des MfS-Statuts von 1969: Das Ministerium für Staatssicherheit »gewährleistet als Sicherheits- und Rechtspflegeorgan die staatliche Sicherheit und den Schutz der Deutschen Demokratischen Republik«. Der Begriff R. hat eine übergeordnete Bedeutung und umfasst im Bereich der staatlichen Institutionen neben den Untersuchungsorganen vor allem die Staatsanwaltschaften und die Gerichte. Daneben gab es in der DDR auch nichtstaatliche R., etwa die Konflikt- und Schiedskommissionen sowie die Rechtsanwälte und ihre Kollegien. *REn*

Rechtsstelle Fachlich der → ZAIG unterstellte selbständige → Abteilung der MfS-Zentrale im Anleitungsbereich des Ministers. Die R. hatte die Aufgabe, die spezifischen Interessen des MfS bei der Ausarbeitung von Gesetzen und anderen Akten der Legislative zu vertreten und einzubringen. Ebenso hatte sie auf die Gestaltung internationaler Verträge und der Beziehungen zwischen der DDR und der Bundesrepublik in der Hinsicht Einfluss zu nehmen, dass die Handlungsmöglichkeiten des MfS gewährleistet und gesichert blieben. Das primäre Interesse bestand hierbei indes nicht in der rechtlichen Prüfung des sog. operativen Vorgehens der Geheimpolizei, sondern darin, die extralegalen Handlungsspielräume des MfS durch entsprechend auslegungsfähige Abfassung von Gesetzen und Verträgen zu sichern. Die R. war überdies für den Rechtsverkehr des MfS, die Unterstützung der MfS-Diensteinheiten und von Mitarbeitern in Rechtsangelegenheiten zuständig. Die R. wurde 1957 als Referat 5 des → Büros der Leitung eingerichtet und 1969 als selbständige Abt. aus dem BdL herausgelöst. Sie gewann an Bedeutung durch den nicht zuletzt durch internationalen Druck hervorgerufenen Zwang, auch das Handeln des MfS juristisch abzusichern. Leiter der R. waren → Filin (1957–1981) und → Lemme (1981–1990), der 1989 zwölf hauptamtliche Mitarbeiter führte. *BFl*

Regime Auch Regimeverhältnisse. Gesamtheit der Verhältnisse und Lebensbedingungen eines Landes oder geographischen Raumes (z.B. politische Entwicklungen, administrative Strukturen, kulturelle Besonderheiten, behördliche Sicherheitsvorkehrungen), deren Kenntnis für ein effektives und unauffälliges nachrichtendienstliches Handeln notwendig war. Mit diesen Kenntnissen sollten vor allem das IM-Netz im Westen und der grenzüberschreitende Agentenreiseverkehr geschützt werden. So sollten IM im Westeinsatz wissen, wie die bundesdeutsche Spionageabwehr arbeitete, wie streng Meldeformalitäten in Hotels gehandhabt wurden, wie man sich als durchschnittlicher Bundesbürger verhielt usw. Die Abt. VI der → HV A hatte die Aufgabe, systematisch Informationen über das R. im → Operationsgebiet zu sammeln und in der → SIRA-Teildatenbank 13 nachzuweisen. *GHe*

Registrierung Zentraler Nachweis eines Vorgangs/einer Akte in der → Abt. XII. Die Diensteinheiten hatten der Abt. XII alle zur R. notwendigen Dokumente vorzulegen (u.a. zwei Karteikarten → F 16 für jede zu erfassende Person). In der Abt. XII erfolgte der Eintrag im Vorgangsregistrierbuch (→ F 64) mit Vergabe der Registriernummer, die Ausfertigung der → F 22 und → F 77 und ggf. weiterer Karteikarten sowie ein Eintrag im Vorgangsheft (→ F 47) des für den Vorgang verantwortlichen Mitarbeiters. Bestimmte Formblätter und die Aktenteile waren mit Registriernummer versehen an die Diensteinheit zu senden. Registrierpflichtig waren u. a.: → IM-Vorlauf, → IM-Vorgang, → Operative Personenkontrolle, → Operativer Vorgang, → Untersuchungs- und → Sicherungsvorgang.

DHa

Republikflucht, Bekämpfung der Zwischen 1949 und Sommer 1961 flüchteten rund 3 Mio. Menschen aus der DDR. In gesellschaftlichen Krisensituationen wie 1953, 1956 und 1961 schnellten die Zahlen in die Höhe. Der Bau der Mauer am 13. August 1961 stoppte den Flüchtlingsstrom. Das scharfe Grenzregime einschließlich des Einsatzes von Schusswaffen brachte viele Menschen von Fluchtgedanken ab. Die Anzahl der vereitelten Fluchten übertraf die erfolgreichen. Für einen Ausreiseantrag in die Bundesrepublik gab es bis Ende 1988 keine Rechtsgrundlage. Lediglich im Fall von Familienzusammenführung und anderen humanitären Gründen prüften die Behörden einen Antrag. Erst auf internationalen Druck hin wurde am 30.11.1988 eine vage Rechtsgrundlage fixiert. Dennoch lagen 1980 21500 Ausreisanträge vor, 1985 53000, 1987 über 105000 und schließlich zum Sommeranfang 1989 rund 160000. Insgesamt sind zwischen 1962 und Ende Oktober 1989 über 795000 DDR-Bürger offiziell oder flüchtend in die Bundesrepublik entkommen, fast 200000 davon allein 1989 vor Öffnung der Mauer.

Zu den vordringlichen Aufgaben staatlicher Institutionen zählte es laut SED-Verständnis, fluchtbereite oder ausreisewillige Menschen daran zu hindern, die DDR zu verlassen. Dies sei, so Mielke in der Anweisung 1/60, »eine der wichtigsten Aufgaben bei der Sicherung des Aufbaus des Sozialismus«. Um den Wunsch nach Freizügigkeit diskreditieren und kriminalisieren zu können, sprach die SED abwertend von »Republikflucht« oder »ungesetzlichem Grenzübertritt«, die ein friedensgefährdendes Verbrechen darstelle. In den letzten Jahren vor dem Mauerbau sind Republikflüchtige zum Teil wie Schwerverbrecher mit Steckbriefen gesucht worden.

Bei der Verhinderung der Republikflucht arbeitete das MfS eng mit der Volkspolizei, der Armee, den Grenztruppen, freiwilligen Grenz- und Polizeihelfern, kommunalen Staatsinstitutionen sowie – in Grenznähe – den SED-Wohngebietsparteiorganisationen zusammen. Beim Zusammenwirken der »bewaffneten«, »gesellschaftlichen« und mit der Strafverfolgung betrauten »Organe« nahm das MfS die zentrale Funktion wahr. Es zeichnete nicht nur im Vorfeld zuständig für die Aufklärung von Fluchtabsichten sowie die Entwicklung und Koordinierung sog. Handlungsvarianten u. a. für den Fluchtfall, sondern übernahm insbesondere mit Spezialkommissionen der Linie IX (→ HA IX) federführend als zuständiges staatliches Untersuchungsorgan die Strafverfolgung. In »unspektakulären« Fällen wurde dies den Dezernaten II der Kriminalpolizei überlassen. In den Diensteinheiten der Polizei war das MfS über die enge offizielle Kooperation hinaus auch inoffiziell fest verankert. So stand z. b. im Präsidium der Volkspolizei in Ostberlin eine ständige Einsatzgruppe der Abt. IX der BVfS Berlin zur Verfügung. Starben Menschen beim Fluchtversuch durch Schüsse oder Minen bzw. wurden verletzt, war allein das MfS befugt, Ermittlungen zu führen, Beweise zu sichern, kriminaltechnische und gerichtsmedizinische Untersuchungen zu veranlassen, Maßnahmen der strikten Geheimhaltung – auch gegenüber den Angehörigen der Opfer – durchzusetzen und eigentlich zuständige juristische Instanzen auf formale Kontrollfunktionen zu beschränken.

Vernommen wurden vom MfS alle Personen, denen man aufgrund ihrer persönlichen Verbindung zu festgenommenen oder erfolgreichen Flüchtlingen eine – strafbare – Mitwisserschaft unterstellte. Gelang der Nachweis, so wurden diese häufig in Haft genommen oder vom MfS unter Druck gesetzt. So wurde etwa verlangt, dass sie sich vom Inhaftierten öffentlich lossagen und distanzieren; oder sie sollten bei dem Versuch mitwirken, den Flüchtling zu einer Rückkehr in die DDR zu bewegen. Auch IM-Anwerbungen erfolgten unter diesem Druck.

Informationen, die auf Fluchtabsichten hindeuteten, oder Meldungen, die Fluchtversuche, erfolgreiche »Grenzdurchbrüche« oder Sicherheitslücken im Grenzsicherungssystem betrafen, waren dem MfS von den, wie es hieß – »Partnern des Zusammenwirkens« (→ POZW) – unmittelbar mitzuteilen und mit ihnen zu beraten. Auch im Vorfeld militärischer Planungen z. B. bei der Zusammensetzung von Grenzposten oder beim mehrstufigen Auswahlverfahren zukünftiger Grenzsoldaten und Kader war das MfS nicht nur beratend eingebunden, wie die Aufgabenbreite der Dienstanweisungen 7/71 und 7/84 verdeutlicht.

Seit 1963 wurde die Zusammenarbeit bei der Unterbindung von Fluchten zwischen dem MfS, dem Ministerium für Nationale Verteidigung und ab 1968 mit dem Ministerium des Innern durch vertrauliche inner- und interministerielle Vereinbarungen fixiert. Die innerhalb der Grenztruppen für die Umsetzung und Kontrolle der Vereinbarungen sowie für die Abwehrarbeit innerhalb der Truppen verantwortliche sog. Verwaltung 2000 (ab 1985: der Bereich 2000) setzte sich ausschließlich aus Mitarbeitern der → HA I zusammen. Diese waren in den Uniformen der jeweiligen Militäreinheit getarnt und vorrangig in deren Stäben eingesetzt, ohne jedoch der Befehlsgewalt der NVA bzw. Grenztruppen

Bei der Verhinderung von Republikflucht arbeitete das MfS eng mit anderen
Organisationen von der Volkspolizei bis hin zu den SED-Parteiorganisationen
zusammen: MfS-Foto einer gescheiterten Flucht im Auto.

zu unterliegen. Eine Hauptaufgabe war die permanente Kontrolle der politisch-
ideologischen Zuverlässigkeit, um frühzeitig jegliche Hinweise auf politische
Abweichungen oder beabsichtigte Fluchten zu entdecken und zu verhindern.
Präventiv, gerade aber auch nach Fluchtversuchen wurde nach Schwachstellen
im Grenzsicherungssystem gefahndet und auf deren Beseitigung gedrängt.
Auch an den Grenzübergangsstellen (Güst) war das MfS federführend im Ein-
satz. Mit dem Minister-Befehl 446/62 war die Arbeitsgruppe »Passkontrolle und
Fahndung« gebildet worden. Spätestens ab 1964 übernahmen mit dem Befehl
40/64 MfS-Mitarbeiter der späteren Pass- und Kontrolleinheiten der → HA VI in
Uniformen der Grenztruppen vollständig die Kontrolle der Ein- und Ausreisen
an den Güst. Nicht zuletzt sollten so Fluchtversuche z. B. mittels Passfälschungen
oder Personenschleusungen in Fahrzeugen verhindert und die Einhaltung der
Transitregelungen gesichert werden.
Mit dem Befehl 1/75 entstanden die → Zentrale Koordinierungsgruppe und die
Bezirkskoordinierungsgruppen. Laut Aufgabenbeschreibung bestand ihr Auf-

trag u. a. in der »Vorbeugung, Aufklärung und Verhinderung des ungesetzlichen Verlassens der DDR« und in der Bekämpfung des »staatsfeindlichen Menschenhandels«, also der Unterbindung von Fluchthilfe. Neben den Koordinationsaufgaben im Zusammenhang mit Flucht und Übersiedlung hatten sie vor allem die zahlreichen Berichte der einzelnen Diensteinheiten über das Fluchtgeschehen und die Wirksamkeit der Gegenmaßnahmen zu analysieren. Das besondere Augenmerk lag auf der Bekämpfung der spektakulären Fluchtabsichten z. B. mit Flugkörpern, mit schwerer Verkehrstechnik oder den Fluchtversuchen unter Anwendung von Gewalt wie Flugzeugentführungen und Geiselnahmen. Diese oblagen ansonsten der → HA XXII.

Mit der Dienstanweisung 10/81 verdeutlichte der Minister in Erweiterung seiner Dienstanweisung 10/66 erneut, dass die Verhinderung von Republikfluchten zentrale Aufgabe aller Diensteinheiten des MfS sei. Für jede Diensteinheit wurden das bereits bestehende spezifische Aufgabenfeld konkretisiert, persönliche Verantwortungen benannt, verbindliche Formen der gegenseitigen Informations- und Kooperationsbeziehungen innerhalb des MfS verfeinert sowie differenzierte Beratungs- und Berichtspflichten erweitert.

Zusätzlich zu den Grenzbeauftragten des MfS, die bereits in der Mitte der 60er Jahre zunächst auf der → Linie VII installiert und durch Befehl 2/86 mit erweiterten Aufgaben der HA I unterstellt wurden, wurden zur vorbeugenden Verhinderung von Fluchten in den 80er Jahren ständige Kommissionen für Ordnung und Sicherheit bei den betreffenden kommunalen Institutionen gebildet, die mit dem MfS, speziell deren Grenzbeauftragten, unmittelbar zusammenwirkten und u. a. regelmäßig gemeinsame Grenzbegehungen durchführten, bei denen vermeintliche Sicherheitslücken behoben werden sollten. Die Grenzbeauftragten sollten auch das »gesellschaftliche« Potenzial – vor allem das der freiwilligen Helfer der Grenztruppen und der Grenzbevölkerung – zur aktiven Mitwirkung an der weit bis ins Hinterland gestaffelten Grenzsicherung mobilisieren. Diese war mit dem Abbau der Minen Ende 1985 eingeführt worden und führte zur Festnahme der meisten Flüchtlinge, bevor diese überhaupt das Grenzgebiet erreichen konnten. Schließlich war das MfS auch maßgeblich in die »politisch-ideologische Arbeit« zur vorbeugenden »Bekämpfung von Flucht und ständiger Ausreise« involviert.

Literatur: Eisenfeld, Bernd: Die Ausreisebewegung – eine Erscheinungsform widerständigen Verhaltens. In: Poppe, Ulrike; Eckert, Rainer; Kowalczuk, Ilko-Sascha (Hg.): Zwischen Selbstbehauptung und Anpassung. Formen des Widerstandes und der Opposition in der DDR. Berlin 1995, S. 192–223; Gehrmann, Manfred: Die Überwindung des »Eisernen Vorhangs«. Die Abwanderung aus der DDR in die Bundesrepublik und West-Berlin als innerdeutsches Migranten-Netzwerk. Berlin 2009.

CHa, CJa, ISK

Resident Leiter einer → Residentur. Der R. konnte von der DDR oder vom → Operationsgebiet aus operieren. Im letzteren Fall handelte es sich in der Regel um einen in das »Operationsgebiet« übergesiedelten → Offizier im besonderen Einsatz. R. konnte aber auch ein → Hauptamtlicher IM oder sogar ein IM ohne Dienstverhältnis sein, sofern er den für MfS-Offiziere geltenden Anforderungen genügte. 1988 verfügte die → HV A in der Bundesrepublik über 32 R. *HME*

Residentur Die HV A arbeitete mit Netzwerken inoffizieller Mitarbeiter im »Operationsgebiet«, deren einzelnes als R. und der Leiter als → Resident bezeichnet wurden. Der Leiter konnte aus der DDR oder im »Operationsgebiet« operieren. Im Dezember 1988 führten die HV A und ihre Abt. XV über 32 bundesdeutsche R. Mit elf bundesdeutschen R. sind die meisten für die Abt. VI der HV A (»Regimefragen«) verzeichnet, neun davon arbeiteten in Nordrhein-Westfalen.

Neben diesen »illegalen« R. gab es bei der HV A auch »legal abgedeckte« Residenten (LAR), zu deren Anzahl unterschiedliche Angaben vorliegen. Laut einer Aufstellung der HV A aus dem Jahre 1985 gab es 119, laut der Datei → SIRA im gleichen Jahr 63, die zugleich die illegalen Residenten in Residenturakten integriert. Die für die Arbeit mit legal abgedeckten Residenturen zuständige Abt. III verfügte im Jahre 1989 über 51 R. Statistisch wurden die Residenten bei der HV A in der Vorgangsart »Residenturakte« (REA) erfasst. *HME*

Richter, Kurt 6.6.1919–25.1.1975
Leiter der HA IX (Untersuchungsorgan)
Geb. in Berlin, Vater Postgehilfe, Mutter Hausfrau; Volksschule; 1933–1935 Landarbeiter; 1935/36 Bote; 1936 Arbeiter; 1937 beim Versuch, nach Spanien zu gelangen, nach illegalem Grenzübertritt in die ČSR verhaftet und ausgeliefert, sieben Monate Gefängnis; 1937/38 Bote; 1938/39 Arbeiter; 1939/40 Wehrmacht; 1940–1942 Arbeiter; 1942–1945 Wehrmacht.
1945–1948 sowjetische Kriegsgefangenschaft, 1947 Vorsitzender des Antifa-Komitees im Lager; 1948 SED; 1948/49 Lehrer an der Kreisparteischule Berlin-

Kurt Richter, Leiter der HA IX

Kaulsdorf; 1949 Sekretär der SED-Betriebsgruppe Bezirksamt Berlin-Treptow; 1950 Einjahreslehrgang an der PHS; 1951 Einstellung beim MfS, Abt./→ HA IX; 1953 stellv. Leiter, 1956 Leiter HA IX; 1958 Oberst; 1964 Versetzung zum BdL zur Durchführung einer Sonderaufgabe; 1964–1966 Fernstudium an der HU Berlin, 1966 Promotion zum Dr. jur.; 1968 Leiter der AG SVS (später ZAGG).   *JGi*

Richter, Kurt 13.9.1921–24.10.1981
Leiter der Bezirksverwaltung Suhl
Geb. in Gera, Vater Bahnhilfsarbeiter, Mutter Hausfrau; Volksschule; 1936–1940 Lehre und Arbeit als Maschinenschlosser; 1940 RAD, dann Wehrmacht; April 1945 amerikanische Gefangenschaft, dann Flucht, Rückkehr nach Gera.
1945/46 KPD/SED; 1945 Einstellung bei der Polizei Gera; 1947/48 Besuch der Höheren Polizeischule Berlin; 1948/49 Lehrer an der Landespolizeischule Erfurt; 1949 Stellv. Operativ des Leiters des VPKA Rudolstadt; 1950 Besuch der Landesparteischule Bad Blankenburg; 1951 Mitarbeiter in der Abt. Politkultur der Landespolizeibehörde Thüringen in Weimar, dann Einstellung beim MfS, KD Greiz; 1952 Leiter der KD Greiz, dann Stellv. Politkultur des Leiters bzw.

Kurt Richter, Leiter der BV Suhl   *Ludwig Roscher*

1. Sekretär der SED-Kreisleitung der BV Suhl; 1954 Stellv. Operativ des Leiters der BV Suhl; 1959/60 Besuch der PHS; 1960 Leiter der BV Suhl und Mitglied der SED-Bezirksleitung Suhl; 1962–1968 Fernstudium an der JHS des MfS Potsdam, Diplom-Jurist; 1969 Oberst; 1974 Freistellung; 1975 Entlassung, Rentner.   *JGi*

Roscher, Ludwig 12.7.1905–26.8.1989
Leiter der Bezirksverwaltung Suhl
Geb. in Bertsdorf (Kreis Zittau), Vater Textilarbeiter; Volksschule; 1920–1927 Lehre und Arbeit als Stellmacher; 1927–1945 Imprägnierer; 1932 KPD; 1937/38 Verhaftung wegen Vorbereitung zum Hochverrat, acht Monate Gefängnis.
1945/46 KPD/SED; 1945 Einstellung bei der Polizei Bertsdorf; 1947 Kreisamt Zittau, zuletzt Leiter der Schutzpolizei; 1949 Einstellung bei der Verwaltung zum Schutz der Volkswirtschaft Sachsen (ab Februar 1950 Länderverwaltung Sachsen des MfS), Leiter der KD Zittau; 1952 Leiter der BV Suhl; 1953 Oberstleutnant; 1954 1. Stellv. Operativ des Leiters der BV Karl-Marx-Stadt; 1959 Stellv. Administrativ; 1965 Entlassung, Rentner; 1985 VVO in Gold.   *JGi*

Rosenholz Die Sicherungskopie der verfilmten Karteikarten und Statistikbögen der → Hauptverwaltung A trägt den – vom Bundesamt für Verfassungsschutz vergebenen – Namen »Rosenholz«. Die Stasi-Unterlagen-Behörde erhielt die Datensätze bis März 2003 vom US-amerikanischen Geheimdienst CIA, sofern sie Deutsche betrafen. Nicht übergeben wurden Datensätze zu Ausländern. Übernommen wurden 280 000 Personendaten aus der gesamten Zeit der HV A-Tätigkeit bis Januar 1988. 54 % davon entfallen auf Bundesbürger, 38 % auf Bürger der DDR und 8 % sind ohne Zuordnung.

Die Datenbank, in der heute die »Rosenholz-Unterlagen« recherchierbar sind, ist aufgebaut wie andere Karteien des MfS. Es gibt → F 16- und → F 22-Karteikarten sowie Statistikbögen.

In der Personenkartei (F 16) erfasste die HV A die Daten von Personen, die für sie von Bedeutung waren. Die F 16 enthält Namen und persönliche Daten einer Person sowie eine Registriernummer, nicht aber den Grund der → Registrierung. Sehr häufig wurden mehrere Personen unter einer Registriernummer geführt. Die Vorgangskartei (F 22) enthält Hinweise darauf, unter welcher Kategorie bzw. Vorgangsart die verzeichneten Personen geführt wurden. Die rund 57 000 Karteikarten der F 22 enthalten keine Klarnamen und persönlichen Daten, sondern Registriernummern, mit denen sich die Verbindung zu den F 16 herstellen lässt. Die F 22 gibt erste Anhaltspunkte, aus welchen Gründen sich die HV A für die zu einer Registriernummer gehörenden Personen interessiert hat.

Die bei der BStU vorliegenden Statistikbögen beziehen sich auf Bundesbürger (Statistikbögen zu anderen Staatsbürgern liegen nicht vor), die als → inoffizielle Mitarbeiter oder als → Kontaktpersonen geführt wurden. Ein Statistikbogen fasst verschiedene Angaben zu einem IM zusammen. Er enthält nicht den bürgerlichen Namen, sondern Decknamen, Registriernummer und nähere Charakterisierungen wie Motiv zur Kooperation und Beginn der inoffiziellen Zusammenarbeit. Zusammen mit den dazugehörigen F 16- und F 22-Karteien sind die Statistikbögen wichtige Mittel zur Identifizierung von Personen.　　*HME*

Rosulek, Kurt 27.5.1929 – 26.9.2002
Leiter der Hauptverwaltung B, 1965 – 1989 Mitglied des Kollegiums des MfS
Geb. in Niederwittig/Dolní Vítkov, Kr. Reichenberg/Liberec (ČSR), Vater Elektromonteur, Mutter Weberin; mittlere Reife; 1943/44 Handelsschule in Liberec; 1944 Kriegshilfsdienst, 1945 Wehrmacht.

Kopien der mikroverfilmten Karteikarten und Statistikbögen der HV A übergaben die USA zwischen 1999 und 2003 auf 381 CDs den deutschen Behörden.

1945/46 sowjetische Gefangenschaft; 1947 SED, Vermessungsgehilfe und Landarbeiter, dann Lehrgänge an der FDJ-Bezirksschule Friedrichroda und FDJ-Landesschule Zenisdorf; 1948 ebendort Lehrer; 1949 Leiter der FDJ-Betriebsjugendschule Maxhütte Unterwellenborn, dann dort Arbeit als Schmelzer; 1949/50 Lehrer an der FDJ-Landesschule Erfurt und Pionierleiterschule Schwarzburg; 1950 Einstellung beim MfS, Länderverwaltung Thüringen; 1951 Untersuchungsführer in der Abt. IX; 1952 Leiter der Abt. IX der BV Erfurt; 1955–1960 Fernstudium an der DASR Potsdam-Babelsberg, Diplom-Jurist; 1959 Stellv. Operativ des Leiters der BV Erfurt, 1961 der BV Frankfurt (Oder); 1965 Leiter der HV B, MfS Berlin; 1967 Oberst; 1973 Offizier für Sonderaufgaben in der AGM, 1978 AGM/S, 1988 Abt. XXIII, 1989 HA XXII; 1989/90 Entlassung. *JGi*

Rückgewinnung Komplex von gezielten Maßnahmen des MfS, die dazu dienten, Personen von ihrer systemkritischen Haltung abzubringen. Die Betreffenden sollten von ausgewählten Personen aufgesucht werden und – wie man meinte – den auf sie wirkenden »feindlich-negativen« Einflüssen entzogen werden. Auch Gratifikatio-

Kurt Rosulek   *Erich Rümmler*

nen konnten Teil der R. sein. Die R. wurde auch im Rahmen der → Zersetzung von
DDR-kritisch eingestellten Freundeskreisen oder Gruppen eingesetzt.   *CHa, ISK*

Rückverbindung Der Begriff bezog sich auf ehemalige DDR-Bewohner, die aus-
gereist oder geflohen waren und in einem nichtsozialistischen Staat lebten. Mit
R. umschrieb das MfS sämtliche Kontakte, die zwischen diesen Personen und
DDR-Bewohnern bestanden. Dabei spielte es laut MfS-Lesart keine Rolle, ob die
Beziehungen privater und familiärer Natur waren oder aus beruflichen Kontak-
ten herrührten. Das MfS betrachtete die R. als Sicherheitsrisiko und versuchte
sie daher unter Kontrolle zu halten oder auch durch geeignete Maßnahmen zu
unterbinden. In den 80er Jahren galten sie als ein Faktor, der Ausreisebestrebun-
gen begünstigte.   *CHa, ISK*

Rümmler, Erich 17.4.1930 – 30.5.2006
Leiter der Arbeitsgruppe des Ministers, Mitglied des Kollegiums des MfS
Geb. in Pockau (Sachsen), Vater Glaser, Mutter Hausgehilfin; Volksschule; 1944 –
1948 Lehre und Arbeit als Holzmaschinenwerker; 1947 SED; 1948 Einstellung

Kurt Rümmler

bei der VP; 1951 Einstellung beim MfS, HA I; 1961 Vorstudienfakultät Naumburg; 1962–1964 Kursant der Militärakademie »Friedrich Engels«, Diplom-Militärwissenschaftler; 1964/65 stellv. Stabschef im Mot.-Schützen-Regiment 7 der NVA; 1965 stellv. Abteilungsleiter, 1966 Abteilungsleiter in der HA I; 1968 Abteilungsleiter in der → AGM, 1980 stellv. Leiter; 1983 Generalmajor, 1. Stellv. des Leiters, 1987 Leiter der AGM; Dezember 1989 von seiner Funktion entbunden; Januar 1990 Entlassung.   *BFl*

Rümmler, Kurt 19.11.1911–31.12.1958
Leiter der Bezirksverwaltung Leipzig
Geb. in Taura, Vater Bäcker; Volksschule; 1926–1930 Lehre als Maschinenschlosser; 1930–1933 arbeitslos, 1931 KPD; 1933 RAD; 1934 Bauarbeiter; 1935/36 neun Monate Haft wegen Vorbereitung zum Hochverrat; 1937 Arbeit als Bohrer; 1943–1945 Wehrmacht. 1945–1947 sowjetische Gefangenschaft; 1947 Einstellung bei der Polizei, Personalleiter im Kreisamt Rochlitz; 1949 Personalleiter im VVEAB Rochlitz; 1950 Einstellung beim MfS, Leiter der KD Rochlitz, 1951 der KD Oelsnitz, 1952 der KD Leipzig, dann Leiter der BV Leipzig; 1953 Oberst.   *JGi*

Paul Rumpelt

Rumpelt, Paul 5.10.1909 – 10.1.1961
Leiter der Abt. XIV (U-Haft, Strafvollzug)
Geb. in Riesa (Sachsen), Vater Arbeiter; 1916 – 1924 Volksschule; 1924 – 1928 Lehre als Elektriker; 1928 – 1930 Arbeiter; 1928 – 1930 KJVD; 1930 KPD; 1930 – 1935 arbeitslos; März bis Dezember 1933 »Schutzhaft«, KZ Riesa und Hohenstein; Dezember 1933 – April 1934 Gefängnis wegen unerlaubten Waffenbesitzes; 1935 – 1945 Schlosser.
1945 Polizei Großenhain, Wurzbach; 1947 Polizeischule Dresden; 1948 Landespolizeibehörde Sachsen; 1949 kommissarischer Leiter der Volkspolizei Dippoldiswalde; Juli 1949 Leiter der Volkspolizei Marienberg; 1949 – 1950 Lehrgang in der UdSSR; Dezember 1950 MfS, Leiter der Abt. IV; 1952 Leiter der → Abt. XIV; 1953 Oberstleutnant; 1958 zum Büro der Leitung versetzt; 1960 Leiter der Abt. XVI (Sicherung der Haftanstalten). *JGi*

S

Sachablage, Allgemeine Bestand 2 der → Abt. XII; Sigle: AS. Der Bestand enthält v. a. sachbezogene Unterlagen. Größte Registraturbildner waren die → HA I, die → HA IX und das → BdL. Des Weiteren liegen hier auch → Vorgangshefte und → Objektvorgänge sowie Akten der MfS-Vorgänger. Inhalte sind u. a. Ermittlungen zu Havarien/Unfällen, Untersuchungen von Widerstand und Flucht, Berichterstattung an die SED, Eingabenbearbeitung, Kontakte mit Ostblock-Diensten und Sicherung von Großveranstaltungen. Der Bestand ist zugänglich über ein BStU-Findbuch und die → F 16. Umfang: 490 lfm. *FJo*

Sachverhaltsprüfung Auf §§ 95 u. 96 StPO/1968 basierende Ermittlungshandlung des → Untersuchungsorgans im Vorstadium eines förmlichen → Ermittlungsverfahrens, MfS-intern auch als Verdachtsprüfung oder Prüfungshandlung im »täterbekannten Stadium« (bei »unbekannten Tätern« → Vorkommnisuntersuchung), offiziell als Prüfung eines Sachverhalts bezeichnet. Die S. ging einher mit einer Vorladung oder → Zuführung (→ Befragung) und wurde ab Ende der 70er Jahre bei politisch abweichendem Verhalten (z. B. Fluchtabsichten, Proteste, politische Westkontakte) auch zur Disziplinierung und Verunsicherung eingesetzt. Im Jahr 1988 wurden vom MfS 3838 S. durchgeführt. *FJo*

SAVO (System der automatischen Vorauswahl) 1975 eingeführte elektronische Datenbank der → Abteilung XII (Zentrale Auskunft/Speicher). Das SAVO enthielt wesentliche Daten der zentralen Personenkartei → F 16 und diente zunächst dazu, Überprüfungsersuchen zu Personen herauszufiltern, für die noch keine → Erfassung vorlag. Das Prüfergebnis »nicht erfasst« wurde anschließend zügig und direkt übermittelt. Die manuelle Prüfung in der F 16 beschränkte sich demnach nur noch auf die vom SAVO als »erfasst« ausgewiesenen Personen. Trotzdem betrug die Durchlaufzeit von Überprüfungsersuchen einer Kreisdienststelle bei der Abt. XII des MfS zwölf bis 15 Tage für nicht erfasste Personen und gar 21 Tage für erfasste. Zwischen 1975 und 1979 durchliefen 10 Mio. Personenüberprüfungen das SAVO. Die 1986 als SAVO 2.0 eingeführte grundlegende Erweiterung auf weitgehend alle Daten der F 16 machte manuelle Recherchen in der Personenkartei nahezu unnötig. Kapazitätsausweitungen und die eingeführte Datenfernübertragung verringerten die Durchlaufzeiten auf drei

Alexander Schalck-Golodkowski   *Helmut Schickart*

bis sechs Tage für »erfasst« und einen Tag für »nicht erfasst«. Von 1979 bis 1987 verdoppelte sich die Menge der täglichen Überprüfungsersuchen. SAVO 2.0 leistete die Aufgaben der Personenkartei F 16 schneller, sollte diese aber nicht vollständig ersetzen. Die Kartei enthielt mehr Detailinformationen, war bei dringenden Anfragen schneller verfügbar und vor allem weniger störanfällig. Kartei und Datenbank wurden bis zum Ende des MfS parallel geführt und miteinander abgeglichen. Die Datenträger des SAVO wurden gemäß Beschluss des Runden Tisches im März 1990 weitgehend vernichtet.   *RLu*

Schalck-Golodkowski, Alexander *3.7.1932
Leiter des Bereichs Kommerzielle Koordinierung (KoKo)
Geb. in Berlin; Vater Arbeiter; 1938–1947 Volksschule; 1947–1950 Berufsschule; 1950–1954 Feinmechaniker; 1954–1955 Studium an der Hochschule für Außenhandel Staaken, Abschluss als Diplom-Ökonom; 5.3.1953 (Todestag Stalins) Kandidat, 1955 Mitglied der SED; 1955–1962 Referent im Ministerium für Außenhandel; 1962–1966 SED-Sekretär im Ministerium für Außenhandel; 1967– 1975 stellv. Minister für Außenwirtschaft (ab 1973 für Außenhandel) der DDR;

1975 Staatssekretär im Ministerium für Außenhandel; 1960–1966 IM des MfS; 1966 OibE des MfS im Ministerium für Außenhandel, Oberstleutnant; 1975 Oberst, BdL; 1984 Leiter der AG BKK mit personengebundenem und im MfS vertraulich behandeltem Gehalt; Aufbau eines Netzwerks zur Beschaffung von Devisen und embargogeschützten Waren für die DDR aus westlichen Staaten; 1982 KMO; 1983 Held der Arbeit; 1984 Großer Stern der Völkerfreundschaft; 1986 Mitglied des ZK der SED; am 3.12.1989 Flucht in die Bundesrepublik vor der drohenden Strafverfolgung durch DDR-Behörden wegen Untreue, Devisenvergehen und anderer Straftaten.

Am 6.6.1991 richtete der 12. Deutsche Bundestag den 1. Untersuchungsausschuss ein, der die Aktivitäten der mit der AG BKK verbundenen Firmen aufklären sollte. Sein Bericht wurde 1994 vorgelegt. Das abweichende Votum der Abgeordneten Ingrid Köppe (Neues Forum) wurde für die Zeit bis 2024 als geheim eingestuft; 1996 Verurteilung wegen Steuerhinterziehung und Verletzung von Außenhandelsbestimmungen der Bundesrepublik.

Literatur: Schalck-Golodkowski, Alexander: Deutsch-deutsche Erinnerungen. Reinbek 2000.   *BFl*

Schickart, Helmut 17.4.1931–21.5.1993
Leiter der Bezirksverwaltung Potsdam
Geb. in Dresden, Vater Bäcker; Volksschule; 1945/46 Ausbildung zum Maler; 1946–1952 Arbeiter bzw. Maler; 1950 SED; 1952 Einstellung bei der VP, Betriebsschutzmann, Kreisamt Hoyerswerda; 1954 Einstellung beim MfS, KD Hoyerswerda, 1956 stellv. Leiter der KD; 1962 Leiter der KD Weißwasser; 1964 Leiter der Abt. XVIII (Volkswirtschaft) der BV Cottbus; 1964–1969 Fernstudium an der JHS des MfS Potsdam, Diplom-Jurist; 1975 Stellv. Operativ des Leiters der BV Cottbus; 1983 Offizier für Sonderaufgaben beim Leiter der BV Potsdam, 1985 deren Leiter, Mitglied der SED-Bezirksleitung Potsdam, Generalmajor; 1990 Entlassung.   *JGi*

Schkopik, Franz 5.1.1900–18.10.1980
Leiter der Bezirksverwaltung Neubrandenburg
Geb. in Salogtarjan (Ungarn), Vater Glasbläser, Mutter Landarbeiterin; Volksschule in Graz (Österreich); 1914–1922 Lehre und Arbeit als Glasbläser; 1918/19 Soldat in der österreichisch-ungarischen Armee und der Roten Armee Ungarns; 1920 Flucht in die ČSR; 1921 KPČ; 1922–1938 arbeitslos bzw. Hilfsarbeiter;

Franz Schkopik

1925–1938 Mitglied der KPČ-Bezirksleitung, 1931–1938 Politleiter der KPČ Bezirk Teplitz; 1939 Emigration in die UdSSR, Metallfräser in Tscheljabinsk; 1943 Besuch der Komintern-Schule in Ufa; 1943/44 Politinstrukteur in der Roten Armee.

1945/46 Instrukteur für Antifa-Arbeit in Kriegsgefangenenlagern; 1946 Übersiedlung nach Deutschland, SED; 1947–1949 Sachbearbeiter in der Personalabteilung des SED-Landesvorstandes Sachsen-Anhalt; 1949 Einstellung bei der Verwaltung zum Schutz der Volkswirtschaft Sachsen-Anhalt (ab Februar 1950 Länderverwaltung Sachsen-Anhalt des MfS), Leiter der Abt. Personal; 1952/53 Leiter der BV Magdeburg; 1953 Leiter der BV Neubrandenburg, Oberstleutnant; 1957 Leiter der Abt. Sicherung von Staatsgeheimnissen, MfS Berlin; 1962 Entlassung, Rentner; 1970 VVO in Gold. *JGi*

Schleuser S. waren → IM, die Personen, Materialien oder Fahrzeuge inoffiziell über die Staatsgrenze der DDR in das → Operationsgebiet einschleusten oder von dort zurückbeförderten (→ Grenzschleuse, operative). Dementsprechend unterschied das MfS auch zwischen Personenschleuse, bei der einer oder mehrere S. aus der DDR oder dem Westen zum Einsatz kamen, und der Material-

Heinz Schmidt

schleuse. Die S. wurden teilweise auch als Grenz-IM (GIM) bezeichnet. Im Dezember 1988 gab es in der Bundesrepublik und Westberlin 47 GIM.   *HME*

Schleusung → Grenzschleuse, operative

Schmidt, Heinz *17.6.1930
Leiter der Bezirksverwaltung Halle
Geb. in Bad Düben (Kreis Eilenburg), Vater Schlosser, Mutter Landarbeiterin; Volksschule; 1945–1948 kaufmännische Lehre; 1948–1951 Justizangestellter beim Amtsgericht Bitterfeld; 1949 SED; 1951 Sachbearbeiter für Landwirtschaft in der Stadtverwaltung Düben; 1952 Einstellung beim MfS, KD Bitterfeld; 1955 Arbeitsgruppe MTS der BV Halle des MfS; 1956 Abt. III (Volkswirtschaft); 1958–1960 Zweijahreslehrgang an der Hochschule des MfS Potsdam-Eiche; 1962 stellv. Leiter der Abt. III (ab 1964 HA XVIII), 1964 Leiter; 1965 Leiter der AG Anleitung und Kontrolle, 1969 Stellv. Operativ des Leiters; 1969–1972 Fernstudium an der JHS des MfS Potsdam, Diplom-Jurist; 1971 kommissarischer Leiter, 1972 Leiter der BV Halle des MfS; 1974 Mitglied der SED-Bezirksleitung Halle; 1975 Promotion zum Dr. jur. an der JHS; 1979 Generalmajor; 1990 Entlassung.   *JGi*

Hans Schneider

Schneider, Hans 25.7.1914–20.6.1972
Leiter der Bezirksverwaltung Leipzig
Geb. in Oberlosa (Kreis Plauen); Volksschule; 1929–1932 Schlosserlehre; 1932–1934 arbeitslos; 1934–1936 Färbereiarbeiter; 1936–1938 und 1939/40 Wehrmacht; 1938/39 Dreher; 1941–1945 Prüfer in einer Metallfirma.
1945/46 KPD/SED; 1945 Einstellung bei der Polizei, Kreis Plauen; 1949 Einstellung bei der Verwaltung zum Schutz der Volkswirtschaft Sachsen (ab Februar 1950 Länderverwaltung Sachsen des MfS), Leiter der KD Plauen; 1951 Abteilungsleiter in der KD Leipzig, dann Leiter der Abt. IV (Spionageabwehr) der Länderverwaltung Sachsen; 1952 Stellv. Operativ des Leiters der BV Chemnitz/Karl-Marx-Stadt, 1953 Leiter der BV; Oberst; 1958/59 Besuch der Parteihochschule der KPdSU in Moskau; 1959 Leiter der BV Leipzig; 1966 aus gesundheitlichen Gründen von seiner Funktion entbunden; 1968 Entlassung, Rentner. *JGi*

Scholz, Alfred Karl 11.2.1921–11.8.1978
Stellv. des Ministers für Staatssicherheit
Geb. in Groß Ullersdorf/Velké Losiny (ČSR), Vater Zimmermann; 1927–1936 Volks- und Realschule, 1936–1939 Lehre als Drogist, 1939–1941 Anstellung als

Alfred Karl Scholz

Chemielaborant in Ostrava; 1939 Mitglied im freiwilligen, militärisch organisierten sudetendeutschen »Selbstschutz« (MfS-intern als Kaderproblem v. a. bei Einstellung und Traditionsarbeit thematisiert); 1941 Wehrmacht, Gefreiter; 1942 Gefangennahme in der Sowjetunion; 1943 Antifa-Schule in Tallinn, Eintritt in das Nationalkomitee Freies Deutschland, Lagerpropagandist; 1944/45 Rote Armee, Einsatz als Partisan in Belorussland und im Raum Danzig.
1945 Ansiedlung in der SBZ/Mecklenburg, Kirchenaustritt, Heirat; 1945/46 KPD/SED; 1945–1948 Stadtpolizei/Kreispolizeiamt Rostock (stellv. Leiter und Leiter, VP-Oberrat); 1948 Politlehrgang an der Höheren Polizeischule Berlin (hier Bekanntschaft mit → Mielke, seitdem enge Weggefährten), danach wenige Monate Politleiter der → Grenzpolizei Brandenburg; Januar 1949 Landespolizei Mecklenburg (Leiter Abteilung Intendantur, Kommandeur, Inspekteur), Anerkennung als VdN, August 1949 Degradierung zum Kommandeur aufgrund der willkürlichen Verhaftung eines Kellners mit Gewaltanwendung); Oktober 1949 Abteilungsleiter in der Landesverwaltung Mecklenburg der → Hauptverwaltung zum Schutz der Volkswirtschaft in Schwerin. 1947 und 1949 beurteilt als arbeitsamer, belastbarer und klassenbewusster, aber auch charakterlich nicht ganz gefestigter Genosse.

Alfred Schönherr   *Fritz Schröder*

1950 Übernahme in das neugegründete MfS, Versetzung nach Berlin, 1950–1956 Leiter der Abt./→ HA IX. Sch. galt als robuster Vernehmer, persönliche Mitwirkung bei den Verhören von Willi Kreikemeyer und anderen Prominenten, 1951/53 Adoption von Sohn und Tochter, 1953 Oberst; 1956–1958 Aufbau und Leitung der → HV A/II, hier des Öfteren Kritik an seinem als ineffizient bezeichneten Arbeitsstil; 1958 Leiter der → AGM, in den folgenden Jahren Erweiterung des Zuständigkeitsbereichs durch Integration der AGM/S (Sabotage/Diversion in politischen und militärischen Spannungszeiten in der Bundesrepublik) sowie technischer bzw. administrativer Diensteinheiten (de facto: Ausbau zum Stellvertreterbereich des Ministers); 1964 Generalmajor; 1966–1968 Fernstudium an der → JHS des MfS Potsdam mit Abschluss als Diplom-Jurist; April 1974 zuständig für AGM, → Abt. XI, → Abt. XII, → Abt. 26, Abt. E, Abt. BCD, Abt. N und die Fahndungsführungsgruppe (FFG); Februar 1975 Berufung zum Stellv. des Ministers, Generalleutnant; 1978 gestorben in Berlin-Buch.

Bereits zu Lebzeiten mit Anerkennungen bedacht: u. a. Artikel im »Neuen Deutschland« v. 27.4.1969 (hier »Alfred« genannt), 1973 Rotbanner-Orden, 1977 VVO in Gold, nach 1978 verstärkte Verwendung seiner Biografie in der Tradi-

tionsarbeit (Beitrag Dieter Wolf: »General des Volkes«, Prägung einer Ehren-
medaille, Biografie in der Minibuchreihe »Aktivisten der ersten Stunde«, Verlei-
hung seines Namens an Kollektive, so u. a. an die FDJ-Organisation der HA IX).

FJo

Schönherr, Alfred 1.10.1909 – 9.4.1986
1. Sekretär der SED-Kreisleitung im MfS Berlin, 1956/1957 Mitglied des Kollegiums des MfS
Geb. in Chemnitz (Sachsen), Vater Arbeiter; Volksschule; 1924 – 1933 Ausbildung
und Arbeit als Elektriker; 1931 KPD; 1933 – 1935 arbeitslos; 1935 – 1941 Zuchthaus
Waldheim wegen Vorbereitung zum Hochverrat; 1942 – 1944 Elektromonteur;
1944/45 Zuchthaus Waldheim.
1945/46 KPD/SED; 1945 Leiter Kripo Berlin; 1948/49 Leiter Abteilung Kripo der
Deutschen Verwaltung des Innern; 1950/51 Besuch der PHS; 1951 Einstellung
beim → IWF; 1954 Oberst; 1955/56 1. Sekretär der SED in der HA XV; 1956/57
1. Sekretär der SED-Kreisleitung im MfS; Mai 1957 Leiter der Kontrollinspektion
des MfS; Dezember 1957 Stellv. Operativ des Leiters der BV Frankfurt (Oder);
1958 Instrukteur in der SED-Kreisleitung des MfS, dann Politstellvertreter des
→ Wachregiments »Feliks Dzierżiński«; 1959 OibE, Leiter der HV Strafvollzug
im MdI; 1962 Rentner; 1974 VVO in Gold.   *JGi*

Schröder, Fritz 4.10.1915 – 5.7.2001
Stellv. des Ministers für Staatssicherheit, 1957 – 1974 Mitglied des Kollegiums des
MfS
Geb. in Momehnen (Ostpreußen), Vater Arbeiter, Mutter Hausfrau; Volks- und
Mittelschule; 1931 – 1935 Fleischerlehre; 1935/36 RAD, 1936 – 1938 Wehrmacht;
1938/39 Fleischergeselle; ab 1939 Wehrmacht; 1942 – 1945 sowjetische Kriegs-
gefangenschaft, 1943 sechs Monate Besuch der Antifa-Schule im Lager 165;
1943 – 1945 Angehöriger des NKFD; nach freiwilliger Meldung Fronteinsatz als
Propagandist am Grabenlautsprecher; Besuch einer sowjetischen Frontschule
(Baltische Front).
1945 Rückkehr nach Deutschland; 1945/46 KPD/SED; 1945 Einstellung bei der
VP, Leiter des Kreispolizeiamts Nauen, 1946 Besuch der Landespolizeischule
Biesenthal. Eine zum 1.4.1947 ausgesprochene Kündigung seines Dienstverhält-
nisses wurde von der Abteilung Polizei der Provinzialregierung nicht angenom-
men. 1948 Leiter des Kreispolizeiamtes Teltow; September 1949 Kommandierung

zur Arbeitsgruppe D Brandenburg (MfS-Vorläufer), Oktober 1949 Einstellung bei der Verwaltung zum Schutz der Volkswirtschaft Brandenburg (ab Februar 1950 Länderverwaltung Brandenburg des MfS), Leiter der Dienststelle Frankfurt (Oder); 1950 Leiter der Abt. V der Länderverwaltung Brandenburg; 1952 Leiter der Abt. III; 1952 Leiter der BV Cottbus und Mitglied der SED-Bezirksleitung Cottbus; 1955–1964 Leiter der HA V, MfS Berlin, 1958 Oberst; 1964 Stellv. des Ministers (zuständig für HA XVIII, XIX, XX), Generalmajor; 1970 VVO in Gold und Abzeichen »25 Jahre Sieg im Großen Vaterländischen Krieg«; 1972 Generalleutnant; 1974 von seinen Aufgaben entbunden; 1975 Rentner; 1975 KMO. *RWi*

Schubert, Albert *11.8.1923
Leiter der HA VIII (Observation)
Geb. in Groß Beuchow (Brandenburg), Vater Landarbeiter; Volksschule; 1938–1941 Lehre als Müller; 1941–1945 Wehrmacht (Marine). 1945–1947 Arbeiter in Boizenburg; 1947 SED; 1947 Leiter der K 5 in Hagenow; 1949 MfS, KD Hagenow; 1951 Leiter der KD Grevesmühlen; 1952 Leiter der Abt. V der BV Schwerin; 1954 Stellv. Operativ des Leiters der BV Schwerin; 1956 Stellv. Operativ des Leiters der BV Rostock; 1957 Leiter der HA VIII des MfS Berlin; 1963/64 Besuch der BPS Berlin; 1965 Oberst; 1966–1968 Externstudium an der → JHS des MfS Potsdam; 1972 Generalmajor; 1975 Promotion zum Dr. jur. an der JHS; 1981 VVO in Gold; 1984 Entlassung aus gesundheitlichen Gründen, Rentner. *JGi*

Schule des MfS → Juristische Hochschule des MfS Potsdam (JHS)

Schwanitz, Wolfgang *26.6.1930
Leiter des AfNS, stellv. Minister für Staatssicherheit, 1975–1989 Mitglied des Kollegiums des MfS
Geb. in Berlin, Sohn von Bankangestellten; Besuch der Oberschule, 1949 mittlere Reife; 1949–1951 Lehre als Großhandelskaufmann; 1951 Mitarbeiter im MfS; 1951 SED; 1954 Leiter KD Berlin-Pankow, dann KD Berlin-Weißensee; 1956 stellv. Leiter Abt. II (Spionageabwehr) der → Verwaltung für Staatssicherheit Groß-Berlin; 1958 Leiter Abt. II; 1960–1966 Jura-Fernstudium an der Deutschen Akademie für Staat und Recht Potsdam-Babelsberg und der Humboldt-Universität zu Berlin, 1966 Diplom-Jurist; 1966 Stellv. Operativ Verwaltung Groß-Berlin; 1973 Promotion an der → JHS des MfS Potsdam mit einer Gemeinschaftsarbeit über »Die Qualifizierung der politisch-operativen Arbeit zur Bekämpfung

Albert Schubert   *Wolfgang Schwanitz*

von feindlichen Erscheinungen unter jugendlichen Personen in der DDR«; 1974 Leiter BV Berlin, Mitglied SED-Bezirksleitung Berlin; 1984 Generalleutnant; November 1986 stellv. Minister für Staatssicherheit, zuständig für die technischen Diensteinheiten (u. a. → OTS, → HA III, → Abt. 26). Im gleichen Jahr wurde er Kandidat des SED-Zentralkomitees. Am 18.11.1989 wurde S. im Zuge der Umbildung des MfS in ein → Amt für Nationale Sicherheit zu dessen Leiter und damit zum Nachfolger → Mielkes ernannt. Diesen Posten hatte er nur etwa einen Monat inne, da er im Zusammenhang mit dem Ministerratsbeschluss zur → Auflösung des AfNS am 14.12.1989 am folgenden Tag faktisch den Dienst quittierte. Durch die Volkskammer abberufen wurde er am 11.1.1990.   *WSü*

Schwarz, Josef *2.7.1932
Leiter der Bezirksverwaltung Erfurt
Geb. in Prag, Stiefvater Heizer, Mutter Blumenbinderin; Volksschule ohne Abschluss; 1946–1949 Landwirtschaftslehre; 1949–1952 Schüler an der Fachschule für Landwirtschaft, Landwirt; 1950 SED; 1952–1955 Studium an der DASR, Diplom-Wirtschaftler; 1955 Einstellung beim MfS, BV Potsdam, Abt. III (Volks-

Josef Schwarz

wirtschaft); 1962–1968 Fernstudium an der JHS des MfS Potsdam, Diplom-Jurist; 1968 Stellv. Operativ des Leiters der BV Schwerin; 1972 Promotion zum Dr. jur. an der JHS des MfS Potsdam; 1982 Leiter der BV Erfurt, 2. Vorsitzender der SED-Bezirksleitung Erfurt; 1983 Generalmajor; 1988 VVO in Gold; 1990 Entlassung. *JGi*

Schwerpunktbereich Objekt, Personenkreis, Territorium, organisatorischer Bereich, von dem das MfS annahm, dass es/er für die staatliche Sicherheit oder die »gesellschaftliche Entwicklung« der DDR von besonderer Bedeutung sei und deshalb zum bevorzugten Ziel »feindlicher Angriffe« werden könnte. Ziel der MfS-Tätigkeit war es, diese Personen/Bereiche besonders intensiv zu überwachen oder vorbeugend zu »sichern«, was die gezielte Werbung von inoffiziellen Mitarbeitern in den oder im Umfeld des S. bedeutete. Über die Bestimmung von S. entschied der Leiter der zuständigen Diensteinheit oder ein ihm übergeordneter Leiter. *SSu*

Schwerpunktprinzip Organisatorisches Grundprinzip der operativen Tätigkeit des MfS, demgemäß die geheimdienstlichen Kräfte und Mittel nicht gleichmäßig, sondern in → Schwerpunktbereichen konzentriert eingesetzt werden sollten, die für die Sicherheit des Staates und die »gesellschaftliche Entwicklung« als besonders wichtig galten. Je nach Einschätzung der Lage war die Bestimmung von Arbeitsschwerpunkten den aktuellen Erfordernissen anzupassen. Die Organisationsstruktur der Diensteinheiten, die Werbung von inoffiziellen Mitarbeitern sowie das politisch-operative → Zusammenwirken mit anderen Institutionen und Organisationen sollten den festgelegten Schwerpunkten Rechnung tragen. *SSu*

SED, Verhältnis des MfS zur Die Staatssicherheit verstand sich selbst als »Schild und Schwert der Partei«. In der Forschung hat sich die Auffassung weithin durchgesetzt, dass sie ein Herrschaftsinstrument der SED war und keineswegs ein Staat im Staate. Diese Feststellung ist jedoch differenzierungsbedürftig, denn es waren lediglich bestimmte Teile des Parteiapparates, die sich dieses Instrumentes tatsächlich bedienen konnten.

Innerhalb der obersten Führungsgruppe des ZK konnte nur ein sehr enger Personenkreis (insbesondere der Erste Sekretär bzw. Generalsekretär und der Sekretär für Sicherheitsfragen) Einfluss auf Ausrichtung und Tätigkeit der Staatssicherheit nehmen. Zudem waren die Verhältnisse in der Peripherie des Systems, also in den Bezirken, Kreisen und Betrieben, komplizierter, denn hier standen die Anleitungsbefugnisse der jeweiligen Parteileitungen zu der in der Gesamtinstitution bestehenden militärischen Befehlshierarchie in einem Spannungsverhältnis. Schließlich war die führende Rolle der Partei gegenüber dem MfS bis 1958 durch die Rolle der sowjetischen Staatssicherheit eingeschränkt, deren → Berater einen maßgeblichen Einfluss auf das MfS ausübten.

Das Verhältnis zwischen SED und MfS war Wandlungen unterworfen, die in den 50er Jahren erheblich waren. In der Phase 1950 bis 1953, also unter → Zaisser, besaßen die sowjetischen Berater die uneingeschränkte operative Federführung in den Diensteinheiten des MfS. Im Vergleich dazu waren die Anleitungsstrukturen der Partei sehr schwach ausgebildet, selbst die Anleitung der Parteiorganisation im MfS durch den ZK-Apparat war stark defizitär. Auf der höchsten Ebene lag die widersinnige Konstruktion vor, dass Zaisser auch als Politbüromitglied für das Ressort Staatssicherheit, also gleichsam für seine eigene politische Anleitung, verantwortlich war. Hieraus ergab sich eine von der sowjetischen Seite durchaus erwünschte Abschottung des MfS auch gegenüber der SED-Führung, die Ulbricht ein Dorn im Auge war. Allerdings gab es schon zu dieser Zeit die

Das MfS verstand sich selbst als
»Schild und Schwert der Partei«.

Vieraugengespräche zwischen Minister und Parteichef. Zaisser beteuerte im Juli 1953, es habe »keine wesentliche prinzipielle Entscheidung« im MfS gegeben, die nicht vorher mit Ulbricht abgesprochen worden sei. Trotzdem wurde Zaisser später vorgeworfen, er habe das MfS über die Partei gestellt.

Nach dem Sturz Zaissers und der Herabstufung des MfS zu einem → Staatssekretariat versuchte Ulbricht, die Staatssicherheit stärker der Anleitung und Kontrolle der Partei zu unterwerfen. Noch im Juli 1953 ließ Ulbricht sich vom Politbüro die Sekretariatszuständigkeit für Sicherheitsfragen übertragen, wenig später schuf er sich mit der ZK-Abteilung für Sicherheitsfragen (Abt. S) und ihrem → Sektor MfS den notwendigen Apparat und mit der → Sicherheitskommission beim Politbüro das entsprechende Beratungs- und Beschlussgremium. Um seine politische Macht zu begrenzen, wurde der neue Staatssicherheitschef → Wollweber nicht wie sein Vorgänger in das SED-Politbüro kooptiert.

Im August 1953 wurde ein Beschlussentwurf für das Politbüro formuliert, der neben umfassenden Informationspflichten der → BV gegenüber den 1. Sekretären der territorialen Bezirksleitungen deren Auftragsbefugnis in »parteipolitischer« und »fachlicher Hinsicht« enthielt. Doch dieses Vorhaben scheiterte am Veto der Sowjets, die dem Politbüro eine völlig andere Regelung in die Feder diktierten, in der von fachlichen Aufträgen der territorialen Parteileitungen nicht die Rede war, sondern nur von parteipolitischer Anleitung. Parallel kam es zu einer grundlegenden Reorganisation der → Parteiorganisation der SED in der Staatssicherheit. An der Neuausrichtung der Staatssicherheit im Herbst 1953 (Strategie der »konzentrierten Schläge«) war auch die SED-Führung beteiligt, doch die konkrete Anleitung der operativen Tätigkeit blieb eine Domäne der sowjetischen Berater. Auch ging die Verstärkung der → Westarbeit der Staatssicherheit im Frühjahr 1955 ausschließlich auf sowjetische Vorgaben zurück. Die SED-Führung betrachtete diese Maßnahme kritisch, weil sie auf Kosten der inneren Überwachung ging.

Die krisenhaften Entwicklungen, die 1956 im Zuge der Entstalinisierung im kommunistischen Machtbereich einsetzten, bildeten für Ulbricht den Anlass für einen weiteren Versuch, das MfS stärker an die Partei anzubinden. Dem Westen wurde eine neue Strategie der ideologischen Aufweichung zugeschrieben (→ Diversion, politisch-ideologische), die als »Revisionismus, Opportunismus und Liberalismus« in der DDR wirksam werde. Das MfS-Ermittlungsverfahren gegen den »Revisionisten« Wolfgang Harich machte Ulbricht zur Chefsache und griff dabei – unter Mithilfe von → Mielke und am Minister vorbei – in innerdienstliche Abläufe der Staatssicherheit ein. Wollweber verbot daraufhin seinen Stellvertretern eigenständige dienstliche Verbindungen zur Parteiführung, was ihm den Vorwurf eintrug, er wolle sich über die Partei stellen. In der Folgezeit wurde er schrittweise entmachtet.

Jetzt gewann Ulbricht endgültig die Oberhand: Mit Beschluss des Politbüros vom 9. Februar 1957 erhielt die Sicherheitskommission gegenüber der Staatssicherheit nunmehr ausdrücklich die Anleitungskompetenz. Ulbricht drang auf eine stärkere Verankerung der Staatssicherheit in den Großbetrieben und die Erhöhung der Verantwortung der territorialen Gliederung des MfS – verbunden mit der Stärkung der Anleitungsbefugnisse der zuständigen Parteileitungen. Es wurde festgelegt, dass die territorialen Dienststellen der Staatssicherheit ihre Arbeit auch »entsprechend den Weisungen« des 1. Sekretärs der örtlichen Bezirks- bzw. Kreisleitung durchzuführen hätten. Außerdem sollten zukünftig die Arbeitspläne der Bezirksverwaltungen und Kreisdienststellen und sogar die der neu installierten Objektdienststellen und Operativgruppen in den Großbetrieben mit dem 1. Sekretär der jeweiligen Parteileitung abgestimmt werden. Obwohl die betreffenden Dienstanweisungen nie außer Kraft gesetzt wurden, hat sich eine solche Praxis auf längere Sicht nicht durchgesetzt. Mit der Entlassung Wollwebers und der Berufung des Ulbricht-Vertrauten Mielke zu seinem Nachfolger im Oktober 1957 nahm die SED die Staatssicherheitsangelegenheiten der DDR endgültig in die eigene Hand, folgerichtig wurde der sowjetische Beraterapparat 1958 aufgelöst.

Der Minister für Staatssicherheit war ab März 1960 dem neu gebildeten → Nationalen Verteidigungsrat unterstellt, der die Funktionen der Sicherheitskommission des Politbüros übernahm. Faktisch änderte sich damit wenig, denn obwohl es sich nun formell um ein staatliches Gremium handelte, waren seine Mitglieder ausschließlich SED-Mitglieder und dessen Vorsitzender in Personalunion der Erste Sekretär der SED, Walter Ulbricht. Wie schon in der Sicherheitskommission war Erich Honecker Sekretär des Verteidigungsrates. Ihm als ZK-Sekretär (1958–1971) unterstand auch die Abteilung Sicherheitsfragen, deren Sektor MfS allerdings in erster Linie für die Anleitung der SED-Parteiorganisation im MfS und für Kaderfragen zuständig war und ansonsten nur über geringes Durchsetzungsvermögen verfügte.

Nach dem Mauerbau kam es 1962/63 unter dem Einfluss der sog. zweiten Entstalinisierung zu einem grundlegenden Konflikt, als die SED-Führung in Gestalt des Politbüromitglieds und Vorsitzenden der Zentralen Parteikontrollkommission Hermann Matern gemeinsam mit der Abteilung Sicherheitsfragen die Machtanmaßung der Staatssicherheit gegenüber anderen Teilen des Staatsapparats ebenso kritisierte wie ihre willkürlichen Repressionsmethoden. Diese Kritik hatte jedoch keinen nachhaltigen Effekt, da für die Parteiführung die Absicherung ihrer Macht durch das MfS langfristig Vorrang hatte. Die Durchdringung staatlicher Strukturen wurde sogar noch verstärkt, als beim Ministerrat 1966 eine Arbeitsgruppe Inspektion eingerichtet wurde, die unter der Leitung eines → Offiziers im besonderen Einsatz der Staatssicherheit stand. Diese Position hatte der MfS-Oberst Harry Möbis inne, der seit 1968 offiziell das Amt eines Staatssekretärs bekleidete. Ihm unterstellt waren die Sicherheitsbeauftragten in der Industrie, die in der Regel entweder ebenfalls als OibE oder als inoffizielle Mitarbeiter der Staatssicherheit verpflichtet waren. Ulbricht hatte Minister Mielke nicht in das Machtzentrum Politbüro aufgenommen. Das änderte sich nach dessen Sturz unter Erich Honecker. Auf dem VIII. Parteitag der SED (1971) wurde Mielke Kandidat, auf dem folgenden IX. Parteitag (1976) Vollmitglied des Politbüros. Damit war die Stellung der Staatssicherheit im Machtsystem deutlich aufgewertet.

Der straffe Zentralismus dieses Systems wurde noch dadurch gesteigert, dass seit den 70er Jahren die wichtigsten Absprachen zwischen Parteiführung und

Staatssicherheit nicht in den dafür vorgesehenen Gremien (Nationaler Verteidigungsrat und Politbüro), sondern in Vieraugengesprächen zwischen Honecker und Mielke getroffen wurden. Die Staatssicherheit war damit – wie schon unter Ulbricht – vor allem ein Instrument des Parteichefs.

In Folge der Entspannungspolitik und der wachsenden Abhängigkeit von der Bundesrepublik kam es zu einer Einengung des repressiven Handlungsspielraums des MfS: Maßnahmen, die politisches Aufsehen erregen würden, bedurften der »zentralen Entscheidung«, d. h. der Zustimmung des Generalsekretärs. Der aber zögerte oft, weil er das internationale Ansehen der DDR nicht beschädigen wollte. Gegenüber der SED insgesamt und selbst gegenüber dem Parteiapparat schirmte sich die Staatssicherheit ab. Zwar berichtete sie auf allen Ebenen bis zu den Kreisleitungen kontinuierlich an die jeweiligen 1. Sekretäre über ihre Erkenntnisse, aber sie achtete streng darauf, keinen Einblick in ihr Innenleben zuzulassen. Außenstehenden sollten weder die Strukturen des Apparates bekannt werden noch dessen Methoden, dessen inoffizielle Mitarbeiter oder die in Bearbeitung befindlichen → Operativen Vorgänge.

Das ganz auf die Parteispitze ausgerichtete Machtgefüge geriet 1989 aus den Fugen, als Honecker keine Politik mehr vorzugeben vermochte, die aus der Krise geführt hätte, und sein Nachfolger Egon Krenz in dieser Hinsicht ebenfalls versagte. Auch die marxistisch-leninistische Ideologie hatte ihre Integrationskraft verloren. In der Staatssicherheit setzte sich die Einsicht durch, dass die »führende Rolle der Partei« nicht mehr zu retten war. Versuche, sich an die veränderten Verhältnisse anzupassen und eine neue Rolle in einem demokratisierten Staatswesen zu finden, scheiterten.

Literatur: Engelmann, Roger: Diener zweier Herren. Das Verhältnis der Staatssicherheit zur SED und den sowjetischen Beratern 1950–1959. In: Suckut, Siegfried u. Süß, Walter (Hg.): Staatspartei und Staatssicherheit. Zum Verhältnis von SED und MfS. Berlin 1997, S. 51–72; Suckut, Siegfried: Generalkontrollbeauftragter der SED oder gewöhnliches Staatsorgan? Probleme der Funktionsbestimmung des MfS in den sechziger Jahren. In: ebenda, S. 151–167; Süß, Walter: Die Staatssicherheit im letzten Jahrzehnt der DDR. Geschichte der Staatssicherheit (MfS-Handbuch). Berlin 2009.   *REn, WSü*

SED-Parteiorganisation im MfS Im Vergleich zur Situation in Produktionsbetrieben oder normalen zivilen Verwaltungen war die S. von besonderen Bedingungen geprägt: einem mit über 90 % sehr hohen Anteil von Parteimitgliedern unter den Mitarbeitern sowie den Organisationsprinzipien der »militärischen Einzelleitung« und der internen Konspiration. Diese Besonderheiten begrenzten den Wirkungsbereich der S., die weder die übliche »Avantgardefunktion« im Hinblick auf die Nichtmitglieder noch eine konkrete Kontrolle der Arbeitsprozesse ausüben konnte (→ SED, Verhältnis des MfS zur). Die SED in der Staatssicherheit hatte überwiegend erzieherische Funktionen; angesichts der Rolle des MfS als »Schild und Schwert der Partei« waren diese allerdings von besonderer Bedeutung. Sie umfassten die Vermittlung von politisch-ideologischen Inhalten sowie von Disziplin, Leistungsbereitschaft und anderen Sekundärtugenden. Dabei standen ihr die SED-typischen innerparteilichen Disziplinierungsinstrumente einschließlich der Parteistrafen zur Verfügung.

Die S. gliederte sich nach Diensteinheiten in Grundorganisationen und »Parteiorganisationen« (wie etwa die »Parteiorganisation A« der → HV A) sowie auf den unteren Ebenen in Abteilungsparteiorganisationen und Parteigruppen. Höchstes Parteigremium in der MfS-Zentrale Berlin war eine (nichtterritoriale) Kreisleitung, die direkt dem ZK unterstand. Sie setzte sich ganz überwiegend aus im MfS beschäftigten hauptamtlichen SED-Funktionären und den Leitern zentraler Diensteinheiten zusammen. Die SED-Kreisleitung unterhielt eine eigene, nach dem langjährigen Leiter der → HA Kader und Schulung, → Mühlpforte, benannte Parteischule. Die SED-Kreisorganisation der MfS-Zentrale verfügte neben der Kreisleitung auch über eine eigene Kreisparteikontrollkommission (Parteigericht) und eine Kreisrevisionskommission (für die Parteiinnenrevision).

Bis Juli 1952 besaß die Staatssicherheit eine einheitliche SED-Parteiorganisation im Range eines (nichtterritorialen) Landesverbandes, der nach Abschaffung der Länder in Bezirksparteiorganisation VII c umbenannt wurde. Diese wiederum wurde im September 1953 zu einer Kreisparteiorganisation heruntergestuft, die betreffende Kreisleitung war nur noch für die Parteiorganisation der Berliner Zentrale zuständig. Die Parteiorganisationen der → BV und → KD wurden in die jeweiligen territorialen Parteistrukturen eingegliedert; sie unterstanden somit den zuständigen territorialen Bezirks- und Kreisleitungen und waren vom Parteiapparat der Zentrale weitgehend abgekoppelt. Einige wenige übergeordnete Funktionen übte die SED-Kreisleitung der MfS-Zentrale jedoch gegenüber den Parteiorganisationen der BV und KD weiterhin aus, so etwa die Erfassung der Mitglieder und teilweise auch Schulungsaufgaben. Zuletzt beschäftigte die SED in der Staatssicherheit insgesamt ca. 500 hauptamtliche Parteifunktionäre.

REn

Sekretariat des Ministers (SdM) 1971 hervorgegangen aus dem → Büro der Leitung.
Aufgaben: persönliche Betreuung des Ministers; Verteilung und Weiterleitung von Eingaben und anderer Post; Auswahl und Sammlung grundsätzlicher Dokumente, Weiterleitung von Grundsatzbefehlen und -bestimmungen sowie von dienstlichen Ordnungen an das BdL; Realisierung von Sonderaufgaben und Sonderaufträgen. *RWi, APo*

Sektor MfS Der Sektor MfS war eine Untergliederung der 1953 gebildeten Abteilung für Sicherheitsfragen im ZK der SED. Aufgabe der ZK-Abteilung war, in den Staatsorganen und in anderen DDR-Institutionen die Politik der SED durchzusetzen und sie laufend zu kontrollieren. Der S. arbeitete dabei mit der SED-Kreisleitung im MfS zusammen, deren Tätigkeit er auch indirekt beeinflusste, indem er Vorlagen zu ihrer Arbeit für die → Sicherheitskommission und für den ZK-Sekretär für Sicherheit entwarf. Besondere Bedeutung hatte die Personalpolitik mit Hilfe des gestaffelten Nomenklatursystems. In den Bezirken wiederholte sich diese Struktur in den SED-Bezirksleitungen.
Die Zahl der Mitarbeiter variierte im einstelligen Bereich. Sie kamen aus der Staatssicherheit und waren abgeordnet als → Offiziere im besonderen Einsatz. Durch Instrukteurseinsätze in den Regionen überwachten sie die Parteiarbeit und zeitweilig auch die operative Arbeit in den Bezirken. Leiter des S. auf zentraler Ebene waren Oberst Artur → Hofmann (1957–1960) und die Generalmajore Fritz Renckwitz (1960–1975), Martin Appelfeller (1975–1986) und Fritz Bengelsdorf (1986–1989). Sie nahmen regelmäßig an den Sitzungen des → Kollegiums, des höchsten beratenden Gremiums im MfS, teil.
Bei Personalentscheidungen auf mittlerer Ebene führte kein Weg am S. vorbei. Durch die Besetzung der Leitungspositionen mit OibE war sonst aber die Parteikontrolle durch den S. eher eine Selbstkontrolle, die von der Spitze des MfS nicht besonders ernst genommen wurde – der Minister hatte beste Beziehungen zu Ulbricht und Honecker und war im Jahr 1976 selbst Vollmitglied des Politbüros geworden. *WSü*

Selbstanbieter Selbstanbieter (auch Anbieter oder Selbststeller) waren Personen, die von sich aus Kontakt zum MfS bzw. zu einer anderen Institution oder Person der DDR suchten, um sich als Informant zu bewerben. Bei dieser besonderen Gruppe war das MfS stets skeptisch, vermutete es doch, dass es sich um einseitig materiell interessierte Personen oder gar Agenten gegnerischer Nachrichtendienste handeln könnte. Dennoch waren zuletzt etwa 5 % der bundesdeutschen IM der HV A ursprünglich S. gewesen.   *HME*

Sicherheitskommission beim Politbüro des ZK der SED Als Reaktion auf den Volksaufstand in der DDR vom 17. Juni 1953 beschloss das Politbüro des ZK der SED am 8.9.1953 und nochmals am 26.1.1954 die Gründung einer Sicherheitskommission. Diese Kommission tagte zwischen Juli 1954 und Januar 1960 mindestens 29 Mal. Als Gremium der Parteiführung für die innere Sicherheit und für die Landesverteidigung galt die besondere Aufmerksamkeit zunächst der Unterdrückung und Bekämpfung aller oppositionellen Kräfte in der DDR. Mit der S. sicherte die SED-Führung ihren direkten Führungsanspruch über die bewaffneten Organe der DDR gegenüber dem Staatsapparat ab.
In ihrer Zusammensetzung besaß die S. eine politische Exklusivität wie sonst nur noch das Politbüro: Neben dem Ersten Sekretär des ZK der SED, Walter Ulbricht, gehörten ihr anfangs Ministerpräsident Otto Grotewohl, der Vorsitzende der Zentralen Parteikontrollkommission Hermann Matern, ZK-Sekretär Karl Schirdewan, Innenminister (seit 1956: Verteidigungsminister) Willi Stoph, der Leiter des Staatssekretariats für Staatssicherheit (seit November 1955: Minister) → Wollweber sowie der Leiter der ZK-Abteilung für Sicherheitsfragen, Gustav Röbelen, an. Röbelen, Wollweber und Schirdewan schieden zwischen 1956 und 1958 aus dem Gremium aus. 1956 wurde der Kandidat des Politbüros Erich Honecker zum Sekretär der S. berufen. Seit Februar 1958 war Staatssicherheitsminister → Mielke ebenso Mitglied wie der neue Innenminister Karl Maron. Außerdem wurden ZK-Sekretär Alfred Neumann, der Vorsitzende der Staatlichen Plankommission, Bruno Leuschner, und der 1. Sekretär der SED-Bezirksleitung Magdeburg, Alois Pisnik, kooptiert. Die letzte Sitzung der S. fand am 28.1.1960 statt. Im März des Jahres gingen ihre Aufgaben im NVR auf. Trotz der spätestens seit 1958 zunehmend militärischen Ausrichtung der S. rückte der Chef des NVA-Hauptstabes erst 1963 in den → Nationalen Verteidigungsrat der DDR auf.
Die Aufgaben und Beschlüsse von S. und NVR können sechs großen Themenfeldern zugeordnet werden: (1) Notstandsregelungen für innere Krisenfälle, (2) Probleme der militärischen Landesverteidigung, (3) Maßnahmen zur Sicherung der Staatsgrenze, (4) Kaderfragen; seit der zweiten Hälfte der 50er Jahre traten verstärkt hinzu (5) Vorbereitungen der staatlichen Verwaltung und Wirtschaft auf den Kriegsfall und (6) die wehrpolitische Mobilisierung der Bevölkerung.

Die S. besaß eine entscheidende Rolle in der Kaderpolitik der bewaffneten Organe. Im Geschäftsbereich des MfS entschied sie über alle Hauptabteilungsleiter des Ministeriums, alle Leiter der → MfS-Bezirksverwaltungen, den 1. Sekretär der SED-Kreisleitung im MfS, den Leiter der → MfS-Hochschule Potsdam sowie den Kommandeur des → Wachregiments und dessen Stellv. für Politarbeit.

AWa

Sicherheitsüberprüfung Verfahren zur Einschätzung der »sicherheitspolitischen« Eignung von Personen, denen bedeutsame Aufgaben, Funktionen und Befugnisse übertragen oder Vollmachten bzw. Erlaubnisse und Genehmigungen erteilt werden sollten (u. a. Leitungskräfte, Geheimnisträger, Angehörige von anderen Sicherheitsorganen, Reisekader, Leistungssportler, Waffenbesitzer). Ziel der S. war es, ihre Zuverlässigkeit »unter den jeweiligen Lagebedingungen« sicherzustellen und entsprechend ungeeignete Personen aus bedeutsamen oder sicherheitsrelevanten Positionen und Bereichen fernzuhalten. Das familiäre und soziale Umfeld der betreffenden Personen wurde zumeist in die Überprüfung mit einbezogen. Die S. war mit der Entscheidung über Zustimmung oder Nichtzustimmung abzuschließen. Zu bereits überprüften Personen waren Wiederholungsüberprüfungen vorgesehen. In den 80er Jahren fielen im MfS jährlich Hunderttausende S. an und dominierten vor allem die Arbeit der Kreisdienststellen.

APo

Sicherungs-IM (SIM) Mit der IM-Richtlinie von 1968 fasste das MfS jene inoffiziell arbeitenden Personen zum Funktionstyp SIM zusammen, die geheimdienstliche Aktivitäten abzusichern hatten. Zumeist ging es darum, → operative Kombinationen und Übersiedlungsvarianten der → HV A bzw. Aktivitäten von → IM ihrem Umfeld gegenüber zu verschleiern oder zu legalisieren. SIM hatten folglich nur einen geringen Anteil an operativen Aktivitäten. 1988 verfügte die HV A in der Bundesrepublik über 121, die → HA II (→ Spionageabwehr) über 331 SIM.

HME

Sicherungsvorgang 1976 eingeführte Form der aktiven → Erfassung; Abkürzungen: SVG, SiVo. Aufgabenabhängig erfassten die Diensteinheiten damit Personen, die im jeweiligen Verantwortungsbereich »anfielen« (z. B. Geheimnisträger, Anwohner wichtiger Militärobjekte, Ausländer, Doppelgängeridentitäten). Das konnten je S. mehrere 100 Personen sein. Verließ eine Person den Verant-

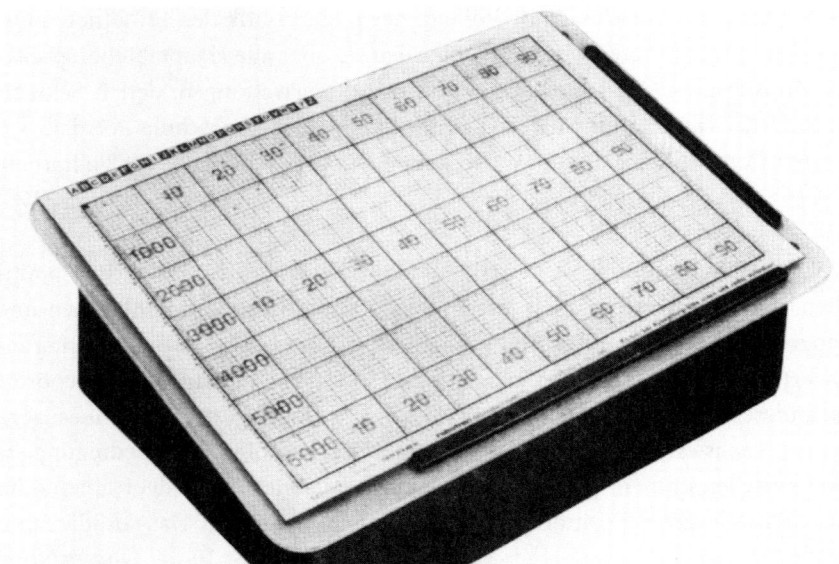

Lichtlesegerät mit aufgelegten Sichtlochkarten zur Ermittlung durchscheinender Lochstellen. Die Lochnummer entspricht der Ablagenummer der Information.

wortungsbereich (z. B. durch Berentung oder Umzug), wurden deren Daten auf dem Indexbogen gestrichen; der Vorgang selbst blieb erhalten. Eine Aktenführung zu einzelnen Personen war nicht vorgeschrieben, so dass oft kein weiteres Material vorhanden ist.   *SWo*

Sichtlochkarten (SLK) SLK waren ein von Hand betriebenes Registraturmittel auf der Basis von Deskriptoren. Im MfS gehörten sie zu einem System, das neben den SLK aus dem Deskriptorenverzeichnis, einer → Dokumentenkartei und einer → Zentralen Materialablage bestand. Für jeden Deskriptor wurde eine SLK angelegt. Das MfS benutzte Handlochkarten im Format DIN A4 mit 7000 Lochfeldern. Jedes Lochfeld stand für eine Nummer. Mittels verschiedenfarbiger SLK waren Erweiterungen möglich. Der zu speichernden Information wurden mehrere Deskriptoren zugewiesen und die vergebene Ablagenummer auf der entsprechenden SLK mit einem Handbohrer abgelocht. Für die Abfrage bestimmter Informationen wurden dafür zutreffende Deskriptoren ausgewählt und die entsprechenden SLK übereinandergelegt (Abb.). Lochfelder, die eine Durchsicht

HV A ___ BV Leipzig, ABt. XV ___

Leipzig , 15. 7. 88

1566

An IADE ___ HV A/IX ___

Informationsbegleitliste Nr. ___25___ / 19 __88__

Lfd. Nr.	E-Nr.	Seiten-zahl	Einschätzung der Quelle	Infor-mation	Vorgangs-Nr.	Deckname
45/1		1/2 Brosch.	A	*II*	MfS 12399/60	"SChwarz"
46/1		1	A	*II*	" " "	"
47/1		1	A	*II*	" " "	"

Empfangsbestätigung:

Leiter der IADE

Brüning - Oberst

Leiter der DE

BStU 000120

Informationsbegleitliste zur Übersendung von Informationen für die SIRA-Teildatenbank 14.

boten, offenbarten übereinstimmende Merkmale. Die über ein Raster ablesbare Nummer des Lochfeldes verwies auf die numerisch geordneten Dokumentenkarten, ggf. auf eine ZMA, und die darin aufgezeichneten Informationen. Das MfS setzte SLK seit Ende der 70er Jahre vor allem für die Speicherung und Verdichtung operativ erhobener Informationen und deren Auswertung in Lage- und Jahresberichten ein, aber auch für die Vorauswahl von → inoffiziellen Mitarbeitern mit bestimmten Merkmalen hinsichtlich ihrer Eignung für einen operativen Auftrag.   *RLu*

Siebzehnter Juni 1953 → Volksaufstand im Juni 1953 und das MfS

SIRA (System der Informationsrecherche der HV A) Elektronisches Datenbanksystem der → HV A des MfS.
SIRA bestand aus den Teildatenbanken (TDB) 11, 12, 13 und 14, in denen die HV A für den Zeitraum 1969–1989/90 vor allem das Informationsaufkommen aus der eigenen → Westarbeit/Spionage im → Operationsgebiet nachwies (»Ein-

gangsinformationen«). Gespeichert wurden in erster Linie folgende Angaben: informationsbeschaffende Quelle (Registriernummer/Deckname; s. a. → Registrierung), verantwortliche Struktureinheit, Zeitraum der Informationsbeschaffung, Art und Umfang der Information, Beschreibung der gelieferten Information über Sach-, Länder- und Objektschlagworte, Personenhinweise, Einschätzung der Information, interne und externe Verteiler sowie eine kurze Titelangabe. Ebenfalls in SIRA gespeichert wurden Nachweise über zusammengefasste Informationen, die täglich über die → ZAIG an die Partei- und Staatsführung weitergeleitet wurden (»Ausgangsinformationen«), Aufträge zur Informations- oder Musterbeschaffung aus der Industrie- und Wirtschaftsspionage (Beauftragungsinformationen) und Personenangaben zu Mitarbeitern westlicher Geheimdienste (Personeninformationen). Eine Sonderrolle spielte die vom Referat 7 der HV A geführte TDB 21, die als erstes System einer Zentralen Objekt- und Personendatenbank der HV A (ZOPA) projektiert wurde, später aber auch als Bestandteil von SIRA galt. In ihr wurden die Daten der → F 22-Kartei der HV A gespeichert (Vorgangsinformationen).

Insgesamt waren in SIRA zum Ende der HV A ca. 650 000 Datensätze gespeichert.

Nach einer jahrelangen Vorbereitungsphase wurde SIRA ab Juli 1974 auf MfS-eigenen Siemens-Großrechnern in Betrieb genommen; Software war das Siemens-System GOLEM. Ab Mitte der 80er Jahre wurde SIRA auf das im Ostblock hergestellte Einheitliche System Elektronischer Rechentechnik (ESER) und eine vom MfS entwickelte Software umgestellt. Die Rechenzentren für SIRA befanden sich in Berlin-Wuhlheide und ab 1984 in Berlin-Hohenschönhausen.

Ein großer Teil der heute vorhandenen SIRA-Daten konnte aus Dateien, die aus der Systemumstellung von Siemens- auf ESER-Technik erhalten geblieben waren, rekonstruiert werden. SIRA befindet sich heute im Archivbestand der BStU und bildet eine wichtige Quelle zu den Aktivitäten der HV A, die es vor allem erlaubt, Rückschlüsse auf die Art und Wertigkeit der Informationsbeschaffung einzelner Quellen der HV A im Westen zu ziehen. *SKo*

Sobeck, Isolde 11.11.1922–1.11.1993
1. Sekretär der SED-Kreisleitung im MfS Berlin
Geb. in Altenburg, Vater Glasmacher, Mutter Arbeiterin; Volksschule; 1936–1939 Handelsaufbauschule; 1939–1945 kaufmännische Angestellte und Stenotypistin, RAD.

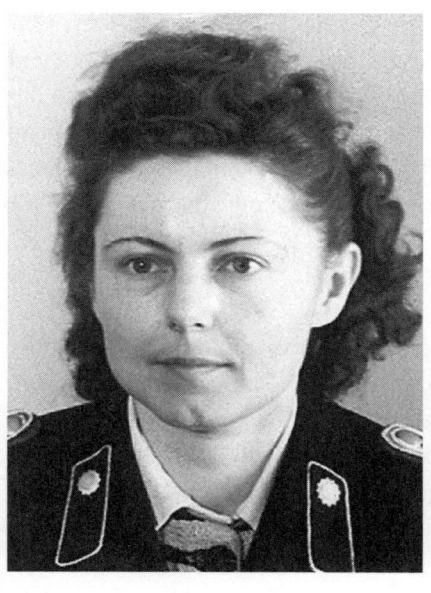

Isolde Sobeck   *Josef Sobeck*

1945/46 KPD/SED; 1945 Leiterin der Polizeiabteilung in der Stadtverwaltung Altenburg; 1946 Assistentin des SED-Landesvorsitzenden Thüringen, Werner Eggerath, dann Frauensekretärin der SED-Kreisleitung Suhl; 1948 Lehrerin an der Kreisparteischule Suhl; 1949 Lehrgang an der PHS; 1951 MfS, HA Politkultur; 1952–1953 kommissarisch 1. Sekretär der SED-Kreisleitung des MfS Berlin; 1953 Oberstleutnant; Januar 1954 aus dem MfS ausgeschieden, Vorsitzende der SED-KPKK Gera-Stadt.   *JGi*

Sobeck, Josef 27.2.1926–14.11.1999
Leiter der Bezirksverwaltung Gera
Geb. in Riemertsheide (Oberschlesien), Vater Schlosser; Volksschule, 1940–1943 Handelsschule; 1943/44 Arbeit als kaufmännischer Angestellter; 1944 Wehrmacht (Marine).
1945–1949 sowjetische Gefangenschaft, Antifa-Schüler; 1949 SED, Angestellter der VVEAB Gadebusch, dann Instrukteur bei der SED-Kreisleitung Schwerin; 1950 Besuch der PHS; 1951 Einstellung beim MfS, Abt. VI (Staatsapparat, Parteien); 1952 Abt. Personal; 1953 Sekretär der SED-Parteiorganisation der BV Gera;

1954–1962 Fernstudium an der PHS, Diplom-Gesellschaftswissenschaftler; 1957 Leiter der KD Jena; 1960 Stellv. Operativ des Leiters, 1963 Leiter der BV Gera und Mitglied der SED-Bezirksleitung Gera; 1964 Oberst; 1968 Externprüfung an der JHS des MfS Potsdam, Diplom-Jurist; 1970 aus gesundheitlichen Gründen abgelöst, AG-Leiter in der HV B (ab 1974 VRD), MfS Berlin; 1974 Operativer Diensthabender im Zentralen Operativstab; April 1989 Entlassung, Rentner.   *JGi*

Soldat auf Zeit (SaZ) → **Unteroffizier auf Zeit (UaZ)**

SOUD Abkürzung für System der vereinigten Erfassung von Informationen über den Gegner (russ.: »Sistema Objedinjonnowo Utschota Dannych« o Protiwnike), den gemeinsamen Datenspeicher kommunistischer Geheimdienste (GD) in Moskau. 1977 vereinbarten die GD aus der Sowjetunion, Polen, der DDR, der ČSSR, Ungarn, Bulgarien, Kuba und der Mongolei den Aufbau des SOUD 1981 ging die Datenbank in Betrieb, 1984 schloss sich Vietnam an. 1987 waren im SOUD 188 343 Personen in 15 Merkmalskategorien erfasst, darunter 102 223 Angehörige gegnerischer GD, 31 528 ausgewiesene oder unerwünschte Personen, ferner Unterstützer oppositioneller Gruppen, Diplomaten, Korrespondenten, Terroristen sowie andere Personen, die als Bedrohung für die sozialistischen Staaten galten. In der Regel handelte es sich um Bürger von Ländern, die nicht SOUD-Mitglied waren, zumeist westliche Staatsangehörige. Das MfS ließ 74 884 Personen im SOUD registrieren, bei der BStU sind davon noch 66 526 Datensätze vorhanden. Beim KGB war SOUD bei der Auslandsaufklärung angesiedelt; im MfS war die Arbeitsgruppe 4 des Bereichs 4 der → ZAIG verantwortlich (ZAIG 4/4, intern jedoch meist als »ZAIG/5« bezeichnet). Die »ZAIG/5« unterhielt über die KGB-Vertretung in Ostberlin eine Kurierverbindung zum Moskauer SOUD-Apparat. Nur in dringenden Fällen durfte für dann chiffrierte Abfragen ein Fernschreiber genutzt werden. Die Kommunikation zwischen den beteiligten GD wurde über Moskau abgewickelt. Lediglich der KGB hatte Gesamtzugriff auf SOUD; seine Nachfolger haben ihn bis heute. SOUD sollte ein Instrument zur Bewältigung der wachsenden innenpolitischen Probleme der teilnehmenden Staaten sein, sofern sie auf den KSZE-Prozess, grenzüberschreitende Kontakte und Reiseerleichterungen zurückgeführt wurden. Der geheimdienstliche Nutzen blieb hinter den Erwartungen zurück: Unter anderem aus Sorge um den Schutz ihrer Quellen gaben die GD nur zurückhaltend relevante Daten in SOUD ein. Die Trefferquote bei Auskunftsersuchen an SOUD war entsprechend niedrig.   *GHe*

Sowjetischer Geheimdienst, Verhältnis des MfS zum sowjetischen Geheimdienst
Das MfS entstand unter der Ägide der sowjetischen Staatssicherheit (MGB) und fungierte in den ersten Jahren weithin als ihr Hilfsorgan. 1958 gewann es größere Eigenständigkeit, blieb aber in vielfältiger Weise von den Vorgaben des KGB, der Nachfolgeorganisation des MGB, abhängig.

Unmittelbar nach der Besetzung Ostdeutschlands begannen die Sowjets mit dem Aufbau nachrichtendienstlicher Strukturen in ihrer Zone und schufen sehr bald auch besondere Strukturen innerhalb der deutschen Polizei mit geheimpolizeilichen Hilfsaufgaben. Hieraus entstand in der Folgezeit ein Sonderbereich der Kriminalpolizei, der für politische und NS-Delikte zuständig war und zu Jahresbeginn 1947 unter der Bezeichnung K 5 vereinheitlicht wurde. Auf Drängen der SED-Führung beschloss Stalin im Dezember 1948 gegen den Willen der sowjetischen Staatssicherheit die Gründung einer eigenen deutschen Staatssicherheit, die im Laufe des Jahres 1949 nach dem sowjetischen Vorbild aufgebaut wurde und nach der Gründung der DDR mit der Bezeichnung → »Hauptverwaltung zum Schutz der Volkswirtschaft« zunächst unter dem Dach des Innenministeriums arbeitete. Dies geschah unter strengster Kontrolle des MGB, der in alle wichtigen Struktureinheiten des im Februar 1950 gegründeten MfS eigene Instrukteure bzw. → Berater abkommandierte, die dort faktisch Weisungs- und Vetorechte besaßen.

Die Durchführung eigener Operationen und die Anleitung des MfS waren in den ersten Jahren der DDR als Aufgabenbereiche im Karlshorster MGB-Apparat nicht scharf voneinander getrennt. Das MfS fungierte noch weitgehend als Hilfsorgan des MGB, dessen Ostberliner Bevollmächtigter gleichzeitig oberster Chefberater der DDR-Staatssicherheit war. Im Frühjahr 1953 umfasste der MGB-Apparat in der DDR gut 2200 Mitarbeiter.

In der Amtszeit → Zaissers bis 1953 besaßen die sowjetischen Berater in der strukturell noch schwachen DDR-Staatssicherheit die uneingeschränkte operative Federführung und übernahmen die Bearbeitung der bedeutsameren Vorgänge häufig selbst. Nach Stalins Tod im Jahr 1953 betrieb Berija dann die Reduzierung des sowjetischen Geheimdienstapparates in Deutschland und beabsichtigte auch, die Weisungsbefugnisse der Berater abzuschaffen. Doch nach seinem Sturz waren diese Pläne obsolet. Der neue Bevollmächtigte des sowjetischen Innenministeriums in Ostberlin, Jewgeni Pitowranow, reagierte auf den Juniaufstand 1953 mit der Verstärkung der eigenen operativen Aktivitäten und einer wieder intensivierten Anleitung des MfS. Zu diesem Zweck schuf er in Karlshorst eine eigene von den operativen Fachabteilungen getrennte Beraterab-

Vertragsunterzeichnung mit dem »großen Bruder«: Juri W. Andropow (links),
Vorsitzender des KGB, mit Erich Mielke am 6. Dezember 1973.

teilung. Bemühungen Ulbrichts, das MfS stärker an die SED anzubinden, scheiterten an seinem Widerstand. Auch die Berufung → Wollwebers zum neuen
Staatssicherheitschef trug die Handschrift der Sowjets und war nicht im Sinne
des SED-Chefs. Bei der Ausarbeitung einer neuen Staatssicherheitsstrategie der
»konzentrierten Schläge« im Frühherbst 1953, die eine offensivere Ausrichtung
sowie umfassende propagandistische Aktivitäten beinhaltete, ist die sowjetische
Federführung ebenfalls erkennbar. Auch die Beendigung der »konzentrierten
Schläge« und die verstärkte Orientierung der DDR-Staatssicherheit auf die
Westarbeit 1955 ging auf sowjetische Vorgaben zurück.
Die entscheidende Wende im Verhältnis von KGB und MfS vollzog sich 1957. Im
Zuge des erfolgreichen Machtkampfs mit Wollweber gelang es Ulbricht, auch die
Stellung der sowjetischen Berater zu schwächen. Die SED-Spitze übernahm jetzt
die Federführung in den eigenen Staatssicherheitsangelegenheiten, was sich in
der Rücknahme der ausgeprägten Ausrichtung des MfS auf die Westarbeit zu-
gunsten einer intensiveren inneren Überwachung zeigte. Jetzt kam es auch zur
Stärkung der Anleitungsbefugnisse des Parteiapparats gegenüber dem MfS, die

1953 noch am Widerstand der Sowjets gescheitert war. Personell wurde diese Zäsur durch die Entlassung Wollwebers und die Berufung des Ulbricht-Vertrauten → Mielke zum Minister für Staatssicherheit besiegelt. Zur Jahreswende 1958/59 reduzierte der KGB seine Berater von 76 auf 32 und beschränkte deren Kompetenzen im Wesentlichen auf die von Verbindungsoffizieren. Noch 20 Jahre später wird die gleiche Zahl in einem »Protokoll zur Zusammenarbeit« genannt. Es gibt freilich deutliche Hinweise darauf, dass mehr KGB-Mitarbeiter im MfS präsent waren, weil die Verbindungsoffiziere noch Gehilfen und technisches Personal (Dolmetscher, Sekretärinnen, Fahrer usw.) hatten. Darüber hinaus gab es die KGB-Residentur in Berlin-Karlshorst mit zuletzt zwischen 800 und 1200 Mitarbeitern. Sie war der I. Hauptverwaltung (Spionage) des KGB unterstellt. Zudem bestanden kleinere KGB-Residenturen in den Bezirken der DDR. Sie alle waren vor allem mit Spionage in der Bundesrepublik befasst und arbeiteten dabei mit dem MfS zusammen.

Als rechtliche Grundlage für den Einsatz von KGB-Verbindungsoffizieren im MfS dienten Verträge vom Oktober 1959 und vom Dezember 1973. In der wahrscheinlich am 30.10.1959 unterzeichneten Vereinbarung »Über die Gruppe des Komitees für Staatssicherheit beim Ministerrat der UdSSR zur Koordinierung und Verbindung mit dem MfS der DDR« wurde als Ziel der Zusammenarbeit genannt: die gemeinsame »Bekämpfung der gegen die Sowjetunion und die DDR gerichteten Wühlarbeit« westlicher »Geheimdienste, Spionage- und Propagandazentralen sowie der antisowjetischen Emigrantenorganisationen«. Die Kompetenzen der Verbindungsoffiziere waren recht umfassend definiert: »Die Verbindungsoffiziere erhalten die Möglichkeit, die operativen Aufgaben zu studieren, die die gemeinsam zu erfüllenden Handlungen betreffen, sowie auch werden [sie] in Kenntnis gesetzt über alle Informationen, die die allgemeine und operative Lage in der DDR, Westdeutschland und in anderen kapitalistischen Ländern kennzeichnen.« Die »Vereinbarung über die Zusammenarbeit zwischen dem Ministerium für Staatssicherheit der Deutschen Demokratischen Republik und dem Komitee für Staatssicherheit beim Ministerrat der Union der Sozialistischen Sowjetrepubliken« vom 6.12.1973 war in diesem Punkt nicht ganz so weitgehend. Es wurde nur noch in allgemeinerer Form von Zusammenarbeit, Informationsaustausch und gegenseitiger Unterstützung gesprochen. An den grundsätzlichen Zielen wurde nichts verändert.

Die KGB-Verbindungsoffiziere waren in allen Bezirksverwaltungen sowie in den wichtigsten Hauptabteilungen und Abteilungen des Ministeriums platziert. Ihr militärischer Rang war meist der eines Oberst, also relativ hoch angesiedelt auf dem Niveau eines stellv. Hauptabteilungsleiters im MfS.

Außer den Grundsatzvereinbarungen gab es zwischen einzelnen Abteilungen von MfS und KGB Abkommen bzw. Protokolle über Zusammenarbeit bei konkreten Abwehr- bzw. Spionageprojekten. Zur Vertiefung der Zusammenarbeit fanden regelmäßige Arbeitstreffen von Hauptabteilungen und bi- und multilaterale Konferenzen auf Ministeriums- bzw. Komitee-Ebene statt (z. B. zu Fragen der »Aufklärung« und zum Kampf gegen die »politisch-ideologische → Diversion«). Zudem wurde Ende der 70er Jahre eine gemeinsame Datenbank mit Informationen über den Gegner (→ SOUD) eingerichtet.

In den späten 80er Jahren hat die Zusammenarbeit aus der Sicht des MfS unter der sowjetischen Reformpolitik gelitten. Soweit erkennbar, ließen die KGB-Offiziere keine Zweifel an ihrer Loyalität zur neuen sowjetischen Führung aufkommen, und es gibt keinen Beleg dafür, dass sie ihre Genossen vom MfS in den entscheidenden Monaten zu einer repressiveren Politik ermutigt hätten, eher im Gegenteil. Nach ihrem endgültigen Abzug haben sie kaum Spuren hinterlassen: »Karlshorst« wurde – wie zuvor schon die Büroräume der Verbindungsoffiziere in Ministerium und Bezirksverwaltungen für Staatssicherheit – besenrein übergeben.

Literatur: Gieseke, Jens; Kamiński, Łukasz; Persak, Krzysztof: Handbuch der kommunistischen Geheimdienste in Osteuropa 1944–1991. Göttingen 2009; Engelmann, Roger: Diener zweier Herren. Das Verhältnis der Staatssicherheit zur SED und den sowjetischen Beratern 1950–1959. In: Suckut, Siegfried u. Süß, Walter (Hg.): Staatspartei und Staatssicherheit. Zum Verhältnis von SED und MfS. Berlin 1997, S. 51–72.   *REn, WSü*

Speicher XII/01 Ab 1981 vom MfS zentral geführter Informationsspeicher zu nahezu allen Personen, die teilweise bereits in der SBZ bzw. später in der DDR verurteilt wurden. Die Sammlung enthielt Strafnachrichten, Karteien, Akten und weiteres Schriftgut, welche seit 1960 regelmäßig von den DDR-Staatsanwaltschaften (→ Staatsanwaltschaften, Akten der) an das MfS übergeben wurden. Das beginnt mit Verurteilungen durch Sowjetische Militärtribunale, umfasst weiter politische Urteile von DDR-Gerichten und reicht bis zu Urteilen der sog. allgemeinen Kriminalität. Umfang: 5022 lfm. Der Bestand ist über die personenbezogenen Findhilfsmittel (→ F 16) nutzbar.   *DHa*

Spezialhochbau Berlin (SHB) Der VEB SHB war ein der → VRD unterstellter, aber juristisch selbständiger volkseigener Betrieb, der zum 1.1.1976 durch den Zusammenschluss des VEB Montage-Bau Berlin (MBB) und des VEB Dynamo-Bau Berlin (DBB) gebildet worden war. Der SHB war keine Organisationseinheit des MfS Berlin. Die im September 1989 insgesamt 2653 Mitarbeiter waren keine Angehörigen des MfS, sondern wurden als SHB-Betriebsangehörige bezeichnet. Die → VRD/Bauwesen lenkte und kontrollierte den SHB durch 52 → OibE in Leitungs- und Schlüsselfunktionen. Der von einem Hauptdirektor (OibE) geleitete SHB gliederte sich in den Bereich Spezielle Leistungen und die Direktorate für Produktion, Technik, Sicherheit, Ökonomie sowie für Arbeit und Sozialwesen und den Hauptbuchhalter, dem 51 Betriebsangehörige unterstellt waren. Der SHB erbrachte jährlich, zusammen mit dem VEB Raumkunst Berlin, ebenfalls ein dem MfS unterstellter Betrieb, Bauleistungen im Wert von ca. 110 Mio. Mark. Der SHB hatte seinen Sitz in Berlin-Pankow.   *RWi*

Spionage → **Westarbeit/Spionage**

Spionageabwehr S. beinhaltete nicht nur defensives Abwehren westlicher Spionage, sondern auch offensive Bekämpfung westlicher (zumeist bundesdeutscher) Sicherheitsbehörden auf dem Gebiet der Bundesrepublik. Das MfS fasste den Spionagebegriff sehr weit, so dass auch Angehörige oppositioneller Gruppen oder westliche Korrespondenten und Diplomaten regelmäßig im Visier der S. standen. Das MfS unterschied drei Arten der S. Die innere S. agierte innerhalb der DDR. Die äußere (auch: offensive) S. sollte bundesdeutsche Sicherheitsbehörden direkt bekämpfen, sich dabei aber auf deren Außenstellen und nachgeordnete Diensteinheiten konzentrieren. Die Gegenspionage hatte die Aufgabe, Spione in den Zentralen bundesdeutscher Sicherheitsbehörden zu platzieren, um die westliche Spionage gegen die DDR schon im Vorfeld zu paralysieren. In der Praxis waren die Grenzen zwischen äußerer S., für die die → Hauptabteilung II zuständig war, und der Gegenspionage, die Sache der Abt. IX der → HV A war, fließend.
Die S. des MfS reagierte einerseits auf die tatsächliche Spionage gegen die DDR. Vor allem der BND und sein Vorgänger, die Organisation Gehlen, unterhielten in der DDR bis zum Mauerbau 1961 ein großes Agentennetz. In den Folgejahren brachen viele Kontakte westlicher Geheimdienste zu ihren Agenten in der DDR ab, auch enttarnte die S. viele von ihnen. Der BND setzte daraufhin verstärkt Bundesbürger zur Informationsgewinnung ein, die als Besucher oder Transitrei-

Prozessfoto vom 21. Juni 1955 mit dem Hauptangeklagten Gerhard Benkowitz (rechts) im KgU-Prozess vor dem Obersten Gericht der DDR. Er und der Mitangeklagte Hans-Dietrich Kogel wurden zum Tode verurteilt und acht Tage später hingerichtet.

sende in der DDR unterwegs waren (»Reise- und Transitspione«). Seit den 70er Jahren versuchte der BND vor allem DDR-Bürger, die als Dienstreisende in den Westen kamen, als Agenten anzuwerben. Westliche Geheimdienste betrieben in der DDR schwerpunktmäßig Militärspionage.

Das MfS ging andererseits von der unzutreffenden Annahme aus, dass politisch widerständiges Verhalten von DDR-Bürgern zumeist von westlichen Geheimdiensten inspiriert würde (→ Diversion, politisch-ideologische), so dass die Bekämpfung politischer Gegner oft in den Bereich der S. fiel, ebenso wie die Überwachung westlicher Journalisten und Diplomaten. Aufgrund des weit gefassten Spionagebegriffs waren zahlreiche MfS-Abteilungen mit S. befasst, was zu Ineffizienz führte. → Mielke wies deshalb 1987 der Hauptabteilung II die Federführung bei der S. zu.

1953 bis 1955 verhaftete das MfS in drei Großaktionen 1200 Personen in der DDR und Westberlin, die pauschal als westliche Agenten bezeichnet wurden. Tatsächlich befanden sich darunter etliche Personen, die nur politischen Widerstand gegen die SED geleistet hatten. In vielen Fällen wurden hohe Haftstrafen verhängt, mindestens zehn Menschen wurden hingerichtet. Zugleich nutzte das MfS diese Aktionen erfolgreich als Vorlagen für ausgeklügelte Pressekampagnen. Auch in späteren Jahren wurden Erfolge der S. popularisiert, nicht zuletzt um spionagebereite DDR-Bürger abzuschrecken. Schwerpunktaktionen der → Hauptabteilung II in den 70er und 80er Jahren richteten sich u. a. gegen Transitspione sowie gegen die Anwerbung von Angehörigen bestimmter Personengruppen durch westliche Dienste (bspw. Militärangehörige, Reisekader). Erfolge erzielte die → HV A im Rahmen der Gegenspionage in den 70er und 80er Jahren u. a. aufgrund ihrer Top-Quellen im BND (Gabriele Gast, Alfred Spuhler), BfV (Klaus Kuron) und MAD (Joachim Krase). Seit den 70er Jahren intensivierte das MfS die Strategie der »vorbeugenden Verhinderung«: Immer mehr Bürger wurden als potenziell spionageverdächtig observiert, immer mehr Berufsgruppen zu Geheimnisträgern erklärt, das Personal der Hauptabteilung II aufgestockt, auch die → Kreisdienststellen setzten nun einen Mitarbeiter ausschließlich für Aufgaben der Linie II (→ Linienprinzip) ein. Generell profitierte die S. von der geschlossenen Gesellschaft der DDR, der flächendeckenden Observierung der Bevölkerung, der Kooperation mit anderen sozialistischen Geheimdiensten sowie der Strategie, Verdächtige mitunter über einen sehr langen Zeitraum zu observieren. Post- und Telefonkontrolle und die Funküberwachung im In- und Ausland dienten in erheblichem Maße der S. Die überzogene Sicherheitsdoktrin führte dazu, dass das MfS in der ersten Hälfte der 70er Jahre dem Hirngespinst eines Hochstaplers aufsaß und 144 DDR-Bürger als angebliche »Agenten mit spezieller Auftragsstruktur« (AsA), quasi als Eliteagenten westlicher Dienste, einstufte und es auf dieser fiktiven Grundlage zu zahlreichen Verurteilungen kam.

Vagen Schätzungen zufolge spionierten zwischen 1949 und 1989 rund 10 000 Ost- und Westdeutsche für den BND in der DDR, viele von ihnen nur für kurze Zeit und nicht in Schlüsselpositionen. Etwa 4000 Agenten bundesdeutscher Dienste sollen in dieser Zeit durch die S. der DDR erkannt und festgenommen worden sein. Etwa 90 % der »Innenquellen« des BND in der DDR (Agenten, die direkt in einem auszuspionierenden Objekt tätig waren) sollen in den 70er und 80er Jahren als Doppelagenten auch dem MfS gedient haben. Darunter waren offenbar viele, die »überworben« wurden, das heißt, das MfS hatte ihre BND-Anbindung erkannt, sie aber nicht verhaftet, sondern als IM angeworben und nun gegen den BND eingesetzt. Sichere Angaben darüber, in welchem Umfang west-

liche Agenten in der DDR unerkannt geblieben sind, liegen nicht vor. Insofern kann noch keine abschließende Bilanz der Wirksamkeit der S. gezogen werden.
→ Anhang: Verurteilungen in der DDR wegen Spionage 1969 bis 1988
Literatur: Fricke, Karl Wilhelm; Engelmann, Roger: »Konzentrierte Schläge«. Staatssicherheitsaktionen und politische Prozesse in der DDR 1953–1956. Berlin 1998; Labrenz-Weiß, Hanna: Die Hauptabteilung II: Spionageabwehr (MfS-Handbuch). Berlin 1998; Wagner, Armin; Uhl, Matthias: BND contra Sowjetarmee. Westdeutsche Militärspionage in der DDR. Berlin 2007.   *GHe*

Staatsanwaltschaften, Akten der Ablage zu Ermittlungs- und Gerichtsakten. Als Archivbestand 4 in der → Abt. XII des MfS abgelegt; in den BV teilweise anderen Archivbeständen zugeordnet; Sigle: ASt; personenbezogen nutzbar über die → F 16 oder die Kartei → Speicher XII/01. Die Ablage umfasst Ermittlungs- und Gerichtsakten (ab 1950) einschließlich Vollstreckungshefte, darunter der Militärjustiz (ab 1957), wenn die politische (I A-)Abteilung der Staatsanwaltschaften beteiligt war. Gesamtzahl in der → Abt. XII des MfS: 10 331 Signaturen.   *SWo*

Staatssekretariat für Staatssicherheit (SfS) Am 23.7.1953 wurde durch formellen Regierungsbeschluss das Ministerium für Staatssicherheit zu einem Staatssekretariat herabgestuft und in das Ministerium des Innern eingegliedert. Diese Maßnahme erschien als Reaktion der SED auf dessen (vermeintliches) Versagen im Zusammenhang mit dem Juniaufstand. Denn sie ging mit der Absetzung → Zaissers als Minister, der Einsetzung → Wollwebers als Staatssekretär und einer harten Abrechnung Ulbrichts mit der Arbeit der Staatssicherheit auf dem 15. ZK-Plenum einher. Die naheliegende zeitgenössische und auch heute noch vorherrschende Deutung ist nicht vollkommen zutreffend. Die Veränderung entsprach der damaligen Zuordnung der sowjetischen Staatssicherheit, die seit dem 15.3.1953 ebenfalls Teil des Innenministeriums war, und auch der der meisten anderen »Bruderorgane«. Sie war zudem schon am 30.6.1953, also noch bevor der Machtkampf in der SED-Führung sich zuungunsten Zaissers entwickelt hatte, auf Betreiben von Lawrentij Berija vom SED-Politbüro beschlossen worden. Dabei ging es nicht um eine Abstrafung der DDR-Staatssicherheit, sondern um ein (kosmetisches) Entspannungssignal an den Westen. Wahrscheinlich war zu diesem Zeitpunkt Zaisser noch als Chef des erweiterten Innenministeriums vorgesehen. Im unmittelbaren Kontext seiner Verkündung wurde der Beschluss als demonstrative Degradierung der Staatssicherheit aufgefasst, zumal Wollweber anders als sein Vorgänger nicht in das Politbüro kooptiert wurde. Das S. war dem Innenminister Willi Stoph gleichwohl nur formal unterstellt. Es erhielt ein eigenes → Kollegium und nicht Stoph, sondern Wollweber vertrat die Staatssicherheitsangelegenheiten gegenüber der SED-Führung und in der → Sicherheitskommission des ZK. Die Staatssicherheit betreffende dienstliche Weisungen gingen ausschließlich vom Staatssekretär und seinen Stellvertretern aus, nicht vom Innenminister. Am 24.11.1955 wurde das S. durch Ministerratsbeschluss wieder in den Rang eines Ministeriums erhoben.   *REn*

Staatsverbrechen Im StEG/1957 (§§ 13–27) und in Kapitel 2 des StGB/1968 (§§ 96–111) beschriebene politische Straftaten, die in die Zuständigkeit des MfS als strafrechtliches → Untersuchungsorgan (→ HA IX) fielen, weil eine staatsfeindliche Absicht und/oder eine staatsgefährdende Wirkung unterstellt wurden. Zu den S. zählten diktaturspezifisch kodifizierte »klassische« politische Straftaten wie Hochverrat und Spionagedelikte sowie als Meinungs- und Organisationsdelikte definierte Handlungen (Staatsfeindliche Hetze, Staatsfeindliche Gruppenbildung), die in demokratischen Staaten als Ausübung von Grundrechten gelten würden, außerdem unterschiedliche Handlungen oder Unterlassungen, bei denen den Tätern eine staatsfeindlich motivierte Schädigungsabsicht unterstellt wurde (Diversion, Sabotage). Die als S. bezeichneten Straftatbestände stehen überwiegend in sowjetischer Rechtstradition und gehen letztlich auf Artikel 58 des StGB der RSFSR (»Konterrevolutionäre Verbrechen«) zurück. Bis Februar 1958 wurden sie von DDR-Gerichten in Ermangelung konkreter strafrechtlicher Regelungen pauschal mit Hilfe von Artikel VI der Verfassung von 1949 (»Boykott- und Kriegshetze«) geahndet. S. galten als schwere Straftaten; bei einigen Tatbeständen (Hochverrat, Spionage, Terror, Diversion, Sabotage) umfasste der Strafrahmen bis 1987 auch die Todesstrafe.   *REn*

Stahlmann, Richard (eigtl. Artur Illner) 15.10.1891–25.12.1974
Stellv. Leiter des Außenpolitischen Nachrichtendienstes
Geb. in Königsberg (Ostpreußen), Vater Zimmermann, Mutter Hausfrau; Volksschule; 1905 SAJ; 1905–1910 Tischler in Königsberg; 1911 Militärdienst; 1914–1917 Soldat, britische Kriegsgefangenschaft; 1919 KPD, Gewerkschafts- und Parteiarbeiter; 1919–1923 Tischler; 1923/24 Leiter des militärpolitischen Apparats der KPD; nach der Niederschlagung des KPD-Aufstands im Oktober 1923 Emigration in die UdSSR, sowjetische Staatsbürgerschaft und KPdSU(B)-Mit-

Richard Stahlmann   *Hermann Steudner*

glied (bis 1940); 1924/25 militärpolitischer Lehrgang in Moskau (Spezialschule der KPdSU), nach Beendigung Instrukteur der Org.-Abteilung des EKKI und in der 4. Abteilung der GRU; illegale Einsätze in Frankreich, England, Holland, China und der ČSR; 1931/32 Lenin-Schule in Moskau; 1932–1936 Sekretär von Georgi Dimitroff, Balkanarbeit der K I; 1932 in Berlin; 1933 Flucht nach Wien, 1934 nach Paris; 1935 zeitweilig in Moskau; 1936–1938 Teilnahme am Spanischen Bürgerkrieg, 1938–1940 Fortführung der Balkanarbeit in Moskau; 1940 in Stockholmer Auslandsleitung der KPD; bleibt nach der Verhaftung Herbert Wehners bis Kriegsende illegal in der Nähe von Stockholm.

Januar 1946 Rückkehr nach Deutschland, Mitarbeiter der KPD-Landesleitung Mecklenburg-Vorpommern; Aufbau der Polizei, Abwehrarbeit; Mai 1946 Zonenleiter in der neuen HA Organisation beim ZK der SED (später in Abteilung Verkehr umbenannt); März 1949 Leiter bzw. Mitarbeiter der ZK-Abteilung Verkehr, verantwortlich für die Sicherstellung der illegalen Verbindungen zur KPD, Spezialist für Grenzschleusungen, auch für den Personenschutz der Parteiführer bei Reisen in Westzonen. Im März 1950 organisierte er die Entführung des KPD-Vorsitzenden und MdB Kurt Müller in die DDR. September 1951 stellv. Leiter des → APN; 1952 Oberst; ab 1953 Leiter der AG Anleitung und Kontrolle der HA XV des MfS (ab 1956 → HV A); 1958 Leiter des Fach- und Lehrkabinetts der HA KuSch; 1960 Entlassung, Rentner; 1966 KMO. *JGi*

Stellvertreterbereich Organisationsprinzip im MfS wie auch in anderen DDR-Organen, das die Übertragung der unmittelbaren Leitungsverantwortung für einen Teil der Unterstrukturen einer größeren Diensteinheit auf die stellv. Leiter beinhaltete, häufigste Form von → Anleitungsbereichen. Auf der höchsten Ebene hatte der Minister mehrere (zuletzt vier) Stellvertreter, denen mehrere fachlich-organisatorisch verwandte HA und selbständige Abteilungen als S. unmittelbar unterstellt waren. Vor allem die → HA XVIII, XIX und XX und die Diensteinheiten der Aufklärung (→ HV A) bildeten konstante S. 1986 wurden die operativ-technischen Diensteinheiten in einem S. zusammengefasst. Teilweise ähnlich strukturierte S. bestanden in den Diensteinheiten mit territorialer Verantwortung (→ BV und → KD). Auch in den HA und selbständigen Abteilungen sowie häufig auch in den untergeordneten Struktureinheiten gab es S. *RWi*

Steudner, Hermann 9.5.1896–13.7.1986
1. Sekretär der SED-Kreisleitung im MfS Berlin, 1955–1956 Mitglied des Kollegiums des MfS
Geb. in Arnstadt (Thüringen); 1902–1910 Volksschule; Ausbildung zum Tischler; Wanderjahre in Österreich und Ungarn; 1914–1918 Soldat, danach Möbeltischler; 1919 USPD, dann KPD; 1923 Entlassung wegen politischer Arbeit; selbständig bis 1930, dann arbeitslos; 1932 KPD-Parteischule Elgersburg; 1932–1936 mehrere Verhaftungen, Gefängnis, KZ, danach Tischler; 1944 Gestapo-Haft und KZ Buchenwald. 1945 KPD; 1945–1950 Oberbürgermeister von Arnstadt, dann Invalidenrentner; 1952 Einstellung beim MfS, 1. Sekretär der SED-Parteileitung der Länderverwaltung Thüringen; Dezember 1953 1. Sekretär der SED-Kreisleitung im MfS Berlin; 1954 Oberstleutnant; April 1956 Versetzung als Referatsleiter zur HA III (Volkswirtschaft); Ende 1956 Entlassung, Rentner; 1. Sekretär der SED-Kreisleitung Schwerin; 1981 VVO Gold. *JGi*

Stiller, Werner *24.8.1947
Geb. in Weßmar, Krs. Merseburg (Sachsen-Anhalt), Vater Arbeiter; 1954–1966 Schule, Abschluss mit Abitur; 1966–1971 Studium der Physik an der Karl-Marx-Universität Leipzig; 1968 SED; 1970 IM des MfS; 1971 Diplom-Physiker; 1971–

Werner Stiller   *Herbert Stöß*

1972 Oberreferent in der Physikalischen Gesellschaft der DDR; 1972 MfS, HV A, Abt. XIII (Wissenschaft und Technik); 1976 Oberleutnant; Verbindungsaufnahme zum BND; 1979 Flucht in die Bundesrepublik unter Mitnahme sensibler Informationen über die Struktur und Arbeit der HV A. Umfangreiche Aussagen bei Nachrichtendiensten der Bundesrepublik und der USA beschädigen das HV A-Netz im »Operationsgebiet« erheblich. 1980 geänderte Identität; 1981 Studium in St. Louis (USA); Tätigkeit als Börsenmakler; 1983 Übersiedlung nach London; 1990 Frankfurt am Main; 1996 Ansiedlung als Geschäftsmann in Ungarn.
Literatur: Stiller, Werner: Im Zentrum der Spionage. Mainz 1986; ders.: Der Agent. Mein Leben in drei Geheimdiensten. Berlin 2010. *JGi*

Stimmendatenbank In der S. (MfS-Bezeichnung: Stimmbank) sammelte die
→ Abt. 26 eine Vielzahl von Tonaufnahmen, die zu Stimmenanalysen und zur Identifizierung von Personen bei Telefonabhörmaßnahmen dienten. Die Stimmenauswertung erfolgte nach »Merkmalen« wie Dialekt, Klang einer Stimme und deren »Aussagekraft«, woraus Rückschlüsse auf Bildungsstand oder Alter einer Person gezogen wurden. *ASe*

Stöß, Herbert *5.8.1923
Leiter der Bezirksverwaltung Frankfurt (Oder)
Geb. in Friedersreuth (ČSR), Vater Schuhmacher; Volksschule; 1937–1942 Ausbildung und Arbeit als Weber; 1942 Wehrmacht; 1945 Rückkehr nach Friedersreuth.
1945/46 Arbeit als Weber, dann Umsiedlung nach Brandenburg; 1946 SED, Einstellung bei der VP, Kreisämter Westhavelland und Rathenow; 1949 Einstellung bei der KD Rathenow der Verwaltung zum Schutz der Volkswirtschaft Brandenburg (ab Februar 1950 Länderverwaltung Brandenburg des MfS), 1951 dort stellv. Leiter der Abt. III (Volkswirtschaft); 1952 Versetzung zur HA III, MfS Berlin, 1955 stellv. Abteilungsleiter; 1956/57 Besuch der Bezirksparteischule Berlin; 1957 Mitarbeiter in der AG Anleitung und Kontrolle, dann stellv. Abteilungsleiter; 1959 Stellv. Operativ des Leiters der BV Frankfurt (Oder); 1962–1967 Fernstudium an der JHS des MfS Potsdam; 1980 Leiter der BV Frankfurt (Oder), Mitglied der SED-Bezirksleitung Frankfurt (Oder); 1981 Generalmajor; 1983 VVO in Gold; 1987 Entlassung, Rentner. *JGi*

Straftaten gegen die staatliche Ordnung Straftatbestände des 8. Kapitels des StGB/1968. Insbesondere der 2. Abschnitt (»Straftaten gegen die staatliche und öffentliche Ordnung«) enthält politische Strafnormen, die für die strafrechtliche Untersuchungstätigkeit der Staatssicherheit (→ Untersuchungsorgan) von großer Bedeutung waren. Das gilt vor allem für § 213 (»Ungesetzlicher Grenzübertritt«), der in der Honecker-Ära Grundlage von rund der Hälfte aller MfS-Ermittlungsverfahren war. Auch § 214 (»Beeinträchtigung staatlicher und gesellschaftlicher Tätigkeit«) spielte, vor allem im Zusammenhang mit der Bekämpfung von Ausreiseantragstellern, in den 80er Jahren eine immer wichtigere Rolle. Ähnliches gilt für § 219 (»Ungesetzliche Verbindungsaufnahme«) und § 220 (»Öffentliche Herabwürdigung der staatlichen Ordnung«), die die ähnlichen, aber schwerer wiegenden Strafnormen aus dem 2. Kapitel des StGB/1968 § 100 (»Staatsfeindliche Verbindungen«, ab 1979 »Landesverräterische Agententätigkeit«) und § 106 (»Staatsfeindliche Hetze«) weitgehend verdrängten (→ Staatsverbrechen).
→ Anhang: Rechtsnormen, die in der Arbeit des MfS eine Rolle spielen (chronologisch) *REn*

Strafverfolgung wegen MfS-Unrechts Unter dem Begriff »MfS-Unrecht« werden verschiedenartige Straftaten zusammengefasst, die im Auftrag des MfS und zumeist von hauptamtlichen oder inoffiziellen MfS-Mitarbeitern begangen wurden. Die juristische Verfolgung von MfS-Unrecht in den 90er Jahren blieb weitgehend erfolglos. Insgesamt wurden 251 Personen wegen MfS-Unrechts angeklagt, nur in 87 Fällen erfolgte überhaupt ein Urteil, wobei das Strafmaß zumeist äußerst milde ausfiel.

Das MfS hat entscheidend dazu beigetragen, dass vielen DDR-Bürgern grundlegende Menschen- und Bürgerrechte vorenthalten blieben, und MfS-Mitarbeiter haben sich in großem Umfang strafbarer Methoden bedient. Das ist breiter Konsens. Die strafrechtliche Aufarbeitung von MfS-Straftaten war deshalb von hohen Erwartungen begleitet. Sie begann im Wesentlichen erst nach der Wiedervereinigung 1990 und war im Jahr 2000 weitgehend abgeschlossen. Die strafrechtliche Ahndung war nur möglich, wenn eine Tat sowohl nach dem bisherigen DDR-StGB als auch nach gesamtdeutschem StGB strafbar war. Für die Urteilsfindung war sodann die jeweils mildere der beiden Normen anzuwenden. Auf diese Weise wurde u. a. dem Rückwirkungsverbot Rechnung getragen, und es wurden keine Sonderstraftatbestände geschaffen. Ausnahmen gab es bei schwerwiegenden Menschenrechtsverletzungen, die entsprechend der »Radbruchschen Formel« geahndet werden konnten, auch wenn sie zum Tatzeitpunkt gesetzlich gedeckt waren. Dies kam vor allem bei den Mauerschützenprozessen zum Tragen. Mit Gesetz vom 26.3.1993 beschloss der Bundestag, dass für systembedingtes DDR-Unrecht die Verjährung in der Zeit vom 11.10.1949 bis 2.10.1990 geruht hatte. Die meisten Delikte konnten die Staatsanwaltschaften ohne Antrag von Amts wegen verfolgen, einige (z. B. Öffnen von Briefsendungen oder heimliches Betreten der Wohnung) hingegen nur, wenn ein Geschädigter innerhalb einer sehr knapp bemessenen Frist einen Strafantrag stellte. Bestimmte Delikte wie die Verletzung des Post- und Fernmeldegeheimnisses waren nach DDR-StGB zudem nur für Postmitarbeiter mit Strafe bedroht.

MfS-Straftaten umfassen eine große Bandbreite unterschiedlicher Handlungsweisen. Darin spiegelt sich der umfassende Anspruch des MfS wider, alle wesentlichen Bereiche in der DDR unter Kontrolle zu behalten. Dementsprechend lassen sich die MfS-Straftaten in mehrere Deliktgruppen unterteilen: Abhören von Telefongesprächen, Öffnen von Briefsendungen, Entnahme von Geld- und Wertgegenständen aus Postsendungen, heimliches Betreten fremder Räumlichkeiten, Preisgabe von Informationen aus Mandats- und Patientenverhältnissen, Tötungsdelikte, Verschleppungen aus der Bundesrepublik in die DDR, Verrat und Denunziation, Drangsalierungen zur Aussageerzwingung, unerlaubte Festnahmen, Repressalien gegenüber Ausreiseantragstellern sowie sonstige Taten. Faktisch kommt es hierbei zu Überschneidungen mit anderen Deliktgruppen des DDR-Unrechts, die getrennt betrachtet und statistisch erfasst wurden und in denen auch MfS-Mitarbeiter involviert sein konnten, wie den Misshandlungen in Haftanstalten, der Denunziation oder der Spionage. Das gemeinsame Merkmal der MfS-Straftaten besteht deshalb nur darin, dass die Tat oder die Täter einen direkten Bezug zum MfS hatten. Insgesamt wurden in den 90er Jahren 251 Personen wegen Straftaten angeklagt, die sie im Auftrag des MfS begangen hatten; unter ihnen 182 → hauptamtliche und 42 → inoffizielle MfS-Mitarbeiter. Zwei Drittel der Strafverfahren endeten entweder mit Freispruch oder ohne ein Urteil, lediglich 87 Angeklagte wurden verurteilt. Dabei fielen die Strafen äußerst milde aus und beschränkten sich zumeist auf Freiheitsstrafen zur Bewährung, Geldstrafen oder Verwarnungen mit Strafvorbehalt (d. h. zur Bewährung ausgesetzte Geldstrafen). Nur ein MfS-Offizier sowie zwei IM mussten eine Haftstrafe antreten; Ersterer wegen Beihilfe zum Mord (im Zusammenhang mit dem Sprengstoffattentat auf das »Maison de France« in Westberlin 1983), ein IM wegen dreifachen Mordversuchs (Anschläge auf den Fluchthelfer Wolfgang Welsch 1979–1981), ein anderer IM wegen Beihilfe zum versuchten Mord (Anschlag im Jahr 1975 auf den geflüchteten DDR-Bürger Siegfried Schulze, der in Westberlin spektakuläre Aktionen gegen die DDR unternahm).

Bilanzieren lässt sich, dass die strafrechtliche Aufarbeitung des MfS-Unrechts weitgehend erfolglos blieb. Es erwies sich als undurchführbar, Handlungen einzelner MfS-Mitarbeiter mit den Mitteln des Strafrechts des wiedervereinigten Deutschlands umfassend zu ahnden. Die Ursachen sind vielfältig: Der rechtliche Rahmen bot nur begrenzte Möglichkeiten, das MfS-Unrecht juristisch zu erfassen. Nicht jede Repressionsmaßnahme des MfS verstieß gegen geltende Gesetze. Hinzu kamen überlastete Gerichte sowie Richter, die mit der MfS-Materie nicht vertraut waren. Die zuständigen Länderstaatsanwaltschaften betrieben die juristische Aufarbeitung mit sehr unterschiedlicher Intensität. Die geringe Zahl der Verurteilungen bedeutet deshalb nicht, dass über die verurteilten Fälle hinaus kein Unrecht durch das MfS begangen worden wäre. Denn auch wenn nur relativ wenige Personen wegen MfS-Unrechts bzw. wegen DDR-Unrechts im Allgemeinen juristisch zur Verantwortung gezogen wurden, wurden andererseits weit über 100 000 frühere DDR-Bürger auf der Grundlage des 1. und 2. SED-Unrechtsbereinigungsgesetzes für in der DDR erlittenes Unrecht strafrechtlich, verwaltungsrechtlich oder beruflich rehabilitiert. Viele Unrechtstaten konnten aufgrund des Zeitfaktors nicht mehr geahndet werden, etwa Entführungsfälle aus den 50er Jahren. Das gegen → Mielke eingeleitete Strafverfahren wegen seiner Verbrechen als MfS-Chef musste 1998 wegen dauernder Verhandlungsunfähigkeit des inzwischen 90-Jährigen endgültig eingestellt werden.

Literatur: Bästlein, Klaus: Der Fall Mielke. Die Ermittlungen gegen den Minister für Staatssicherheit der DDR. Baden-Baden 2002; Marxen, Klaus; Werle, Gerhard (Hg.): Strafjustiz und DDR-Unrecht. Dokumentation. Bd. 6: MfS-Straftaten. Berlin 2006; Schißau, Roland: Strafverfahren wegen MfS-Unrechts. Die Strafprozesse bundesdeutscher Gerichte gegen ehemalige Mitarbeiter des Ministeriums für Staatssicherheit der DDR. Berlin 2006.   *GHe*

Strafverfolgung, Rolle des MfS Politische Strafverfolgung war für die Herrschaftssicherung im SED-Staat von zentraler Bedeutung, weil sie die Unterdrückung widerständigen und oppositionellen Handelns mit den Mitteln des Strafrechts gewährleistete. Obwohl hierbei nach außen primär die Justizorgane agierten, spielte die Staatssicherheit hinter den Kulissen eine dominante Rolle. Sie besaß die Befugnisse eines → Untersuchungsorgans gemäß StPO der DDR. Strukturell waren diese Aufgaben bei der → HA IX bzw. den Abt. IX der Bezirksverwaltungen angesiedelt.

Der strafrechtliche Zuständigkeitsbereich der Staatssicherheit war nie trennungsscharf definiert und leitete sich letztlich ausschließlich aus ihrer Funktion als »Schild und Schwert der Partei« ab. Konkret umfasste er zunächst vornehmlich die Tatbestände, die in Anlehnung an das sowjetische Strafrecht (Art. 58 des StGB der RSFSR: »Konterrevolutionäre Verbrechen«) als → Staatsverbrechen bezeichnet wurden. Diese waren in der DDR zunächst nicht konkret normiert und wurden daher mit Hilfe von Artikel 6 der DDR-Verfassung als Ersatzstrafrechtsnorm geahndet, weil von den Alliierten die meisten Normen des politischen Strafrechts aus dem alten Reichsstrafgesetzbuch, das bis 1968 auch noch in der DDR galt, gestrichen worden waren. Daneben kamen alliierte Bestimmungen, etwa die Kontrollratsdirektive 38, und sowjetisches Besatzungsrecht, vor allem der SMAD-Befehl 160 gegen Sabotage, zur Anwendung. Erst mit dem Strafrechtsergänzungsgesetz (StEG) vom 11.12.1957 bekam das MfS bei seiner strafrechtlichen Untersuchungstätigkeit differenzierte politische Strafrechtsnormen an die Hand, etwa § 13 »Staatsverrat«, § 14 »Spionage« oder § 19 »Staatsgefährdende Propaganda und Hetze«. Die Staatsverbrechen und ihre Ahndung wurden endgültig im 2. Kapitel (Besonderer Teil) des DDR-Strafgesetzbuches vom 12.1.1968 normiert und in späteren Strafrechtsänderungsgesetzen an aktuelle Entwicklungen angepasst. Daneben spielten für das MfS, insbesondere bei der Verfolgung von NS-Tätern, auch Straftatbestände aus dem 1. Kapitel des StGB eine Rolle, insbesondere § 91 »Verbrechen gegen die Menschlichkeit« und § 93 »Kriegsverbrechen«. Ab Mitte der 70er Jahre dominierten dann in der Untersuchungsarbeit des MfS – überwiegend im Zusammenhang mit Flucht- und Ausreisefällen – die politisch und strafrechtlich weniger schwerwiegenden Straftatbestände des 8. Kapitels (»Straftaten gegen die staatliche Ordnung«), für die die Staatssicherheit ursprünglich nicht in erster Linie zuständig gewesen war, vor allem § 213 (»Ungesetzlicher Grenzübertritt«) und § 214 (»Beeinträchtigung staatlicher oder gesellschaftlicher Tätigkeit«).

Die Abgrenzung zur Zuständigkeit anderer Untersuchungsorgane (Kriminalpolizei, Zollfahndungsdienst) war unscharf. Alle Straftaten, die eine auch noch so entfernte sicherheitspolitische Bedeutung hatten, konnten in die Verantwortung des MfS fallen. So führte das Untersuchungsorgan der Staatssicherheit grundsätzlich bei größeren Bränden und industriellen Havarien die Ermittlungen; auch um die Straftaten der eigenen Mitarbeiter kümmerte sie sich selbst. In Grenzfällen blieb es im Ermessen des MfS, welche Ermittlungsverfahren es von anderen Untersuchungsorganen an sich zog und welche es an sie abgab.

Die strafverfahrensrechtlichen Befugnisse und Pflichten des MfS als Untersuchungsorgan waren in den jeweiligen Strafprozessordnungen von 1952 und 1968 und indirekt auch in den Staatsanwaltsgesetzen von 1952, 1963 und 1977 geregelt. Neben den schon angesprochenen Befugnissen ergaben sich aus dem Strafverfahrensrecht für die Untersuchungsorgane auch Pflichten (Protokollier- und Berichtspflichten, Wahrung von Beschuldigtenrechten und Fristen usw.). Die in den genannten Gesetzen verankerte starke Stellung des Staatsanwaltes gegenüber dem Untersuchungsorgan bei der Leitung des Ermittlungsverfahrens entsprach im Hinblick auf MfS-Verfahren nicht der Rechtswirklichkeit, weil die begrenzten Einblicke der Staatsanwälte in das tatsächliche Ermittlungsgebaren der Geheimpolizei für eine effektive Aufsicht nicht ausreichten. Zudem wurde deren Autorität durch die Überwachungspraxis und den kaderpolitischen Einfluss der Staatssicherheit im Bereich der Staatsanwaltschaften unterminiert (→ Justiz, Verhältnis des MfS zur). Die gängige Praxis des MfS, über die in den Strafprozessordnungen geregelten Kompetenzen der Untersuchungsorgane hinaus polizeiliche Befugnisse wahrzunehmen, erhielt durch das Volkspolizeigesetz vom 11. Juni 1968 (§ 20 Abs. 2) eine rechtliche Grundlage.

Die strafrechtliche Untersuchungstätigkeit des MfS wurde außerdem durch zahlreiche untergesetzliche Normen geregelt, etwa durch Rundverfügungen der DDR-Generalstaatsanwaltschaft, sog. gemeinsame dienstliche Bestimmungen der Sicherheits- und Rechtspflegeorgane oder interne Richtlinien, Befehle und Dienstanweisungen. Letztere spiegeln die Realität der MfS-Untersuchungsarbeit deutlich besser wider als die übergeordneten gesetzlichen Regelungen.

Bis 1953 waren die sowjetischen Sicherheitsorgane in erheblichem Maße an der politischen Strafverfolgung in der DDR beteiligt, die wichtigeren Fälle wurden zumeist von ihnen bearbeitet. Die Untersuchungsabteilungen bei den Bevollmächtigten der sowjetischen Staatssicherheit in der DDR führten jedoch nicht nur eigene Verfahren durch, sie leiteten bis Oktober 1958 über ihre Berater auch die Untersuchungstätigkeit der Staatssicherheit an. In den Jahren 1950 bis 1952 wurde die Staatssicherheit häufig erst auf Veranlassung der sowjetischen Stellen aktiv, und selbst wenn sie Verhaftungen aus eigener Initiative vornahm, durfte sie Anfragen von Angehörigen Verhafteter nur mit Zustimmung des sowjetischen Sicherheitsorgans beantworten.

Das MfS unterhielt eigene Haftanstalten für seine Untersuchungshäftlinge (→ Haft im MfS), die dort für die Zeit des Ermittlungsverfahrens weitgehend isoliert waren. Die Anwendung physischer Gewalt bei den Verhören war in den frühen 50er Jahren verbreitet, was der damaligen Praxis des sowjetischen Untersuchungsorgans entsprach. Routine waren Dauervernehmungen mit Schlafentzug. Ab 1955 galten Gewalttätigkeiten bei den Vernehmungen und andere brutale Formen der Geständniserzwingung im MfS nicht mehr als zulässig. An ihre Stelle traten psychologische Einschüchterungs- und Manipulationsmethoden, die in der Isolationssituation der Stasi-Haft besonders wirksam waren.

Die Einflussmöglichkeiten der Justizorgane auf die strafrechtliche Ermittlungstätigkeit des MfS waren begrenzt. Zwar hatte auch nach DDR-Strafverfahrensrecht der zuständige Staatsanwalt die Ermittlungen zu führen, faktisch war er bei den MfS-Verfahren jedoch hierzu kaum in der Lage. Das MfS praktizierte bei seinen Ermittlungsverfahren eine doppelte Aktenführung, die u. a. den Zweck hatte, der staatsanwaltschaftlichen Aufsicht wichtige Aspekte vorzuenthalten. Alle nachrichtendienstlich erlangten Informationen, die Berichte der eingesetzten → Zelleninformatoren und alle anderen strafprozessual problematischen Dokumente wurden in eine Handakte (→ Untersuchungsvorgang) ausgelagert, zu der Staatsanwälte und Richter keinen Zugang hatten. Es kam hinzu, dass die Staatssicherheit das Recht hatte, gegen die Berufung von Staatsanwälten und

Richtern in Funktionen, in denen sie für Straf- und Haftsachen des MfS zuständig wurden, ihr Veto einzulegen, was zu einer latenten Willfährigkeit dieser Justizkader gegenüber der Geheimpolizei führte. So war das MfS zu allen Zeiten in der Lage, die Strafverfahren in ihrem Zuständigkeitsbereich weitgehend zu präjudizieren.

In der Geschichte der DDR wechselten sich unterschiedlich harte justizpolitische Phasen ab. Nach einer harten Phase bis Frühsommer 1953 folgte der mildere »Neue Kurs«, der jedoch schon bald wieder in heftige Repression mündete. Zu einem blutigen Höhepunkt der politischen Strafjustiz der DDR kam es 1955, als in MfS-Verfahren 22 politische Todesurteile gefällt und davon 19 vollstreckt wurden. Das Tauwetterjahr 1956 brachte umfassende Justizkorrekturen, mündete aber in die nächste Repressionsphase, die bis nach dem Mauerbau andauerte. Eine zweite Tauwetterphase 1962 bis 1964 war durch nachhaltigere Verrechtlichungs- und Normalisierungstendenzen gekennzeichnet, änderte aber letztlich wenig an der dominanten Rolle des MfS in den politischen Strafverfahren.

In der Honecker-Ära schuf die Entspannungspolitik für das MfS eine neue Lage, die sukzessive eine Veränderung in der Strafverfolgungspraxis des MfS bewirkte. Während → Operative Vorgänge zuvor mit einer gewissen Zwangsläufigkeit zu Verhaftungen und damit zu Strafverfahren führten, wenn sich ein Verdacht nach den Maßstäben der Staatssicherheit bestätigt hatte, wurde dies in den 80er Jahren eher zur Ausnahme, zumal wenn es um die Bekämpfung der politischen Opposition ging. Auf diesem Feld führten die politischen Erfordernisse der Entspannungspolitik zur Vermeidung von Verhaftungen und Strafverfahren aus Gründen der außenpolitischen Reputation. Politische Gegner wurden ersatzweise mit konspirativen Mitteln bekämpft, deren letzte Steigerungsstufe Maßnahmen der → Zersetzung waren.

Das MfS-Untersuchungsorgan war dagegen ganz überwiegend mit strafrechtlichen Ermittlungsverfahren beschäftigt, die im Zusammenhang mit Flucht- und Ausreiseabsichten standen. Während bei den Verurteilungen ein Rückgang der Strafmaße zu verzeichnen ist, blieb die Zahl der MfS-Ermittlungsverfahren seit den 60er Jahren etwa auf einem Niveau.

→ Anhang: Rechtsnormen, die in der Arbeit des MfS eine Rolle spielen (chronologisch)

Literatur: Engelmann, Roger; Vollnhals, Clemens (Hg.): Justiz im Dienste der Parteiherrschaft. Rechtspraxis und Staatssicherheit in der DDR. Berlin 1999; Joestel, Frank (Hg.): Strafrechtliche Verfolgung politischer Gegner durch die

Staatssicherheit im Jahre 1988. Der letzte Jahresbericht der MfS-Hauptabteilung Untersuchung. Berlin 2003.   *REn*

Strafvollzug → Haft im MfS

Straßenkartei → F 78

SV Dynamo → Büro der Zentralen Leitung der Sportvereinigung Dynamo

Swatek, Rudolf 3.3.1921–16.8.1977
Leiter der HA XIX (Verkehr)
Geb. in Unterthemenau/Süd-Mähren (ČSR), Vater Arbeiter, Mutter Hausfrau; Volksschule; 1936–1939 Verkäuferlehre, dann Schreiber; 1940–1941 Arbeiter; 1941–1943 Wehrmacht; 1943 Schreiber bei der Reichsbahn; 1944 erneut Wehrmacht; 1944–1946 sowjetische Gefangenschaft.
März 1946 Bauarbeiter in Unterthemenau, Mai–August 1946 Bauarbeiter in Linz; September 1946 Übersiedlung in die SBZ, Mitglied der SED; 1946/47 Arbeiter; 1947 Einstellung bei der Polizei, Leiter der Kriminalpolizei bei der → Transportpolizei Berlin; 1947/48 Höhere Polizeischule Berlin; 1951 MfS, stellv. Leiter der Abt. E (Verkehr); 1953 Abteilungsleiter in der HA XIII; 1956/57 BPS; 1959 Leiter der HA XIII (ab 1964 HA XIX); 1961 Oberst; 1966 Abteilungsleiter in der HA PS (Personenschutz), 1974 Referatsleiter; 1976 Offizier für Sonderaufgaben; 1977 Entlassung, Rentner.   *JGi*

Switala, Eduard 27.11.1919–28.5.2004
Leiter der Fahndungsführungsgruppe
Geb. in Billstedt bei Hamburg, Vater Parteiarbeiter; Volksschule; 1933 Emigration nach Frankreich, 1935 in die UdSSR; 1935/36 Schlosser in Leningrad, 1936/37 in Woroschilowgrad; 1937–41 Dreher in Moskau; 1941–46 Dienst in der Roten Armee (Arbeitsarmee).
1946 SED; 1946/47 Instrukteur bei der SED-Kreisleitung Schwerin; 1947 Einstellung bei der VP; 1948/49 Lehrgang an der Bezirksparteischule; 1949 Einstellung bei der Verwaltung zum Schutze der Volkswirtschaft Mecklenburg (ab Februar 1950 Länderverwaltung Mecklenburg des MfS), Leiter Politkultur und Stellvertreter Operativ; August 1952 Leiter der BV Rostock; Oktober 1952 wegen Verstoßes gegen die demokratische Gesetzlichkeit (Übergriffe auf Häftling) als BV-

Rudolf Swatek   *Eduard Switala*

Leiter abgesetzt und vom Inspekteur zum Kommandeur degradiert, Leiter der Abt. VI (Rüstungsindustrie) der BV Halle; Januar 1953 Leiter der KD Dessau; November 1953 stellvertretender Leiter der Abt./HA III (Volkswirtschaft), MfS Berlin; 1955 Leiter der Abt. VI; 1962 BdL, Oberst; 1963 Leiter der AG/HA Passkontrolle/Fahndung; 1968 für Sonderaufgaben zum Leiter der AGM kommandiert; 1970 Leiter der Fahndungsführungsgruppe; 1971 Entlassung, Rentner; 1980 VVO in Gold.   *JGi*

System der automatischen Vorauswahl → SAVO

Szinda, Gustav 13.2.1897–23.9.1988
Leiter der Bezirksverwaltung Neubrandenburg
Geb. in Blindgallen (Ostpreußen), Vater Zimmermann; Volksschule; Ausbildung zum Maschinenschlosser; 1914–1918 Soldat; 1918 Schlosser; 1918–1920 USPD; 1920 Umzug nach Gelsenkirchen, Arbeit als Maschinenschlosser; 1920–1924 Teilnahme an den Kämpfen im Ruhrgebiet; 1924 KPD; 1925 RFB; ab 1931 arbeitslos; 1933–1935 illegale Tätigkeit als Instrukteur und Org.-Sekretär; 1935

 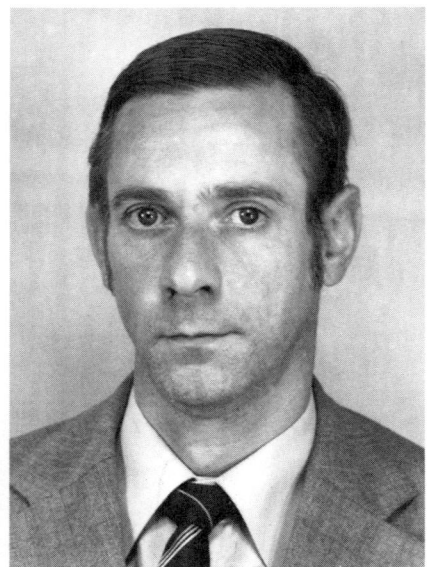

Gustav Szinda   *Werner Teske*

Emigration nach Amsterdam; 1936–1938 Teilnahme am Spanischen Bürgerkrieg als Stabschef und Kommandeur der XI. Internationalen Brigade, 1937 Chef der Spionageabwehr der Interbrigaden; 1938 Mitarbeiter des Zentralkomitees der KP Spaniens; 1939 Übersiedlung nach Moskau, Mitarbeiter der K I, 1941 ZK-Schule, 1943–1945 Einsatz bei sowjetischen Partisanen, September–Dezember 1945 Lehrer an der Antifa-Schule 12.

Ende Dezember 1945 Rückkehr nach Deutschland, Sonderauftrag der Partei; Januar 1946 Tätigkeit im Polizeipräsidium Berlin; August 1946–1948 Leiter der Personalabteilung der VP-Behörde Mecklenburg; 1948/49 Leiter der Personalabteilung der Landesregierung Mecklenburg; 1949 Abteilungsleiter für Polizeifragen des Parteivorstandes bzw. ZK der SED; ab 1951 Abteilungsleiter im APN (ab 1953 HA XV, ab 1956 HV A des MfS); 1954 Leiter der Abt. VII (MdI/DVP); 1957 KMO; 1958 Leiter der BV Neubrandenburg und Mitglied der SED-Bezirksleitung Neubrandenburg; 1964 Generalmajor; 1965 Rentner; 1972 VVO in Gold; 1987 Stern der Völkerfreundschaft in Gold.   *JGi*

T

Teilvorgang (TV) → Operativer Vorgang als Teil eines → Zentralen Operativen Vorganges (ZOV). Der TV besitzt alle Merkmale eines OV. Er steht in enger Wechselbeziehung zu anderen TV eines ZOV. Eröffnung, Bearbeitung und Abschluss eines TV erfolgten auf Grundlage der Vorgaben bzw. in Abstimmung mit der »ZOV-führenden« Diensteinheit (DE). Die Bearbeitung des TV wurde von der jeweils zuständigen DE eigenverantwortlich durchgeführt. Voraussetzungen für das Anlegen eines TV sind in der RL 1/76 festgelegt.   *MBr*

Telefonüberwachung Konspirative Ermittlungsmethode, auch »Maßnahme A« genannt. Die T. zählte zu den Hauptaufgaben der → Abt. 26. Die Einleitung einer telefonischen Abhörmaßnahme erfolgte in den Schaltstellen der Deutschen Post durch dort tätige → OibE oder → IM, die Aufzeichnung der Gespräche in den Abhörstützpunkten des MfS. In den 50er Jahren wurden die Inhalte der T. handschriftlich protokolliert. Seit Mitte der 60er Jahre kamen manuell bediente Kassettenrekorder zum Einsatz, seit 1978 Geräte, die ein automatisches Mitschneiden von Telefongesprächen erlaubten. Seit 1986 wurden die verschiedenen Abhörgeräte durch ein einheitliches Abhörsystem abgelöst. Die → Auswerter zeichneten je nach Auftrag die Gespräche auszugsweise oder ganz auf. Die Gesprächsteilnehmer wurden in einer Arbeitskartei der Abt. 26 registriert. Darüber hinaus wurde ein Datenspeicher zu Personen und Sachverhalten und eine → Stimmendatenbank zur Identifikation verdächtiger Personen geführt.   *ASe*

Territorialprinzip Grundlegendes Organisationsprinzip des MfS. Die territoriale Gliederung des Staatssicherheitsdienstes folgte der Verwaltungsstruktur der DDR mit Bezirksverwaltungen und Kreisdienststellen, die für die staatliche Sicherheit und die »gesellschaftliche Entwicklung« im jeweiligen Territorium verantwortlich waren. Die Weisungsstruktur im MfS folgte dem T., das im MfS zuweilen in einem Spannungsverhältnis mit dem → Linienprinzip stand.   *SSu*

Teske, Werner 24.4.1942–26.6.1981
Geb. in Berlin; 1948–1960 Schulbesuch, Abschluss Abitur; 1960–1964 Studium der Ökonomie an der HU Berlin, Abschluss als Finanzökonom; 1964–1969 wis-

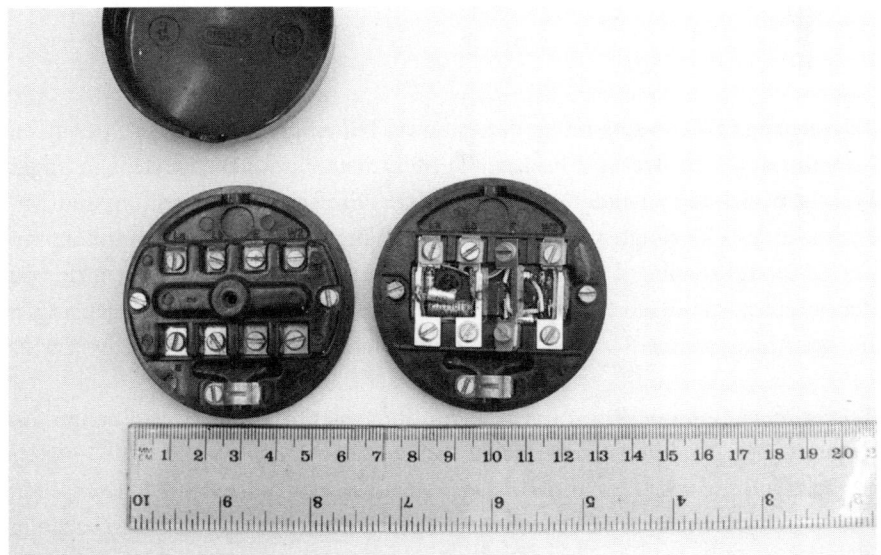

*Bei der Telefonüberwachung handelte es sich um eine konspirative Über-
wachungsmethode. Im Bild: Versteckter Einbau einer Abhörvorrichtung in einer
Telefon-Anschlussdose (rechts: geöffnete zweite Abdeckung macht die Mani-
pulation sichtbar).*

senschaftlicher Mitarbeiter HU Berlin; 1966 SED; 1967 IM des MfS; 1969 Promotion zum Dr. rer. oec.; 1971 MfS, HV A, Abt. XV.

Aus Unzufriedenheit mit den Verhältnissen im MfS bewahrte er geheime dienstliche Unterlagen in seiner Wohnung auf, um sie ggf. westlichen Diensten an-
bieten zu können. Erste Fluchtüberlegungen gab er wieder auf. In der Folge der
Flucht Werner Stillers entstanden Verdachtsmomente gegen ihn, die zum Auffinden des gehorteten Materials und zu seiner Verhaftung im September 1980
führten. Teske wurde in einem Geheimverfahren am 11.6.1981 wegen angeblich
vollendeter Spionage im schweren Fall als letzter DDR-Bürger zum Tode verurteilt und am 26.6.1981 durch Genickschuss getötet. In einem Verfahren vor dem
Berliner Kammergericht wurden ein an diesem Urteil beteiligter Richter und ein
Staatsanwalt 1998 wegen Totschlags und Rechtsbeugung zu Haftstrafen verurteilt. *BFl*

Tipper Kategorie von inoffiziellen Mitarbeitern, die das MfS auf Personen hinweisen sollten (»tippen«), die als Kandidaten für die inoffizielle Arbeit (insbesondere im → Operationsgebiet) in Frage kamen. Entsprechende Vorschläge sollte der T. mit konkreten »Ansatzpunkten« begründen. In der Regel verfügte er in der DDR über eine berufliche, politische oder gesellschaftliche Stellung, die ihm einen entsprechenden Überblick erlaubte. Darüber hinaus konnte der Tipper in einzelnen Fällen die Reaktion einer Person auf die Werbung zur inoffiziellen Arbeit überprüfen. *HME*

Toter Briefkasten (TBK) Mittel im nachrichtendienstlichen Verbindungssystem, das eine unpersönliche Verbindung zwischen → IM und → Kurier bzw. → Führungsoffizier ermöglichte und vor allem im sog. → Operationsgebiet zur Anwendung kam. Dabei handelte es sich um ein konspirativ angelegtes, gut getarntes Versteck, das zur Übermittlung von Mitteilungen, Materialien, Geld und Geräten diente. Es gab TBK in Zügen, »Aufbewahrungsverstecke« und »Übergabeverstecke«. Für jeden TBK waren »Sicherungszeichen« (»Entleerungs- und Belegungszeichen«, »Vor- und Nachzeichen«) anzubringen. Am TBK musste eine »Kontrollmaßnahme« festgelegt werden, aus der ersichtlich wurde, ob eine unbefugte Person am Versteck gewesen war. Von jedem TBK war eine Dokumentation anzulegen. *HME*

Transportpolizei Die Gründung der Transportpolizei (Trapo) in der DDR ging auf eine Anordnung des Alliierten Kontrollrats vom 10.5.1946 zurück, in Deutschland zur Kontrolle des Bahnverkehrs spezielle Polizeieinheiten aufzustellen.
In der SBZ war ab Juli 1946 die Deutsche Verwaltung des Innern (→ Gründung des MfS) für diese Aufgabe zuständig. Sie verfügte 1947 die Gründung einer Eisenbahnschutz- wie einer Eisenbahnkriminalpolizei und ließ acht Bahnpolizeiämter mit zusammen 5470 Beschäftigten einrichten. Kompetenzabgrenzungen zur Deutschen Reichsbahn (DR) führten im Betriebsalltag häufig zu Konflikten. Die ihr zugewiesene Aufgabe war es, für Ruhe, Ordnung und Disziplin auf dem Bahngelände zu sorgen sowie Diebstahl und Zerstörung zu verhindern.
Im Mai 1949 wurde die Sollstärke der Bahnpolizei auf 7400 Bedienstete angehoben. Gebremst wurde der Aufbau durch die zeitgleich einsetzenden politischen Säuberungen im öffentlichen Dienst. Umstritten blieben die Befugnisse der östlichen Bahnpolizei in Westberlin. Aufgrund der Vereinbarungen der Sieger-

mächte war sie auch für die Überwachung des Betriebsgeländes dort zuständig. Immer wieder kam es zu Konflikten mit der westlichen Schutzpolizei.

Eine deutliche organisatorische Aufwertung erfuhr die Bahnpolizei, als Kurt Fischer, der Präsident der DVdI, 1949 im Rahmen der Hauptverwaltung Deutsche Volkspolizei die Bildung einer HA Transportpolizei anordnete, die mit der Bildung des MdI im Oktober 1949 weiterbestand. Die wichtigsten Aufgaben der Trapo waren anfangs, für die sichere Weiterleitung der Reparationsgüter in die Sowjetunion zu sorgen und gegen Schwarzhändler vorzugehen. Darüber hinaus überwachte sie den gesamten Personenverkehr auf der Schiene und war in diesem Zusammenhang zunehmend in die Bekämpfung der → Republikflucht eingebunden.

Die Trapo stand von 1950 bis 1957 unter dem Kommando von Otto Auerswald. Zur Jahreswende 1952/53 wurde sie dem MfS unterstellt, wo sie weiterhin eine eigene HA bildete. Die Zahl der Trapobediensteten stieg rasch an und erreichte 1954 mit 8900 einen vorläufigen Höchststand. Ab Mitte der 50er Jahre konnte die Trapo auf ehrenamtliche Unterstützungskräfte zurückgreifen, die freiwilligen Helfer der Transportpolizei und die Kampfgruppen.

Nach dem 17. Juni 1953 durchlief der Polizeiapparat der DDR einen Militarisierungsprozess, von dem auch die Transportpolizei betroffen war. Zu ihrer Ausrüstung gehörten nun neben Pistolen auch Karabiner und Maschinengewehre. Im Herbst 1956 wurde die HA Transportpolizei mit der → Grenz- und → Bereitschaftspolizei zur → Hauptverwaltung Innere Sicherheit im MfS zusammengefasst. Schon im Februar 1957 änderte sich das Unterstellungsverhältnis wieder. Die Trapo wurde jetzt zusammen mit den beiden anderen Polizeiverbänden der → HV Innere Sicherheit wieder dem MdI zugeordnet. Doch blieb das MfS durch eine Vielzahl von → OibE und → IM präsent. Verschoben hatten sich die Aufgabenschwerpunkte. Sie sollte die Auf- und Durchmarschwege des Warschauer Pakts in der DDR sichern und befasste sich überwiegend mit Objektschutz. Nur im Transitverkehr wurden noch Zugbegleitkommandos eingesetzt. Der Personalbestand ging in den 60er Jahren leicht zurück und belief sich 1967 auf 6900 Bedienstete. Nach Einführung der Wehrpflicht 1962 wurde der Dienst bei der Trapo als Wehrersatzdienst anerkannt.

Bei ihrer Auflösung am 30.9.1990 zählte sie 6400 Mitarbeiter, von denen 1700 in den Dienst der Deutschen Bundesbahn übernommen wurden. Diese beschäftigte – zum Vergleich – bis zu diesem Zeitpunkt nur 2700 Bahnpolizisten.   *SSu*

Der Treff gehörte zu den wichtigsten Methoden der Informationsübermittlung.
IM »Reuter« (rechts) mit seinem Führungsoffizier am S-Bahnhof Friedrichstraße
in Berlin.

Treff Zusammenkunft zwischen Führungsoffizier bzw. Instrukteur und IM unter konspirativen Bedingungen. Der T. gehörte zu den »wichtigsten Methoden« der Informationsübermittlung. Er hatte zahlreiche Aufgaben zu erfüllen, wie die persönliche Aussprache, Auftragsvergabe und Berichterstattung. Auch die Erziehung, Anleitung, Befähigung und Überprüfung des IM fand ganz oder teilweise bei den T. statt, die möglichst in einer → Konspirativen Wohnung durchzuführen waren. Im → Operationsgebiet war vor dem »Haupttreff« ein »Vortreff« bzw. »Sichttreff« durchzuführen, bei dem sich die Beteiligten, ohne miteinander zu sprechen, gegenseitig signalisierten, ob ein Haupttreff möglich war.   *HME*

Tschekist → Hauptamtlicher Mitarbeiter → Ideologie, tschekistische

U

Überprüfungsvorgang Vorgangsart von 1953 bis 1960; bei Verdacht einer »feindlichen Tätigkeit« gegen eine oder mehrere Personen gerichtet. Bei Verdachtsbestätigung sollte entweder eine Verhaftung oder die Überführung in einen → Operativen Vorgang (→ Einzelvorgang, → Gruppenvorgang) erfolgen. Ü. waren zentral in der → Abt. XII zu registrieren; betroffene Personen und ihre Verbindungen waren in der zentralen Personenkartei (→ F 16), involvierte Organisationen in der zentralen Objektkartei (→ F 17) zu erfassen. 1960 wurde der Ü. in die Vorgangsart → Vorlauf Operativ überführt.   *REn*

Übersiedlungs-IM (ÜIM) ÜIM wurden nach einer gründlichen Auswahl und Ausbildung unter einer operativen → Legende aus der DDR in das → Operationsgebiet übergesiedelt. Zu den Übersiedlungskandidaten zählten → Residenten, deren Gehilfen und → Funker, seit den 60er Jahren auch → Werber, außerdem in den 50er Jahren auch »Einschleusungskandidaten« und → Geheime Mitarbeiter im besonderen Auftrag. ÜIM durften nicht älter als 35 Jahre sein. Sie mussten politisch zuverlässig, ihre operativen Fähigkeiten erprobt sein. Außerdem sollten sie über entsprechende psychische Voraussetzungen sowie über gute Sprachkenntnisse und Einfühlungsvermögen verfügen.   *HME*

Überwachung der Gesellschaft → Gesellschaft, Überwachung der

Überwachung der Volkswirtschaft → Volkswirtschaft, Überwachung der

Überwachung des Fernschreibverkehrs → Fernschreibverkehr, Überwachung des Fernschreibverkehrs

Überwachung des Gesundheitswesens, Missbrauch der Psychiatrie Die Krankenhäuser, Polikliniken und andere Einrichtungen des Gesundheitswesens der DDR wurden – wie jeder staatliche Betrieb – vom Staatssicherheitsdienst überwacht. Zielgruppe der geheimpolizeilichen Kontrollversuche waren hier in erster Linie »die Angehörigen der medizinischen Intelligenz«, das heißt die Ärzte und Zahnärzte.
Die Ausrichtung auf die Ärzteschaft spiegelt die staatssicherheitsdienstliche

Wahrnehmung der ärztlichen Berufsgruppe als eine »Hauptzielgruppe des Feindes« wider. Dabei handelte es sich um eine der paranoiden Logik des Kalten Krieges folgende Interpretation der Tatsache, dass der Anteil der Mediziner an den insgesamt ca. 4 Mio. Ostdeutschen, die als Zonen- bzw. Republikflüchtlinge oder Ausreiseantragsteller gen Westen flohen, deutlich höher lag als ihr Anteil an der Gesamtbevölkerung. Dem Streben außergewöhnlich vieler (Zahn-)Ärzte in die Bundesrepublik Deutschland lagen im ideologischen Verständnis der SED gezielte westliche Abwerbungsversuche zugrunde, die auf eine Unterminierung der guten gesundheitlichen Versorgung aller DDR-Bürger als eines zentralen Versprechens des sozialistischen Gesellschaftssystems hinauszulaufen schienen. Die ermittelten Zahlen für die Präsenz des MfS im DDR-Gesundheitswesen entsprechen der Vorgabe der SED, die Abwanderung der Mediziner zu stoppen bzw. »vorbeugend zu verhindern«. Ende der 50er Jahre begannen MfS-Mitarbeiter – zunächst noch vereinzelt – mit der Werbung von inoffiziellen Mitarbeitern unter Ärzten. Parallel zur Gesamtentwicklung der Stasi in der DDR ist auch für den medizinischen Bereich im Verlauf der 60er Jahre eine langsame, in den 70er Jahren eine sprunghafte Steigerung und in den 80er Jahren wieder ein leichter Rückgang der IM-Zahlen feststellbar. Ende der 80er Jahre führten die für die Überwachung der Einrichtungen des Gesundheitswesens zuständigen MfS-Offiziere der Linie XX/1 (bei Hochschuleinrichtungen der Linie XX/3) rund 1 % der Klinik-Mitarbeiter als IM. Das ist ein überraschend niedriger IM-Anteil, zumal für einen vom MfS zum Schwerpunkt der Überwachung erklärten Bereich wie das Gesundheitswesen. Dennoch lässt sich der einprozentige IM-Anteil mit geringen Abweichungen sowohl für die Charité, das zentrale Hochschulklinikum der DDR in Ostberlin, als auch für Krankenhäuser peripherer Kreisgebiete der DDR in den 80er Jahren ermitteln. Unterschiede sind eher bei der Berufsgruppenzugehörigkeit der inoffiziellen MfS-Mitarbeiter im Gesundheitswesen festzustellen, wobei der IM-Anteil umso höher lag, je höhere Positionen die Betreffenden in der Hierarchie des Gesundheitswesens innehatten. So lag der Anteil der IM innerhalb der Ärzteschaft mit ungefähr 5 bis 7 % deutlich höher als bei den Krankenschwestern und Pflegern, und bei Ärzten in Führungspositionen wiederum signifikant höher als bei Ärzten ohne oder mit geringerer Leitungsverantwortung.

Jenseits der Statistik und allgemeiner Vorgaben belegt der Inhalt der Stasi-Akten, worauf das Interesse des MfS im Gesundheitswesen vor allem gerichtet war. Abertausende von IM-Berichten in den Stasi-Akten drehen sich um die Einstellung der Mediziner zur DDR, kritische Äußerungen gegenüber den typischen Versorgungsmängeln, ihr Verhalten gegenüber Besuchern aus dem Westen, gegenüber Ausreiseantragstellern oder bekannten Regimekritikern u. ä. In der Masse von mehr oder weniger politisch gefärbten Denunziationen über Kollegen tauchen in etwa jeder dritten IM-Akte von Ärzten auch Auskünfte über Patienten auf, d. h. ungefähr ein Drittel der inoffiziell mit dem MfS kooperierenden Mediziner hat die ärztliche Schweigepflicht verletzt. Das war nicht nur ein verhängnisvoller Vertrauensbruch, sondern auch nach DDR-Recht eine Straftat (§ 136 StGB-DDR 1968). Dafür wurden nach 1990 mehrere ostdeutsche Ärzte strafrechtlich zur Verantwortung gezogen und zur Zahlung von Geldstrafen verurteilt.

Die Psychiatrie als das für eine politische Indienstnahme anfälligste Fachgebiet der Medizin wurde in den 90er Jahren besonders gründlich untersucht. In der Sowjetunion war in poststalinistischer Zeit ein System des Missbrauchs der Psychiatrie zur politischen Verfolgung Andersdenkender etabliert worden, indem psychisch nicht kranke Dissidenten als psychisch krank etikettiert wurden, um sie als politische Gegner zu desavouieren und – ohne gesetzliche Befristung – mit psychiatrischen Zwangsmitteln zu behandeln. Ein solches System des politischen Missbrauchs der Psychiatrie gab es in der DDR nicht. Die DDR-Psychiatrie blieb in Diagnostik und Therapie internationalen Standards verpflichtet, ohne sowjetische Erfindungen wie die Diagnose einer »schleichenden Schizophrenie«, die allein an Symptomen wie einem »Reformwahn« erkennbar sein sollte, zu übernehmen. Prägende Forensiker legten bei der psychiatrischen Begutachtung von politischen Häftlingen sogar besonderen Wert auf die Unterscheidung einer psychischen Krankheit von einer sog. »ideologischen Fehlhaltung«, für welche die Psychiatrie nicht zuständig sei.

Jedoch waren in der DDR andere Formen politischen Psychiatriemissbrauchs, wie z. B. ordnungsstaatliche Übergriffe gegen psychisch bzw. Suchtkranke durch deren Hospitalisierung an Staatsfeiertagen festzustellen. In einigen Fällen wurden psychiatrische Behandlungen unbequemer DDR-Bürger aus sachfremden Erwägungen nachgewiesen, wobei seit 1991 eine Rehabilitierung der Betroffenen gemäß § 2 des Strafrechtlichen Rehabilitierungsgesetzes zur Bereinigung von SED-Unrecht möglich ist.

Literatur: Süß, Sonja: Politisch mißbraucht? Psychiatrie und Staatssicherheit in der DDR. Berlin 1998; Weil, Francesca: Zielgruppe Ärzteschaft. Ärzte als inoffizielle Mitarbeiter der Staatssicherheit. Göttingen 2007; Voren, Robert v.: Cold war in psychiatry : human factors, secret actors. Amsterdam [u. a.] 2010.   *SSü*

Hans Ullmann

Überwachung des Kulturbereichs → Kulturbereich, Überwachung des Kulturbereichs

Überwerbung Ü. meint das Gewinnen und »Umdrehen« von gegnerischen Agenten oder Mitgliedern einer Oppositionsgruppe. Sie galt als schwierigste Werbemethode. Voraussetzung war in der Regel das Vorliegen von → Kompromaten.
In der Phase der Überwerbung sollten von dem Kandidaten überprüfbare geheime Informationen verlangt werden, um die »Ehrlichkeit« bestimmen zu können und weitere »Faustpfänder« zu erhalten. Insbesondere in den 50er Jahren fanden Ü. auch unmittelbar nach Festnahmen statt. Der Festgenommene wurde vor die Wahl gestellt, entweder zu kooperieren oder der Strafverfolgung übergeben zu werden. *HME*

Ullmann, Hans 28.7.1913–1.1.1989
Leiter der Bezirksverwaltung Cottbus
Geb. in Kosterthal (Kreis Cosel/Oberschlesien), Vater Maurer; Volksschule; 1928–1939 Lehre und Arbeit als Fleischer, dazwischen 1934/35 Wehrdienst;

1939–1943 Wehrmacht; 1943–1949 sowjetische Gefangenschaft, NKFD, Antifa-Schüler.

1949 SED, Einstellung bei der VP, Leiter Politkultur im Kreisamt Perleberg, dann Einstellung bei der Verwaltung zum Schutz der Volkswirtschaft Brandenburg (ab Februar 1950 Länderverwaltung Brandenburg des MfS), stellv. Leiter der KD Wittenberge; 1950 Leiter der KD Senftenberg; 1954 2. Stellv. Operativ des Leiters, 1955 Leiter der BV Cottbus und Mitglied der SED-Bezirksleitung Cottbus; 1960–1965 Fernstudium an der JHS des MfS Potsdam, Diplom-Jurist; 1976 Generalmajor; 1981 Entlassung, Rentner. *JGi*

Unbekannter Mitarbeiter (UMA) Die UMA (U-Mitarbeiter, U-MA) waren MfS-Berufsoffiziere, die mit Observationsaufgaben unter strengster Konspiration betraut waren. Sie durften Liegenschaften des MfS nicht betreten und nicht als MfS-Mitarbeiter in Erscheinung treten. In der Regel wurden zuverlässige Einstellungskandidaten direkt als UMA eingesetzt. Einsatzgebiete waren die Linie VIII (→ HA VIII) sowie der Bereich Disziplinar der → HA KuSch. Im September 1986 gab es 468 UMA; bis Dezember desselben Jahres wurde ihre Zahl aber auf 230 reduziert und ging in den folgenden Jahren weiter zurück. *JGi*

Untergrundtätigkeit, politische (PUT) In Abgrenzung zum Begriff der politisch-ideologischen → Diversion, der Aktivitäten und Äußerungen, die die offizielle SED-Ideologie in Frage stellten, bezeichnete, diente diese MfS-Kategorie der Beschreibung darüber hinausgehender, konkreter oppositioneller oder widerständiger Handlungen, die sich in organisatorischen Strukturen vollzogen oder deren Herausbildung beabsichtigten. Die Kategorie der PUT diente dem MfS u. a. zur Einstufung aktiver politischer Gegner und sollte den Grad ihrer »Gefährlichkeit« verdeutlichen. Zugleich war dem Begriff inhärent, dass diese vom Westen »inspiriert« oder sogar gesteuert würden. Die Kategorie fand Verwendung in der vom MfS praktizierten → KK-Erfassung oder bei der Personenbeschreibung in OPK und OV. Zugleich erstellte das MfS auf der Grundlage der PUT-Kategorie Festnahmelisten, die im »Spannungsfall« umgesetzt werden sollten. *CHa, ISK*

Unteroffizier auf Zeit (UaZ) UaZ (bis 1983 Soldaten auf Zeit, SaZ) waren Wehrpflichtige, die sich freiwillig auf drei Jahre verpflichtet hatten. Für sie galten sehr viel weniger strenge Auswahlkriterien als für die Berufssoldaten (→ hauptamtliche Mitarbeiter). Mit der geheimdienstlichen Arbeit waren sie nicht befasst;

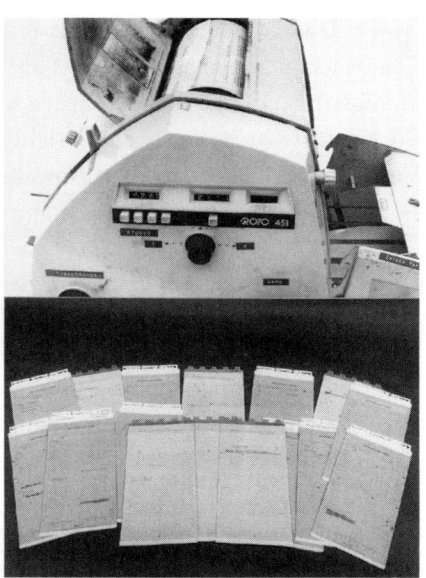

Das Verbreiten von Informationen konnte vom MfS als »Untergrundtätigkeit«
gewertet werden. Im Bild beschlagnahmte Druckerzeugnisse und Vervielfälti-
gungstechnik aus den Räumen der Umweltbibliothek im Gemeindehaus der Zions-
kirche in Berlin, 25. November 1987.

außerdem wurden sie vom MfS selbst überwacht. Nur ein geringer Teil (ca. 10 %)
der Zeitsoldaten wurde in den normalen MfS-Dienst übernommen. Die meisten
UaZ dienten im → Wachregiment »Feliks Dzierżyński« (1989 8735 Mann) sowie
in den Wach- und Sicherungseinheiten (WSE) der Bezirksverwaltungen (1989
ca. 2800). Daneben wurden sie auch als Fach- und Hilfskräfte in den rückwärti-
gen Diensten eingesetzt (1989 rund 1500). *JGi*

Untersuchungsführer In den → Untersuchungsorganen des MfS (→ HA IX und
Abt. IX der BV) tätige hauptamtliche Mitarbeiter, die – eingebunden in ihr je-
weiliges Referat – strafrechtliche Ermittlungsverfahren weitgehend eigenverantwortlich durchführten, von den Häftlingen meist als Vernehmer bezeichnet. In
den 50er Jahren oft nur in internen Kurzlehrgängen ausgebildet, später Diplom-
Juristen oder Diplom-Kriminalisten der → Juristischen Hochschule des MfS,
seltener Universitätsstudium oder VP-Hochschule. Die U. galten MfS-intern

neben den HV A-Mitarbeitern als Elite. Ihnen oblagen die Vernehmungen von Untersuchungsgefangenen, die Führung der Untersuchungsakten (Untersuchungsvorgang), die Beweisführung und die Erstellung des Schlussberichts. Für die Kontakte zu Staatsanwalt, Gericht und Verteidigung zuständig, überwachten sie oft auch die Besucher- und Anwaltsgespräche der Beschuldigten und führten → Zelleninformatoren (ZI). *JBe*

Untersuchungshaft Freiheitsentziehende Zwangsmaßnahme zur Sicherung des Strafverfahrens. Die U. begann nach der Verkündung des Haftbefehls durch einen Richter und endete mit der Überstellung in den Strafvollzug nach Erlangung der Rechtskraft einer Verurteilung zu einer Freiheitsstrafe, selten auch mit der Freilassung. Voraussetzungen für die Anordnung der U. waren ein dringender Tatverdacht sowie entweder Fluchtverdacht oder Verdunklungsgefahr (§ 112 StPO/1949, § 141 StPO/1952, § 122 StPO/1968). Der Vollzug der U. war gesetzlich mit nur einem StPO-Paragraphen geregelt (§ 116 StPO/1949, § 147 StPO/1952, § 130 StPO/1968), alles Weitere in internen Ordnungen. Er erfolgte für Beschuldigte, deren Ermittlungsverfahren von der Staatssicherheit geführt wurden, in MfS-Untersuchungshaftanstalten in Berlin bzw. den Bezirksstädten der DDR. Die Haftbedingungen waren dort von Willkür, völliger Isolation und daraus resultierender Desorientierung der Häftlinge gekennzeichnet. Für den Vollzug der U. war im MfS die Linie XIV (→ Abt. XIV) zuständig; die Vernehmungen oblagen den → Untersuchungsführern der Linie IX (→ HA IX). → Haft im MfS. → Anhang: Rechtsnormen, die in der Arbeit des MfS eine Rolle spielen (chronologisch) *JBe*

Untersuchungsorgan Der Begriff U. (russ.: sledstwennyj organ) ist sowjetischen Ursprungs und verdrängte in der DDR in den frühen 50er Jahren allmählich den traditionellen deutschen Begriff Ermittlungsbehörde. U. hatten laut Strafprozessordnung (StPO) der DDR die Befugnisse polizeilicher Ermittlungsbehörden und unterstanden bei der Bearbeitung des strafrechtlichen → Ermittlungsverfahrens de jure der Aufsicht des Staatsanwaltes (§§ 95 – 98 StPO/1952, §§ 87 – 89 StPO/1968). Während anfangs das MfS insgesamt als U. galt, wurden später zumeist nur noch jene Bereiche, die strafrechtliche Ermittlungsverfahren durchführten, also die → HA IX in der Berliner MfS-Zentrale und die fachlich nachgeordneten Abt. IX der BV, als U. bezeichnet. Neben den U. des MfS gab es in der DDR die U. des MdI (Kriminalpolizei) und der Zollverwaltung bzw.

ihres Vorläufers Amt für Zoll und Kontrolle des Warenverkehrs (Zollfahndungs-dienst). Bis 1953 übten auch die Kommissionen für staatliche Kontrolle in Wirt-schaftsstrafverfahren die Funktionen von U. aus. *REn*

Untersuchungsvorgang (UV) Bei einem strafrechtlichen → Ermittlungsverfah-ren des MfS und ggf. dem späteren Gerichtsverfahren entstandene Akte, die den Hergang des Strafverfahrens widerspiegelt und auch häufig Informationen zur Strafvollstreckung enthält. U. zeigen die offizielle wie auch die inoffizielle Ebene des Verfahrens. Sie enthalten sowohl das strafprozessual legale Material (→ Haft-befehl, Vernehmungsprotokolle, Anklageschrift, Verhandlungsprotokoll, Urteil u. a.) als auch Dokumente geheimpolizeilichen Charakters, etwa zu konspira-tiven Ermittlungsmaßnahmen operativer Abteilungen oder Berichte von → Zel-leninformatoren. Ein archivierter Untersuchungsvorgang kann bis zu sieben Bestandteile umfassen: Gerichtsakte, Beiakte zur Gerichtsakte, Handakte zur Gerichtsakte, Handakte zum Ermittlungsverfahren, Beiakte zur Handakte des Ermittlungsverfahrens, manchmal auch Vollstreckungsakten und ggf. die Akte des Revisions- oder Kassationsverfahrens. *REn*

V

Verbindungsoffizier Geheimdienstoffizier, der auf der Arbeitsebene für die Kooperation mit anderen Institutionen zuständig war: 1. DDR-intern ein MfS-Offizier, der bei einer konkreten Aktion oder dauerhaft als Bindeglied zu Betrie-ben, gesellschaftlichen Organisationen oder staatlichen Einrichtungen fungierte. 2. Seit 1958 Bezeichnung für die beim MfS in der DDR eingesetzten KGB-Offi-ziere, die zuvor »Instrukteure« und → Berater hießen. In der Vereinbarung zwi-schen MfS und KGB vom 30.10.1959 wurde die Anzahl der V. auf 32 festgelegt. 3. Offiziere befreundeter Geheimdienste, die Ansprechpartner der → Operativ-gruppen des MfS in sozialistischen Staaten waren. 4. MfS-Offiziere, die vor allem in jenen Staaten die Zusammenarbeit mit dem jeweiligen Sicherheitsdienst ko-ordinierten, wo das MfS keine Operativgruppe unterhielt. *GHe*

Vergangenheitspolitik, Rolle des MfS Der Antifaschismus war ein Kernelement der Legitimationsideologie des SED-Staates. Politische Gegner wurden als »faschistisch« diffamiert und kriminalisiert und vergangenheitspolitische Themen spielten im Systemkonflikt mit der Bundesrepublik eine große propagandistische Rolle. Zum offiziellen Selbstbild der DDR gehörte die These, auf ihrem Territorium seien – im Unterschied zum Westen – NS-Verbrechen und deren Täter systematisch verfolgt worden. Ungeahndete NS-Verbrechen seien ein Problem des Westens.

Angesichts der politischen Bedeutung und Brisanz des Themas bekam die Staatssicherheit auf dem Feld der Vergangenheitspolitik eine zentrale Rolle zugewiesen, denn nur dieser militärisch und hoch konspirativ organisierte Apparat schien in der Lage, die betreffenden heiklen Angelegenheiten sicher im Sinne der SED-Herrschaftsinteressen handhaben zu können. Das MfS brachte im Laufe der 50er und 60er Jahre große Teile der einschlägigen NS-Akten und -Informationen unter seine Kontrolle und ergänzte später seine bald zu einem NS-Sonderarchiv angewachsene Sammlung mit Originaldokumenten und Kopien aus Polen, der ČSSR und der Sowjetunion.

Informationen über NS-Belastungen wurden unter der Ägide der Geheimpolizei auf drei grundsätzlich unterschiedliche Weisen genutzt: Sie dienten erstens als Druckmittel für die Werbung von inoffiziellen Mitarbeitern sowohl in der DDR als auch im Westen. Zweitens wurden sie – sofern sie Funktionsträger der Bundesrepublik betrafen – ausgiebig in der propagandistischen Auseinandersetzung mit dem Westen verwendet (Globke, Oberländer, »Blutrichter«-Kampagne). Drittens bildeten sie in einzelnen Fällen die Grundlage für Strafverfolgungsmaßnahmen gegen DDR-Bürger.

Das MfS hatte ein grundsätzlich instrumentelles Verhältnis zur Verwendung von Informationen über NS-Belastungen. Entsprechend seiner Funktionslogik ging es dabei stets um die Erreichung des größtmöglichen politischen und sicherheitspolitischen Nutzens. In Abhängigkeit von Zeitumständen, der Beschaffenheit des Einzelfalles, propagandistischen Erwägungen und geheimpolizeilichen Eigeninteressen ergab sich in der Praxis ein großes Spektrum von Handlungsvarianten, das von der zielgerichteten und harten Strafverfolgung bis hin zur ebenso zielgerichteten Strafvereitelung reichte.

Die Aktivitäten zur Aufarbeitung und Ahndung nationalsozialistischer Verbrechen richteten sich strikt an den aktuellen Interessenlagen der DDR aus. In den durch Justizwillkür geprägten Waldheimer Prozessen von 1950 wurden Perso-

Das MfS stellte belastendes Material über Amtsträger der Bundesrepublik zusammen, das für DDR-Propagandabroschüren verwendet wurde, wie hier 1960 gegen den CDU-Politiker und Minister Theodor Oberländer.

nen, die von der sowjetischen Besatzungsmacht an DDR-Stellen übergeben worden waren, meistens lediglich wegen ihrer Zugehörigkeit zu bestimmten NS-Organisationen oder -Institutionen verurteilt. Dabei ging es in erster Linie darum, bei der NS-Strafverfolgung einen demonstrativen harten Endpunkt zu setzen.

Das Kapitel Strafverfolgung galt damit in den 50er Jahren als weitgehend abgeschlossen, die Staatssicherheit konzentrierte sich auf die Überwachung von ehemaligen NS-Funktionsträgern, vermutete sie doch in diesen Kreisen ein besonders hohes Gefährdungspotenzial für den SED-Staat. Nicht zuletzt deshalb wurden NS-Belastete auch bevorzugt als inoffizielle Mitarbeiter geworben. Sie waren leicht unter Druck zu setzen, und einige von ihnen konnten auf nützliche einschlägige Berufserfahrungen in Polizeiapparaten und Nachrichtendiensten der NS-Zeit zurückgreifen. Zumeist waren sie jedoch nicht in der Lage, nachrichtendienstlich brisante Informationen zu beschaffen, sondern berichteten lediglich aus ihrem Lebensalltag in der DDR. Anders verhielt es sich bei einigen inoffiziellen Mitarbeitern, die für das MfS im Westen, etwa im Umfeld von Nachrichtendiensten, arbeiteten. Hier nutzte die Staatssicherheit ohne erkennbare Skrupel teilweise auch Schwerstbelastete und schirmte sie nach Kräften gegenüber Ermittlungen ab – teilweise sogar, wenn diese von sozialistischen Bruderstaaten ausgingen.

Aufgrund von ökonomischen und politischen Defiziten geriet die DDR in der Systemkonkurrenz schon in den 50er Jahren in eine hoffnungslose Defensivposition. Sie reagierte, indem sie ab Ende des Jahrzehnts die NS-Belastung westdeutscher Funktionsträger in immer neuen Propagandakampagnen thematisierte. Den Anfang machte 1957 die »Blutrichter«-Kampagne, die die Bundesrepublik an einem ihrer wundesten Punkte traf, denn die zahlreichen belasteten Juristen im Justizdienst der Bundesrepublik beeinträchtigten das Ansehen des Rechtsstaates. Die Kampagnenpolitik der DDR war insgesamt durchaus erfolgreich, weil die verwendeten Informationen überwiegend zutreffend waren. Das schloss in bedeutenden Fällen Manipulationen – wie bei den Zeugenaussagen im Schauprozess gegen den Bundesvertriebenenminister Theodor Oberländer oder bei der Fälschung einer Unterschrift durch das MfS in der Kampagne gegen den Bundespräsidenten Heinrich Lübke – nicht aus. Vor diesem Hintergrund wird den zunehmenden Anstrengungen der westdeutschen Justiz zur Ahndung von NS-Verbrechen in der Forschung auch ein kompensatorisches Motiv zugeschrieben.

Die Intensivierung der strafrechtlichen Verfolgung von NS-Gewaltverbrechen in der Bundesrepublik in den 60er Jahren wirkte bald in die DDR zurück. Es stellte sich heraus, dass auch in der DDR NS-Täter unbehelligt lebten. Fast in jedem großen westdeutschen Ermittlungskomplex tauchten früher oder später Fälle auf, die sich zu einer Gefährdung der antifaschistischen Reputation der DDR auswachsen konnten. Fortan war das MfS mehr und mehr damit beschäftigt, diese unerwünschten Rückwirkungen in den Griff zu bekommen. Das bedeutete im Regelfall die Abschirmung von verdächtigen DDR-Bürgern, in Einzelfällen initiierte die Staatssicherheit aber auch Strafverfahren gegen besonders stark Belastete, die schnell und hart abgeurteilt wurden, um antifaschistische Rigorosität zu demonstrieren. Ein Musterfall ist der Prozess gegen den Auschwitz-Arzt Horst Fischer, der 1966 mit Todesurteil und Exekution endete.

In der Regel handelte es sich bei den mutmaßlichen NS-Tätern um unauffällige, loyale DDR-Bürger, zum Teil um SED-Mitglieder und kleinere Funktionsträger. Breit angelegte Strafverfolgungsmaßnahmen verboten sich hier aus »politischoperativen« Gründen. Besonders deutlich wird das in den Fällen, wo Ärzte verdächtigt wurden, in der NS-Zeit an »Euthanasie«-Verbrechen beteiligt gewesen zu sein. Hier vereitelte die Geheimpolizei strafrechtliche Ermittlungen, weil die Verwicklung verdienter und exponierter Angehöriger des DDR-Gesundheitswesens in NS-Verbrechen Unruhe gestiftet und dem sorgsam gepflegten Image des staatlichen Antifaschismus widersprochen hätte.

Dass das Potenzial an belasteten DDR-Bürgern erheblich größer war als erwartet, erwies sich in den 70er Jahren, als das MfS systematische Recherchen zu einer Reihe von Verbrechenskomplexen, vor allem aus dem Bereich der SS-Einsatzgruppen und ähnlichen Formationen, anstellte. Diese hochaufwendigen Ermittlungen hielten bis 1989 an und förderten Hunderte Angehörige solcher Einheiten zutage, die seit Jahrzehnten unbehelligt in der DDR lebten. Allerdings wurden die Anforderungen für die Eröffnung eines förmlichen Ermittlungsverfahrens so hoch geschraubt, dass jährlich nur etwa ein bis zwei Verfahren diese Hürde nahmen, bei denen eine lebenslängliche oder Todesstrafe aufgrund der Tatschwere, der Beweislage, der Prozessfähigkeit des Beschuldigten praktisch garantiert war. In allen anderen Fällen beließ es das MfS bei der üblichen geheimpolizeilichen Überwachung und verhinderte ggf. aktiv, dass die Belastungen bekannt wurden. Es ist nicht genau quantifizierbar, wie viele NS-Täter auf diese Weise verschont blieben, gleichwohl kann diese Praxis angesichts der in der DDR bestehenden Rechtslage als latente Strafvereitelung angesehen werden. Denn im Unterschied zur Bundesrepublik, wo nach 1960 nur noch Mord (und Beihilfe) zur Anklage gebracht werden konnte, was eine hohe, oftmals unüberwindliche Hürde für die Verfolgung von NS-Gewaltverbrechen darstellte, standen in der DDR mit den §§ 91 und 93 StGB (»Verbrechen gegen die Menschlichkeit« bzw. »Kriegsverbrechen«) an alliiertes Recht angelehnte Strafrechtsnormen zur Verfügung, die eine breite Verfolgung der am NS-Völkermord beteiligten Täter ermöglicht hätten, ohne einzelne konkrete Tötungsdelikte individuell nachweisen zu müssen.

Literatur: Weinke, Annette: Die Verfolgung von NS-Tätern im geteilten Deutschland: Vergangenheitsbewältigungen 1949–1969 oder: Eine deutsch-deutsche Beziehungsgeschichte im Kalten Krieg. Paderborn 2002; Leide, Henry: NS-Verbrecher und Staatssicherheit. Die geheime Vergangenheitspolitik der DDR. Göttingen 2005. *REn, HLe*

Verhaftung Beginn einer freiheitsentziehenden Maßnahme, Ergreifung eines Beschuldigten oder Angeklagten aufgrund eines richterlichen → Haftbefehls (§ 114 StPO/1949, § 142 StPO/1952, §§ 6 Abs. 3, 124 StPO/1968). Zu unterscheiden von der vorläufigen → Festnahme und der → Zuführung. *JBe*

Verhältnis des MfS zum Militär → Militär, Verhältnis des MfS zum

Verhältnis des MfS zur SED → SED, Verhältnis des MfS zur

Verhältnis des MfS zu anderen kommunistischen Geheimdiensten → kommunistische Geheimdienste, Verhältnis des MfS zu anderen kommunistischen Geheimdiensten

Verhältnis des MfS zum sowjetischen Geheimdienst → sowjetischer Geheimdienst, Verhältnis des MfS zum sowjetischen Geheimdienst

Verhältnis des MfS zur Justiz → Justiz, Verhältnis des MfS zur

Vernehmer → Untersuchungsführer

Verpflichtung Die V. bzw. Bereitschaftserklärung zur Tätigkeit als → IM bildete den Abschluss der → Werbung. Sie erfolgte in der Regel schriftlich und in Ausnahmefällen mündlich. Schriftliche Verpflichtungen erfolgten stets handschriftlich. Die Verpflichtungserklärung enthielt bestimmte Kernelemente, zu denen der Bezugspartner Staatssicherheit, die Verpflichtung zur Geheimhaltung, ein Deckname und die Unterschrift gehörten.   *HME*

Versorgungseinrichtung des Ministerrates der DDR (VEM) Die VEM war eine Einrichtung des Sekretariats des Ministerrates der DDR, die v. a. für den Erwerb und die Verwaltung von Liegenschaften des Sekretariats des Ministerrates und seiner nachgeordneten Einrichtungen zuständig war. Diese Aufgaben nahm die Abteilung Recht und Grundstücksverkehr der VEM wahr, in der → OibE des MfS tätig waren. Sitz der VEM war Berlin-Niederschönhausen.
In der Rechtsträgerschaft der VEM wurden in den 80er Jahren mehrere Hundert → KW/KO und konspirative Dienstobjekte des MfS geführt. Zur finanziellen Abwicklung dieser Aufgabe unterhielt die Abteilung Finanzen des MfS Berlin bei der Staatsbank der DDR zwei Bankkonten. Zur VEM gehörte auch der Betriebsteil Universal (BT Universal bzw. BTU). Dieser wurde von der → HV A zur Abdeckung von KO/KW (Kauf, Vermietung, Bewirtschaftung) ebenso genutzt wie zur Realisierung von Baumaßnahmen an diesen Objekten.   *RWi*

Verwaltung 1. Organisationsstruktur des MfS für Aufgabenkomplexe, die in der Zentralstelle durch einen Stellvertreter des Ministers direkt angeleitet wurden.

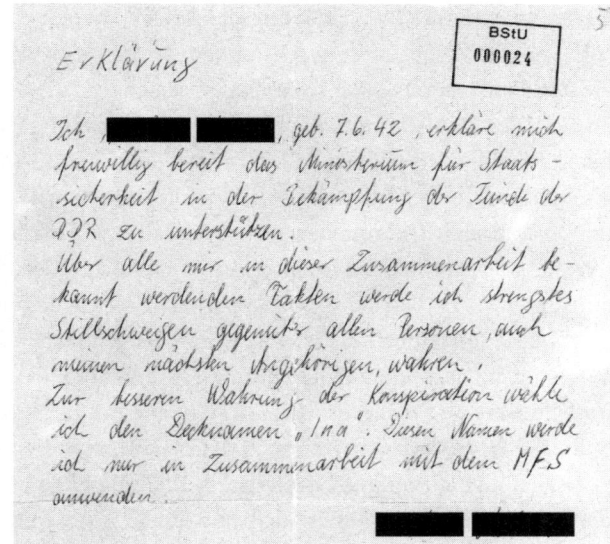

Verpflichtungserklärung IM »Ina«. Die Verpflichtung bildete den Abschluss der Werbung als inoffizieller Mitarbeiter und konnte schriftlich oder mündlich erfolgen.

Die V. wurden mit inhaltlichen (z. B. V. Rückwärtige Dienste) oder territorialen (→ Länderverwaltungen) Bezügen gebildet. V. fanden Entsprechungen in anderen Organisationsstrukturen (z. B. Abteilung Rückwärtige Dienste in den → HA) oder blieben singulär. 2. Besonders im Gründungsjahrzehnt Bezeichnung für unselbständige Untergliederungsebenen im MfS.   *MEr*

Verwaltung 2000 → **Republikflucht, Bekämpfung der** → **Militär, Verhältnis des MfS zum** → **Hauptabteilung I**

Verwaltung Aufklärung des MfNV, Akten der VA Ablage aufgrund einer Vereinbarung zwischen der → HA I des MfS und der → Verwaltung Aufklärung (VA). Unterlagen der VA wurden ab 1975 sowohl rückwirkend als auch dann fortlaufend beim MfS archiviert. Im Sommer 1990 wurde die Ablage auf Anforderung des Ministers für Abrüstung und Verteidigung entnommen und vernichtet. Nur 4 lfm (weniger als 10 % der Gesamtzahl der Signaturen) sind bei der BStU erhalten. Als Archivbestand 6 nur in der → Abt. XII des MfS vorhanden; Sigle: AVA; personenbezogen nutzbar über die → F 16/→ F 22.   *SWo*

Verwaltung/Bereich Aufklärung des MfNV Neben dem → MfS existierte von Juli 1952 bis 1990 unter wechselnden Namen ein weiterer (Auslands-)Nachrichtendienst der DDR im Geschäftsbereich zunächst des Innenministeriums, ab 1956 des Ministeriums für Nationale Verteidigung (MfNV). Dieser von 1964 bis 1984 als »Verwaltung Aufklärung«, danach bis Anfang 1990 als »Bereich Aufklärung« bezeichnete Militärgeheimdienst wurde nach dem Vorbild und in Zusammenarbeit mit der Hauptverwaltung Aufklärung (Glawnoje Raswedywatelnoje Uprawlenije – GRU) im Generalstab der sowjetischen Streitkräfte aufgebaut. V/B. betrieb Spionage gegen Einrichtungen der Bundeswehr und der NATO sowie der militärtechnischen Forschung und Rüstung in Nord- und Westeuropa, besonders in der Bundesrepublik, den Benelux-Staaten, Dänemark und Frankreich. Während die → HV A auf militärpolitische und -strategische Spionage zielte, konzentrierte sich der Nachrichtendienst der Nationalen Volksarmee (NVA) auf operativ-taktische Militärspionage bis in untere Dienststellen der Bundeswehr, besaß aber auch einzelne Quellen mit Zugang zu militärstrategischem und politischem Wissen.

Bis 1961 operierte die V/B. vor allem mit »menschlichen Quellen« und wertete offen zugängliche Informationen aus. Anfang November 1961 kam die Funk- und funktechnische Aufklärung in Frankfurt (Oder) (seit 1963 in Dessau) mit einem Funkaufklärungsbataillon (seit Januar 1966 -regiment) hinzu. Die ursprünglich selbständige operativ-taktische Aufklärung, also die klassische Truppenaufklärung der Streitkräfte, wurde 1964 in die V/B. eingegliedert. Ein Jahrzehnt später folgten die Militärattachés, die zuvor zur Verwaltung Internationale Verbindungen im MfNV zählten.

Mit Umgliederung der Verwaltung zum Bereich Aufklärung 1984 bestand der NVA-Geheimdienst aus fünf Verwaltungen und vier Abteilungen: 1. Verwaltung: Agenturische Aufklärung mit menschlichen Quellen (»Spione«); 2. Verwaltung: Strategische Aufklärung mit Militärattachés und anderen offiziellen Positionen (»Legalisten«); 3. Verwaltung: Operativ-taktische Aufklärung mit den Aufklärungskräften der NVA einschließlich dem Funkaufklärungsregiment; 4. Operative Sicherstellung (Logistik) und 5. dem Informationsdienst, der Spionageauswertung. Hinzu kamen Abteilungen für Grundsatzfragen, Kader (Personal), Finanzen und Politarbeit.

1988/89 war die V/B. 2239 Soldaten stark. Davon entfiel etwa die Hälfte auf das Funkaufklärungsregiment. Mit seinen etwas über 1000 hauptamtlichen Mitarbeitern in der Zentrale betrug die Personalstärke des V/B. weniger als ein Viertel des Umfangs der HV A mit ca. 4500 Hauptamtlichen (einschließlich der Abt. XV in den → BV des MfS). Das »agenturische« Netz im Westen, bestehend aus Objektbeobachtern, Marschaufklärern und Innenquellen, umfasste zu diesem Zeitpunkt 138 Personen, darunter zehn Spitzenquellen.

Während V/B. mit verschiedenen → Linien des MfS offiziell kooperierte, wurde der Dienst selbst intensiv durch dessen → HA I mit Hilfe von → OibE und → IM überwacht. 1988 betrug die IM-Dichte im Militärgeheimdienst 1:3,7 (ohne Funkaufklärungsregiment); in der 1. Verwaltung kam sogar ein IM auf 2,1 Angehörige (NVA insgesamt: 1:13).

Der mit Befehl des Verteidigungsministers Admiral Theodor Hoffmann am 17.1.1990 in Informationszentrum (IZ) umbenannte V/B. schaltete mit Befehl vom 6.3. des Jahres sein westliches Quellennetz ab. Mit der Übernahme der militärischen Kommandogewalt durch die Bundeswehr wurde V/B. nach dem 3.10.1990 aufgelöst. Zunächst verblieben 45 Offiziere des IZ in der Bundeswehr. Ähnlich wie bei NVA-Politoffizieren und Angehörigen der Grenztruppen wurde jedoch kein Mitarbeiter des Dienstes dauerhaft übernommen.

→ Anhang: Übersicht zur NVA-Militäraufklärung   *AWa*

Verwaltung (der) Bereitschaftspolizei 1955 aus der Verwaltung Innere Truppen hervorgegangen; 1956 eingegliedert in die neu gebildete → HV Innere Sicherheit.   *RWi, APo*

Verwaltung Rückwärtige Dienste (VRD) 1974 entstanden aus der → HA VuW, der → HV B und ihr unterstellter bzw. zugeordneter Diensteinheiten sowie der → Abteilung Finanzen.

Aufgaben: materiell-technische Sicherstellung der Arbeit der MfS-Diensteinheiten, insbesondere durch Planung und Bereitstellung des materiellen Bedarfs, Bestands- und Lagerhaltung sowie der Bilanzierung. Dazu gehörten auch Sicherungsaufgaben zur Unterbindung jedweder Feindtätigkeit im Anleitungsbereich, vor allem in Betrieben im bzw. beim MfS sowie Erfassung, Lagerung und Verteilung/Verwertung der in den Diensteinheiten des MfS angefallenen Asservate mit Ausnahme von Zahlungsmitteln, Schmuck und Edelmetallen.

RWi, APo

Verwaltung »W« → Objektverwaltung »W«

Rudolf Vödisch

Vödisch, Rudolf 9.12.1910–16.10.1989
Leiter der Bezirksverwaltung Schwerin
Geb. in Zwickau, Vater Bergarbeiter; Volksschule; 1925–1929 Lehre und Arbeit als Steindrucker; 1929 KPD; 1929–1933 arbeitslos; 1933 mehrmals inhaftiert; 1933–1939 Hilfsarbeiter; 1939–1943 Wagenputzer bei der Reichsbahn; 1943/44 Wehrmacht; 1944–1947 sowjetische Gefangenschaft.
1947 SED, Einstellung bei der VP in Zwickau; 1949 Einstellung bei der Verwaltung zum Schutz der Volkswirtschaft Sachsen (ab Februar 1950 Länderverwaltung Sachsen des MfS), stellv. Leiter der KD Zwickau; 1950 Stellv. Operativ des Leiters der Länderverwaltung Sachsen; 1952 Leiter der BV Halle; 1953 Oberst; 1955 Leiter der BV Schwerin; 1968 Entlassung, Rentner; 1976 VVO in Gold. *JGi*

Volksaufstand im Juni 1953 und das MfS Vom 12. bis 21. Juni 1953 kam es in über 700 Städten und Gemeinden zum Volksaufstand in der DDR. Durch den Einsatz sowjetischer Truppen wurde der Aufstand niedergeschlagen.
Seit Sommer 1952 hatte sich die Lage in der DDR zusehends verschärft: Der forcierte Aufbau des Sozialismus bedingte auch eine einseitige Wirtschaftsentwicklung zugunsten der Schwerindustrie und zu Lasten der Verbrauchsgüterin-

dustrie. Weite Teile der Bevölkerung litten unter Repressionen, viele Menschen wurden aus politischen Gründen inhaftiert. Gegen selbständige Handwerker, Bauern und Händler ging die SED ebenso vor wie gegen die Jugendarbeit der evangelischen Kirchen. Die Fluchtbewegung nahm dramatisch zu. Der ohnehin niedrige Lebensstandard der Menschen wurde weiter rapide abgesenkt, nicht zuletzt durch die Erhöhung der Arbeitsnormen in den Betrieben, die de facto Lohnkürzungen gleichkamen.

Bereits seit Ende 1952 häuften sich Streiks, die im Mai und Anfang Juni 1953 in allen Branchen aufflammten. Die sowjetische Führung schritt ein und verordnete den »Neuen Kurs«, den die SED-Machthaber offiziell am 9./10. Juni 1953 verkündeten. Kleinlaut räumten sie ein, Fehler gemacht zu haben, und versprachen, ihre bisherige Politik zu revidieren. Die Gesellschaft sah in dieser überraschenden Verlautbarung mehrheitlich eine Bankrotterklärung des Systems. Als es am 16. und 17. Juni 1953 in Ostberlin zu Demonstrationen und Streiks kam, an denen sich ca. 150 000 Menschen beteiligten, sprang der Revolutionsfunke auf das gesamte Land über. Die dabei erhobenen Forderungen gingen weit über rein betriebliche Belange hinaus. Vielerorts ging es den Aufständischen um Freiheit, Demokratie und die Wiedervereinigung. Sie hatten jedoch keine Chance, weil die sowjetische Besatzungsmacht eingriff: Etwa 15 000 Menschen wurden festgenommen, 2500 verurteilt, mehrere Teilnehmer willkürlich zur Abschreckung exekutiert. Zehntausende flohen in den Westen, und in den Apparaten von SED und Staat fand anschließend eine großflächige Säuberung statt.

Unmittelbar nach dem Aufstand kritisiert die SED-Führung, dass das MfS weder die Anzeichen für den bevorstehenden »Putsch« wahrgenommen habe, noch hätte es in den entscheidenden Tagen adäquat zu reagieren gewusst. Tatsächlich war das MfS vor dem Sommer 1953 noch mit dem Aufbau seiner Strukturen beschäftigt. Zudem war die Arbeit auf die Verfolgung von »Agenten« und »Feinden« konzentriert, ein flächendeckendes und systematisches Berichtswesen über die Stimmungslage im Land existierte noch nicht. Hektisch zusammengestellte, meist sehr kleine operative Einsatzgruppen agierten unkoordiniert und versuchten, »Rädelsführer« festzunehmen. Es kam durch die Aufständischen zu einer Reihe von Besetzungen öffentlicher Gebäude, zur Befreiung von Häftlingen und zur Erstürmung von fünf → Kreisdienststellen (Bitterfeld, Merseburg, Jena, Görlitz, Niesky). Unter den Toten und Verwundeten des Aufstands befanden sich auch einige wenige MfS-Mitarbeiter (ein Toter in Magdeburg). In Rathenow kam es zu einem Lynchmord an einem Mann, der als MfS-Spitzel galt.

Noch während der Volkserhebung setzte die größte Festnahmewelle in der Geschichte der DDR ein. Sie erstreckte sich über mehrere Wochen. Bis zum 6. Juli 1953 verhafteten das MfS und die Polizei etwa 10 000 Personen. In den nachfolgenden Monaten kamen nochmal etwa 5000 hinzu.

Die Staatssicherheit hat entgegen späteren Urteilen in den Tagen des 17. Juni nicht vollkommen versagt. Ihre Mitarbeiter agierten entsprechend den Möglichkeiten und Voraussetzungen. Sie zeigten sich zwar ebenso überrascht von den Ereignissen wie andere Bevölkerungsgruppen, aber im Gegensatz etwa zur Volkspolizei und zu den meisten Einheiten der Kasernierten Volkspolizei (KVP) erfasste das MfS insgesamt schnell die Lage und handelte entsprechend. Dass es zu den Erstürmungen von fünf MfS-Kreisdienststellen kam, lag sowohl an der schlechten Personalausstattung in diesen Kreisdienststellen als auch – aus MfS-Sicht – am Fehlverhalten der verantwortlichen Offiziere. Das MfS hat als Institution auch deshalb nicht versagt, weil es einen solchen Aufstand nicht vorhersehen konnte. Wenn man davon absieht, dass MfS-Mitarbeiter etwa in Magdeburg, Görlitz, Niesky, Jena, Bitterfeld oder Merseburg während der Volkserhebung den ihnen gestellten Aufgaben nicht gerecht werden konnten, so zeigt sich demgegenüber, dass die MfS-Leitung in der Lage war, sehr schnell auf die Ereignisse zu reagieren. Etwa 5000 Verhaftungen in den ersten Tagen deuten an, dass der MfS-Führung bewusst war, dass schnelles und hartes Durchgreifen am ehesten geeignet schien, sicherheitspolitisch den Status quo ante herzustellen. Dabei war sie vom Vorgehen der sowjetischen Besatzungsmacht beeinflusst, die nicht nur schnell viele Verhaftungen vornahm, sondern ebenso schnell Urteile verhängte. Staatssicherheit, Polizei und Justizorgane arbeiteten unter Anleitung der SED sowie der sowjetischen Besatzungsmacht eng zusammen. Der stellv. MfS-Minister → Mielke wies per Blitzfernschreiben am Morgen des 18. Juni 1953 alle MfS-Dienststellen an: »Energisches Handeln erfordert die besondere Lage. Hetzer, Provokateure, Saboteure, Rädelsführer und andere Elemente, die sich hierbei besonders hervortaten, sind sofort festzunehmen. Über die Festgenommenen ist täglich Meldung zu erstatten.«

In der Nacht vom 17. zum 18. Juni konstituierten sich in allen Bezirken »Kampfstäbe«, die die weitere Niederschlagung des Aufstands und die Verfolgung von Aufständischen unter Leitung von hochrangigen SED-Funktionären anleiteten und koordinierten. Mielke befahl am 19. Juni 1953 vormittags eine mildere Gangart. Demzufolge sollten alle Streikleitungen, die Forderungen wie »Nieder mit der Regierung« oder »Nieder mit der SED« erhoben hatten, sofort und »ohne

*Während des Volksaufstands im Juni 1953 trafen am Potsdamer Platz in Berlin
sowjetische Panzer und Demonstranten aufeinander.*

vorherige Prüfung« verhaftet werden. Demgegenüber sollten Streikleitungen,
die nur ökonomische Forderungen aufgestellt hatten, erst nach Überprüfung der
einzelnen Mitglieder festgenommen werden.

In den folgenden Wochen und Monaten kam es bis ins Jahr 1955 hinein zu insgesamt etwa 1800 Urteilssprüchen von DDR-Gerichten, die in einem direkten
Zusammenhang mit dem Volksaufstand standen. Die erste Prozesswelle zog sich
von Mitte Juni bis Mitte Oktober 1953 hin. In dieser Zeit sind etwa 1400 Urteile
ergangen. Dabei ist auffällig, dass neben zwei Todesurteilen und drei lebensläng-
lichen Haftstrafen die Mehrheit der Urteilssprüche entsprechend einer Anweisung Mielkes vom 23. Juni 1953 vergleichsweise verhalten ausfiel.

Das SED-Politbüro beklagte am 23.9.1953, dass es dem MfS nicht gelungen sei,
die »Organisatoren der Provokationen« zu entlarven. Am 11.11.1953 räumte
der Chef des Staatssicherheitsdienstes → Wollweber auf einer zentralen Dienst-
konferenz ein: Wir müssen »feststellen, dass es uns bis jetzt noch nicht gelungen
ist, nach dem Auftrag des Politbüros die Hintermänner und die Organisatoren
des Putsches vom 17. Juni festzustellen«. Diesen Auftrag konnte die Staatssicher-

heit nicht erfüllen, weil es derartige »Hintermänner« und »Organisatoren« nicht gab.

Zwischen dem MfS und einzelnen Justizeinrichtungen bzw. Justizmitarbeitern kam es insbesondere in den ersten Wochen nach dem 17. Juni mehrmals zu Spannungen. Mehrere Richter weigerten sich, Haftbefehle zu unterzeichnen, weil Beweise für die Schuld der Verhafteten fehlten. Das MfS hielt Hunderte ohne rechtsamtliche Verfügung fest. Obwohl Mielke am 23. Juni angewiesen hatte, dass die Mitarbeiter der Staatssicherheit »nur in besonderen und ganz seltenen Ausnahmefällen« auf die Strafzumessung Einfluss nehmen sollten, wirkten MfS-Offiziere in allen Bezirken auf Richter ein, drakonische Urteile zu verhängen.

Im 2. Quartal 1954 kam es zu einer zweiten größeren Prozesswelle. Die Urteile, die die Gerichte aussprachen, fielen nun durchschnittlich höher aus und waren daran orientiert, die »Drahtzieher« der Ereignisse zu überführen und zu bestrafen. Das MfS hatte diese Prozesse geplant und inszeniert. Der Höhepunkt in dieser »juristischen Aufarbeitung« des Volksaufstandes fand vom 10. bis 14.6.1954 vor dem 1. Strafsenat des Obersten Gerichts der DDR statt. In einem Schauprozess sollte bewiesen werden, dass die vier Angeklagten die »Hintermänner« des »Tag X« gewesen seien. Trotz der vergleichsweise langen Verhandlungsdauer und monatelanger Vorbereitung konnten dafür keine Beweise erbracht werden. Trotz fehlender Beweise wurden die vom MfS aus Westberlin entführten oder durch List nach Ostberlin gelockten Angeklagten zu hohen Zuchthausstrafen verurteilt.

In den folgenden Jahren spielte das Verhalten Einzelner am 17. Juni 1953 in politischen Strafprozessen oft eine Rolle. War jemand am 17. Juni »aufgefallen«, konnte dies strafverschärfend zu Buche schlagen. Das MfS behielt die im Umfeld des 17. Juni 1953 festgenommenen Personen jahrzehntelang im Visier. Als sich 1983 der Ausbruch des Volksaufstands zum 30. Mal jährte, überprüften in den einzelnen MfS-Bezirksverwaltungen die Mitarbeiter sämtliche Personen, die im Juni 1953 auffällig geworden waren.

Die wichtigste Phase nach dem Juniaufstand, die die gesamte weitere Geschichte der DDR prägte, setzte mit dem 15. Plenum des ZK der SED, vom 24. bis 26.7.1953, ein. Das Szenarium war dem sowjetischen Vorbild entlehnt. Zuerst brandmarkte Ulbricht einige Mitstreiter aus der engeren SED-Führung. Als Sündenböcke fungierten MfS-Minister → Zaisser und der Chefredakteur des »Neuen Deutschlands«, Rudolf Herrnstadt, die beide aus dem Politbüro entfernt und sämtlicher Parteifunktionen entbunden wurden. Durch die Entmachtung von Herrnstadt und Zaisser revitalisierte Ulbricht nicht nur seine persönliche Macht, sondern gab zugleich das Startzeichen für eine Disziplinierungswelle innerhalb der Staatspartei. Die Herabstufung des MfS zum Staatssekretariat für Staatssicherheit (23.7.1953 – 23.11.1955) innerhalb des MdI hing nicht nur mit der Kritik Ulbrichts am MfS zusammen, sondern folgte auch entsprechenden Umstrukturierungen in der Sowjetunion.

Um einen »neuen 17. Juni« zu verhindern, entwickelte die SED-Führung in den folgenden Jahren umfangreiche Sicherungsmaßnahmen. Das MfS, zu dessen Aufgaben nun insbesondere die Aufstandsprävention zählte, wurde massiv ausgebaut. So ordnete die SED am 16.7.1953 die Bildung von Bezirks-, Kreis- und Stadteinsatzleitungen an. Die → Bezirkseinsatzleitungen setzten sich aus dem Vorsitzenden des Rates des Bezirkes, dem 1. SED-Bezirkssekretär, einem beauftragten Offizier der KVP, dem Leiter der Bezirksbehörde der DVP und dem Leiter der BV des MfS zusammen. Damit schuf man ein Instrument, um bei Unruhen schnell, effektiv und operativ handeln und agieren zu können.

Der Volksaufstand von 1953 blieb für die SED die traumatische Erfahrung bis 1989. Mit dem Mauerbau 1961 kam man – die gesellschaftspolitischen Zustände 1960/61 ähnelten denen von 1952/53 – einem neuen Aufstand zuvor. Als sich am 31. August 1989 die Generalität des MfS zu einer turnusmäßigen Dienstbesprechung bei Minister Mielke traf, ging es um die Krise in der DDR. Die Agonie des Systems war kaum noch zu übersehen. Die MfS-Spitze zeigte sich besorgt. Mielke fragte:»Ist es so, dass morgen der 17. Juni ausbricht?« Der Leiter der MfS-Bezirksverwaltung Gera, Oberst Dieter → Dangrieß, beruhigte seinen Minister: »Der ist morgen nicht, der wird nicht stattfinden, dafür sind wir ja auch da.« Das MfS und ihr Auftraggeber, die SED, irrten sich gehörig.

Literatur: Engelmann, Roger; Kowalczuk, Ilko-Sascha (Hg.): Volkserhebung gegen den SED-Staat. Eine Bestandsaufnahme zum 17. Juni 1953. Göttingen 2005; Fricke, Karl Wilhelm; Engelmann, Roger: Der »Tag X« und die Staatssicherheit. 17. Juni 1953: Reaktionen und Konsequenzen im DDR-Machtapparat. Bremen 2003; Kowalczuk, Ilko-Sascha: 17. Juni 1953 – Volksaufstand in der DDR. Ursachen – Abläufe – Folgen. Bremen 2003.   *CHa, ISK*

Volkspolizei und Staatssicherheit Während die Staatssicherheit überwiegend die Funktionen einer geheimen politischen Polizei ausübte, waren bei der Volkspolizei (VP) die eher klassischen polizeilichen Aufgaben (Kriminal-, Schutz-, Verkehrspolizei, Meldewesen) angesiedelt. Die Grenzen waren jedoch mitunter fließend; letztlich entschied das MfS, welche Fälle es an sich zog bzw. an die VP abgab, die für die Staatssicherheit der wichtigste Partner des politisch-operativen → Zusammenwirkens (POZW) war.

In der Ulbricht-Ära konzentrierte sich die Staatssicherheit als → Untersuchungsorgan auf die Verfolgung der als → Staatsverbrechen bezeichneten schwererwiegenden politischen Delikte, die Volkspolizei dagegen befasste sich mit den meisten anderen Straftaten, die durchaus auch politischer Natur sein konnten. Darüber hinaus war die VP auch an repressiven Großaktionen wie den Zwangsaussiedlungen an der innerdeutschen Grenze (1952, 1961) oder der Kriminalisierung der Hoteliers an der Ostseeküste (Aktion »Rose« 1953) beteiligt. In der Honecker-Ära bearbeitete das MfS zunehmend Ermittlungsverfahren, die bis dahin eine Domäne der VP gewesen waren (→ Straftaten gegen die staatliche Ordnung). Das Gewicht der Staatssicherheit wuchs gegenüber der VP an, sie überflügelte diese hinsichtlich der Mitarbeiterzahl und degradierte sie mitunter zum Erfüllungsgehilfen. In wichtigen Teilbereichen der Volkspolizei war das MfS zuletzt institutionell fest verankert, etwa im → Arbeitsgebiet I der Kriminalpolizei, deren Vorgänge und Zuträger sie jederzeit in eigene Regie übernehmen konnte. Beide Apparate arbeiteten gemäß den politischen Vorgaben der SED-Führung, doch kam es mitunter zu Spannungen zwischen Geheimpolizei und Volkspolizei, etwa aufgrund unterschiedlicher Prioritäten, Ressortegoismen oder persönlicher Animositäten der Leiter.

Die Staatssicherheit veranlasste die Volkspolizei zu zahlreichen Kontrollmaßnahmen gegenüber den Bürgern und tarnte eigene Maßnahmen gegen Ausreisewillige oder Haftentlassene als Vorgehen der Volkspolizei. Bei Nachforschungen im Wohngebiet waren die Abschnittsbevollmächtigten der Volkspolizei für das MfS unentbehrliche Quellen. Das fein abgestimmte, arbeitsteilige Ineinandergreifen von geheimpolizeilichen und volkspolizeilichen Maßnahmen erweckte bei den betroffenen Bürgern den Eindruck, einer Phalanx staatlicher Sicherheitsorgane hilflos gegenüberzustehen.

Dem Ministerium des Innern unterstanden die verschiedenen Zweige der Polizei, der Strafvollzug, Bewaffnung und Ausbildung der Kampfgruppen der Arbeiterklasse, Archivwesen, das Rote Kreuz und die Aufnahmeheime für West-Ost-Migranten. Überwiegend (aber nicht ausschließlich) lagen diese seitens der Staatssicherheit in der Zuständigkeit der Linie VII (→ Hauptabteilung VII). Je nach Funktion und politischer Bedeutsamkeit wurden sie durch die Staatssicherheit im Rahmen des POZW beeinflusst und instrumentalisiert. Dahinter

Die Abschnittsbevollmächtigten (ABV) waren aus Sicht des MfS bei Nachfor-
schungen im Wohngebiet eine unentbehrliche Quelle. Ein ABV (rechts) im Volks-
polizeirevier, 15. November 1985.

verbarg sich die Abstimmung über Sachfragen, die besonders Leitungskader der
beiden Apparate regelmäßig suchten. Die eigenen dienstlichen Bestimmungen
verpflichteten die Volkspolizei zu einer solchen Kooperation.

Das MfS überwachte zudem alle Mitarbeiter der dem Ministerium des Innern
nachgeordneten Bereiche, was euphemistisch als »Abwehr« bezeichnet wurde.
Zu diesem Zweck (wie auch zur verdeckten Anleitung der Volkspolizei) führte
die Staatssicherheit heimlich → IM, → GMS und → OibE in deren Reihen. Zuletzt war etwa jeder elfte Volkspolizist (bzw. mehr als 5000 von insgesamt knapp
60 000 Mitarbeitern) als Zuträger verpflichtet. Volkspolizisten fanden sich hierzu oft bereit, insbesondere wenn sie dem SED-Regime weltanschaulich nahe-
standen und dies der eigenen Karriere förderlich zu sein schien.

Wie in anderen Sicherungsbereichen auch, waren die Zuträger in leitenden sowie geheimhaltungsbedürftigen Bereichen besonders zahlreich. Unter den Chefs
von Hauptabteilungen, ihren Stellvertretern sowie den Referatsleitern im Ministerium des Innern war bereits Mitte der 50er Jahre jeder zwölfte zugleich inoffi-

ziell für die Staatssicherheit tätig. Mitte der 70er Jahre befanden sich unter den fünf Stellvertretern von Innenminister Friedrich Dickel zwei aktive und zwei ehemalige IM. Da die obersten Funktionsträger ohnehin kooperierten, setzte die Staatssicherheit ab Mitte der 80er Jahre verstärkt auf die offizielle Zusammenarbeit und führte unter den Leitern der zehn wichtigsten Hauptabteilungen und ihren Stellvertretern zuletzt nur noch einen IM. Stattdessen warb sie ihre Zuträger nun stärker aus der zweiten Reihe bzw. in Schlüsselfunktionen.

Regelmäßige → Sicherheitsüberprüfungen trugen dazu bei, dass die Geheimpolizei über die Verfehlungen von Volkspolizisten gut im Bilde war. Einstellungen, Beförderungen in Leitungsfunktionen und selbst ein Fachschulstudium bedurften ihrer Zustimmung, politische, charakterliche, familiäre oder andere Unsicherheitsfaktoren führten zur Ablehnung. In der Praxis wurden vor allem verschwiegene Westkontakte und ideologische Unklarheiten bemängelt, aber auch Alkoholismus, Diebstahl, Bestechlichkeit und andere Delikte der allgemeinen Kriminalität. Aufgrund so bekannt gewordener Verdachtsmomente wurden in den 80er Jahren jährlich mehr als 500 Mitarbeiter der dem Ministerium des Innern nachgeordneten Bereiche in → OV oder → OPK bearbeitet bzw. etwa jeder 100. Volkspolizist. Dies mündete dann in etwa 150 Entlassungen pro Jahr. Durch seine Überprüfungs- und Überwachungspraxis trug das MfS mit dazu bei, dass bei der Volkspolizei politische Zuverlässigkeit und Loyalität oftmals stärker zählten als fachliche Qualifikation und Charakterstärke. Zugleich wurden aus den Reihen der Volkspolizei vielversprechende Nachwuchskader für den eigenen Apparat rekrutiert sowie ältere oder leistungsschwache Mitarbeiter dorthin abgeschoben.

Literatur: Lindenberger, Thomas: Volkspolizei. Herrschaftspraxis und öffentliche Ordnung im SED-Staat 1952–1968. Köln 2003; Wunschik, Tobias: Hauptabteilung VII: Ministerium des Innern, Deutsche Volkspolizei (MfS-Handbuch). Berlin 2009.   *TWu*

Volkswirtschaft, Überwachung der Die V. stand im Zentrum der SED-Politik. Die Aufgaben der für ihren Schutz zuständigen MfS-Diensteinheiten bestanden in der Spionageabwehr sowie der Überwachung industrieller und landwirtschaftlicher Betriebe, von Einrichtungen des Staatsapparates, des Finanzwesens, des Handels und der Wissenschaft. Schwerpunkte bildeten der Außenhandel, der Geheimnisschutz, die Bekämpfung der »Wirtschaftssabotage« sowie die Kontrolle der Planberichterstattung. Stets adaptierten sie die aktuellen strukturellen, inhaltlichen und begrifflichen wirtschaftlichen Gegebenheiten. Sie kooperierten systematisch mit SED-, staatlichen und anderen Stellen sowie mit Geheimdiensten der übrigen sozialistischen Länder.

In der unter Besatzungsrecht stehenden Sowjetischen Besatzungszone (SBZ) nahm u. a. der Ausschuss zum Schutz des Volkseigentums bei der Deutschen Wirtschaftskommission Kontrollaufgaben wahr. Die Periode bis zur DDR-Gründung am 7. Oktober 1949 war geprägt von der Überführung der Produktionsmittel in Staats- und Kollektiveigentum. Diesen Prozess zu sichern, war Aufgabe der im Ministerium des Innern errichteten Hauptverwaltung zum Schutz der Volkswirtschaft (HVzSV). Sie unterstand Mielke und bildete eine der Keimzellen für die Gründung des MfS am 18.2.1950 und damit seiner → Abt. III (Wirtschaft). Den Schutz der Wirtschaft realisierten temporär auch die selbständige → Abt. VI (Flugzeugindustrie, Kernforschung, Verteidigungsindustrie), die → selbständige Verwaltung »W« (Wismut, Uranbergbau) sowie die → Abt. XIII (Verkehr).

Der Aufbau der »Objektbetreuung« begann 1951. Die auf Länderebene tätigen Objektsachbearbeiter und Arbeitsgruppen befassten sich vor allem mit der inneren Abwehr. Der 1952 mit der 2. Parteikonferenz der SED begonnene »planmäßige Aufbau des Sozialismus« sowie Gesetze mit Wirtschaftsbezug besaßen referentielle Bedeutung für das MfS. Die Bildung von → Bezirksverwaltungen – mit Referaten/Abteilungen III – und die Erhöhung der Anzahl von → Kreisdienststellen folgten aus der Verwaltungsreform, die anstelle der fünf Länder 14 Bezirke setzte. Die seit 1951 in → HA III umbenannte Abt. III stand nach dem Volksaufstand am 17. Juni 1953 massiv in der Kritik, da es zu Protesten und Streiks in den Betrieben gekommen war. Auf Probleme in der Planerfüllung der Schwerindustrie reagierte das MfS mit der Direktive 24/55 zur »weiteren Durchdringung« der Wirtschaft. Mittel, die Effizienz zu erhöhen, bestanden in der Schwerpunktbildung, der »Bearbeitung« von Personen in → Zentralen Vorgängen (ZV) und der systematischen Überprüfung von Leitungskadern (als Vorläufer der → Sicherheitsüberprüfungen). Im Krisenzeitraum von 1956 wurden Dienstanweisungen zur Leistungssteigerung des Informantennetzes und Platzierung von MfS-Mitarbeitern in Schlüsselpositionen erlassen. Ausgewählten Betrieben und Einrichtungen wurden → Objektdienststellen, → Operativgruppen oder Büros zugeordnet. Nach dem Sturz → Wollwebers am 8.10.1957, der Amtsübernahme Mielkes und der Auflösung der sieben Industrieministerien kam es zu neuerlichen Strukturanpassungen. Sie trugen der Gründung der Vereinigungen Volkseigener Betriebe (VVB), der Vollkollektivierung der Landwirtschaft, der anhaltenden Fluchtbewegung sowie dem vorzeitigen Abbruch des Fünfjahrplanes (1956 bis 1960) Rechnung. Mit der Grenzschließung am 13. August 1961 wurde für die SED die »Störfreimachung«, mit der sie eine Importunabhängigkeit vom Westen anstrebte, zentral. Obgleich bald storniert, ermittelte die Geheimpolizei bis zuletzt zu Wirtschaftsfunktionären, die an »unberechtigten« Importen festhielten. Der innerdeutsche Handel, eine von politischen Faktoren abhängige Handelskategorie, erwies sich einerseits als krisenfest und andererseits als ständiger sicherheitsneuralgischer Schwerpunkt. Mit dem vom VI. Parteitag der SED 1963 beschlossenen umfassenden Aufbau des Sozialismus und dem Neuen Ökonomischen System (NÖS) als wirtschaftspolitischem Reformprogramm erhöhte das MfS seine Sicherheitsanstrengungen. Im Zuge von Strukturänderungen wurde am 9.3.1964 die HA III in → HA XVIII umbenannt und anschließend neu strukturiert. Ihr erster Leiter war → Mittig.

Die bis dahin nach territorialen wirtschaftlichen Gesichtspunkten formierte Arbeitsorganisation wurde entsprechend der NÖS-Richtlinie des MfS vom 23.4.1964 nach dem Produktionsprinzip industriezweigmäßig ausgerichtet. Neu war die Funktion des VVB-Sachbearbeiters, die auf den kompletten Industriezweig gerichtet war. Mit der Auflösung des Volkswirtschaftsrates und der Wiedereinrichtung von Industrieministerien Ende 1965 sowie der II. Etappe des NÖS wurde die HA XVIII abermals umstrukturiert. Die Reduzierung von Planvorgaben und die Dezentralisierung von Entscheidungsbefugnissen veranlassten das MfS, die Überwachung über ein Kontrollnetz von Sicherheitsbeauftragten weiter zu verstärken. Der VII. Parteitag der SED im April 1967 betonte mit seiner Programmatik des Ökonomischen Systems des Sozialismus (ÖSS) die gesamtgesellschaftliche Funktion der SED. Zahlreiche Institutionen wie die Zollverwaltung hatten Sicherungs- und Kontrollfunktionen, die die Linie XVIII nutzte. Zur Erfüllung operativer Aufgaben kooperierte sie mit anderen MfS-Diensteinheiten und den Geheimdiensten anderer sozialistischer Staaten, insbesondere mit dem sowjetischen KfS. Das MfS assistierte der SED bei Reformen, die ihrer Machterweiterung dienten. Im Falle der Akademiereform übernahm die Linie XVIII die Aufgabe, mit ihren Mitteln »bürgerliche« Wissenschaftler aus Leitungspositionen zu verdrängen. Die Richtlinie 1/69 vom 25.8.1969 stellte die Summe der aktuellen Erfahrungen beim Schutz der Wirtschaft dar. Nach dem Sturz Ulbrichts und dem VIII. Parteitag 1971 erfolgte eine engere Anlehnung an die Sowjetunion, eine Öffnung hin zum konsumorientierten Wachstum, eine administrativere Wirtschaftssteuerung sowie eine Aufwertung des Wirtschafts- und Sozialrechts. Projekte im Rahmen des Rates für Gegenseitige Wirtschafts- hilfe (RGW) erhielten vermehrt Vorrang vor nationalen. Zuwiderhandlungen untersuchte das MfS. Der Abschluss der Ostverträge, das Viermächteabkommen und die Besuchsregelungen zu Einreisen aus dem Westen sowie die Gründung von 11 000 neuen Volkseigenen Betrieben (VEB) 1972 belasteten die HA XVIII und ihre Linie erheblich. Mit der Schlussakte von Helsinki 1975 erhöhte sich der Aufwand noch weiter.

Die Amtszeit des neuen Leiters der HA XVIII → Kleine ab dem 1.2.1975 war ge- prägt vom Bedeutungszuwachs des Außenhandels, von der Bildung der Groß- forschungszentren und Kombinate sowie vom Prestigeprojekt Mikroelektronik. Der hohe wirtschaftliche Verflechtungsgrad fand Ausdruck in der Sicherheits- konzeption, dem wichtigsten Verfahren zur politisch-operativen »Bearbeitung« von Objekten und Projekten. Als aufwendig erwies sich die Überwachung des Handelssektors, für den die Abt. 7 der HA XVIII und partiell die aus ihr heraus- gelöste → AG BKK für den Bereich Kommerzielle Koordinierung verantwort- lich zeichneten. Die Dienstanweisung 1/82 vom 30.3.1982 zur Sicherung der V. bildete das letzte Normativ. Neu war die explizite Forderung nach Unterstüt- zung wirtschaftsleitender Organe zur Gewährleistung der inneren Stabilität. Es herrschte akuter Devisenmangel, die Strukturen waren erstarrt und die Ressour- cen ausgezehrt. Mit Erhöhung der Rüstungsanstrengungen Mitte der 80er Jahre wurden für technologische Großprojekte wie »Präzision« und »Heide« bis dahin nicht gekannte Sicherheits-, Kontroll- und Überprüfungskapazitäten notwendig. Der Geheimnisschutz, vom MfS exzessiv interpretiert, geriet zur tragenden Säu- le in der Sicherheitspolitik. Die finanziellen Aufwendungen für die – vom MfS begleitete – illegale Beschaffung von Mikroelektroniktechnologie verschärften die Zahlungsbilanzprobleme und die Disproportionalität innerhalb der V. und somit die finale Krise der DDR. Die aus elf Fach- sowie fünf Querschnitts- und Funktionalbereichen bestehende HA XVIII beendete wie ihre Linie auch Ende 1989 die Arbeit. Die Auflösung erfolgte Anfang 1990.

Literatur: Haendcke-Hoppe-Arndt, Maria: Die Hauptabteilung XVIII: Volks- wirtschaft (MfS-Handbuch). Berlin 1996; Buthmann, Reinhard: Hochtechnolo- gien und Staatssicherheit. Die strukturelle Verankerung des MfS in Wissenschaft und Forschung der DDR. Berlin 2000. *RBu*

Vorgangsheft → **F 47**

Vorgangskartei → F 22

Vorgangsregistrierbuch → F 64

Vorgeschichte des MfS → Gründung und Vorgeschichte des MfS

Vorkommnisuntersuchung Ermittlungshandlung des → Untersuchungsorgans im Vorstadium eines förmlichen Ermittlungsverfahrens mit kriminaltechnischen Mitteln und Methoden zur Aufklärung von sicherheitsrelevanten Vorkommnissen (z. B. Schriften »staatsfeindlichen« Inhalts, Grenzdurchbrüche, Brände und Havarien) im »täterunbekannten Stadium« vor Ort (bei »bekannten Tätern« → Sachverhaltsprüfung). Die V. diente auch der Begrenzung der Folgen und der Vorbeugung ähnlicher Vorkommnisse. Sie wurde innerhalb der Linie IX von den Spezialkommissionen, oftmals in Zusammenarbeit mit der Kriminalpolizei, vorgenommen. Im Jahr 1988 wurden vom MfS 661 V. durchgeführt.

FJo

Vorlauf-IM → IM-Vorlauf

Vorlauf Operativ Material bei »Verdacht von Feindtätigkeit«, das von seiner Relevanz zunächst nicht die Eröffnung eines → OV rechtfertigte. Gemäß einer Weisung des Büros der Leitung vom 20.5.1960 war dann eine Akte Vorlauf Operativ (auch: Vorlaufakte Operativ) anzulegen. Spätestens nach sechs Monaten sollte die Prüfung auf Eignung zum OV abgeschlossen sein. Als Vorgänger der Akte Vorlauf Operativ gilt der → Überprüfungsvorgang. Mit der in der Richtlinie 1/76 geforderten »zielstrebigen Entwicklung von Ausgangsmaterial für Operative Vorgänge« verlor der Vorlauf Operativ seine Funktion. *CHa, ISK*

Vorverdichtungs-, Such- und Hinweiskartei → VSH-Kartei

Vorverdichtungs- und Suchkarte → F 401

VRD → Verwaltung Rückwärtige Dienste

VSH-Erfassung Erfassungsart in der zentralen Personenkartei → F 16. Bei Ausländern sowie DDR-Bürgern mit ständigem Wohnsitz im Ausland, die in die → VSH-Kartei einer operativen Diensteinheit aufgenommen wurden, erfolgte – sofern sie nicht in der → Zentralen Personendatenbank oder aktiv auf der Grundlage von registrierten Vorgängen verzeichnet waren – eine Erfassung in der F 16 mit dem Vermerk »VSH«. Dabei handelte es sich lediglich um eine passive → Erfassung. *REn*

VSH-Kartei (Vorverdichtungs-, Such- und Hinweiskartei) Die VSH-Kartei diente in den operativen Diensteinheiten der Such- und Vergleichsarbeit zu Personen, der Sicherstellung der Informationsflüsse an andere Diensteinheiten sowie der Zusammenführung von Informationen zu Personen. Zur Erfassung der Informationen wurden die Karteikarten → F 401 (Vorverdichtungs- und Suchkarte) sowie → F 402 (Hinweiskarte) genutzt.

Diese 1974 zunächst im nachgeordneten Bereich (unselbständige operative Abteilungen sowie → Kreis- und → Objektdienststellen) eingeführte Karteiform enthielt alle Informationen zu Personen, die aufgrund einer eher geringeren Bedeutsamkeit noch nicht in → Kerblochkarten aufgenommen worden waren und zu denen vorerst keine aktive → Erfassung in der → Abteilung XII erfolgte. Aber auch zu Personen, über die bereits Informationen in Kerbloch- oder anderen Arbeitskarteien der Diensteinheit vorlagen, wurde eine F 401 angelegt. Mit Mielkes Dienstanweisung 1/80 wurde die Führung von VSH-Karteien für alle operativen Diensteinheiten verbindlich und der Kreis der aufzunehmenden Personen erweitert, so dass die VSH-Kartei in der Zeit nach 1980 an Bedeutung gewann (→ VSH-Erfassung). *DHa*

Wachregiment (des MfS) »Feliks Dzierżyński« Das am 1.1.1951 als »Wachbataillon A« gegründete W. des MfS, welches seit 1967 den Namen des ersten sowjetischen Geheimdienstchefs Feliks Dzierżyński trug, wuchs im Laufe der Jahrzehnte zu einer Wach- und Sicherungstruppe mit 11 000 Angehörigen an (1989). Als militärisch-operativer Arm des MfS bezeichnet, hatte das W., in und um Ostberlin stationiert, in erster Linie die Aufgabe, Partei- und Staatsobjekte wie die

Auszeichnung des MfS-eigenen Wachregiments »Feliks Dzierżyński« durch den Minister für Staatssicherheit Erich Mielke, um 1970.

Politbürosiedlung Wandlitz zu bewachen sowie zeitweilig bestimmte Einsatzräume zu beziehen, um die Sicherheit führender Repräsentanten der DDR einschließlich ihrer Gäste zu gewährleisten. Im Krisen- und Kriegsfall sollten die »Dzierżyński-Soldaten« die SED-Parteiführung schützen und bei inneren Unruhen eingreifen. Ihre »militärisch-tschekistische« Ausbildung war auf den Orts- und Häuserkampf ausgerichtet. Die Bewaffnung bestand zuletzt neben den üblichen Infanteriewaffen aus Panzerbekämpfungsmitteln, Fla-Raketen und mehr als 400 Schützenpanzerwagen. Das W. rekrutierte sich zu etwa 80 % aus freiwillig drei Jahre dienenden Soldaten und Unteroffizieren. Die SED-Führung und → Mielke wollten in den Angehörigen des W. politische Soldaten sehen, die in einem besonderen Treueverhältnis zur Partei- und Staatsführung stehen sollten. Ihre Sonderstellung wurde durch einen besonderen Fahneneid, Uniformen aus Offiziersstoff, Ärmelstreifen und durch eine bessere Besoldung unterstrichen. Gegenüber anderen bewaffneten Organen entwickelten die MfS-Soldaten deshalb gelegentlich Formen überheblichen Verhaltens. Es existierte zeitweise so etwas wie ein Korpsgeist, man begriff sich als eine Art »Rote Garde«. Einsätze

Emil Wagner

am 17. Juni 1953 und am 13. August 1961 stellte man in der Traditionspflege besonders heraus. Im Oktober 1989 erfolgte gegen Demonstranten in Ostberlin der letzte »Sicherungseinsatz« von kleineren Teilen des W.; danach verweigerte die Mehrheit der Soldaten den bisherigen »absoluten Gehorsam«. Die Modrow-Regierung löste das W. im Dezember 1989 auf.   *PLa*

Wagner, Emil *6.12.1921
Leiter der Bezirksverwaltung Halle
Geb. in Troppau (ČSR), Vater Bäcker, Mutter Holzarbeiterin; Mittelschule; 1935 – 1939 Lehre und Arbeit als Schlosser; 1939 Wehrmacht; 1943/44 Gefangenschaft, Antifa-Schüler; 1944/45 Einsatz in der Partisanengruppe Kaiser.
1945/46 KPD/SED, Einsatz mit der Partisanengruppe in Berlin »gegen Faschisten«, offiziell Vertreter eines Reisebüros; 1947 Einstellung bei der DVdI, dann Landeskriminalamt Brandenburg; 1948 stellv. Leiter, dann Leiter des Dezernates K 5 (politische Polizei); 1949 Leiter der Abt. Kriminalpolizei im Polizeipräsidium Potsdam; 1949 Einstellung bei der Verwaltung zum Schutz der Volkswirt-

schaft Brandenburg (ab Februar 1950 Länderverwaltung Brandenburg des MfS), Leiter der Abt. IX (Untersuchungsorgan); 1951 Stellv. Operativ des Leiters der Länderverwaltung Brandenburg; 1952 Leiter der BV Potsdam, Mitglied der SED-Bezirksleitung Potsdam; 1955 Leiter der BV Halle; ab 1958 Mitglied der SED-Bezirksleitung Halle; 1971/72 wegen Krankheit von seinen Funktionen entbunden; März 1972 Versetzung zur Objektverwaltung Wismut, OibE in der SDAG Wismut; Juli 1972 Entlassung, Rentner. *JGi*

Walter, Otto 2.10.1902 – 8.5.1983
Generalinspekteur der Deutschen Volkspolizei, Stellv. des Ministers für Staatssicherheit, 1953–1963 Mitglied des Kollegiums des MfS
Geb. in Tarnowitz (Schlesien), Vater Zimmermann; Besuch der Volksschule Gleiwitz, 1917–1928 Ausbildung und Arbeit als Zimmermann in Oberschlesien; 1919 Bund der Freien Jugend; 1920 KJVD und KPD, ehrenamtliche Funktionen; April/Mai 1927 Reichsparteischule der KPD in Hohnstein; 1929/30 Org.-, später Pol.-Leiter KPD-Bezirksleitung Oberschlesien; 1930–1933 Leiter des KPD-Unterbezirks Zeitz, Weißenfels, Naumburg und Eckartsberga; 1932/33 MdR; 1933 illegale Parteiarbeit im KPD-Unterbezirk Bitterfeld-Wittenberg und im Bezirk Baden-Pfalz; Dezember 1933 Verhaftung, Verurteilung durch OLG Karlsruhe zu drei Jahren Gefängnis wegen Vorbereitung zum Hochverrat; nach Haftverbüßung 1937–1945 u. a. im KZ Sachsenhausen.
1945–1949 Mitarbeiter der KPD/SED-Landesleitung Sachsen-Anhalt; 1949–1950 Mitarbeit in der HV zum Schutz der Volkswirtschaft; 1950–1953 1. Sekr. der SED-Parteiorganisation im MfS; 1951–1953 Leiter der HA Politkultur und stellvertretender Minister für Staatssicherheit; 1953 Stellvertreter des Ministers für Staatssicherheit (verantwortlich für Verwaltung und Wirtschaft); November 1957 1. Stellv. des Ministers; 1959 Generalleutnant; 1962 VVO; Januar 1964 nach Differenzen mit Minister Erich Mielke von seiner Funktion entbunden und entlassen, Rentner; 1977 KMO. *JGi*

Weidauer, Herbert 28.6.1909 – 3.3.1975
Leiter der HA III (Volkswirtschaft), 1957–1963 Mitglied des Kollegiums des MfS
Geb. in Wilkau, Kreis Zwickau (Sachsen), Vater Bergarbeiter; Volksschule; 1923–1927 Ausbildung und Arbeit als Maurer; 1923–1927 SAJ; 1927–1939 Ein- und Verkäufer in einer Fischwarenhandlung; 1928 KPD; 1939–1945 Wehrmacht; 1945 amerikanische Kriegsgefangenschaft.

Otto Walter   *Herbert Weidauer*

1945 Oberbotenmeister; 1949 Leiter der Abt. Organisation beim Rat der Stadt Zwickau; 1951 Einstellung beim MfS, stellv. Leiter der KD Zwickau, 1952 der KD Leipzig, dann Stellv. Operativ des Leiters der BV Leipzig; 1953 Versetzung zur BV Rostock, Abt. VII, 1954 Abteilungsleiter, dann Stellv. Operativ des Leiters; 1955 stellv. Leiter, 1957 Leiter der HA III (Volkswirtschaft); 1960 Oberst, 1963 Leiter der Abt. F (Funk); 1969 Entlassung, Rentner.   *JGi*

Weikert, Martin 29.7.1914 – 28.4.1997
Stellv. Minister für Staatssicherheit, 1953 – 1957 Mitglied des Kollegiums des MfS
Geb. in Spittelgrund (Böhmen), Vater Schuhmacher, Mutter Textilarbeiterin; 1920 – 1928 Volksschule; 1928 – 1931 Gewerbliche Fortbildungsschule in Grottau (Hrádek nad Nisou); 1931 – 1936 Kreissekretär und Mitglied des ZK des Kommunistischen Jugendverbandes der ČSR; 1933/34 Grenzkurier für die illegale KPD; 1935 Mitglied der KPTsch; 1933 – 1935 Internationale Lenin-Schule Moskau; 1936 – 1938 Soldat in der tschechoslowakischen Armee. 1938/39 illegale Arbeit in der ČSR; 1939 Emigration in die UdSSR, Schlosser in Stalingrad; 1941/42 Evakuierung nach Kasachstan; 1942 Rote Armee, 1942 – 1944 »Schule für besondere

Martin Weikert

Verwendung im Hinterland«, Ufa und Moskau; ab 1944 Einsatz als Partisan im Gebiet der 4. Ukrainischen Front, Mitglied im »Hauptstab der Partisanenbewegung für die Befreiung der Tschechoslowakei« unter Rudolf Slánský; 1945/46 Mitarbeiter im ZK der KPTsch und in der »Zentralleitung der antifaschistischen Umsiedlung«.

Seit August 1946 in der SBZ Halle (Saale); Übernahme in die SED; Oktober 1946: Leiter Abteilung Polizei der Provinzialregierung Sachsen-Anhalt, Regierungsrat; Juli 1947 Leiter Dezernat K 5 Landespolizeibehörde Sachsen-Anhalt, Oberkriminalrat; Juli–November 1948 Höhere Polizeischule, Berlin, Abschluss mit Gesamtnote »genügend«; 1949–1952 Leiter der Landesverwaltung zum Schutz der Volkswirtschaft Sachsen-Anhalt; 1950 Chefinspekteur; August 1952 Gruppenleiter im MfS, Berlin; 1953–1957 Stellv. des Ministers/Staatssekretärs für Staatssicherheit; 1953 Oberst; 1954 Generalmajor; 1955 kommissarischer Leiter der → HA I; 1956/57 Leiter der MfS-Verwaltung Groß-Berlin; nach dem Sturz → Wollwebers, als dessen Anhänger er galt, aus dem Führungsgremium des MfS entfernt.

1957–1982 Leiter der BV Erfurt; 1957–1984 Mitglied der SED-Bezirksleitung Erfurt; seit 1961 gesundheitliche Beeinträchtigung seiner Einsatzfähigkeit; MfS-

Beurteilung 1961: für »gründlichere und schöpferische Arbeit« als Leiter der BV sei er »nicht beweglich genug«; sein »politisch-theoretisches Wissen« müsse »stärker entwickelt« werden; 1971 erneute Bemängelung von Leitungsdefiziten, er verfüge über »kein besonderes Talent zum Reden«, lobend hervorgehoben wird dagegen seine Einsatzbereitschaft und Parteitreue; zahlreiche Orden und Ehrenzeichen, auch von sowjetischer und tschechoslowakischer Seite; 1974 VVO in Gold; 1976 Generalleutnant; 1982 aus aktivem Dienst des MfS entlassen; 1984 KMO.   *SSu*

Werber W. hatten planmäßig Kandidaten für die inoffizielle Arbeit im → Operationsgebiet zu kontaktieren und zu rekrutieren. Seit 1984 wurde zwischen zwei Typen von W. unterschieden: Werber I wurden für die Kontaktierung, Vorbereitung und Durchführung von Werbungen eingesetzt oder nahmen die »unmittelbare Bearbeitung« von Werbekandidaten vor. Werber II waren für die Hinweis- und Dossierarbeit zur Aufklärung von Personen, Sachverhalten und Objekten eingesetzt. 1988 gab es 275 bundesdeutsche W.   *HME*

Werbung Bei der W. handelte es sich um die Herbeiführung einer Entscheidung von Personen (→ IM-Kandidat) zur inoffiziellen Zusammenarbeit mit dem MfS (auch → Anwerbung). Im → Operationsgebiet gab es selten auch die W. unter → falscher Flagge, bei der ein Mitarbeiter des MfS als Angehöriger einer anderen Einrichtung getarnt in Erscheinung trat. Die Durchführung der W. war sorgfältig vorzubereiten und hatte in einen Werbungsvorschlag zu münden, der von übergeordneten Leitern bestätigt werden musste. Der Vorschlag sollte eine Analyse der Kandidatenpersönlichkeit, das Werbungsziel, die »Werbungsgrundlage« und das methodische Vorgehen, Zeit, Ort und Inhalt des geplanten »Werbegesprächs«, Verhaltensvarianten, Art und Weise der Verpflichtung sowie alle Absicherungsmaßnahmen enthalten. Die getroffenen Festlegungen waren in einem Bericht zu dokumentieren. Häufig gingen dem eigentlichen Werbungsgespräch Kontaktgespräche voraus, bei denen der Kandidat allmählich an die W. herangeführt werden sollte. Bei der W. sollten auch Interessen des Kandidaten eine Rolle spielen, da das MfS davon ausging, dass dieser für sich »Aufwand, Nutzen und Risiko« gegeneinander abwägen würde. Das MfS unterschied drei kategorial unterschiedliche »Werbungsgrundlagen«: 1. positive Überzeugungen weltanschaulichen, moralischen und politischen Charakters, 2. persönliche Bedürfnisse und Interessen, 3. Rückversicherungs- und Wiedergutmachungsbestrebungen. Letztere spielten häufig bei W. unter Druck eine Rolle (→ Kompromat). Bei der W. war dem Kandidaten möglichst das Gefühl zu geben, seine Entscheidung würde frei und wohlüberlegt fallen. Ihre Ernsthaftigkeit sollte durch die Preisgabe interner beruflicher oder privater Kenntnisse unterstrichen werden. Ziel der W. war im Regelfall eine förmliche → Verpflichtung. Teil der W. war ein erster operativer Auftrag. Die vorab getroffenen Festlegungen waren im Werbungsvorschlag, die durchgeführte W. im Werbungsbericht zu dokumentieren. *HME*

Wer-kennt-wen-Schema (WKW) Das WKW war ein Arbeitsmittel, um die familiären, freundschaftlichen und sonstigen relevanten Beziehungen einer Person zu erfassen und darzustellen. Es diente dem Zweck, die Konspiration und Sicherheit von IM zu gewährleisten, deren Einsatz zu koordinieren und für sie neue Einsatzmöglichkeiten aufzuzeigen. In einer graphischen Darstellung wurden hierzu die Verbindungen, die der IM zu anderen Personen unterhielt und diese wiederum untereinander hatten, aufgezeichnet. Um den unterschiedlichen Charakter der Personen in diesem System und der Verbindungen darzustellen, fanden Farben und Symbole Verwendung. Das WKW fand vorrangig in IM-Akten, aber auch in unterschiedlichen → OV Anwendung. *CHa, ISK*

Westarbeit/Spionage Das MfS hat als ein Instrument der DDR, insbesondere der SED-Führung, die politischen Interessen des Staates inoffiziell in der Bundesrepublik Deutschland unterstützt. Die Westarbeit des MfS bestand aus Spionageaktivitäten, also der nachrichtendienstlichen Beschaffung von Informationen, Patenten, Verfahren und Mustern durch das MfS.
Die Bezeichnungen Westarbeit und Spionage meinen in diesem Kontext das, was beim MfS mit »operative Arbeit im und nach dem Operationsgebiet« bezeichnet wird. Im engeren Sinne also die Arbeit mit → Inoffiziellen Mitarbeitern im »Operationsgebiet«, bei dem es sich überwiegend um die Bundesrepublik Deutschland und Westberlin handelte, aber auch die in der NATO und der Europäischen Gemeinschaft verbundenen Staaten einschloss. Im weiteren Sinne fallen darunter auch die → Funkaufklärung und der Einsatz von Offizieren im besonderen Einsatz in Botschaften, Konsulaten usw. Erfolgte diese operative Arbeit bis Anfang der 70er Jahre wesentlich »illegal«, ergaben sich mit der zunehmenden Anerkennung der DDR auch verstärkt »legale« Zugänge über die Einrichtung von Botschaften, von denen aus das MfS mit »legal abgedeckten → Residenturen« arbeiten konnte.

Einer der spektakulärsten Spionagefälle: Der von der HV A geführte »Kanzler-amtsspion« Günter Guillaume mit Bundeskanzler Willy Brandt, 8. April 1974.

Für die Beschaffung von wissenschaftlich-technischen, politischen und militä-rischen Informationen war vor allem die → Hauptverwaltung A zuständig, aber nahezu gleichrangig zahlreiche Abwehrdiensteinheiten des MfS. Die → Haupt-abteilung I, in der DDR für die Absicherung des Militärkomplexes verantwort-lich, erkundete auch die Bundeswehr, den Bundesgrenzschutz, den Zollgrenz-dienst, die Bayerische Grenzpolizei und diverse Einrichtungen der NATO. Die → Hauptabteilung II, mit der »offensiven Abwehr« ausländischer Nachrichten-dienste in der DDR befasst, arbeitete zeitweise auch gegen den Bundesnachrich-tendienst, das Bundesamt und die Landesämter für Verfassungsschutz sowie den Militärischen Abschirmdienst. Die → Hauptabteilung VI überwachte neben dem Ein-, Ausreise- und Transitverkehr in der DDR auch den über innerdeutsche Grenzen hinaus von und nach Westberlin. Die → Hauptabteilung VII unterhielt im »Operationsgebiet« ebenfalls ein Netz, das im klassischen Sinne kriminelle Aktivitäten wie Schmuggel aufzuklären hatte. Die → Hauptabteilung VIII war für Ermittlungen und Beobachtungen zuständig. Zugleich war sie Servicedienst-einheit für alle Diensteinheiten des MfS, indem sie den Informationsbedarf über

Bundesbürger bediente. Neben der Sicherungsarbeit in den Bereichen Staatsapparat, Blockparteien und »politischer Untergrundtätigkeit« war die → Hauptabteilung XX im »Operationsgebiet« für alle Einrichtungen zuständig, die sich mit der DDR befassten. Im Visier der → Hauptabteilung XXII standen links- und rechtsextremistische, überwiegend terroristische Gruppen. Schließlich wäre auf Hauptabteilungsebene noch die → Zentrale Kontrollgruppe anzuführen, die sich mit besonders DDR-kritischen Gruppen befasste, wie z. B. der Internationalen Gesellschaft für Menschenrechte oder den Fluchthilfeorganisationen. Mit der Westarbeit waren nicht allein die zentralen Abwehrdiensteinheiten befasst, sondern ihre Linien (→ Linienprinzip) erstreckten sich meist auch auf Bezirks- und im Einzelfall auf Kreisverwaltungsebene des MfS.

In den Kontext der Westarbeit sind auch die etwa 400 Entführungen von Bürgern aus der Bundesrepublik Deutschland und Westberlin zu zählen sowie vereinzelte Versuche und Erwägungen, Bürger zu töten, wobei bislang ein Mord nicht nachgewiesen ist. Das MfS selbst verstand unter der »Arbeit im und nach dem Operationsgebiet« die »Gesamtheit der politisch-operativen Kräfte des MfS im Operationsgebiet und die Nutzung solcher Personen aus dem Operationsgebiet, die zur Erfüllung operativer Aufgaben geeignet sind«.

Die HVA und ihre Abteilungen XV in den Bezirksverwaltungen arbeiteten nach Schwerpunkten im »Operationsgebiet«, ihre innere Struktur drückte die entsprechende Interessenlage aus. Demnach konzentrierte sich die Abt. I auf Politik und strategische Absichten der Bundesregierung, die Abt. II auf die Parteien, Gewerkschaften, Landsmannschaften im »Operationsgebiet«, die Abt. III steuerte die operative Arbeit der »legal abgedeckten Residenturen« in DDR-Botschaften, Konsulaten und Handelseinrichtungen, und die Abt. IV beschäftigte sich mit den »militärischen Zentren« in der Bundesrepublik Deutschland, wozu das Bundesministerium der Verteidigung, Wehrbezirkskommandos der Bundeswehr und diverse US-amerikanische Einrichtungen gehörten. Die Abt. IX befasste sich mit westlichen Nachrichtendiensten, die Abt. XI mit den USA und die Abt. XII mit der NATO. Die Abteilungen XIII bis XV gehörten zum Sektor Wissenschaft und Technik, der systematisch Patente, Verfahren und Muster für die DDR- und osteuropäische Forschung und Wirtschaft beschaffte. Schwerpunkte waren die Fachgebiete Energie, Biologie, Chemie, Elektronik, Elektrotechnik und Maschinenbau sowie das Bemühen, die Embargopolitik zu unterlaufen. Für offizielle, mithin dienstliche Kontakte zwischen beispielsweise DDR- und bundesdeutschen Wissenschaftlern oder Politikern war eigens die Abt. XVI der

Erich Wichert

HV A zuständig, die auf diesem Weg an relevante Informationen gelangen sollte. Während all diese Abteilungen der HV A überwiegend informationsbeschaffend tätig waren, verfügte sie mit der Abt. X eigens über eine Struktureinheit, die systematisch → aktive Maßnahmen in der Bundesrepublik zu entfalten suchte.
Literatur: Müller-Enbergs, Helmut: Inoffizielle Mitarbeiter des Ministeriums für Staatssicherheit. Teil 2: Anleitungen für die Arbeit mit Agenten, Kundschaftern und Spionen in der Bundesrepublik Deutschland. Berlin 1998; ders.: Hauptverwaltung A (HV A). Aufgaben – Strukturen – Quellen (MfS-Handbuch). Berlin 2011; Herbstritt, Georg: Bundesbürger im Dienste der Staatssicherheit. Göttingen 2007.   *HME*

Wichert, Erich 26.1.1909 – 5.8.1985
Leiter der HA Kader und Schulung, 1957–1974 Mitglied des Kollegiums des MfS
Geb. in Leipzig, Vater Schlosser; Volksschule; 1923–1929 Tätigkeiten als Fräser und andere Hilfsarbeiten; 1929–1933 erwerbslos; 1929 KPD; 1929–1933 Angehöriger des Parteischutzes; 1933 Verhaftung, 15 Jahre Zuchthaus wegen Beihilfe zum Polizistenmord auf dem Berliner Bülowplatz in den Zuchthäusern Luckau, Sonnenberg, Brandenburg-Görden, Moorlager und Untermaßfeld.

1945–1947 Tätigkeit für einen sowjetischen Geheimdienst in Berlin-Wedding als Angestellter einer Theaterkasse; 1947 Einstellung bei der DVdI; 1948 Leiter der Abt. Personal der HA Politkultur der DVdI; 1949 Leiter der Abt. Personal der HV zum Schutz der Volkswirtschaft des MdI, ab Februar 1950 des MfS; 1953 Leiter der HA Kader und Schulung, Oberst; 1957 als Nachfolger von → Weikert Leiter der Verwaltung Groß-Berlin des MfS; 1958–1974 Mitglied des Büros bzw. des Sekretariats der SED-Bezirksleitung Berlin; 1964 Generalmajor; 1969 VVO in Gold; 1974 Entlassung, Rentner; 1979 KMO. *JGi*

Widerstand und Opposition, Bekämpfung von Bekämpfung von Widerstand und Opposition umschreibt, was zwischen 1950 und 1989 als eine Kernaufgabe des MfS galt. Gegen den Willen eines Großteils der ostdeutschen Bevölkerung wurde eine Diktatur etabliert, die nicht durch Wahlen legitimiert war: Dies war einer der Gründe für die Bildung des MfS am 8.2.1950. Um ihren gesellschaftlichen Alleinvertretungs- und Herrschaftsanspruch zu sichern, schuf sich die SED als Repressions- und polizeistaatliche Unterdrückungsinstanz das MfS – das konsequenterweise so auch offiziell von ihr als »Schild und Schwert der Partei« bezeichnet wurde. Bereits in der »Richtlinie über die Erfassung von Personen, die eine feindliche Tätigkeit durchführen und von den Organen des MfS der DDR festgestellt wurden« vom 20.9.1950 wurde dementsprechend festgelegt, dass »alle Personen« zu registrieren seien, deren Verhalten geeignet war, die »Grundlagen« der DDR in Frage zu stellen. Ferner wurde bestimmt, dass »über Personen, die eine feindliche Tätigkeit ausüben, […] Vorgänge« anzulegen sind und über »die erfassten Personen […] eine zentrale Kartei« einzurichten ist. Das offensive Vorgehen gegen Regimegegner erfuhr eine Ergänzung in den gleichzeitig getroffenen Festlegungen zur Übergabe der als »feindlich« klassifizierten Personen an die Staatsanwaltschaften. Das MfS wurde somit bei der Bekämpfung von Widerstand und Opposition zur Ermittlungsinstanz; die nachfolgenden Urteile gegen Oppositionelle und Regimekritiker ergingen in enger Kooperation mit den vom MfS zumeist vorab instruierten Gerichten und zum Schein vermeintlicher Rechtsstaatlichkeit unter Hinzuziehung von mit dem MfS häufig zusammenarbeitenden Rechtsanwälten.

Inhalte, Auftreten und Erscheinungsbild von politisch abweichendem Verhalten, Widerstand und Opposition wandelten sich im Laufe der DDR-Geschichte. Zugleich änderten sich auch die Strategien und Methoden des MfS in Abhängigkeit vom konkreten Erscheinungsbild von Protest und Widerstand, aber auch analog

Der Westberliner Journalist Karl Wilhelm Fricke wurde 1955 wegen seiner DDR-Kritik von der Staatssicherheit in den Osten verschleppt. Zeitungsausschnitt »Der Abend« vom 4. April 1955.
Observationsfoto von der Ostberliner Oppositionellen Bärbel Bohley, 1986.

zum Ausbauniveau des Apparates und seines Zuträger- und Informantennetzes sowie zur jeweils getroffenen Lageeinschätzung und unter Berücksichtigung der politischen Rahmenbedingungen.

Zu allen Zeiten gab es in beinahe allen Bevölkerungsgruppen und in allen Regionen Aufbegehren, Opposition und Widerstand. In den ersten Jahren nach Gründung der DDR gingen die SED und das MfS mit drakonischen Abschreckungsstrafen (u. a. Todesurteilen) gegen politische Gegner vor. Gefällt wurden die Urteile nicht selten in penibel vorbereiteten Strafprozessen mit präparierten Belastungszeugen und unter Verwendung erzwungener Geständnisse. In mehreren Orten der DDR wurden z. B. Oberschüler (Werdau, Leipzig, Werder, Eisenfeld, Fürstenberg/Oder, Güstrow), die anknüpfend an das Vorbild der Gruppe »Weiße Rose« in der NS-Diktatur Widerstand geleistet hatte, zum Tode oder zu langjährigen Zuchthausstrafen verurteilt, weil sie Informationen gesammelt und Flugblätter verteilt hatten. Manch einer von ihnen überlebte die Haftbedingungen nicht oder nur mit dauerhaften gesundheitlichen Schäden. Im Laufe der 50er Jahre ging das MfS schrittweise zum verdeckten Terror über. Nach wie vor ergingen langjährige Zuchthausstrafen; politische Opponenten, die von Westberlin aus die Verhältnisse in der DDR kritisierten, wurden – wie Karl Wilhelm Fricke 1955 – in geheimen Operationen entführt, nach Ostberlin verschleppt, in MfS-Haft festgehalten und vor DDR-Gerichte gestellt (→ Entführung). Das Bestreben der SED, sich in der westlichen Öffentlichkeit aufgrund dieser ungelösten Fälle und angesichts eklatanter Menschenrechtsverletzungen nicht fortlaufender Kritik ausgesetzt zu sehen, führte, begünstigt durch die Absicht, der maroden Finanz- und Wirtschaftslage mit westlicher Unterstützung beizukommen, schrittweise zu einem Wandel. Im Ergebnis kam es auch zu einer Modifikation der MfS-Strategien im Vorgehen gegenüber Widerstand und Opposition. Neben die im Vergleich zu den 50er Jahren zwar niedrigeren, für die Betroffenen aber nach wie vor empfindlich hohen Haftstrafen traten als beabsichtigt »lautloses« Vorgehen die Strategien der Kriminalisierung und → Zersetzung. In einem »Entwurf der Sektion politisch-operative Spezialdisziplin« des MfS, der auf 1978 zu datieren ist, wird hierzu ausgeführt: »Um der Behauptung des Gegners die Spitze zu nehmen, dass wir ideologische Meinungsverschiedenheiten oder Andersdenkende mit Mitteln des sogenannten politischen Strafrechts bekämpfen, sind dazu noch wirksamer Maßnahmen zur Kriminalisierung dieser Handlungen sowie nicht strafrechtliche Mittel anzuwenden.« In der Richtlinie 1/76 »zur Entwicklung und Bearbeitung Operativer Vorgänge« vom Januar 1976 wurden unter Punkt 2.6 »die Anwendung von Maßnahmen der Zersetzung« geregelt und unter Punkt 2.6.2 die »Formen, Mittel und Methoden der Zersetzung« erörtert. Jene reichten u. a. von der »systematischen Diskreditierung des öffentlichen Rufes« auch mittels »unwahrer […] Angaben« und der »Verbreitung von Gerüchten« über das »Erzeugen von Misstrauen«, dem »Vorladen von Personen zu staatlichen Dienststellen« bis zur »Verwendung anonymer oder pseudonymer Briefe, […] Telefonanrufe«. Mit der »Ordnungswidrigkeitenverordnung« (OWVO) von 1984 ging man zudem verstärkt dazu über, politisch unliebsame Personen, sofern sie sich an Protesten beteiligten, mit Ordnungsstrafen zu überziehen und sie somit materiell unter Druck zu setzen. All diese Maßnahmen sollten nach außen hin den Eindruck erwecken, dass das MfS weniger rigoros als in früheren Jahren gegen Regimegegner vorging. Nach der Freilassung von Oppositionellen, die kurz zuvor während der Durchsuchung der Umweltbibliothek 1987 und nach den Protesten am Rande der Liebknecht-Luxemburg-Demonstration 1988 in Berlin inhaftiert worden waren, äußerten selbst SED-Mitglieder Zweifel, ob das MfS noch in der Lage sei, offensiv und effektiv gegen politische Opponenten vorzugehen. Hochgerüstet und allemal zum Einschreiten bereit, trat das MfS jedoch noch bis in den Herbst 1989 gegenüber weniger prominenten Menschen in Aktion, die Widerstand leisteten, inhaftierte diese und ließ gegen sie hohe Haftstrafen verhängen. Bis zum Ende der DDR schritt das MfS bei sog. Demonstrativhandlungen ein und ging gegen – wie es hieß – ungesetzliche Gruppenbildungen vor.

Literatur: Auerbach, Thomas; Braun, Matthias; Eisenfeld, Bernd; Prittwitz v., Gesine; Vollnhals, Clemens: Hauptabteilung XX: Staatsapparat, Blockparteien, Kirchen, Kultur, »politischer Untergrund« (MfS-Handbuch). Berlin 2008; Materialien der Enquete-Kommission »Aufarbeitung von Geschichte und Folgen der SED-Diktatur in Deutschland«, hg. vom Deutschen Bundestag, Baden-Baden 1995, Band VII/1–2; Neubert, Ehrhart: Geschichte der Opposition in der DDR 1949–1989. 2. Aufl., Berlin 1998.   *CHa, ISK*

Wismut → Objektverwaltung »W«

Wohngebietsermittlung Häufigste Methode der MfS-Ermittlungsarbeit auf DDR-Gebiet. Sie wurde zumeist von Diensteinheiten der Linie VIII (→ HA VIII) oder den Kreisdienststellen durchgeführt und war Bestandteil der allgemeinen operativen → Ermittlung zu Personen. Die Ermittler traten getarnt in Erscheinung und befragten Familienangehörige, Freunde und Nachbarn.   *ASe*

Wolf, Markus 19.1.1923 – 9.11.2006
Leiter der HV A, stellv. Minister für Staatssicherheit, Mitglied des Kollegiums des MfS
Markus Wolf wurde in Hechingen (Süd-Württemberg) als Sohn des Schriftstellers Friedrich Wolf geboren. Seine Eltern nahmen ihn bei ihrer Emigration 1933 zunächst in die Schweiz, dann nach Frankreich und im April 1934 nach Moskau mit. Dort besuchte er bis zu deren Auflösung 1938 die deutsche Mittelschule »Karl Liebknecht« und wurde 1936 sowjetischer Staatsbürger. Das Mitglied des sowjetischen Jugendverbandes Komsomol besuchte 1940/41 diverse Gewerkschaftskurse und studierte von 1940 bis 1942 an der Hochschule für Flugzeugbau in Moskau, bis er nach Alma-Ata (Kasachstan) evakuiert wurde. 1942 trat er der KPD bei und besuchte 1942/43 die Schule der Komintern in Kuschnarenkowo.

Markus Wolf

Von 1943 bis 1945 war er Redakteur, Sprecher und Kommentator des »Deutschen Volkssenders« in Moskau.

Im Mai 1945 kehrte er nach Deutschland zurück und wurde als Mitarbeiter beim »Berliner Rundfunk« eingesetzt. 1945/46 war W. Berichterstatter beim Hauptkriegsverbrecherprozess in Nürnberg. Von Oktober 1949 bis August 1951 war er 1. Rat der DDR-Mission in Moskau. Im September 1951 wurde er stellv. Leiter der Auswertungsabteilung des Nachrichtendienstes → IWF, dann der Abwehrabteilung. Im September 1953 wurde er mit der Leitung dieses Dienstes betraut, der im gleichen Jahr in das → Staatssekretariat für Staatssicherheit als HA XV (ab 1956 → HV A) einging. In dieser Funktion war er zunächst Stellv. des Staatssekretärs für Staatssicherheit im Ministerium des Innern, dann stellv. Minister für Staatssicherheit. Im Februar 1986 schied W. aus seiner Funktion aus, blieb aber weiterhin Mitarbeiter der HV A, um die Geschichte der HV A auszuarbeiten bzw. schriftstellerisch tätig zu werden.

Im Oktober 1990 floh er über Österreich in die UdSSR, kehrte aber im September 1991 zurück und wurde in der Bundesrepublik kurzzeitig in Untersuchungshaft genommen. 1993 wurde er wegen Landesverrats und Bestechung zu sechs Jahren Haft verurteilt. Das Urteil wurde 1995 aufgehoben, und in einem neuer-

Ernst Wollweber

lichen Prozess wurde er 1997 wegen Freiheitsberaubung, Nötigung und Körperverletzung zu zwei Jahren Haft auf Bewährung und 50 000 DM Geldstrafe verurteilt.
Literatur: Wolf, Markus: Die Troika. Berlin 1989; ders.: In eigenem Auftrag. München 1991; ders.: Spionagechef im geheimen Krieg. Erinnerungen. München 1997; ders.: Die Kunst der Verstellung. Berlin 1998   *HME*

Wollweber, Ernst 29.10.1898 – 3.5.1967
Staatssekretär bzw. Minister für Staatssicherheit
W. wurde in Hannoversch-Münden / Weser als Sohn eines Tischlers geboren. Im Ersten Weltkrieg diente er in der Kriegsmarine und beteiligte sich im November 1918 am Matrosenaufstand in Kiel. Im Januar 1919 war er in seiner Heimatstadt an der Gründung der KPD beteiligt. 1921 wurde W. hauptamtlicher 1. Sekretär des KPD-Bezirkes Hessen-Waldeck mit Sitz in Kassel. Wenige Monate später berief man ihn in den M-Apparat der KPD; er erhielt in Moskau eine entsprechende Ausbildung. Nachdem er 1924 nach Deutschland zurückgekehrt war, wurde er verhaftet und vom Reichsgericht wegen hochverräterischer Aktivitäten zu drei Jahren Haft verurteilt. 1928 wurde W. in den preußischen Landtag gewählt.

1932/33 fungierte er als Organisationsleiter des ZK der KPD und als Reichsleiter des »Einheitsverbandes der Seeleute, Hafenarbeiter und Binnenschiffer« in der kommunistischen »Internationale der Seeleute und Hafenarbeiter« (ISH). Im November 1932 wurde er in den Reichstag gewählt.

Nach der Machtübergabe an die NSDAP arbeitete er zunächst illegal in Deutschland, erhielt aber im Mai 1933 aus Moskau den Befehl, sich nach Kopenhagen abzusetzen und dort die Exilleitung der ISH zu übernehmen. 1935 wurde er vom Büro für Sonderaufgaben des NKWD beauftragt, eine geheime Sabotageorganisation aufzubauen, die – von den skandinavischen Ländern, Belgien und den Niederlanden aus – gegen Schiffe der späteren Achsenmächte operierte. W. residierte konspirativ in Oslo. Der Wollweber-Apparat wurde schon bald durch Verhaftungen dezimiert. W. selbst konnte nach der deutschen Besetzung Norwegens 1940 nach Schweden fliehen, wurde dort aber sogleich inhaftiert. Ein Tauziehen zwischen Deutschland und der Sowjetunion um seine Auslieferung endete im November 1944 mit seiner Ausreise in die UdSSR.

Im März 1946 kehrte er nach Berlin zurück und bekleidete in der SBZ zunächst das Amt des stellv. Leiters der Generaldirektion Schifffahrt. 1947 wurde er selbst Generaldirektor und nach Gründung der DDR Staatssekretär für Schifffahrt im Verkehrsministerium. In dieser Funktion scheint er im Auftrag der Sowjets mehrere konspirative Ausbildungsstätten unterhalten zu haben, in denen kommunistische Seeleute aus dem Westen für Schmuggel-, Spionage- und Sabotageoperationen ausgebildet wurden.

Nach dem Juniaufstand und dem Sturz → Zaissers wurde W. – offensichtlich auf Betreiben der Sowjets – am 24. Juli 1953 zum neuen Staatssicherheitschef berufen. Ulbricht gelang es zwar, die Macht W. zu begrenzen, indem er ihm den Einzug ins Politbüro verweigerte und die Staatssicherheit als Staatssekretariat zunächst formal dem Innenministerium unterstellte. Doch blieb W. mit den »Freunden« im Rücken dessen politischem Durchgriff zunächst partiell entzogen.

Die Amtsführung von W. war in den Jahren 1953 bis 1955 durch ausgesprochene Härte gekennzeichnet. Im Einvernehmen mit der SED-Führung und den → sowjetischen Beratern entwickelte W. die Offensivstrategie der »konzentrierten Schläge«, stabsmäßig geplante Verhaftungswellen gegen aktive Regimegegner, die von Propagandakampagnen flankiert wurden. Bis zum Frühjahr 1955 gab es mehrere aufeinanderfolgende Verhaftungswellen. Charakteristisch für diese Phase war auch der gnadenlose Umgang W. mit abtrünnigen Mitarbeitern, von denen mindestens sieben aus dem Westen »zurückgeholt« und hingerichtet wurden. W. konzentrierte sich auf organisatorische und kaderpolitische Probleme sowie auf die grundsätzlichen politischen Fragen. Das operative Tagesgeschäft überließ er weitgehend → Mielke.

Ab Frühjahr 1955 betrieb W. auf Veranlassung der Sowjets den massiven Ausbau der Westarbeit der Staatssicherheit auf Kosten der inneren Überwachung, was ihm später von Ulbricht ebenso zum Vorwurf gemacht wurde wie der Personalabbau, den er 1956 mit Nachdruck betrieb. W. verfolgte jetzt eine begrenzte Entstalinisierung der Staatssicherheit, sein Einfluss blieb aber begrenzt, nicht zuletzt weil ihn in der entscheidenden Phase im Sommer 1956 ein Herzinfarkt für einige Zeit außer Gefecht setzte. Als er im November 1956 wieder genesen war, traf er auf einen politisch gestärkten Ulbricht, der das Tauwetter beendete und zielstrebig an einer Neuausrichtung des MfS auf die Bekämpfung der »ideologischen Aufweichung« arbeitete, die er als die aktuelle politische Hauptgefahr betrachtete. W., zu dem Ulbricht nie ein Vertrauensverhältnis gehabt hatte, war ihm dabei im Weg.

Ulbricht ließ Schauprozesse gegen kritische Parteiintellektuelle inszenieren (Wolfgang Harich, Walter Janka u. a.), die den hochverräterischen Charakter »revisionistischer« Reformideen entlarven sollten, und verschaffte sich über Mielke direkten Zugang zu den betreffenden Ermittlungsakten. Darauf reagierte W. im Januar 1957 mit einem Befehl, der seinen Stellvertretern eigenständige dienstliche Verbindungen zur Parteiführung verbot, was Ulbricht als Insubordination auffasste. Im Oktober 1957 wurde W. in den Ruhestand geschickt. Auf dem 35. ZK-Plenum wurde er der fraktionellen Tätigkeit im Verein mit Karl Schirdewan bezichtigt und aus dem ZK ausgeschlossen. In der Folgezeit stand er unter der Beobachtung des MfS. *REn*

Z

ZAGG → **Zentrale Arbeitsgruppe Geheimnisschutz**

ZAIG → **Zentrale Auswertungs- und Informationsgruppe**

Zaisser, Wilhelm 20.6.1893–3.3.1958
Minister für Staatssicherheit
Wilhelm Zaisser wurde in Rotthausen bei Gelsenkirchen als Sohn eines Gendarmeriewachtmeisters geboren. Er absolvierte ein Lehrerseminar und arbeitete bis zum Kriegsausbruch als Volksschullehrer in Essen. 1914–1918 leistete er Militärdienst, ab 1916 als Leutnant. Nach dem Ersten Weltkrieg engagierte er sich, zurückgekehrt in den Lehrerdienst, politisch, gehörte der KPD an. Während des Kapp-Putsches 1920 war er Mitglied der Zentralen Leitung der Roten Ruhrarmee in Essen. Im Januar 1921 verhaftet, wurde er durch das Militärsondergericht zu vier Monaten Gefängnis verurteilt und aus dem Schuldienst entlassen. Ab 1921 war er Angestellter der KPD, gehörte 1922 der Bezirksleitung, dann der Reichsleitung der »Union der Hand- u. Kopfarbeiter« an. Ab August 1923 war er militärischer Leiter der KPD im Ruhrgebiet und 1923/24 Mitglied der KPD-Bezirksleitung Ruhrgebiet. In dieser Zeit besuchte er einen Lehrgang an der Militärschule in Moskau und wurde im Anschluss Leiter des Militärpolitischen Apparats der KPD im Bezirk Rheinland und Westfalen. Für den sowjetischen Militärnachrichtendienst GRU war er 1925/26 in Marokko und Syrien im Einsatz, anschließend ein Jahr in Moskau. 1926/27 war er im zentralen Militärpolitischen Apparat der KPD in Berlin tätig. 1927–1930 war er für die GRU in China im Einsatz, kehrte nach Moskau zurück und war von 1930 bis 1932 Org.-Instrukteur des Exekutivkomitees der Kommunistischen Internationale in der Tschechoslowakei.
1932 wurde er Mitglied der KPdSU. Von 1932 bis 1936 war er als Lehrer an der Militärpolitischen Schule in Bakowka (bei Moskau) tätig, zugleich auch als Lehrer an der Internationalen Lenin-Schule in Moskau. Unter dem Namen »General Gómez« war er von 1936 an zunächst militärischer Berater beim 5. Regiment der spanischen Volksarmee, dann Brigadegeneral der XIII. Internationalen Brigade im Bürgerkrieg. Im Juli 1937 wurde er in das Hauptquartier der Interbrigaden nach Albacete versetzt, war dort Leiter der Ausbildung und Lehrer, übernahm

Wilhelm Zaisser

dann das Kommando über die Basis der gesamten internationalen Einheiten in Spanien. 1938 kehrte er nach Moskau zurück, arbeitete zunächst als Redakteur, dann als Chefredakteur der deutschen Sektion im Verlag für fremdsprachige Literatur. 1940 erhielt er die sowjetische Staatsbürgerschaft. 1941–1943 wurde er der politischen Hauptverwaltung der Roten Armee (GlawPURKKA) unterstellt. 1943–1947 war er Angestellter des ZK der KPdSU, gehörte ab 1943 einer Kommission des Politbüros der KPD an, die Richtlinien für die Nachkriegspolitik ausarbeitete, und arbeitete als Lehrer für Antifa-Kurse.

1947 kehrte er nach Deutschland zurück, war 1948 Chef der Landesbehörde der Polizei Sachsen-Anhalt in Halle, 1948/49 Innenminister des Landes Sachsen und stellv. Ministerpräsident, sodann Vizepräsident der Deutschen Verwaltung des Innern. Er gehörte bis 1954 der Volkskammer und von 1950 bis Juli 1953 dem Politbüro des ZK der SED an. Mit Bildung des MfS wurde er dessen Minister. 1953 wurde er nach dem Aufstand vom 17. Juni wegen »parteifeindlich-fraktioneller Tätigkeit« aus Politbüro und ZK ausgeschlossen und als Minister abgesetzt, im Januar 1954 erfolgte der Ausschluss aus der SED. Er arbeitete als Übersetzer und verstarb 1958 in Berlin.

Literatur: Otto, Wilfriede: Wilhelm Zaisser. Zwischen Parteibefehl und Bannbulle. In: Disput (1993)12; Müller-Enbergs, Helmut: Wilhelm Zaisser (1893–1958). Vom königlich-preußischen Reserveoffizier zum ersten Chef des MfS. In: Krüger, Dieter; Wagner, Armin (Hg.): Konspiration als Beruf. Berlin 2003. *HME*

Zelleninformator Z. (in den ersten Jahren des MfS auch als Kammeragenten, KA, bezeichnet) waren spezielle → inoffizielle Mitarbeiter (zumeist Untersuchungshäftlinge, zuweilen auch Strafgefangene), die das → Untersuchungsorgan (→ HA IX) des MfS in den eigenen Haftanstalten (→ Abt. XIV, → Haft im MfS) einsetzte, um Untersuchungshäftlinge zu kontrollieren, auszuhorchen und zu beeinflussen. Sie dienten der verdeckten Informationsbeschaffung im Rahmen strafrechtlicher Ermittlungen, der Einwirkung auf die Aussagebereitschaft von Beschuldigten und der Aufrechterhaltung des U-Haft-Regimes. Der Einsatz von Z. im MfS ging auf die sowjetische Geheimpolizei zurück und wurde seit den Anfängen praktiziert, war aber, wie die entsprechende Aktenführung, lange Zeit nicht detailliert geregelt. Die Berichte der Z. wurden zumeist in den → Untersuchungsvorgängen der ausgeforschten Beschuldigten abgelegt. Erst 1981 wurde eine Richtlinie zur Arbeit mit Z. erlassen, die durch strenge Autorisierungs-, Konspirations- und Aktenführungsregelungen gekennzeichnet war.   *REn*

Zentrale Arbeitsgruppe Geheimnisschutz (ZAGG) 1968 hervorgegangen aus der Arbeitsgruppe Sicherung von Staatsgeheimnissen (AG SVS).
Aufgaben: politisch-operative Sicherung ausgewählter Staats- und Dienstgeheimnisse sowie von Geheimnisträgern und Einflussnahme auf Organe und Einrichtungen zur Gewährleistung des Geheim(nis)schutzes; dazu u. a. ständige Überprüfung und Kontrolle der Beachtung der Rechtsvorschriften zum Geheim(nis)schutz.   *RWi, APo*

Zentrale Auswertungs- und Informationsgruppe (ZAIG) Die ZAIG war das »Funktionalorgan« des Ministers für Staatssicherheit, die Schaltstelle im MfS, in der nahezu alle komplexen Stabsfunktionen konzentriert waren: die zentrale Auswertung und Information, einschließlich der Berichterstattung an die politische Führung, die Optimierung der entsprechenden Verfahren und Strukturen im Gesamtapparat des MfS, die zentralen Kontrollen und Untersuchungen und die Analyse der operativen Effektivität des MfS, die zentrale Planung und die Erarbeitung dienstlicher Bestimmungen, zudem die übergeordneten Funktionen im Bereich EDV sowie die Gewährleistung des internationalen Datenaustauschsystems der kommunistischen Staatssicherheitsdienste (→ SOUD). Nach der Eingliederung der → Abteilung Agitation 1985 waren auch die Öffentlichkeitsarbeit und die Traditionspflege des MfS in der ZAIG als »Bereich 6« funktional verankert. Die ZAIG war im direkten Anleitungsbereich des Ministers angesiedelt; ihr waren zuletzt die formal selbständigen → Abt. XII, XIII (Rechenzentrum) und die → Rechtsstelle fachlich unterstellt.

Die ZAIG geht auf die nach dem Juniaufstand 1953 gegründete und von Heinz Tilch geleitete → Informationsgruppe (IG) der Staatssicherheitszentrale zurück, die erstmals eine regelmäßige Lage- und Stimmungsberichterstattung für die Partei- und Staatsführung hervorbrachte. Diese entwickelte sich 1955/56 zur Abteilung Information mit drei Fachreferaten, wurde aber 1957 als Resultat des Konfliktes zwischen Ulbricht und → Wollweber wieder stark reduziert. 1957 erhielt die Abteilung mit → Irmler einen neuen Leiter, der jedoch bereits 1959 vom ehemaligen stellv. Leiter der HV A → Korb abgelöst und zum Stellvertreter zurückgestuft wurde. Gleichzeitig wurde die Diensteinheit in Zentrale Informationsgruppe (ZIG) umbenannt; von da an lief auch die bisher eigenständige Berichterstattung der HV A über sie. 1960 wurde die Berichterstattung an die politische Führung durch einen Ministerbefehl präzise geregelt, und die ZIG erhielt mit der Neueinrichtung von Informationsgruppen in den BV und operativen HA einen soliden Unterbau.

1965 wurde die ZIG in ZAIG umbenannt und ein einheitliches → Auswertungs- und Informationssystem eingeführt, das die Recherche und Selektion von Daten sowie die Organisierung von Informationsflüssen gewährleistete. In den operativen HA und BV erhielt die ZAIG mit den → AIG entsprechende »Filialen«. Im gleichen Jahr ging Korb in den Ruhestand, Irmler wurde wieder Leiter der Diensteinheit.

1968 wurde auch das Kontrollwesen der Staatssicherheit in die ZAIG eingegliedert, das im Dezember 1953 mit der Kontrollinspektion seinen ersten organisatorischen Rahmen erhalten hatte und 1957 mit der Umbenennung in AG Anleitung und Kontrolle erheblich qualifiziert worden war.

1969 erhielt die ZAIG auch die Verantwortung für den Einsatz der EDV. Das im Aufbau begriffene Rechenzentrum (Abt. XIII) wurde ihr unterstellt. In der ersten Hälfte der 70er Jahre bildeten sich vier Arbeitsbereiche der ZAIG heraus. Bereich 1: konkrete Auswertungs- und Informationstätigkeit und Berichterstattung an die politische Führung; Bereich 2: Kontrollwesen, die Erarbeitung von dienstlichen Bestimmungen sowie Prognose- und Planungsaufgaben; Bereich 3:

Fragen der EDV; Bereich 4: Pflege und Weiterentwicklung der »manuellen« Bestandteile des Auswertungs- und Informationssystems. 1979 erhielt dieser Bereich auch die Verantwortung für das SOUD (»ZAIG/5«). *REn*

Zentrale Informationsgruppe (ZIG) → **Zentrale Auswertungs- und Informationsgruppe**

Zentrale Koordinierungsgruppe (ZKG) 1975 entstanden durch Übernahme von Aufgaben verschiedener Diensteinheiten, insbesondere von → HA VI und → HA XX/5.
Aufgaben: zentrale Koordinierung des Vorgehens des MfS im Zusammenhang mit Übersiedlungen in die Bundesrepublik Deutschland, nach Westberlin bzw. das nichtsozialistische Ausland, einschließlich der Versuche des Zurückdrängens von Ausreiseanträgen bzw. zur Verhinderung des Verlassens der DDR und zur Bekämpfung des sog. staatsfeindlichen Menschenhandels bis hin zur Mitwirkung an den Entscheidungen in Ausreisefällen. *RWi, APo*

Zentrale Materialablage (ZMA) Die ZMA dienten der Schriftgutverwaltung → operativer Diensteinheiten. Sie wurden überwiegend personenbezogen geführt und entstanden im Kontext der → Erfassung auf → Kerblochkarten (KK) bzw. → Sichtlochkarten (SLK) sowie vor allem in → Vorverdichtungs-, Such- und Hinweiskarteien (VSH; → VSH-Erfassung). In ZMA wurden Vermerke und zusammengetragene Unterlagen (sog. »Originalinformationen«) verwahrt. Der Zugang fand über die o. g. Karteien (KK, SLK, VSH) statt. ZMA waren zumeist als Hängeregistraturen mit numerischer Ablage organisiert. ZMA über Personen, die nicht zu einem registrierten Vorgang (→ Registrierung) geführt hatten, für die operative Arbeit nicht mehr benötigt, aber als bedeutsam betrachtet wurden (z. B. Ergebnisse aus Sicherheitsüberprüfungen), kamen in der → Abteilung XII als »Archiviertes Material über Personen« (→ Personenablage, Allgemeine/AP) zur Ablage. *RLu*

Zentrale Personendatenbank (ZPDB) Die ZPDB war das wichtigste zentrale Datenbankprojekt des MfS. Es handelte sich um einen zentralen personen-, sach- und objektbezogenen Datenspeicher mit Informationen, die in einem Rahmenkatalog nach Personenkategorien, Sachverhaltsarten und Objektkategorien präzise definiert waren und über Hinweis- und Merkmalskategorien ergänzt und miteinander verknüpft wurden. Vor der Einführung der ZPDB wurden diese zum größeren Teil nicht oder nur mit manuellen Verfahren überwiegend dezentral erfasst. Die Vorarbeiten an der ZPDB begannen Anfang der 70er Jahre, sie wurde jedoch erst 1981 wirklich in Betrieb genommen. Computertechnisch basierte die ZPDB auf Großrechnern der RGW-Norm ESER und auf der vom MfS entwickelten Software DORIS (Dialogorientiertes Recherche- und Informationsverwaltungssystem). Die ZPDB beschäftigte in den 80er Jahren einen eigenen, unter der Leitung von Hans-Wilhelm Geiß stehenden → Stellvertreterbereich im Bereich 3 (EDV) der → ZAIG, der zuletzt rund 200 Planstellen umfasste. Ende November 1989 waren in der ZPDB Datensätze zu 1,32 Mio. Personen, 417 000 Sachverhalten, 392 000 Kontakthinweisen, 101 000 Kfz sowie 60 000 (erweiterte) Personenbeschreibungen, 23 000 Angaben aus Ermittlungsverfahren der HA IX des MfS, 458 000 Objekte mit 163 000 auf diese bezogenen Ereignissen und sog. Angriffe gespeichert. Daten und Datenträger der ZPDB wurden gemäß Beschluss des Runden Tisches im März 1990 vernichtet.   *SKo*

Zentraler Medizinischer Dienst (ZMD) 1974 entstanden aus der → Abteilung Medizinischer Dienst.
Aufgaben: Gewährleistung der medizinischen, ggf. auch psychologischen Versorgung/Betreuung der hauptamtlichen Mitarbeiter des MfS als auch der → UMA, → OibE, → HIM und zurückgezogener »Kundschafter«; Leitung des MfS-Krankenhauses in Berlin-Buch, der MfS-Poliklinik Berlin-Lichtenberg und des Haftkrankenhauses Berlin-Hohenschönhausen (→ Abt. Haftkrankenhaus).
                                                                    RWi, APo

Zentraler Operativer Vorgang (ZOV) Vorgangsart zur zentralisierten operativen »Bearbeitung« von »Vorkommnissen und Personen« mit einer erheblichen »gesellschaftsgefährlichen« Dimension. Voraussetzungen und Handlungsanweisungen für einen ZOV wurden in der RL 1/76 verbindlich festgelegt. Die Bearbeitung eines ZOV erfolgte in diversen → Teilvorgängen. Diese wurden unter der Federführung einer ZOV-führenden Diensteinheit in mehreren operativen Diensteinheiten eigenverantwortlich bearbeitet. ZOV konnten von einer → HA bzw. → BV geführt werden. Über das Anlegen eines ZOV entschied der Minister bzw. der Leiter einer BV.   *MBr*

Zentraler Operativstab (ZOS) 1970 gegründet.
Aufgaben: Betrieb des operativen Lagezentrums mit 24-Stunden-Dienst zur Entgegennahme, Aufbereitung und Weiterleitung von Meldungen/Informationen und Führung der Gesamtübersicht zur Sicherheitslage und bestimmten Vorkommnissen (Bomben- und Sprengstoffanschläge, Brandlegungen, Überfälle, Geiselnahmen, Attentate, Erpressungen, Havarien, Vorkommnisse an der Grenze, »staatsfeindliche Hetze«, Demonstrationen/Demonstrativhandlungen usw.) wie auch Durchführung von sichernden Aktionen und Einsätzen anlässlich herausragender Ereignisse der Partei- und Staatsführung.   *RWi, APo*

Zentraler Untersuchungsvorgang (ZUV) Spezielle Art von → Untersuchungsvorgang – geführt wegen Verbrechen gegen die Menschlichkeit und Kriegsverbrechen 1939–1945 – auch: Materialsammlung zu Personen und ihrem Wirken in der NS-Zeit. Ein ZUV enthielt reguläre Strafakten sowie weitere Dokumente des MfS und anderer Institutionen zum personenbezogenen Vorgang/Umfeld. Die Bildung von ZUV erfolgte seit Ende der 60er Jahre auch rückwirkend. Die Ablage erfolgte im Sonderarchiv der HA IX/11, die für zentrale Recherchen mit Blick auf die Zeit des Nationalsozialismus bezüglich Kriegsverbrechen und Widerstand zuständig war. Der Zugang erfolgt v. a. über die Personen- und Vorgangskarteien der HA IX/11. Der Bestand beträgt insgesamt 96 Vorgänge (ZUV 1-96).   *FJo*

Zersetzung Methode der verdeckten Bekämpfung von Personen und Personengruppen, die vom MfS als »feindlich-negativ« angesehen wurden. Ziel der Z. war laut der hier einschlägigen Richtlinie zur Bearbeitung → Operativer Vorgänge von 1976, gegnerische Kräfte zu zersplittern, zu lähmen, zu desorganisieren und sie untereinander und von der Umwelt zu isolieren. »Feindliche« Handlungen sollten so vorbeugend verhindert, eingeschränkt oder unterbunden werden. Ziele der Z. waren zumeist staatsunabhängige Friedens-, Ökologie- und Menschenrechtsgruppen, Ausreiseantragsteller, aktive Christen sowie Personen und Organisationen im → Operationsgebiet, die das MfS der politischen → Untergrundtätigkeit gegen die DDR verdächtigte. Gegen einzelne Personen gerichtete Maßnahmen der Z. waren gemäß Richtlinie 1/76 etwa die »systematische Diskreditierung des öffentlichen Rufes, des Ansehens und des Prestiges auf der Grundlage miteinander verbundener wahrer, überprüfbarer diskreditierender sowie unwahrer, glaubhafter, nicht widerlegbarer und damit ebenfalls diskre-

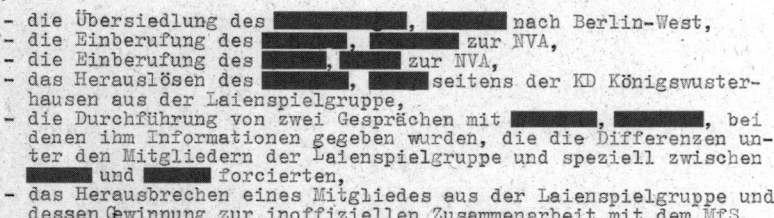

Durch Einleitung koordinierter Zersetzungsmaßnahmen mit der KD
Köpenick und der KD Königswusterhausen konnte erreicht werden, daß
innerhalb der Laienspielgruppe Differenzen auftraten, die dazu
führten, daß sich einige Mitglieder aus ihrer Tätigkeit in der
Laienspielgruppe zurückzogen.

Zu diesen politisch-operativen Zersetzungsmaßnahmen zählten:

- die Übersiedlung des ▨▨▨▨▨, ▨▨▨▨ nach Berlin-West,
- die Einberufung des ▨▨▨, ▨▨▨ zur NVA,
- die Einberufung des ▨▨▨, ▨▨ zur NVA,
- das Herauslösen des ▨▨▨▨▨, ▨▨ seitens der KD Königswusterhausen aus der Laienspielgruppe,
- die Durchführung von zwei Gesprächen mit ▨▨▨▨, ▨▨▨▨, bei
  denen ihm Informationen gegeben wurden, die die Differenzen unter den Mitgliedern der Laienspielgruppe und speziell zwischen
  ▨▨▨ und ▨▨▨ forcierten,
- das Herausbrechen eines Mitgliedes aus der Laienspielgruppe und
  dessen Gewinnung zur inoffiziellen Zusammenarbeit mit dem MfS,
- das Heranführen und integrieren des IMB "Roland" als Mitglied
  in die Laienspielgruppe,
- die Durchführung von mehreren Gesprächen mit der ▨▨▨▨, ▨▨▨
  sowie deren Eltern.

Diese und weitere Maßnahmen führten dazu, daß der Zersetzungspro-
zeß weiter beschleunigt werden konnte und die Gruppe nicht mehr
in der Lage war, ein eigenes Programm aufzuführen.

Zersetzungsmaßnahmen gegen eine Laienspielgruppe.

ditierender Angaben« oder die »systematische Organisierung beruflicher und gesellschaftlicher Misserfolge zur Untergrabung des Selbstvertrauens«. In Gruppierungen versuchte das MfS Misstrauen, Neid, Rivalitäten und gegenseitige Verdächtigung zu erzeugen und sie im Zusammenwirken mit anderen Staatsorganen durch Arbeitsplatzbindungen, Berufsverbote, Einberufungen zum Wehrdienst oder Zwangsausbürgerungen zu paralysieren. Die Z. entfaltete ihre Wirksamkeit häufig durch den kombinierten Einsatz unterschiedlicher Maßnahmen in einer längerwährenden Aktion. Die von Jürgen Fuchs als »leiser Terror« bezeichnete Z. galt laut Richtlinie als »relativ selbständige Art des Abschlusses Operativer Vorgänge« und diente somit als Ersatz für Strafverfolgungsmaßnahmen, die in der Honecker-Ära insbesondere bei der Bekämpfung von Oppositionellen aus Gründen der internationalen Reputation häufig politisch nicht mehr opportun waren. Vor der Umsetzung von Maßnahmen der Z. waren entsprechende Pläne detailliert auszuarbeiten, die vom Leiter der jeweiligen HA, selbständigen Abteilung oder BV oder im Falle von Organisationen, Gruppen oder herausgehobenen Persönlichkeiten vom Minister oder seinem zuständigen Stellvertreter bestätigt werden mussten.   *TAu, ISK*

ZI-Vorgang Vorgang zu einem → Zelleninformator

Zivilbeschäftigter (ZB) MfS-Angehöriger, der nicht in einem militärischen Dienstverhältnis, sondern in einem normalen Arbeitsrechtsverhältnis stand (→ hauptamtlicher Mitarbeiter). Es handelte sich dabei überwiegend um Handwerker und Hilfskräfte, z. b. Küchenhilfen, Hausmeister in Ferienobjekten, Kellner oder Krankenschwestern in den Kindereinrichtungen. 1960 wurde bereits ein Teil dieser Beschäftigten »aus Gründen der erhöhten Wachsamkeit« in ein militärisches Dienstverhältnis übernommen, vor allem in Dienstgebäuden tätige Handwerker. 1973 erreichte die Zahl der ZB mit 2658 einen Spitzenwert. 1976 wurde der Bestand massiv abgebaut und die überwiegende Zahl der ZB als Berufssoldaten attestiert. Von 1975 bis 1977 sank die Zahl von 2480 auf 491 zivile Mitarbeiter. 1989 gab es nur noch 185 ZB. An die ZB wurden weniger strenge kaderpolitische Anforderungen gerichtet; u. a. mussten sie nicht Mitglied der SED sein. Sie waren im FDGB organisiert, der seit den 70er Jahren über eine eigene Kreisorganisation im MfS verfügte; ihre Bezahlung war in einem eigenen Rahmenkollektivvertrag geregelt. *JGi*

ZKG → **Zentrale Koordinierungsgruppe**

ZMA → **Zentrale Materialablage**

ZMD → **Zentraler Medizinischer Dienst**

ZPDB → **Zentrale Personendatenbank**

Zuführung Polizeirechtliche Maßnahme der kurzzeitigen Freiheitsentziehung, wurde zunächst aus der polizeirechtlichen Generalklausel von § 14 des in der DDR bis 1968 geltenden Preußischen Polizeiverwaltungsgesetzes vom 1.6.1931 abgeleitet. Z. von Personen konnten zur Feststellung der Personalien sowie »zur Klärung eines Sachverhalts« (→ Sachverhaltsprüfung) durchgeführt werden. Seit 1968 bildete § 12 VP-Gesetz die Rechtsgrundlage für polizeirechtliche Z. Im Rahmen des strafprozessualen Prüfungsstadiums war auch eine Z. Verdächtiger zur → Befragung nach § 95 Abs. 2 StPO/1968 als strafprozessuale Sicherungsmaßnahme zulässig. In beiden Fällen durfte die Zeitdauer 24 Stunden nicht überschreiten. Vom MfS wurden Z. auch als taktisches Instrument genutzt. Sie konnten in eine Inhaftierung münden, aber auch zur Einschüchterung oder zur Anwerbung unter Druck genutzt werden.   *JBe*

Zusammenarbeit, politisch-operative (POZA) Koordiniertes und arbeitsteiliges Handeln mehrerer Diensteinheiten des MfS bei der Bewältigung von übergreifenden Aufgaben. Die POZA vollzog sich auf der Grundlage von übergeordneten Planungen und Weisungen und diente insbesondere der Bündelung operativer → Kräfte und → Mittel in sog. → Schwerpunktbereichen. Sie spielte eine Rolle sowohl bei komplexen Daueraufgaben wie der → Spionageabwehr oder der Bekämpfung der sog. politischen → Untergrundtätigkeit als auch bei lokal, zeitlich oder auf einzelne Personen oder Personengruppen begrenzten Maßnahmen.   *MEr*

Zusammenwirken, politisch-operatives (POZW) Als POZW wird die Kooperation des MfS vor allem mit anderen staatlichen Organen (u. a. Volkspolizei, NVA, Grenztruppen, Räte der Bezirke und Kreise) zum Zwecke der »Gewährleistung der staatlichen Sicherheit« bezeichnet. Sie wurde jedoch auch mit anderen Einrichtungen wie Wirtschaftsbetrieben und »gesellschaftlichen Organisationen« praktiziert. Das POZW hatte dem → Schwerpunktprinzip zu folgen. Es vollzog sich geheim und konspirativ unter faktischer Federführung des MfS, das hierfür auch → IM und → OibE einsetzte. Durch die Nutzung der Möglichkeiten anderer Organe gewährleistete das POZW die Optimierung von Überwachungs-, Steuerungs- und Verfolgungsmaßnahmen.   *DMü*

Dokumentenanhang

1) MfS-Zentrale 1989
2) Bezirksverwaltung 1989 (Standardstruktur)
3) Kreis- und Objektdienststellen und ihre Kategorisierung 1989
4) Typische Struktur einer Kreisdienststelle 1989 (Kategorie B, Grenzkreis)
5) Organisationsstruktur der Objektdienststelle Technische Universität Dresden/Hochschulen
6) Übersicht zu den Objektdienststellen des MfS
7) Personalentwicklung des MfS 1950 bis 1989
8) MfS-Etat 1954 bis 1990
9) Rechtsnormen, die in der Arbeit des MfS eine Rolle spielten (chronologisch)
10) Verurteilungen in der DDR wegen Spionage 1969 bis 1988
11) Übersicht zur NVA-Militäraufklärung

Dok. 1: MfS-Zentrale 1989

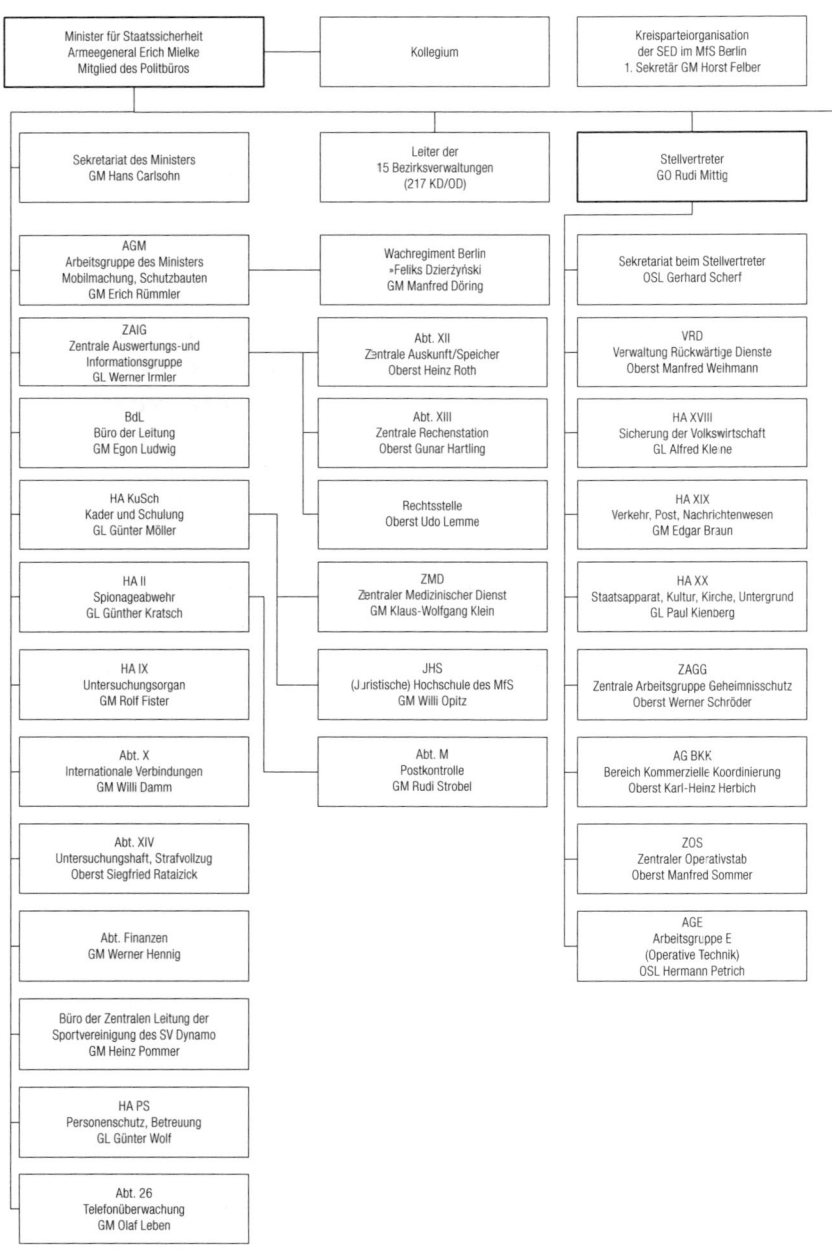

Minister für Staatssicherheit
Armeegeneral Erich Mielke
Mitglied des Politbüros

Kollegium

Kreisparteiorganisation
der SED im MfS Berlin
1. Sekretär GM Horst Felber

Sekretariat des Ministers
GM Hans Carlsohn

Leiter der
15 Bezirksverwaltungen
(217 KD/OD)

Stellvertreter
GO Rudi Mittig

AGM
Arbeitsgruppe des Ministers
Mobilmachung, Schutzbauten
GM Erich Rümmler

Wachregiment Berlin
»Feliks Dzierżyński«
GM Manfred Döring

Sekretariat beim Stellvertreter
OSL Gerhard Scherf

ZAIG
Zentrale Auswertungs-und
Informationsgruppe
GL Werner Irmler

Abt. XII
Zentrale Auskunft/Speicher
Oberst Heinz Roth

VRD
Verwaltung Rückwärtige Dienste
Oberst Manfred Weihmann

BdL
Büro der Leitung
GM Egon Ludwig

Abt. XIII
Zentrale Rechenstation
Oberst Gunar Hartling

HA XVIII
Sicherung der Volkswirtschaft
GL Alfred Kleine

HA KuSch
Kader und Schulung
GL Günter Möller

Rechtsstelle
Oberst Udo Lemme

HA XIX
Verkehr, Post, Nachrichtenwesen
GM Edgar Braun

HA II
Spionageabwehr
GL Günther Kratsch

ZMD
Zentraler Medizinischer Dienst
GM Klaus-Wolfgang Klein

HA XX
Staatsapparat, Kultur, Kirche, Untergrund
GL Paul Kienberg

HA IX
Untersuchungsorgan
GM Rolf Fister

JHS
(Juristische) Hochschule des MfS
GM Willi Opitz

ZAGG
Zentrale Arbeitsgruppe Geheimnisschutz
Oberst Werner Schröder

Abt. X
Internationale Verbindungen
GM Willi Damm

Abt. M
Postkontrolle
GM Rudi Strobel

AG BKK
Bereich Kommerzielle Koordinierung
Oberst Karl-Heinz Herbich

Abt. XIV
Untersuchungshaft, Strafvollzug
Oberst Siegfried Rataizick

ZOS
Zentraler Operativstab
Oberst Manfred Sommer

Abt. Finanzen
GM Werner Hennig

AGE
Arbeitsgruppe E
(Operative Technik)
OSL Hermann Petrich

Büro der Zentralen Leitung der
Sportvereinigung des SV Dynamo
GM Heinz Pommer

HA PS
Personenschutz, Betreuung
GL Günter Wolf

Abt. 26
Telefonüberwachung
GM Olaf Leben

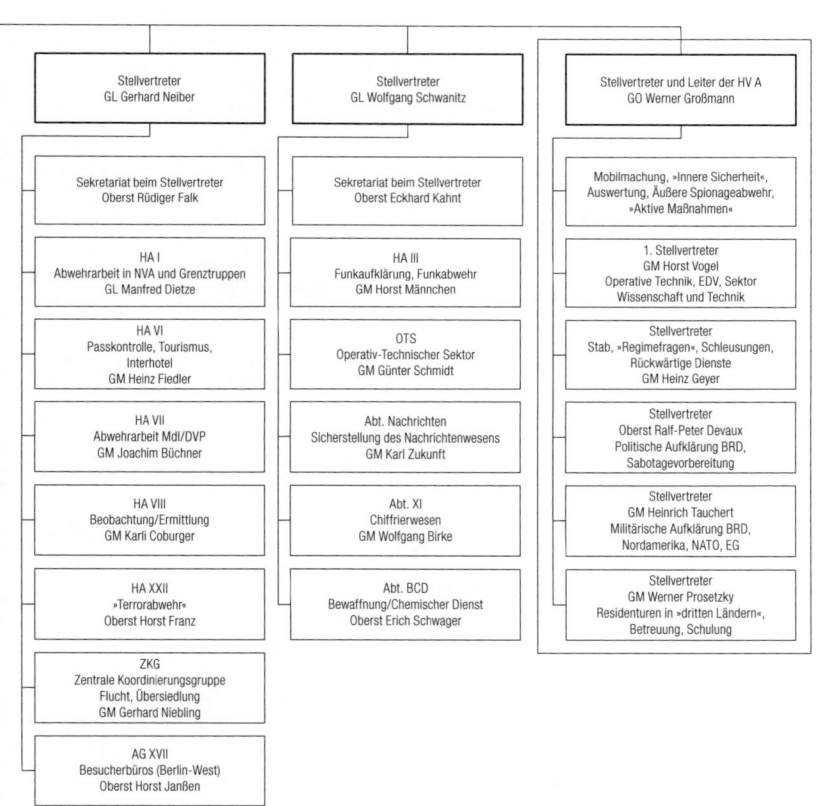

Stellvertreter
GL Gerhard Neiber

Stellvertreter
GL Wolfgang Schwanitz

Stellvertreter und Leiter der HV A
GO Werner Großmann

Sekretariat beim Stellvertreter
Oberst Rüdiger Falk

Sekretariat beim Stellvertreter
Oberst Eckhard Kahnt

Mobilmachung, »Innere Sicherheit«,
Auswertung, Äußere Spionageabwehr,
»Aktive Maßnahmen«

HA I
Abwehrarbeit in NVA und Grenztruppen
GL Manfred Dietze

HA III
Funkaufklärung, Funkabwehr
GM Horst Männchen

1. Stellvertreter
GM Horst Vogel
Operative Technik, EDV, Sektor
Wissenschaft und Technik

HA VI
Passkontrolle, Tourismus,
Interhotel
GM Heinz Fiedler

OTS
Operativ-Technischer Sektor
GM Günter Schmidt

Stellvertreter
Stab, »Regimefragen«, Schleusungen,
Rückwärtige Dienste
GM Heinz Geyer

HA VII
Abwehrarbeit MdI/DVP
GM Joachim Büchner

Abt. Nachrichten
Sicherstellung des Nachrichtenwesens
GM Karl Zukunft

Stellvertreter
Oberst Ralf-Peter Devaux
Politische Aufklärung BRD,
Sabotagevorbereitung

HA VIII
Beobachtung/Ermittlung
GM Karli Coburger

Abt. XI
Chiffrierwesen
GM Wolfgang Birke

Stellvertreter
GM Heinrich Tauchert
Militärische Aufklärung BRD,
Nordamerika, NATO, EG

HA XXII
»Terrorabwehr«
Oberst Horst Franz

Abt. BCD
Bewaffnung/Chemischer Dienst
Oberst Erich Schwager

Stellvertreter
GM Werner Prosetzky
Residenturen in »dritten Ländern«,
Betreuung, Schulung

ZKG
Zentrale Koordinierungsgruppe
Flucht, Übersiedlung
GM Gerhard Niebling

AG XVII
Besucherbüros (Berlin-West)
Oberst Horst Janßen

Dok. 2: Bezirksverwaltung 1989 (Standardstruktur)

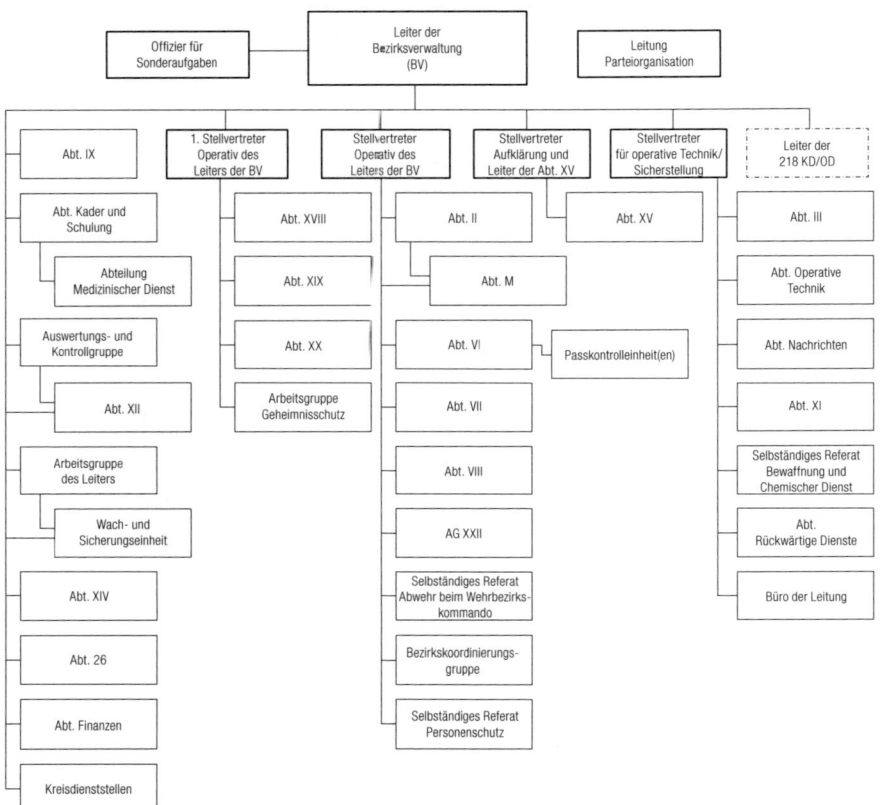

Dok. 3: Kreis- und Objektdienststellen und ihre Kategorisierung 1989

BV	KD	OD	Anzahl der MA	- A -	- B -		- C -	
					KD	OD	KD	OD
Berlin	11		661		9		2	
Cottbus	14	1	678		3		11	1
Dresden	16	1	960	1	8		7	1
Erfurt	13		735	1	4		8	
Frankfurt/O.	11		527		6		5	
Gera	11	1	604	2	1	1	8	
Halle	23	3	1 153	1	7		15	3
Karl-Marx-Stadt	22		1 026	2	3		17	
Leipzig	13		757	1	4		8	
Magdeburg	18		867	1	4		13	
Neubrandenburg	14		476		1		13	
Potsdam	15		797	1	5		9	
Rostock	10	1	556	1	4		5	1
Schwerin	10		410		3		7	
Suhl	8		332		2		6	
gesamt	209	7	10 539	11	64	1	134	6

Die Kategorie A umfasste Dienststellen mit 84 und mehr Angehörigen. Die Kategorie B Dienststellen mit 51 bis 83 Angehörigen bzw. KD von Bezirksstädten, die nicht in Kategorie A erfasst waren. Mit Kategorie C wurden die Dienststellen bezeichnet, die bis zu 50 Angehörige hatten. Die KD der Bezirksstädte Frankfurt (Oder) und Suhl wurden der Kategorie B zugeordnet, obwohl sie die geforderte Mitarbeitergrößenordnung nicht erreichten.

Dok. 4: Typische Struktur einer Kreisdienststelle 1989 (Kategorie B, Grenzkreis)

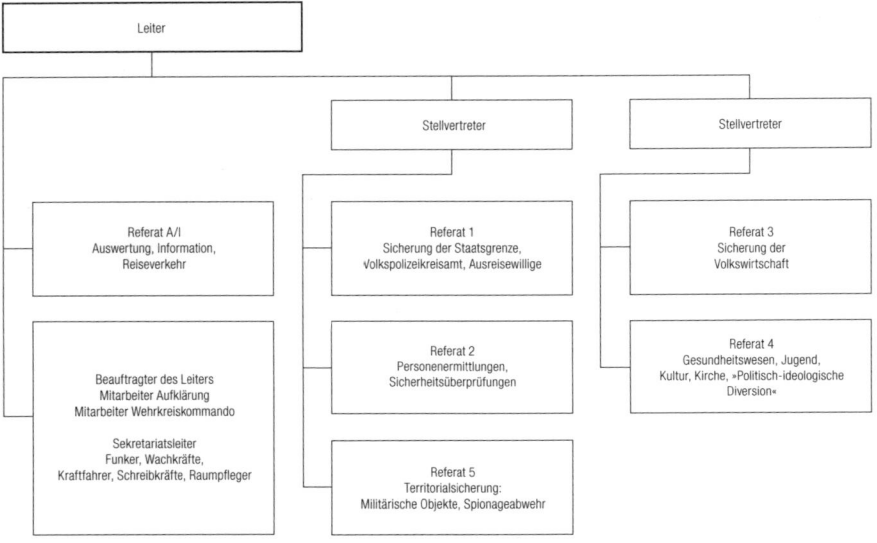

Die Kreisdienststellen wiesen je nach regionalen Gegebenheiten in ihrer Struktur Variationen auf, enthielten aber (mit Ausnahme des Bereichs Staatsgrenze, der nur in den Grenzkreisdienststellen vorhanden war) grundsätzlich alle Arbeitsbereiche des oben abgebildeten Organigramms. Entsprechend ihrer Mitarbeiterzahl waren sie in die Kategorien A (ab 84 Mitarbeiter), B (51–83 Mitarbeiter) und C (bis 50 Mitarbeiter) eingeteilt.

Dok. 5: Organisationsstruktur der Objektdienststelle Technische Universität
Dresden/Hochschulen

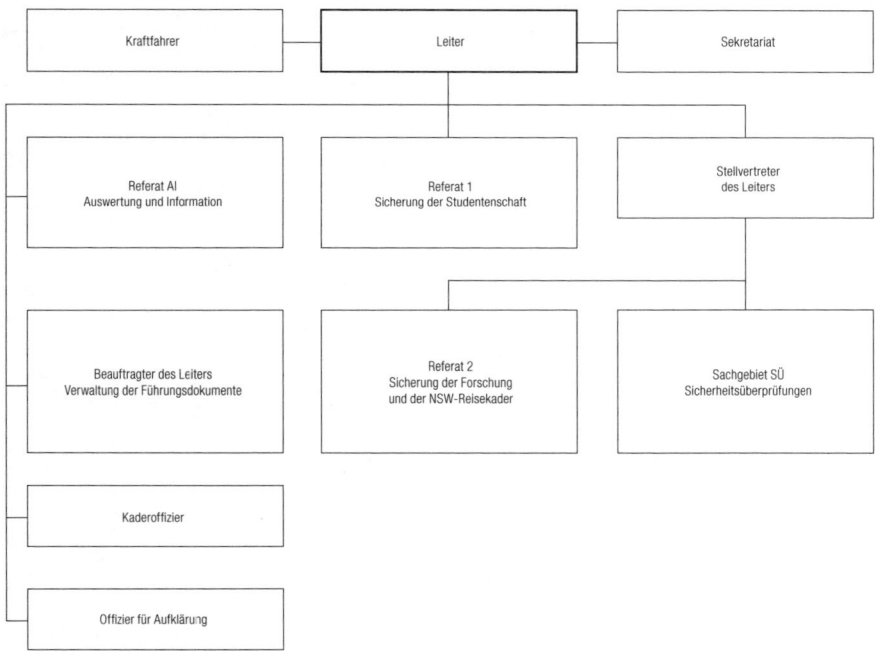

Quelle: Buthmann, Reinhard: Die Objektdienststellen des MfS (MfS-Handbuch).
Berlin 1999, S. 6.

Dok. 6: Übersicht zu den Objektdienststellen des MfS

Objektdienststelle	übergeordnete Struktureinheit	Verantwortungsbereich	Gründung	Auflösung
Altenburg	Verwaltung »W«	Betriebe der SDAG Wismut	1.1.1979	1.4.1982, mit der Verwaltung »W«
Aue	Verwaltung »W«	Betriebe der SDAG Wismut	21.3.1962	1.4.1982, mit der Verwaltung »W«
Auerbach	Verwaltung »W«	Betriebe der SDAG Wismut	nicht ermittelbar	12.7.1960
Dresden	Verwaltung »W«	Betriebe der SDAG Wismut	nicht ermittelbar	1.5.1962
Karl-Marx-Stadt – Siegmar	Verwaltung »W«	Betriebe der SDAG Wismut	21.3.1962	1.4.1982, mit der Verwaltung »W«
Königstein	Verwaltung »W«	Betriebe der SDAG Wismut	17.3.1971	1.4.1982, mit der Verwaltung »W«
Plauen	Verwaltung »W«	Betriebe der SDAG Wismut	12.7.1960	1.4.1982, mit der Verwaltung »W«
Ronneburg	Verwaltung »W«	Betriebe der SDAG Wismut	21.3.1962	1.4.1982, mit der Verwaltung »W«
Zwickau	Verwaltung »W«	Betriebe der SDAG Wismut	21.3.1962	1.4.1982, mit der Verwaltung »W«
»Schwarze Pumpe«	BV Cottbus	Kombinat »Schwarze Pumpe«	1.12.1959	mit dem MfS
TU Dresden/ Hochschulen	BV Dresden	TU Dresden und Hochschulen	27.10.1976	mit dem MfS
Petrolchemisches Kombinat Schwedt	BV Frankfurt (Oder)	Kombinat Schwedt	1.8.1971	1.6.1972
Zeiss Jena	BV Gera	Kombinat VEB Carl Zeiss Jena	1.3.1968	mit dem MfS
Buna	BV Halle	Kombinat Buna	30.5.1957	mit dem MfS
Leuna	BV Halle	Kombinat Leuna	30.5.1957	mit dem MfS
Bitterfeld	BV Halle	Kombinat Bitterfeld	1.2.1978	mit dem MfS
Böhlen	BV Leipzig	Kombinat »Otto Grotewohl«	9.9.1959	nicht ermittelbar
Espenhain		Kombinat Espenhain	9.9.1959	1.11.1966
KKW »Bruno Leuschner«	BV Rostock	Kombinat KKW »Bruno Leuschner«	1.5.1981	mit dem MfS

Quelle: Buthmann, Reinhard: Die Objektdienststellen des MfS (MfS-Handbuch). Berlin 1999, S. 18.

Dok. 7: Personalentwicklung des MfS 1950 bis 1989

Jahr	MfS Berlin	BV/KD	Wachregiment	Besondere Typen		Gesamt
				HIM	OibE	
1950	k. A.	–	k. A.	k. A.	k. A.	2 700
1951	k. A.	–	k. A.	k. A.	k. A.	4 500
1952	k. A.	k. A.	1 900	k. A.	k. A.	10 700
1953	2 903	6 623	1 930	k. A.	k. A.	12 976
1954	3 313	9 510	1 145	k. A.	k. A.	13 968
1955	3 869	11 000	1 475	k. A.	k. A.	16 344
1956	4 208	10 556	1 500	k. A.	k. A.	16 264
1957	4 006	10 436	2 445	k. A.	k. A.	16 887
1958	4 883	10 803	3 090	k. A.	k. A.	18 776
1959	5 244	11 369	3 730	k. A.	k. A.	20 343
1960	6 151	12 320	4 372	k. A.	k. A.	22 843
1961	7 002	12 128	4 395	k. A.	271	23 525
1962	7 774	12 753	4 873	k. A.	233	25 400
1963	8 191	12 627	4 617	k. A.	263	25 435
1964	9 301	13 950	4 897	k. A.	296	28 148
1965	9 753	14 316	5 121	k. A.	336	29 137
1966	10 414	15 087	5 216	k. A.	443	30 717
1967	11 238	16 269	5 705	k. A.	489	32 912
1968	12 191	17 738	6 626	k. A.	529	36 555
1969	13 269	19 708	7 351	k. A.	588	40 328
1970	14 331	21 056	7 924	k. A.	797	43 311
1971	15 661	21 939	7 980	k. A.	1 215	45 580
1972	17 161	23 431	8 194	k. A.	1 282	48 786
1973	18 943	25 163	8 601	k. A.	1 490	52 707
1974	20 631	26 296	8 839	k. A.	1 676	55 766
1975	22 312	27 957	9 245	k. A.	1 937	59 514
1976	24 107	29 546	9 215	k. A.	2 268	62 868
1977	25 885	30 942	9 683	k. A.	2 526	66 510
1978	27 761	31 913	9 919	k. A.	2 723	69 593
1979	29 407	32 868	9 952	k. A.	2 921	72 227

Jahr	MfS Berlin	BV/KD	Wachregiment	Besondere Typen		Gesamt
				HIM	OibE	
1980	31 166	33 890	10 082	k. A.	3 090	75 138
1981	32 551	35 439	10 539	k. A.	3 295	78 529
1982	34 481	36 577	10 437	4 017	3 443	85 512
1983	35 010	37 274	10 400	4 347	3 471	87 031
1984	35 133	38 124	10 203	4 345	2 986	87 805
1985	35 860	38 987	10 298	4 156	3 003	89 419
1986	37 698	42 573	10 306	3 553	2 894	90 577
1987	37 943	42 357	10 254	2 369	2 505	90 554
1988	37 665	42 731	9 861	1 702	2 296	90 257
1989	36 421	43 168	11 426	2 118	2 232	91 015

Alle Daten beziehen sich auf den 31.12. des Jahres, mit Ausnahme von 1953: 31.5. und 1989: 31.10. Die Summe ist bis 1957 ohne HV A, bis 1981 ohne HIM berechnet. Die Angaben zu MfS Berlin, Bezirksverwaltungen und Wachregiment enthalten keine HIM; k. A. = keine Angabe; kursiv = Schätzung.

Quelle: Gieseke, Jens: Die hauptamtlichen Mitarbeiter der Staatssicherheit. Personalstruktur und Lebenswelt. Berlin 2000, S. 552–557.

Dok. 8: MfS-Etat 1954 bis 1990

In Millionen Mark, gerundet; ohne Valutadienstleistungsplan.

Kursive Angaben = Plan

* = Zahlenwert unbekannt

Jahr	Einnahmen (u. a. Verkäufe und Visa)	Zuschuss Staatshaushalt	Ausgaben	darunter: Personalkosten	Veränderung Zuschuss in % zum Vorjahr
1954	*51,3*	*377,5*	*428,8*	*	*
1955	*109,4*	*709,4*	*818,8*	*	*(87,9)*
1956	*102,0*	*780,1*	*882,1*	*	*10,0*
1957	*40,7*	*247,1*	*287,8*	*	*(- 68,3)*
1958	*41,1*	*286,9*	*328,0*	*	*16,2*
1959	44,0	321,4	365,3	211,9	–
1960	51,3	377,5	428,7	235,3	17,5
1961	53,0	397,8	450,8	253,6	5,4
1962	63,7	431,1	494,8	281,5	8,4
1963	68,4	434,3	502,7	289,3	0,7
1964	73,7	486,6	560,2	315,8	12,0
1965	79,0	528,9	607,9	338,7	8,7
1966	84,5	626,9	711,4	358,0	18,5
1967	93,4	774,6	868,0	388,7	23,6
1968	106,7	923,1	1 029,8	424,0	19,2
1969	127,0	1 143,4	1 270,4	496,6	23,9
1970	147,8	1 337,4	1 485,2	583,6	17,0
1971	156,1	1 411,6	1 567,7	621,8	5,5
1972	172,2	1 510,8	1 683,0	666,1	7,0
1973	314,3	1 552,1	1 866,4	777,1	2,7
1974	324,1	1 639,1	1 963,2	856,9	5,6
1975	362,6	1 790,2	2 152,8	949,6	9,2
1976	393,0	1 995,7	2 388,7	1 038,3	11,5
1977	426,3	2 179,5	2 605,8	1 116,0	9,2
1978	477,2	2 334,9	2 812,1	1 234,4	7,1
1979	468,0	2 490,6	2 958,6	1 311,4	6,7

Jahr	Einnahmen (u. a. Verkäufe und Visa)	Zuschuss Staatshaushalt	Ausgaben	darunter: Personalkosten	Veränderung Zuschuss in % zum Vorjahr
1980	432,0	2657,2	3089,2	1381,0	6,7
1981	445,0	2884,7	3329,7	1445,2	8,6
1982	473,8	3001,4	3475,2	1585,7	4,0
1983	543,7	2976,8	3520,5	1672,5	- 0,8
1984	549,2	3086,9	3636,1	1739,7	3,7
1985	620,1	3337,9	3958,0	1900,6	8,1
1986	596,4	3522,8	4119,2	2018,4	5,5
1987	618,7	3530,0	4148,7	2123,9	0,2
1988	650,7	3641,8	4292,5	2268,5	3,2
1989	650,1	3545,7	4195,8	*2355,0*	- 2,6
1990	*	*3558,0*	*	*2405,0*	*0,3*

1954–1956 einschließlich Wachbataillone bzw. Innere Truppen/Bereitschaftspolizei.

Quelle: Gieseke, Jens: Die hauptamtlichen Mitarbeiter der Staatssicherheit. Personalstruktur und Lebenswelt. Berlin 2000, S. 558.

Dok. 9: Rechtsnormen, die in der Arbeit des MfS eine Rolle spielten (chronologisch)

Strafgesetzbuch (StGB) des Deutschen Reiches von 1871 (in der DDR teilweise gültig bis 1968)	
§ 113	Widerstand gegen Vollstreckungsbeamte
§ 115	Aufruhr
§ 125	Landfriedensbruch
§ 131	Staatsverleumdung (gültig bis 1958)

Befehle der sowjetischen Militäradministration (SMAD)	
Nr. 160 (1945)	[Sabotage und Diversion]
Nr. 201 (1947)	[Richtlinien zur Anwendung der Kontrollratsdirektiven Nr. 24 und Nr. 38 (Entnazifizierung)]

Kontrollratsdirektiven (KRD)	
Nr. 38 (1946)	Verhaftung und Bestrafung von Kriegsverbrechern, Nationalsozialisten und Militaristen und Internierung, Kontrolle und Überwachung von möglicherweise gefährlichen Deutschen (wurde als Strafnorm bis 1955 angewandt, auch gegen politische Gegner der SED)

Wirtschaftsstrafverordnung (WStVO) von 1948 (gültig bis 1968)	
§ 1	[Gefährdung der Durchführung der Wirtschaftsplanung oder der Versorgung der Bevölkerung]

Verfassung der DDR von 1949	
Art. 6	[Boykott- und Kriegshetze] (unmittelbare Anwendung als Strafnorm bis 1958)

Gesetz zum Schutze des innerdeutschen Handels (HSchG) von 1950	
§ 2	[Verstoß gegen Handelsbestimmungen]

Gesetz zum Schutze des Friedens (FrSchG) von 1950	
§§ 1–6	[Völker- oder Rassenhetze sowie Kriegspropaganda oder -hetze]

Gesetz zum Schutze des Volkseigentums und anderen gesellschaftlichen Eigentums (VESchG) von 1952 (gültig bis 1958)	
§ 1	[Diebstahl, Unterschlagung oder Betrug]
§ 2	[Urkundenfälschung oder Untreue]

Strafprozessordnung (StPO) der DDR von 1952 (gültig bis 1968)	
§ 102	Einleitung der Untersuchung
§ 106	Anordnung des Ermittlungsverfahrens
§ 142	Haftbefehl
§ 152	Vorläufige Festnahme
§ 162	Übergabe der Sache an den Staatsanwalt

Passgesetz von 1954	
§ 8	[Verlassen oder Betreten der DDR ohne erforderliche Genehmigung, Nichteinhaltung vorgeschriebener Reise- oder Aufenthaltsmodalitäten oder Erschleichung einer Reisegenehmigung durch falsche Angaben] (ab 1968 zumeist nach § 213 StGB bestraft)

Devisengesetz von 1956	
§ 17	[Vorsätzlicher Verstoß gegen das Devisenrecht]
§ 18	[Störung des Devisenverkehrs]

Strafrechtsergänzungsgesetz (StEG) von 1957 (in Kraft 1958–1968)	
§ 13	Staatsverrat
§ 14	Spionage
§ 15	Sammlung von Nachrichten
§ 16	Verbindung zu verbrecherischen Organisationen oder Dienststellen
§ 17	Staatsgefährdende Gewaltakte
§ 18	Angriffe gegen örtliche Organe der Staatsmacht
§ 19	Staatsgefährdende Propaganda und Hetze
§ 20	Staatsverleumdung
§ 21	Verleiten zum Verlassen der Deutschen Demokratischen Republik
§ 22	Diversion
§ 23	Schädlingstätigkeit und Sabotage
§ 25	Begünstigung eines Staatsverbrechens
§ 26	Nichtanzeige von Staatsverbrechen
§ 29	[Diebstahl, Unterschlagung, Betrug, Untreue zu Lasten gesellschaftlichen Eigentums]
§ 33	Fahnenflucht (bis 1962)
§ 35	Befehlsverweigerung (bis 1962)
§ 38	Verletzung des Dienstgeheimnisses (bis 1962)

Militärstrafgesetz von 1962 (2. Strafrechtsergänzungsgesetz, gültig bis 1968)	
§ 4	Fahnenflucht
§ 7	Dienstentziehung und Dienstverweigerung
§ 9	Befehlsverweigerung
§ 10	Nichtdurchführung eines Befehls
§ 15	Verletzung militärischer Geheimnisse

Zollgesetz von 1962	
§§ 12, 16	[Vorsätzlicher Verstoß gegen das Wareneinfuhr- und -ausfuhrverbot sowie das Abschlussverbot für Außenhandelsgeschäfte]
§§ 14, 16	[Vorteilsnahme aus dem Verstoß gegen Zollbestimmungen]
§ 15	[Störung des Warenverkehrs]

Strafgesetzbuch (StGB) der DDR von 1968	
§ 25	Absehen von Maßnahmen der strafrechtlichen Verantwortlichkeit [Absehen von Strafe wegen tätiger Reue bzw. geringem Schaden für die Gesellschaft (meist zusammen mit § 148 StPO 1968)]
§ 91	Verbrechen gegen die Menschlichkeit
§ 92	Faschistische Propaganda, Völker- und Rassenhetze
§ 93	Kriegsverbrechen
§ 96	Hochverrat
§ 97	Spionage
§ 98	1968–1979: Sammlung von Nachrichten 1979–1989: [Anwerbung zur Spionage]
§ 99	1968–1979: Landesverräterischer Treuebruch 1979–1989: Landesverräterische Nachrichtenübermittlung
§ 100	1968–1979: Staatsfeindliche Verbindungen 1979–1989: Landesverräterische Agententätigkeit
§§ 101, 102	Terror [wird bis 1979 auch im Zusammenhang mit Grenzdurchbrüchen angewandt]
§ 103	Diversion
§ 104	Sabotage
§ 105	Staatsfeindlicher Menschenhandel
§ 106	Staatsfeindliche Hetze
§ 107	Verfassungsfeindlicher Zusammenschluss
§ 108	Staatsverbrechen [nach §§ 96 bis 107], die gegen einen verbündeten Staat gerichtet sind
§ 132	Menschenhandel

§§ 137, 139	Beleidigung
§§ 138, 139	Verleumdung
§ 158	Diebstahl sozialistischen Eigentums
§ 159	Betrug zum Nachteil sozialistischen Eigentums
§ 161a	Untreue zum Nachteil sozialistischen Eigentums
§ 164	Verbrecherische Beschädigung sozialistischen Eigentums
§ 165	Vertrauensmissbrauch
§§ 166, 167	Wirtschaftsschädigung
§ 172	Unbefugte Offenbarung und Erlangung wirtschaftlicher Geheimnisse
§ 212	Widerstand gegen staatliche Maßnahmen
§ 213	Ungesetzlicher Grenzübertritt
§ 214	Beeinträchtigung staatlicher oder gesellschaftlicher Tätigkeit
§ 215	Rowdytum
§ 217	Zusammenrottung
§ 217a	Androhung von Gewaltakten und Vortäuschung einer Gemeingefahr
§ 218	Zusammenschluss zur Verfolgung gesetzwidriger Ziele
§ 219	Ungesetzliche Verbindungsaufnahme
§ 220	1968–1977: Staatsverleumdung 1977–1989: Öffentliche Herabwürdigung
§ 222	Missachtung staatlicher und gesellschaftlicher Symbole
§ 225	Unterlassung der Anzeige
§§ 245, 246	Geheimnisverrat
§ 249	Beeinträchtigung der öffentlichen Ordnung und Sicherheit durch asoziales Verhalten
§ 254	Fahnenflucht
§ 256	Wehrdienstentziehung und Wehrdienstverweigerung
§ 257	Befehlsverweigerung und Nichtausführung eines Befehls
§ 272	Verrat militärischer Geheimnisse

Ordnungswidrigkeitenverordnung (OWVO) von 1968	
§ 2	Beschädigung öffentlicher Bekanntmachungen
§§ 4, 5	Störung des sozialistischen Zusammenlebens [vor allem bei Ausreiseaktionen]
§ 6	Hausfriedensbruch in öffentlichen Gebäuden
§ 27	Erhöhte Ordnungsstrafmaßnahmen bei vorgenannten Ordnungswidrigkeiten in Verbindung mit größerem Schaden, grober Missachtung gesellschaftlicher Interessen, erheblicher Beeinträchtigung der staatlichen oder öffentlichen Ordnung und Sicherheit [Vorteilsstreben oder Wiederholungstaten]

Strafprozessordnung (StPO) der DDR von 1968	
§ 95	Prüfung von Anzeigen und Mitteilungen [Vorermittlungen]
§ 96	Absehen von der Einleitung eines Ermittlungsverfahrens [Verdacht einer Straftat nicht bestätigt]
§ 98	Einleitung eines Ermittlungsverfahrens
§ 124	Verhaftung
§ 125	Vorläufige Festnahme
§ 140	Abschluss des Ermittlungsverfahrens; abschließende Entscheidungen der Untersuchungsorgane [meist: Übergabe des Verfahrens an den Staatsanwalt]
§ 148	Einstellung durch den Staatsanwalt [z. B. Straftatverdacht erweist sich als unbegründet, von Bestrafung wird nach § 25 StGB abgesehen]
§ 154	Erhebung der Anklage
§ 349	Strafaussetzung auf Bewährung

Volkspolizeigesetz (VPG) von 1968	
§ 20	Übertragung von Befugnissen [Ermächtigung für das MfS, Befugnisse der Volkspolizei wahrzunehmen, z. B. Abwehr von unmittelbaren Gefahren oder Beseitigung von Störungen, die die öffentliche Ordnung und Sicherheit beeinträchtigen, Ingewahrsamnahme von Personen]

Dok. 10: Verurteilungen in der DDR wegen Spionage 1969 bis 1988

Jahr	Anzahl der Personen (Bürger aus Ost und West), die in der DDR verurteilt wurden		
	Spionage für fremde (»imperialistische«) Geheimdienste oder sonstige ausländische Organisationen	sonstige Spionage, insbesondere Spionage durch Auslieferung von Informationen nach beabsichtigtem oder erfolgtem Verlassen der DDR	Summe
1969	46	47	93
1970	61	57	118
1971	70	52	122
1972	38	44	82
1973	33	42	75
1974	28	52	80
1975	33	33	66
1976	13	24	37
1977	17	35	52
1978	22	44	66
1979	9	5	14
1980	15	8	23
1981	12	11	23
1982	8	13	21
1983	18	13	31
1984	9	11	20
1985	21	7	28
1986	13	5	18
1987	7	5	12
1988	6	1	7
Summe 1969– 1988	479	509	988

Die Statistik der Verurteilungen wegen Spionage stellt einen relevanten Aus-schnitt der → Spionageabwehr dar. Zugleich sind diese Zahlen aus zwei Grün-den problematisch. Zum einen führte nicht jede erkannte Spionagetätigkeit zu einer Verurteilung. Erkannte Agenten konnten vom MfS auch angeworben und dann gegen ihren bisherigen Auftraggeber eingesetzt werden. Zum anderen wurden auch Menschen nach den einschlägigen Paragraphen verurteilt, die gar keine Spione waren. Die in der Tabelle vorgenommene Unterscheidung in »Spionage für fremde (›imperialistische‹) Geheimdienste« und »sonstige Spionage« findet sich so in den entsprechenden Statistiken des MfS. Bis 1979 handelte es sich hierbei um die Delikte, die nach § 97 StGB/DDR verfolgt wurden. Dieser Paragraph definierte den Grundtatbestand der Spionage. Das 3. Strafrechtsänderungsgesetz fasste in der DDR ab August 1979 die Landesverratsdelikte neu. Der bisherige § 97 StGB/DDR wurde modifiziert und in 2 Paragraphen aufgeteilt. Der neue § 97 stellte Geheimnisverrat an fremde Mächte, Geheimdienste oder Organisationen zum Nachteil der DDR unter Strafe. Der neue § 98 stellte explizit unter Strafe, sich von diesen mit dem Ziel der geheimdienstlichen Tätigkeit anwerben zu lassen. Er war der speziellere der beiden Paragraphen und sollte jene Form der Spionage bestrafen, die nicht in einmaliger Nachrichtenübermittlung bestand, sondern als Dauerdelikt ausgeübt wurde. Die Tabelle weist ab 1979 die Verurteilungen nach den §§ 97 bis 98 aus, wobei sich die vom MfS vorgenommene Unterscheidung offenbar nicht an den beiden Paragraphen orientierte, sondern weiterhin nach den im Tabellenkopf angeführten Kriterien.

Wegen vermeintlicher Spionagedelikte wurden in der DDR auch viele Menschen als Spione verurteilt, die mit Spionage im klassischen Sinne nichts zu tun hatten. Kriminalisiert wurden zum Beispiel DDR-Flüchtlinge, die bei Befragungen in den bundesdeutschen Notaufnahmelagern Angaben über ihr dienstliches Wissen machten. Sofern sie später in die DDR zurückkehrten, konnten sie aufgrund dieser Befragungen als Spione verurteilt werden, was auch immer wieder vorkam. Kriminalisiert wurden ferner DDR-Bürger, die insbesondere bei der Armee, den Grenztruppen oder in der Verwaltung tätig waren und lediglich »entschlossen« waren, nach einer geglückten Flucht in den Westen Informationen preiszugeben. Auch jene DDR-Bürger, die das MfS völlig ungerechtfertigt, auf der Grundlage von Hirngespinsten eines Hochstaplers, als »Agenten mit spezieller Auftragsstruktur« (→ Spionageabwehr) einstufte, sind als Verurteilte in der Spalte »Spionage durch Auslieferung von Informationen nach beabsichtigtem oder erfolgtem Verlassen der DDR« enthalten.

Die rückläufigen Zahlen ab 1979 sind auch im Zusammenhang mit dem 3. Strafrechtsänderungsgesetz zu sehen.

Jenseits der eigentlichen Spionage ordnete das DDR-Strafgesetzbuch auch andere Handlungen als »Landesverrat« ein. Das betraf insbesondere das Sammeln nichtgeheimer Nachrichten. Demnach machte sich strafbar, wer Nachrichten zum Nachteil der DDR sammelte, wobei die Nachrichten nicht geheim und auch nicht für einen fremden Geheimdienst bestimmt sein mussten (§ 98 StGB/DDR bis 1979 (»Sammlung von Nachrichten«) bzw. § 99 StGB/DDR ab 1979 (»Landesverräterische Nachrichtenübermittlung«). Nach dieser Bestimmung wurden zwischen 1969 und 1988 in der DDR 1030 Menschen verurteilt. Sie werden in der oben stehenden Tabelle nicht berücksichtigt. Zur Anwendung kamen ferner bis 1979 »Landesverräterischer Treuebruch« (§ 99 StGB/DDR) sowie ab 1979 »Landesverräterische Agententätigkeit« (§ 100 StGB/DDR) und zunehmend auch § 219 StGB/DDR (»ungesetzliche Verbindungsaufnahme«).

Alle Zahlenangaben basieren auf den jeweiligen Jahresanalysen bzw. Jahreseinschätzungen der → Hauptabteilung IX des MfS. *GHe*

Dok. 11: Übersicht zur NVA-Militäraufklärung

Zeitraum	Bezeichnung	Leitung
1952–1953	Verwaltung für allgemeine Fragen	Generalmajor Karl Linke 1952–1957
1953–1956	Verwaltung 19	Oberst Erich Ripperger (komm.) 1957
1956–1959	Verwaltung für Koordinierung	Oberst Willy Sägebrecht 1957–1959
1959–1964	12. Verwaltung	Generalleutnant Arthur Franke 1959–1975
1964–1984	Verwaltung Aufklärung	Generalleutnant Theo Gregori 1975–1982
1984–1990	Bereich Aufklärung	Generalleutnant Alfred Krause 1982–1990
1990 (Januar–Oktober)	Informationszentrum	Oberst Manfred Zeise

AWa

Abkürzungsverzeichnis

Die mit Pfeil → gekennzeichneten Stichwörter verfügen über einen eigenen Eintrag im Lexikon.

ABC-Schutzausrüstung	Schutzausrüstung für atomare, biologische und chemische Störfälle	Antifa	Antifaschismus
		AOG	im MfS archivierte Akte der Operativgruppe bzw. des Arbeitsgebiets I der Kriminalpolizei
Abt.	→ Abteilung		
AdK	→ Apparat der Koordination		
ADN	Allgemeiner Deutscher Nachrichtendienst	AÖV	Arbeitsgruppe Öffentliche Verbindungen
AfNS	→ Amt für Nationale Sicherheit	AP	Allgemeine Personenablage (→ Personenablage, Allgemeine)
AG	→ Arbeitsgruppe	APF	→ Arbeitsgruppe Passkontrolle und Fahndung
AGL	Arbeitsgruppe des Leiters		
AGM	→ Arbeitsgruppe des Ministers	APN	→ Außenpolitischer Nachrichtendienst
AGM/S	Arbeitsgruppe des Ministers/Sonderfragen	AS	Allgemeine → Sachablage
AG SVS	Arbeitsgruppe Sicherung von Staatsgeheimnissen	AsA	Agent mit spezieller Auftragsstruktur
AIG	→ Auswertungs- und Informationsgruppe	ASR	Arbeitsgruppe Sicherung des Reiseverkehrs
AKAG	→ Akten des Arbeitsgebiets I der Kriminalpolizei	AST	Akten der Staatsanwaltschaften (Justizakten)
AKG	→ Auswertungs- und Kontrollgruppe	AstA	Antragsteller auf ständige Ausreise aus der DDR in die Bundesrepublik bzw. nach Berlin (West)
AKK	Archivierte Kerblochkarteierfassung		
ANC	African National Congress	AVA	Akten der → Verwaltung Aufklärung des Ministe-

riums für Nationale Verteidigung

BCD   Bewaffnung und Chemischer Dienst (→ Abteilung
Bewaffnung und Chemi-
scher Dienst)

BdL   → Büro der Leitung

BDVP   Bezirksdirektion der Volkspolizei

BEL   → Bezirkseinsatzleitung

BfV   Bundesamt für Verfassungsschutz

BKK   Bereich Kommerzielle
Koordinierung (→ Arbeits-
gruppe Bereich Kommer-
zielle Koordinierung)

BL   Bezirksleitung

BMW   Bayerische Motoren Werke

BND   Bundesnachrichtendienst

BPS   Bezirksparteischule

BRD   Bundesrepublik Deutschland

BStU   Der Bundesbeauftragte
für die Unterlagen des
Staatssicherheitsdienstes
der ehemaligen Deutschen
Demokratischen Republik

BT   Betriebsteil

BTU   Betriebsteil Universal

BV   → Bezirksverwaltung

BVfS   Bezirksverwaltung für
Staatssicherheit (→ Bezirksverwaltung)

CDU   Christlich Demokratische
Union Deutschlands

CIA   Central Intelligence
Agency

ČK   Tscheka (sowjetische
Geheimpolizei)

ČSR   Československá republika
(Tschechoslowakische
Republik)

ČSSR   Československá socialis-
tická republika (Tschechoslowakische Sozialistische
Republik)

DA   Dienstanweisung
Deckadresse

DASR   Deutsche Akademie für
Staats- und Rechtswissen-
schaften

DBB   Dynamo-Bau Berlin

DDR   Deutsche Demokratische
Republik

DE   Diensteinheit

DGB   Deutscher Gewerkschafts-
bund

DKP   Deutsche Kommunistische
Partei

DR   Deutsche Reichsbahn

DT   Decktelefon

DUB   Datenbank Ungesetzliche
Grenzübertritte

DVdI   Deutsche Verwaltung des
Innern

DVP   Deutsche Volkspolizei

EDV   Elektronische Datenverarbeitung

EG   Europäische Gemeinschaft

EK   Eisernes Kreuz

EKD   Evangelische Kirche in
Deutschland

EKKI   Exekutivkomitee der Kommunistischen Internationale

EloKa   Elektronischer Kampf

ESER   Einheitliches System Elektronischer Rechentechnik

ev.   evangelisch

FAD	Funkabwehrdienst (→ Funkabwehr)	Güst	Grenzübergangsstelle
		GVS	Geheime Verschlusssache
FBS	Funkbeobachtungsstelle	HA	→ Hauptabteilung
FDGB	Freier Deutscher Gewerkschaftsbund	HA PS	Hauptabteilung Personenschutz (→ Hauptabteilung PS)
FDJ	Freie Deutsche Jugend	
FEM	Funkelektronische Mittel	HfÖ	Hochschule für Ökonomie
FIM	→ Führungs-IM	HFIM	Hauptamtlicher Führungs-IM (→ Hauptamtlicher inoffizieller Mitarbeiter → Führungs-IM)
FO	→ Feindobjekt	
FOA	→ Feindobjektakte	
FOV	→ Feindobjektvorgang	
FrSchG	Friedensschutzgesetz	HGI	Haupt-Geheim-Informator
GBl.	Gesetzblatt	HIM	→ Hauptamtlicher inoffizieller Mitarbeiter
GD	Gemeinsamer Datenspeicher der kommunistischen Geheimdienste	
		HIME	Hauptamtlicher IM im besonderen Einsatz (→ Hauptamtlicher inoffizieller Mitarbeiter → Inoffizieller Mitarbeiter im besonderen Einsatz)
Gestapo	Geheime Staatspolizei	
GH	Geheime Hauptablage	
GHI	→ Geheimer Hauptinformator	
GHM	Geheimer Hauptmitarbeiter	HSchG	Handelsschutzgesetz
GI	→ Geheimer Informator	HU	Humboldt-Universität zu Berlin
GIM	Grenz-IM	
GL	Generalleutnant	HV	→ Hauptverwaltung
Glaw	Glawnoje Polititscheskoje	HV A	→ Hauptverwaltung A (Aufklärung)
PURKKA	Uprawlenije Rabotsche-Krestjanskoi Krasnoi Armii (Politische Hauptverwaltung der Roten Arbeiter- und Bauern-Armee)	
		HVzSV	→ Hauptverwaltung zum Schutz der Volkswirtschaft
		IG	→ Informationsgruppe
		IKM	Inoffizieller Kriminalpolizeilicher Mitarbeiter
GM	→ Geheimer Mitarbeiter	
GM	Generalmajor	iKP	inoffizielle Kontaktperson
GMS	→ Gesellschaftlicher Mitarbeiter für Sicherheit	IM	→ inoffizieller Mitarbeiter
		IMA	→ Inoffizieller Mitarbeiter mit besonderen Aufgaben
GO	Generaloberst	
GRU	Glawnoje Raswediwatelnoje Uprawlenije (Leitendes Zentralorgan des russischen Militärnachrichtendienstes)	IMB	→ Inoffizieller Mitarbeiter der Abwehr mit Feindverbindung bzw. zur unmittelbaren Bearbeitung

im Verdacht der Feind-
tätigkeit stehender Personen

IME → Inoffizieller Mitarbeiter
im besonderen Einsatz

IMF → Inoffizieller Mitarbeiter
der Abwehr mit Feindver-
bindungen zum Opera-
tionsgebiet

IMK → Inoffizieller Mitarbeiter
zur Sicherung der Konspiration und des Verbindungs-
wesens

IMS → Inoffizieller Mitarbeiter
zur politisch-operativen
Durchdringung und Siche-
rung des Verantwortungs-
bereiches

IMV → Inoffizieller Mitarbeiter,
der unmittelbar an der
Bearbeitung und Ent-
larvung im Verdacht der
Feindtätigkeit stehender
Personen mitarbeitet

ISDN Integrated Services Digital
Network

ISH Internationale der Seeleute
und Hafenarbeiter

ISOR Initiativgemeinschaft zum
Schutze der sozialen Rechte
ehemaliger Angehöriger
bewaffneter Organe und der
Zollverwaltung der DDR
e. V.

IWF → Institut für Wirtschaftswissenschaftliche Forschung

IZ Informationszentrum

JHS → Juristische Hochschule
des MfS

KA Kammeragent

KAG I Arbeitsgebiet I der
Kriminalpolizei
(→ KAG I-Erfassung)

KD → Kreisdienststelle

KEL → Kreiseinsatzleitung

KfS Komitee für Staatssicherheit beim Ministerrat der
UdSSR

Kfz Kraftfahrzeug

KGB Komitet Gossudarstwennoi
Besopasnosti (pri Sowjete
Ministrow SSSR) – Komitee
für Staatssicherheit (beim
Ministerrrat der UdSSR)

KgU Kampfgruppe gegen
Unmenschlichkeit

KJVD Kommunistischer Jugend-
verband Deutschlands

KK → Kerblochkarten

KKW Kernkraftwerk

KM Kontrollmaterial

KMO Karl-Marx-Orden

KO Konspiratives Objekt

KOA → Kontrollobjektakte

KoKo Kommerzielle Koordinie-
rung (→ Arbeitsgruppe
Bereich Kommerzielle
Koordinierung)

KP → Kontaktperson

KPČ Kommunistische Partei der
Tschechoslowakei

KPD Kommunistische Partei
Deutschlands

KPdSU Kommunistische Partei der
Sowjetunion

KPdSU(B) Kommunistische Partei der
Sowjetunion (Bolschewiki)

KPKK Kreisparteikontrollkommission

KPTsch	Kommunistische Partei der Tschechoslowakei	MTS	Maschinen-Traktoren-Station
KRD	Kontrollratsdirektive	MWD	Ministerstwo Wnutrennych
Krs.	Kreis		Del – Ministerium für
KS	Kader und Schulung		Inneres; bis 1946 NKWD
KSZE	Konferenz über Sicherheit und Zusammenarbeit in Europa	NATO	North Atlantic Treaty Organization
KuSch	Kader und Schulung	NKFD	Nationalkomitee Freies Deutschland
KVP	Kasernierte Volkspolizei	NKWD	Narodny Kommissariat
KW	→ Konspirative Wohnung Kurzwellen		Wnutrennych Del – Volks-kommissariat für Innere
KZ	Konzentrationslager		Angelegenheiten der
LAR	Legal abgedeckte Residen-tur (→ Residentur)	NL	UdSSR; ab 1946 MWD Nichtzuführungen zur Linie
LDP	Liberal-Demokratische Partei Deutschlands	NÖS	Neues Ökonomisches System
lfm	laufender Meter	NS	Nationalsozialismus
M-Apparat	Militärapparat	NSAG	Nichtstrukturelle Arbeits-gruppen
MAD	Militärischer Abschirm-dienst	NSDAP	Nationalsozialistische
MdB	Mitglied des Bundestages		Deutsche Arbeiterpartei
MdF	Ministerium der Finanzen	NSW	Nichtsozialistisches
MdI	Ministerium des Innern		Wirtschaftsgebiet
MdL	Mitglied des Landtags	NVA	Nationale Volksarmee
MfNV	Ministerium für Nationale Verteidigung	NVR	→ Nationaler Verteidi-gungsrat
MfS	→ Ministerium für Staats-sicherheit	OAM	→ Operatives Ausgangs-material
MGB	Ministerstwo Gossudarst-wennoi Besopasnosti – Ministerium für Staats-sicherheit der UdSSR; bis 1946 NKGB	OD	→ Objektdienststelle
		ODH	→ Operativ Diensthabende
		OG	→ Operativgruppe
		OGS	Operative Grenzschleuse (→ Grenzschleuse, opera-tive)
MID	Military Intelligence Division	OHA	Operative Hauptablage
MININT	Ministerium des Innern Kubas	OibE	→ Offizier im besonderen Einsatz
MLU	Martin-Luther-Universität	OLG	Oberlandesgericht

OLZ	Operative Leitzentralen	PZF	→ Postzollfahndung
OM	Operativer Mitarbeiter	RAD	Reichsarbeitsdienst
op.	operativ	RAF	Rote Armee Fraktion
OPK	→ Operative Personenkon-	RFB	Roter Frontkämpferbund
	trolle	RGO	Revolutionäre Gewerk-
org./Org.	organisatorisch		schaftsopposition
ÖSS	Ökonomisches System des	RGW	Rat für gegenseitige
	Sozialismus		Wirtschaftshilfe
ÖTA	→ Öffentlichkeits- und	RSFSR	Rossiskaja Sowjetskaja
	Traditionsarbeit		Federativnaja Sozialistit-
OTS	Operativ-technischer Sektor		scheskaja Respulika –
OV	→ Operativer Vorgang		Russische Sozialistische
OvD	Offizier vom Dienst		Föderative Sowjetrepublik
OWVO	Ordnungswidrigkeiten-	SAG	Sowjetische Aktiengesell-
	verordnung		schaft
PDB	→ Personendatenbank	SAJ	Sozialistische Arbeiter-
PH	Pädagogische Hochschule		jugend
PHS	Parteihochschule	SaZ	Soldat auf Zeit (→ Unter-
	»Karl Marx« beim ZK der		offizier auf Zeit)
	SED	SBZ	Sowjetische Besatzungszone
PiD	Politisch-ideologische	SDAG	Sowjetisch-Deutsche
	Diversion (→ Diversion,		Aktiengesellschaft
	politisch-ideologische)	SdM	→ Sekretariat des Ministers
PIM	→ Perspektiv-IM	SED	Sozialistische Einheitspartei
PKE	→ Passkontrolleinheit		Deutschlands
PKK	→ Personenkerbloch-Kartei	SEW	Sozialistische Einheitspartei
PKZ	Personenkennzahl		Westberlins
pol./Pol.	politisch	SFD	Spezialfunkdienste
POZA	Politisch-operative Zusam-	SfS	Staatssekretariat für Staats-
	menarbeit		sicherheit
POZW	Politisch-operatives	SGAK	Strafgefangenenarbeits-
	Zusammenwirken		kommando
	(→ Zusammenwirken,	SHB	Spezialhochbau Berlin
	politisch-operatives)	SIM	→ Sicherungs-IM
PP	Peilpunkt	SIRA	System der Informationsre-
Publ.	Publikation		cherche der HV A (→ SIRA)
PUT	Politische Untergrundtätig-	SiVO	→ Sicherungsvorgang
	keit (→ Untergrundtätigkeit,	SK	→ Sicherheitskommission
	politische)	SLK	→ Sichtlochkarten

SMAD	Sowjetische Militäradministration in Deutschland	UHA	Untersuchungshaftanstalt
		U-Haft	→ Untersuchungshaft
SOUD	(russ.) System der vereinigten Erfassung von Daten über den Gegner, Informationsspeicher des sowjetischen Geheimdienstes und befreundeter Geheimdienste über Personen, die nach Merkmalskategorien erfasst wurden (→ SOUD)	ÜIM	→ Übersiedlungs-IM
		UKW	Ultrakurzwelle
		UMA	→ Unbekannter Mitarbeiter
		UN	United Nations
		US	United States
		USA	United States of America
		ÜSE	Übersiedlungsersuchender
		USPD	Unabhängige Sozialdemokratische Partei Deutschlands
SPD	Sozialdemokratische Partei Deutschlands	UV	→ Untersuchungsvorgang
		VEB	Volkseigener Betrieb
SS	Schutzstaffel	VEM	→ Versorgungseinrichtung des Ministerrates der DDR
Stasi	Staatssicherheit		
StEG	Strafrechtsergänzungsgesetz	VO	→ Verbindungsoffizier
Stellv./ stellv.	Stellvertreter/stellvertretender	VP	Volkspolizei
		VPG	Volkspolizeigesetz
StGB	Strafgesetzbuch	VR	Volksrepublik
StPO	Strafprozessordnung	VRD	→ Verwaltung Rückwärtige Dienste
StVO	Straßenverkehrsordnung		
SÜ	→ Sicherheitsüberprüfung	VSH-Kartei	Vorverdichtungs-, Such- und Hinweiskartei (→ VSH-Kartei)
SVG	→ Sicherungsvorgang		
SWAPO	South West Africa People's Organization (Südwestafrikanische Volksorganisation)		
		VSV	Verwaltung Strafvollzug
		VVB	Vereinigung Volkseigener Betriebe
SWT	Sektor Wissenschaft und Technik	VVEAB	Vereinigung Volkseigener Erfassungs- und Aufkaufbetriebe landwirtschaftlicher Erzeugnisse
TBK	→ Toter Briefkasten		
Trapo	→ Transportpolizei		
TU	Technische Universität		
TV	Teilvorgang	VVO	Vaterländischer Verdienstorden
UaZ	→ Unteroffizier auf Zeit		
U-Boot	Unterseeboot	VVS	Vertrauliche Verschlusssache
UdSSR	Union der Sozialistischen Sowjetrepubliken	WKW	→ Wer-kennt-wen-Schema
		WR	→ Wachregiment (des MfS)
UFJ	Untersuchungsausschuss freiheitlicher Juristen	WTA	Wissenschaftlich-technische Aufklärung

ZAGG	→ Zentrale Arbeitsgruppe Geheimnisschutz	ZMA	→ Zentrale Materialablage
ZAIG	→ Zentrale Auswertungs- und Informationsgruppe	ZMD	→ Zentraler Medizinischer Dienst
ZAPU	Zimbabwe African Peoples Union (Afrikanische Volks- union von Simbabwe)	ZOPA	Zentrale Objekt- und Personendatenbank
		ZOS	→ Zentraler Operativstab
		ZOV	→ Zentraler Operativer Vorgang
ZER	Zentrales Einwohnerregister		
ZB	→ Zivilbeschäftigter	ZOW	Zentralobjekt Wuhlheide
ZG	Zollgesetz	ZPDB	→ Zentrale Personendaten- bank
ZI	→ Zelleninformator		
ZIG	Zentrale Informations- gruppe	ZRZ	Zentrales Rechenzentrum
		ZUV	→ Zentraler Unter- suchungsvorgang
ZK	Zentralkomitee		
ZKG	→ Zentrale Koordinierungs- gruppe		

Stichwortregister

Autorenverzeichnis

APo	Arno Polzin	JGi	Jens Gieseke
ASe	Angela Schmole	KFr	Karl Wilhelm Fricke
ASt	Andreas Schmidt	KRi	Klaus Richter
AWa	Armin Wagner	MBr	Matthias Braun
AWe	Annett Wernitz	MEr	Martin Erdmann
BFl	Bernd Florath	PLa	Peter Joachim Lapp
BLi	Bernd Lippmann	RBu	Reinhard Buthmann
CAd	Christian Adam	REn	Roger Engelmann
CHa	Christian Halbrock	RLu	Roland Lucht
CJa	Cornelia Jabs	RWe	Rüdiger Wenzke
DHa	Doreen Hartwich	RWi	Roland Wiedmann
DMü	Daniela Münkel	SBu	Slawomir Buczek
FJo	Frank Joestel	SKo	Stephan Konopatzky
GFö	Günter Förster	SSu	Siegfried Suckut
GHe	Georg Herbstritt	SSü	Sonja Süß
HLe	Henry Leide	SWo	Stephan Wolf
HME	Helmut Müller-Enbergs	TAu	Thomas Auerbach
ISK	Ilko-Sascha Kowalczuk	TWu	Tobias Wunschik
JBe	Johannes Beleites	WSü	Walter Süß

Angaben zu den Herausgebern

Roger Engelmann Jahrgang 1956, Studium der Geschichte, Germanistik und Sozialwissenschaften in München, 1985–1987 Stipendiat am Deutschen Historischen Institut Rom, 1990 Promotion, 1990–1992 wissenschaftlicher Mitarbeiter am Institut für Zeitgeschichte München, seit 1992 wissenschaftlicher Mitarbeiter in der Abteilung Bildung und Forschung der BStU, Projektleiter.

Bernd Florath Jahrgang 1954, 1975–1981 Studium der Geschichte an der Humboldt-Universität zu Berlin, 1981–1991 wissenschaftlicher Mitarbeiter an der Akademie der Wissenschaften der DDR, 1987 Promotion, 1990–1993 Berliner Sprecher des Neuen Forums, 1992–1996 wissenschaftlicher Mitarbeiter an der Humboldt-Universität zu Berlin, 1997–2002 wissenschaftlicher Mitarbeiter an der Gedenkstätte Deutscher Widerstand, 2005–2007 wissenschaftlicher Mitarbeiter der Robert-Havemann-Gesellschaft, seit 2007 wissenschaftlicher Mitarbeiter der Abteilung Bildung und Forschung des BStU.

Helge Heidemeyer Jahrgang 1963, ab 1984 Studium der Neueren und Mittleren Geschichte, Politikwissenschaft und Wirtschaftswissenschaften an den Universitäten Passau und München, 1992 Promotion, seit 1992 Kommission für Geschichte des Parlamentarismus und der politischen Parteien Bonn bzw. Berlin, 1997–2003 Lehrbeauftragter an der Universität Bonn, 2003–2005 Aufbau und erster wissenschaftlicher Leiter der Erinnerungsstätte Notaufnahmelager Berlin-Marienfelde, seit 2006 Lehrbeauftragter an der Humboldt-Universität zu Berlin, seit 2008 Leiter der Abteilung Bildung und Forschung des BStU.

Daniela Münkel Jahrgang 1962, ab 1981 Studium der Mittleren und Neueren Geschichte, Politikwissenschaft und Wirtschafts- und Sozialgeschichte an der Universität Göttingen, 1994 Promotion, 1994–1996 wissenschaftliche Mitarbeiterin an der Universität Hannover, 1997–2000 Werkvertrag mit der Bundeskanzler-Willy-Brandt-Stiftung, 2000–2004 wissenschaftliche Mitarbeiterin an der Universität Hannover, 2005 Habilitation, 2005 wissenschaftliche Mitarbeiterin des Deutschen Bundestages,

2005–2006 Vertretung des Lehrstuhls für Kultur- und Mediengeschichte an der Universität Saarbrücken, 2007–2008 Gastdozentur an der Universität Heidelberg, seit 2008 wissenschaftliche Mitarbeiterin der Abteilung Bildung und Forschung des BStU, Projektleiterin.

Arno Polzin Jahrgang 1962, Ausbildung zum Werkzeugmacher und Maschinenbau-Ingenieur, 1990 Mitglied des Berliner Bürgerkomitees zur Kontrolle der Auflösung des MfS in der Normannenstraße, dort zuletzt Leiter der AG Schriftgutzusammenführung, im September 1990 beteiligt an der Mahnwache/Besetzung der MfS-Zentrale zur Aufnahme der MfS-Aufarbeitung in den Einigungsvertrag, seit Ende 1990 Mitarbeiter des BStU, seit 2003 Sachbearbeiter Recherche/Forschung in der Abteilung Bildung und Forschung des BStU.

Walter Süß Jahrgang 1947, Studium der Politikwissenschaften, der Soziologie und der osteuropäischen Geschichte, 1974–1977 wissenschaftlicher Mitarbeiter in dem Sonderforschungsbereich »Die Sowjetunion und ihr Einflussbereich seit 1917« am Osteuropainstitut der Freien Universität Berlin, 1979 Promotion zum Dr. phil., 1984–1989 wissenschaftlicher Mitarbeiter im Arbeitsbereich DDR-Forschung am Zentralinstitut für sozialwissenschaftliche Forschung an der Freien Universität Berlin, 1989–1992 Journalist und Publizist, seit 1992 wissenschaftlicher Mitarbeiter der Abteilung Bildung und Forschung des BStU, Projektleiter und Fachkoordinator.

Bildnachweis

S. 38 Gerhard Gäbler, Leipzig
S. 42 Bürgerinitiative Kavelstorf
S. 373 Bundespresseamt (B 145 Bild-00007081, Ludwig Wegmann)

Bundesarchiv Koblenz:
S. 45 (BArch Koblenz, Bild 183-1990-0115-026, Thomas Uhlemann), S. 59 (BArch Koblenz, DO1 Bild 005682-04, Henry Herrmann), S. 111 (BArch Koblenz, Bild 183-M1228-0011, Heinz Junge), S. 138 (BArch Koblenz, Bild 183-L0330-0033, Hartmut Reiche), S. 171 (BArch Koblenz, Bild 183-1990-0330-027, Thomas Uhlemann), S. 233 (BArch Koblenz, Bild 183-1983-0924-001, Rainer Mittelstädt), S. 284 (BArch Koblenz, Bild 183-1988-0317-312 [links], Eva Brüggmann), S. 314 (BArch Koblenz, Bild 183-31253-0009, Heinz Junge), S. 355 (BArch Koblenz, Bild 175-L0004), S. 359 (BArch Koblenz, Bild 10885-02, Henry Herrmann), S. 381 (BArch Koblenz, Bild 183-08658-0006, Illus/Rudolph), S. 385 (BArch Koblenz, Bild 175-04246)

Der Bundesbeauftragte für die Unterlagen des Staatssicherheitsdienstes der ehemaligen Deutschen Demokratischen Republik (BStU):
S. 22 (BStU, MfS, ZAIG 18533 [links]), (BStU, MfS, ZAIG 18534 [rechts]), S. 27 (BStU, MfS, Abt. XIII/Fo/1, Bild 6), S. 34 (BStU, MfS, Abt. M/Fo/31, Bild 2), S. 48 (BStU, MfS, HA XX/Fo/211, Bild 51), S. 55 (BStU, Kaderkarteikarte), S. 57 (BStU, MfS, HA VIII/Fo/441, Bild 35-37), S. 62 (BStU, MfS, BV Dresden, AKG 10255), S. 63 (BStU, Kaderkarteikarte [links und rechts]), S. 64 (BStU, Kaderkarteikarte [links und rechts]), S. 65 (BStU, Kaderkarteikarte), S. 66 (BStU, Kaderkarteikarte), S. 69 (BStU, Kaderkarteikarte [links und rechts]), S. 71 (BStU, Kaderkarteikarte [links und rechts]), S. 73 (BStU, Kaderkarteikarte), S. 74 (BStU, MfS, BV Halle, AOP 3103/80, Bd. 3, Bl. 395), S. 76 (BStU, Kaderkarteikarte), S. 77 (BStU, Kaderkarteikarte [links]), (BStU, MfS, KS 26755/90 [rechts]), S. 82 (BStU), S. 83 (BStU), S. 84 (BStU), S. 86 (BStU), S. 89 (BStU), S. 91 (BStU, Kaderkarteikarte [links und rechts]), S. 92 (BStU, Kaderkarteikarte [links und rechts]), S. 93 (BStU, Kaderkarteikarte), S. 94 (BStU, Kaderkarteikarte), S. 95 (BStU, Kaderkarteikarte), S. 97 (BStU, Kaderkarteikarte), S. 99 (BStU, MfS, HA III 13161, Bl. 16),

S. 102 (BStU, Kaderkarteikarte), S. 105 (BStU, Kaderkarteikarte [links und rechts]),
S. 109 (BStU, Kaderkarteikarte), S. 115 (BStU, Kaderkarteikarte [links und rechts]),
S. 117 (BStU, Kaderkarteikarte [links und rechts]), S. 118 (BStU, MfS, SdM 1917), S. 121
(BStU, Kaderkarteikarte [links und rechts]), S. 122 (BStU, Kaderkarteikarte), S. 124
(BStU, Kaderkarteikarte), S. 125 (BStU, MfS, BV Schwerin, Abt. XIV 473), S. 129 (BStU,
Kaderkarteikarte), S. 130 (BStU, Kaderkarteikarte), S. 133 (BStU, MfS, HA II/Fo/211,
Bild 20), S. 136 (BStU, MfS, HA III/Fo/313), S. 140 (BStU, MfS, HA VIII/FO/27), S. 144
(BStU, MfS, HA XX/Fo/1429, Bild 60), S. 146 (BStU, MfS, HA XXII/Fo/21, Bild 3),
S. 150 (BStU), S. 153 (BStU, MfS, SdM/Fo/21), S. 155 (BStU), S. 157 (BStU, Kaderkar-
teikarte [links und rechts]), S. 158 (BStU, Kaderkarteikarte), S. 160 (BStU, MfS, HA
XX/Fo/1021, Bild 73), S. 162 (BStU, Kaderkarteikarte), S. 163 (BStU, Kaderkarteikarte
[links und rechts]), S. 167 (BStU, MfS, SdM/Fo/14), S. 177 (BStU, Kaderkarteikarte),
S. 179 (BStU, Kaderkarteikarte), S. 180 (BStU, MfS, HA XX/Fo/848 [links und rechts]),
S. 183 (BStU, MfS, KS 31699/90), S. 185 (BStU, MfS, AU 504/80), S. 190 (BStU, Kader-
karteikarte), S. 191 (BStU), S. 193 (BStU, Kaderkarteikarte [links und rechts]), S. 195
(BStU, MfS, BV Rostock, AS 44/78), S. 198 (BStU, Kaderkarteikarte [links und rechts]),
S. 199 (BStU, Kaderkarteikarte [links und rechts]), S. 201 (BStU, Kaderkarteikarte),
S. 205 (BStU, MfS, ZAIG/Fo/2519, Bild 3), S. 209 (BStU, Kaderkarteikarte [links und
rechts]), S. 211 (BStU, Kaderkarteikarte [links und rechts]), S. 214 (BStU, Kaderkartei-
karte), S. 215 (BStU, Kaderkarteikarte), S. 216 (BStU, Kaderkarteikarte), S. 221 (BStU,
Kaderkarteikarte [links und rechts]), S. 222 (BStU, Kaderkarteikarte [links und rechts]),
S. 224 (BStU, Kaderkarteikarte), S. 226 (BStU, Kaderkarteikarte [links und rechts]),
S. 230 (BStU, Kaderkarteikarte [links und rechts]), S. 236 (BStU, MfS, BV Dresden,
Abt. VIII 11467), S. 237 (BStU, Kaderkarteikarte), S. 238 (BStU, Kaderkarteikarte [links
und rechts]), S. 240 (BStU, Kaderkarteikarte [links und rechts]), S. 241 (BStU, Kader-
karteikarte), S. 244 (BStU, Kaderkarteikarte [links und rechts]), S. 247 (BStU, MfS, BV
Halle, OD Buna, Sach-Nr. 99), S. 249 (BStU, MfS, SdM/Fo/357), S. 252 (BStU, MfS, KS
9500/90 [links und rechts]), S. 254 (BStU, MfS, BV Halle, AOPK 0677/88, Bd. 1, Bl. 8),
S. 255 (BStU, MfS, BV Berlin, BV-Leitung 155), S. 256 (BStU, MfS, Abt. X, Nr. 1, Bl. 26),
S. 258 (BStU, Kaderkarteikarte [links und rechts]), S. 260 (BStU, Kaderkarteikarte),
S. 264 (BStU, Kaderkarteikarte [links und rechts]), S. 265 (BStU), S. 266 (BStU, MfS, BV
Halle, AOP 3106/80, Bd. 3, Bl. 290), S. 269 (BStU, Kaderkarteikarte), S. 273 (BStU, MfS,
BV Leipzig, AU 1413/75, Bl. 346), S. 276 (BStU, Kaderkarteikarte), S. 277 (BStU, Kader-
karteikarte [links und rechts]), S. 279 (BStU), S. 280 (BStU, Kaderkarteikarte [links und
rechts]), S. 281 (BStU, Kaderkarteikarte), S. 282 (BStU, Kaderkarteikarte), S. 284 (BStU,
Kaderkarteikarte [rechts]), S. 286 (BStU, Kaderkarteikarte), S. 287 (BStU, Kaderkartei-
karte), S. 288 (BStU, Kaderkarteikarte), S. 289 (BStU, Kaderkarteikarte), S. 290 (BStU,
Kaderkarteikarte [links und rechts]), S. 293 (BStU, Kaderkarteikarte [links und rechts]),
S. 294 (BStU, Kaderkarteikarte), S. 296 (BStU), S. 304 (BStU, MfS, ZAIG 17922), S. 305

(BStU, MfS, BV Leipzig, AIM 1066/91, Bl. 120), S. 307 (BStU, Kaderkarteikarte [links und rechts]), S. 310 (BStU, MfS, ZAIG/Fo/740, Bild 82), S. 318 (BStU, Kaderkarteikarte [links und rechts]), S. 320 (BStU, MfS, AU 84/90, Bd. 1, Bl. 282 [links]), (BStU, Kaderkarteikarte [rechts]), S. 329 (BStU, Kaderkarteikarte [links und rechts]), S. 330 (BStU, Kaderkarteikarte [links]), (BStU, MfS, HKH 8426-1980 [rechts]), S. 332 (BStU), S. 335 (BStU, MfS, AIM 6369/66, Teil I, Bd.1), S. 339 (BStU, Kaderkarteikarte), S. 341 (BStU, MfS, AU 14127/89, Bd. 1), S. 345 (Broschüre. Hg. v. Ausschuss für Deutsche Einheit. Berlin 1960), S. 349 (BStU, MfS, AIM 9196/91, Teil II, Bd. 2, Bl. 24), S. 352 (BStU, Kaderkarteikarte), S. 366 (BStU, MfS, SdM/Fo/222, Bild 1), S. 367 (BStU, Kaderkarteikarte), S. 369 (BStU, Kaderkarteikarte [links und rechts]), S. 370 (BStU, Kaderkarteikarte), S. 375 (BStU, Kaderkarteikarte), S. 377 (BStU, MfS, AU 86/56, Bd. 2, Bl. 154 [links]), (BStU, MfS, HA XX/Fo/105, Bild 12 [rechts]), S. 380 (BStU, Kaderkarteikarte), S. 391 (BStU, MfS, AOP 2001/88, Bd. 2).